基于教师专业素养提升的教研和教学研究

邓晓锋 陈建峰 编著

广东省基础教育教研基地项目建设成果

本书编委会

主任：邓晓锋 陈建峰

编委：陈雅雯 王楠楠
　　　夏　季 郑柳青
　　　刘春燕 刘圆圆
　　　周艳超 钟　华
　　　李　霞 赵李囡
　　　黄　海 陈　迪
　　　曹静雯 张　萍
　　　吴金灿 赵文端
　　　张广桂

广东高等教育出版社
Guangdong Higher Education Press
·广州·

图书在版编目（CIP）数据

基于教师专业素养提升的教研和教学研究/邓晓锋,陈建峰编著. —广州：广东高等教育出版社，2024.12
ISBN 978-7-5361-7804-5

Ⅰ. G451.6

中国国家版本馆 CIP 数据核字第 20245C36Y5 号

出版发行	广东高等教育出版社
	地址：广州市天河区林和西横路
	邮政编码：510500　电话：（020）87553335
	http://www.gdgjs.com.cn
印　　刷	广东信源文化科技有限公司
开　　本	787 毫米×1 092 毫米　1/16
印　　张	21.25
字　　数	504 千
版　　次	2024 年 12 月第 1 版
印　　次	2024 年 12 月第 1 次印刷
定　　价	58.00 元

前　　言

　　清远地域广阔，教育资源极不平衡，教学质量在不同学校间存在着巨大的差异，年轻教师对自己的职业前景感到迷茫，缺乏明确的成长路径。笔者从事一线教学教研工作多年，深知要改变这一现状，促进教师的专业成长是关键。笔者开始筹备组建教研员—教师教研共同体，希望通过项目研究的形式，以骨干教师为培养目标，通过一系列的教研活动和实践活动，提升教师的教学水平和教研能力，推动教师的专业发展。

　　2022年初，笔者以前期团队为基础，申报了广东省基础教育高中生物学学科教研基地（清远），并成功被广东省教育厅立项。笔者确定了"学科教师成长规律与培养路径研究与实践"的项目研究主题，拟通过积极开展项目建设和教研活动，实现既定的研究目标，解决当前清远市高中生物学教学存在的问题。

　　随着工作的不断深入，逐步确立了"点—线—面"三级教研机制。这一机制的运作不仅推动了教研团队的建设和发展，还孵化出了一批优秀的教学教研成果。其中一项成果《以"点—线—面"教研体系促进地区高中生物学教学质量均衡发展的实践研究》在人民教育出版社组织的专家培训交流活动中被推选为优秀论文。此外，该机制的确立最终可完善国家、省、市、县、校五级教研工作体系。

　　在具体实践中，笔者以广东省教育科研规划课题"聚焦核心素养的高中生物学教学研究"（2022YQJK506）为抓手，带领团队深入开展教学研究。团队成员们聚焦发展学生的核心素养，研读课程标准，设计教学活动并在教学中实施运用，提升了教师优化教学设计的能力，也显著提升了教学效果。

　　笔者先后被聘为教育部、广东省教育厅精品课评审专家，广东省青年教师教学能力大赛评审专家，广东省普通高考理科综合（生物）试评专家和广东省初中学业水平考试命题专家。笔者也很荣幸参加了2023年广东省学业水平测试和选择性考试的两项命题工作，加深了对高考试题的研究和理解。为了更好地服务于广大教师，笔者对2023年广东省高考生物试卷进行了深入解析，希望能为教师的教学提供有益的参考。同时，为了推动清远市原创试题的命制工作，笔者还筹划和组织了多次命题培训活动。这些培训不仅提高了教师的命题能力，也有助于提升他们的教学水平。笔者有幸作为 2023 年教育部基础教育精品课评审员，深入了解生物学教学现状，从而为教师专业发展、教研水平的提升奠定基础。

为了更好地总结教学教研工作中的实践经验和研究成果，笔者携团队撰写了这本书。全书分为五章。第一、二章详细介绍了点—线—面三级教研机制在完善国家、省、市、县、校五级教研工作体系中的创新做法和实施策略。这一部分不仅呈现了笔者在教研工作中的探索和努力，也分享了一些具体实践经验。第三至五章则是项目内涵建设的成果展示，其中包括单元整体教学设计、高考试题和原创试题的研究成果以及论文收录。这些成果代表了团队在教学和教研方面所取得的进步和突破，也展示了笔者对于教育教学的深入理解和创新思考。

总的来说，这本书是笔者对清远市教育教学的深度思考和积极探索的结晶。笔者希望通过分享经验和成果，能够激发更多教育工作者的热情和创造力，共同推动清远市乃至更广泛地区的教育教学的发展和进步。

由于时间仓促，书中难免存在种种不足，恳请广大读者提出宝贵意见和建议。

编著者

2024 年 3 月

目 录

第一章 教师专业素养提升的教研研究 ………………………………………… 1
 一、项目研究背景 ……………………………………………………………… 1
 二、教育教研思想和理念 ……………………………………………………… 2
 三、教研基地整体建设目标 …………………………………………………… 3
 四、基地项目建设措施 ………………………………………………………… 5
 五、基地建设成果成效 ………………………………………………………… 12
 六、本基地项目创新亮点 ……………………………………………………… 17

第二章 教师专业素养提升的教学研究 ………………………………………… 19
 一、研究背景 …………………………………………………………………… 19
 二、研究的目的和意义 ………………………………………………………… 20
 三、课题相关概念的界定 ……………………………………………………… 21
 四、研究的内容 ………………………………………………………………… 22
 五、研究的理论依据 …………………………………………………………… 23
 六、研究的方法 ………………………………………………………………… 25
 七、研究的组织与实施过程 …………………………………………………… 25
 八、研究成果和成效 …………………………………………………………… 28
 九、研究的反思与展望 ………………………………………………………… 32

第三章 单元整体教学设计研究与实践 ………………………………………… 33
 必修一 第 1 单元 走进细胞 ……………………………………………… 33
     第 2 单元 组成细胞的分子 ………………………………………… 45

　　　　　　第 3 单元　细胞的基本结构 ……………………………………… 65
　　　　　　第 4 单元　细胞的物质输入和输出 …………………………… 78
　　　　　　第 5 单元　细胞的能量供应和利用 …………………………… 87
　　　　　　第 6 单元　细胞的生命历程 …………………………………… 116
　　　　必修二　第 1 单元　遗传因子的发现 ………………………………… 125
　　　　　　　　第 4 单元　基因的表达 ………………………………………… 139
　　　　　　　　第 5 单元　基因突变及其他变异 ……………………………… 147
　　　　选择性必修 1　第 1 单元　人体的内环境与稳态 ……………………… 160
　　　　　　　　　　　第 2 单元　神经调节 ……………………………………… 172
　　　　　　　　　　　第 3 单元　体液调节 ……………………………………… 192
　　　　　　　　　　　第 4 单元　植物生命活动的调节 ………………………… 207
　　　　选择性必修 2　第 1 单元　种群及其动态 ……………………………… 221
　　　　　　　　　　　第 2 单元　群落及其演替 ………………………………… 237
　　　　　　　　　　　第 3 单元　生态系统及其稳定性 ………………………… 250

第四章　命题研究与实践 …………………………………………………… 281
　　2023 年广东省普通高中学业水平选择性考试
　　　生物学选择题试题分析 ……………………………………………………… 281
　　2023 年广东省普通高中学业水平选择性考试
　　　生物学非选择题试题分析 …………………………………………………… 295

第五章　论文收录 …………………………………………………………… 310
　　例谈核心素养视域下遗传学原创试题的命制 …………………………………… 310
　　基于生物学核心素养的教、学、评一致性教学设计 …………………………… 316
　　关于"细胞工程"专题中几个问题的解释 …………………………………… 321
　　浅谈绿叶中色素提取和分离实验的改良 ………………………………………… 324
　　学科核心素养导向下学生质疑思辨能力的培养策略 ………………………… 327

参考文献 ……………………………………………………………………… 331
后　　记 ……………………………………………………………………… 334

第一章　教师专业素养提升的教研研究

一、项目研究背景

(一) 国家战略布局和政策引领

百年大计，教育为本；教育大计，教师为本。教师的专业能力发展是教育现代化的关键，而薄弱学校教师专业能力的提升更是关系到乡村振兴战略的整体实施。为了全面提高中小学教师质量，国家相继出台了一系列政策。2012年教育部下发《中学教师专业标准（试行）》的通知（以下简称《专业标准》），《专业标准》是我国关于教师专业要求的第一份政策性文件，对不同学科、不同发展阶段教师提出了具体要求，也是对所有中学教师的一般性共同要求，是"中学教师开展教育教学活动的基本规范"，是"中学教师培养、准入、培训考核等工作的重要依据"，是"引领中学教师专业发展的基本准则"，因此是引领中学教师教育专业化的基础。2018年1月，国务院颁发了《全面深化新时代教师队伍建设改革的意见》，明确提出要全面提升中小学教师质量，建设一支高素质专业化的教师队伍。教师教研能力的高低关乎教师专业水平的建设。2021年5月，广东省教育厅发布了《关于建立健全新时代基础教育教研体系的实施意见》，要求创新基层教研工作机制，构建教研开放合作新格局，安排1.31亿元支持建设"省级基础教育教研基地"269个。教研制度作为中国特色教育制度体系的重要组成部分，长期以来在推进课程改革、指导教学实践、促进教师发展、服务教育决策等方面发挥着十分重要的作用。实施科教兴国战略、人才强国战略、创新驱动发展战略，必须依靠教研驱动赋能。中小学教研制度是中国教育体系的特色、优势和重要支撑，要明确教研工作的职能定位，完善国家、省、市、县、校五级教研工作体系，加强农村教研体系建设。同时，要抓好教研自身改革，把握教研服务方向，聚焦建设德智体美劳全面培养的教育体系，强化学生核心素养的培养。因此，加强中小学教师教研能力建设是提升教师队伍质量的重要途径。

另外，《关于建立健全新时代基础教育教研体系的实施意见》也要求加强教研队伍建设，建立专业化的培训体系，推动中小学教师与教研员的贯通培养。同时，要推动教研资源共享和教研工作创新，加快推进教研数字化，为基础教育高质量发展提供有力支撑。

综上可见，教师的专业能力发展是教育事业高质量发展的关键。通过加强教师队伍建设、建立健全各级教研体系、推动资源共享和数字化建设等措施，可以进一步提升教师的专业素养和实践能力，为建设高质量的教育体系提供有力保障。同时，薄弱学校教师专业能力的提升和农村教研体系的建设也是当前的重要任务，需要得到更多的关注和支持。

（二）清远市教育教研现状

清远市作为广东省陆地面积最大的地级市，物产丰富，地理条件优越，农业和旅游业较为发达，但教育水平在广东省较为落后，具体表现主要为我市大部分高中生物学教师专业水平有待提升，个人发展积极性不足；中心城区和周边城区、城区和偏远地区的教育资源和教育教学质量水平差距巨大，教研工作难以满足薄弱学校发展需要。此外，在教研方面，清远市各级教研机构普遍缺乏深入对接和良好的联动机制，同级教研机构缺乏协同联动与资源共享机制，这致使教研工作中一些有益的经验无法在较大范围内传播和推广，一些普适性问题也失去了在更大范围内交流研讨的机会，且相邻地区的一些优质教研资源也不能充分利用，这不利于整个教研系统健康、顺利地发展。综上可见，清远市生物学整体教学质量水平仍有较大的提升空间。

（三）大视野下的转型发展

在国家战略布局和政策引领下，通过分析清远市教育教研工作存在的问题，可知建设和完善中小学教研体系有助于改善清远市教育教研现状。通过建设强师队伍、健全教研体系，可为清远市落实乡村振兴战略、突破城乡二元结构、促进中心城区和周边区域及中心区域和少数民族聚集区的均衡发展提供人才基础，从而促进全市生物学教师队伍整体素质和基础教育教学质量的高质量发展。

二、教育教研思想和理念

（一）项目教育教研思想

为贯彻落实中共中央、国务院和广东省委、省政府关于全面深化新时代教师队伍建设改革和推进基础教育高质量发展的有关部署要求，充分发挥教研工作对保障基础教育质量的重要支撑作用，广东省基础教育高中生物学学科教研基地（清远）（以下简称教研基地）积极加强基地项目建设，把"立德树人"作为根本要求，把培养有理想、有本领、有担当的社会主义建设者和接班人作为基地项目建设一切工作的出发点和落脚点，把促进教师专业发展作为基地项目建设工作的关键点，以此促进教师专业成长，推进教研体系建设，为基础教育高质量发展提供有力支撑。展开来说，教研基地聚力研究和解决基础教育高质量发展的重点难点问题，一方面通过深化教研机制改革，激发教育教研活力，推动教研体系建设；另一方面推进课程教学改革，助力教师专业发展，促进高素质、专业化、创新型教研队伍和教师队伍建设，发挥学科教研基地的辐射引领作用。

（二）项目教育教研理念

党的二十大报告强调，教育、科技、人才是全面建设社会主义现代化国家的基础性、战略性支撑，要坚持教育优先发展、科技自立自强、人才引领驱动，加快建设教育强国、科技强国、人才强国，坚持为党育人、为国育才。教育是民族振兴、社会进步的重要基石，而建设教育强国，基点在基础教育。正如习近平总书记指出，"基础教育搞得越扎实，教育强国步伐就越稳、后劲就越足。"教师队伍水平在基础教育高质量发展中发挥重要作用，新时代也对我国基础教育发展和教师队伍建设注入了新内涵，赋予了新使命，对教研工作提出了新要求。《全面深化新时代教师队伍建设改革的意见》中就明确提出全面提高中小学教师质量，建设一支高素质、专业化的教师队伍。进入新时代，面对发展素质教育、全面提高基础教育质量的新形势新任务和新要求，中共中央、国务院印发了《关于深化教育教学改革全面提高义务教育质量的意见》，其中对"发挥教研支撑作用"提出了具体要求。

因此，做好教研工作，提升教师专业素养，对提升区域基础教育教学质量至关重要。

结合清远市实际情况，教研基地对教研机制进行了改革创新，构建了"点—线—面"三级教研机制，形成了教研员—教师教研共同体。具体来说，通过推动教研基地成员的专业成长，探索出教师成长路径；通过推动基地学校教育教研，带动偏远地区、薄弱地区的教学教研提升；以学科教研基地成员为中心，强化课堂主阵地作用以切实提高课堂教学质量，进而提高基地学校教育教学水平，从而带动周边学校发展，最终促进清远市教育高质量发展。与此同时，教研基地的成效有利于清远市落实乡村振兴战略、突破城乡二元结构，也为中心城区和周边城区、中心区域和少数民族聚居区教育均衡发展提供人才基础。这是对国家、省、市、县、校五级教研工作体系的落实和补充，拓宽了教师的视野，提升了教师整体专业水平。

三、教研基地整体建设目标

（一）总目标

推动国家五级教研体系的建设。教研基地开展"学科教师成长规律与培养路径研究与实践"的主题研究，借助教研基地的优质教师培训资源，通过引进来走出去的方式，推动教师专业发展，打造一支在全市生物学学科教育教研中有成就、有影响、接地气的高素质、专业化、创新型教师队伍和教研队伍团队，进而构建"点—线—面"

三级教研机制，形成教研员—教师教研共同体，为省、市、县、校四级教研工作提供可参考的经验。

（二）具体目标

1. 精准建设两类教研"点"

（1）发现并培养一批骨干教师，使他们成为教研基地的核心成员。以课题研究为主要抓手，引导教师深入研究教育教学中的重点、难点问题，不断更新教师的教育教研观念，提高教学水平，推动学科教学的创新发展。通过开展各种教研活动和培训课程，提升教师的教育教学水平和专业素养，助力他们在教学领域取得卓越成就。同时，教研基地关注教师的个性化成长，根据不同教师优势制定不同的发展方向，指引基地教师进行个性化的学习和研究，探索出个性化的发展路径，帮助他们在教育领域取得更好的发展。

（2）加强基地校的科组建设，提高其校本教研水平。校本教研是教师专业发展的重要途径，借助基地优质教育资源，通过举办各类教研活动，帮助基地校扎实开展校本教研活动，加强基地校教师之间的相互学习、经验交流，切实提高基地校的教育教学能力。

2. 延伸发展复合教研"线"

（1）基地核心成员带动其他生物学教师专业发展。运用每个核心成员带动两三个教师、主城区教师带动周边城区教师，进而向薄弱地区推广的方式，激活全市高中生物学教师队伍的活力，促进全市生物学教师队伍整体素质和基础教育教学的高质量发展，由此延伸形成教师教研"线"。

（2）以基地校带动所在区域其他学校。通过片区教研活动，推广示范基地校校本教研范式，推动周边学校校本教研的发展，由此延伸形成校际教研"线"。

3. 拓展构建全新教研"面"

通过"点"的建设和"线"的延伸构成教研员—教师教研共同体，拓展形成教研新局面，以此打破传统教研模式，创新全市教研机制，构建更加科学、高效的教育研究体系。一方面教研员与教师形成合力，定期开展交流、研讨和合作，实现共同进步；另一方面将教研工作深入到每个学校、延伸至每个教师，形成全方位、立体化的教研网络，确保教研活动能够全面渗透到教育教学的各个环节中。

通过以上机制的建设和运行，创新整合优质教育资源，培养出更多优秀的教师，推动基础教育生物学学科的改革和发展，为清远市、粤北地区乃至广东省的基础教育高质量发展做出更大的贡献。

四、基地项目建设措施

（一）教研"点"的遴选

1. 基地核心成员的选培

（1）基地的核心成员应该具有共同发展意愿；具备追求先进教育理念、教学思想的意识；能够研究、引领学科教学的方向；具有扎实的教学功底、积极参与学科教研活动；具有团队合作精神和良好的组织协调能力。基于对全市教育均衡发展和整体布局的思考，遴选基地成员20位，他们分别来自清远市八个县市区不同区域、不同教学水平的高中学校。

①年龄方面：20位教师的年龄段覆盖了青、中、老三个年龄层次，依次对应新手型教师、骨干教师、年长教师，其中30岁以下的教师有2人，30~35岁的教师有5人，35~40岁的教师有6人，40~50岁的教师有6人，50岁以上的教师有1人。

②学历方面：有8位教师具有硕士学位，其他教师均为本科学历。

③职称方面：员级8人，中学一级10人，具有高级职称教师2人。

（2）基地成员成长要求。

①积极参与教研活动，原则上不得缺席基地举办的教研活动（特殊情况除外）。

②每学期至少阅读1本专业相关书籍。

③每年至少承担1次市级教研活动的工作，包括公开课、讲座等形式。

④三年内主持或参与至少1项市级的课题研究。

⑤三年内指导2~3名高中生物学教师的专业成长。

⑥每年在省级以上期刊发表1篇论文。

通过这样的遴选标准，我们确保了基地核心成员的专业素质和教学教研能力，为形成教研员—教师教研共同体奠定坚实的基础。

（3）组织开展"学科教师成长规律与培养路径研究与实践"的研究，以学科教研基地为平台，进行教师成长规律与培养路径研究（图1-1为"学科教师成长规律与培养路径"初级设想）。

2. 基地校的整体布局

为实现全市教育的均衡发展，我们将借助学科教研基地的力量，整合市级优质教育资源，形成全市范围的教研网络。基于清远市整体教育教学情况的考虑，为了更好地优化教育资源配置，根据区域教学质量、学校教学水平和在校学生规模进行了基地校的选择，以确保覆盖清远市八个县（市、区）不同层次的学校，希望在全市教育教学水平方面能够有效发挥辐射引领作用。基地校最终按片区确定为四所学校，分别为清远市第一中学（中心区域）、清远市清新区第一中学（清新清城片区）、英德市第一中学（英德佛冈片区）和连南瑶族自治县民族高级中学（三连一阳片区）。

（1）清远市第一中学是清远市直属高中学校，也是全市教学质量最好、教学资源最丰富的学校。强化该校生物学科组建设，以期分享优秀教学经验、引领全市中心区

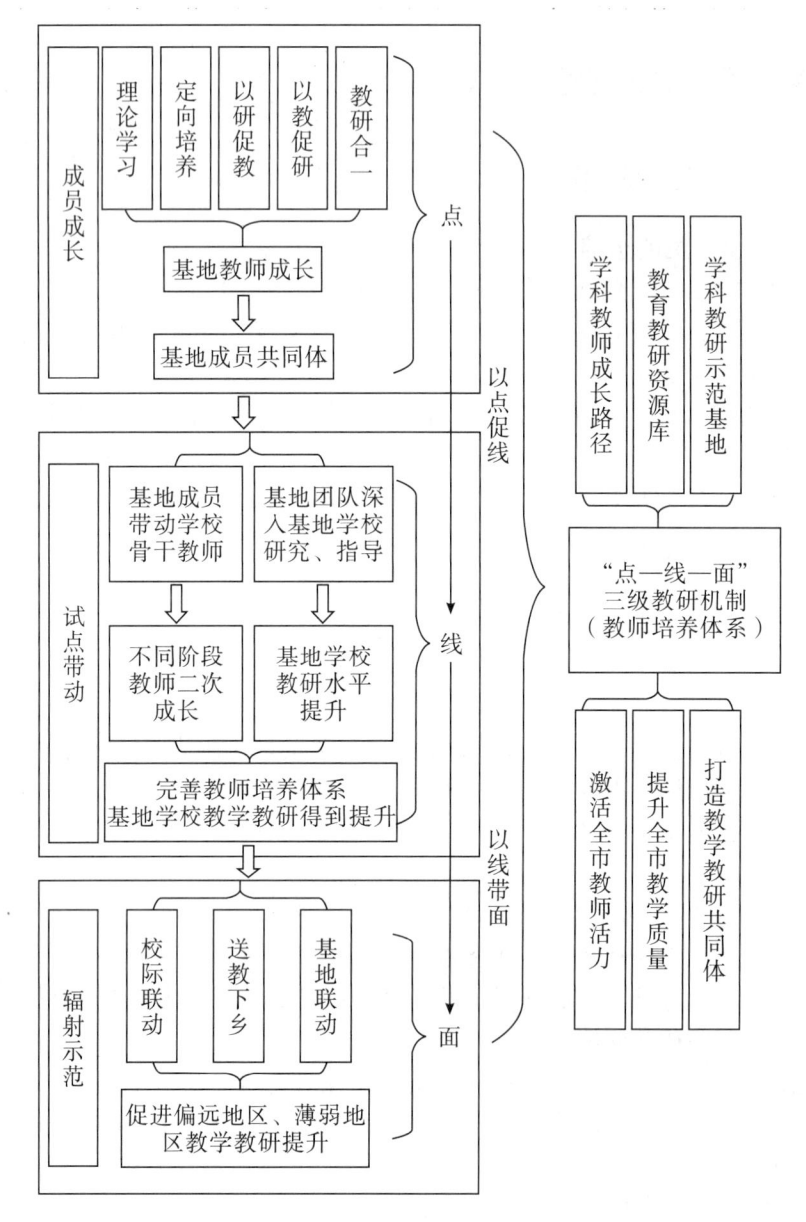

图1-1 "学科教师成长规律与培养路径"初级设想

域教育发展。

（2）清远市清新区第一中学是清远市在校学生规模和数量最大的县域高中，能够反映全市不同区域和层次的学生需求。基地学校以跨校交流为契机，将学科教研基地的研究成果辐射到周边学校，实现资源共享、双向交流，营造出生物学科浓厚教研氛围，激活清新与清城片区的教育活力。

（3）英德市第一中学是清远市薄弱学校中学生人数最多的高中。作为基地校，可以带动本校的教师在教研活动中提升教研水平，对基地研究成果进行验证和实践，同时辐射到英德、佛冈片区，提升该片区教师的教学教研能力。

（4）连南瑶族自治县民族高级中学是清远市县域少数民族薄弱学校。连南瑶族自治县民族高级中学将结合地方特色，引领连南、连州、连山、阳山片区实现教育创新与进步。

以四个基地学校为核心，通过各基地校科组建设，提升校本教研能力，使其具备开展片区教研活动的能力和经验。通过开展片区教研活动，共享教育资源，促进教师之间的交流与合作，进而带动区域学校的发展，实现其教育水平和教学质量的提升。

（二）教研基地项目建设具体做法

教研基地的项目建设紧紧围绕基地建设总目标和具体目标展开，以构建教研员—教师教研共同体为重点制定相应的措施，具体建设措施如下：

1. 校本教研——"点"的建设

以发展教研"点"五大能力（见图1-2）为目标，精准推动教师专业成长，提升以基地成员和基地校的专业水平。

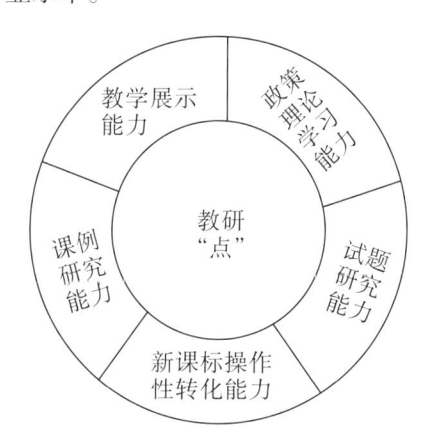

图1-2 教研"点"的建设

（1）夯实理论基础、加强基地成员的政策、理论学习与运用能力。

要求基地成员认真研读《全面深化新时代教师队伍建设改革的意见》等文件，加强对《中国高考评价体系》《普通高中生物学课程标准》等教育教学相关书籍的学习，为基地成员教育教学提供理论支撑；以基地名义组建流动书库，丰富基地学习资源；组织基地成员定期培训，定期邀请专家对基地进行指导和对成员进行培训；更新基地成员的教育理念，提高理论学习水平，为基地成员的专业发展奠定基础。

（2）系统培训和实践，提升基地成员的试题研究能力和原创命题能力。

2014年9月国务院颁布的《国务院关于深化考试招生制度改革的实施意见》（以下简称《实施意见》）提出，高考考试内容改革要"依据高校人才选拔要求和国家课程标准科学设计命题内容，增强基础性、综合性，着重考查学生独立思考和运用所学知识分析问题、解决问题的能力"。因此，加强对高考的命题研究，准确理解和掌握高考命题理念从"知识立意""能力立意"向"价值引领、素养导向、能力为重、知识为基"转变的理论基础与方法论基础，对于提升基地成员的教学能力与素养，落实新课标和高考评价体系的要求具有重要意义。

教研基地成立至今，多次邀请了教育部基础教育教学生物学教学指导专委会委员、北京师范大学王健教授、华南师范大学李雪峰教授、李娘辉教授、李德红教授、黄少旭副教授、王瑞珍老师及高考改革政策研究专家陈志文等命题专家对基地成员进行线上或者线下培训，让基地成员深入理解高考综合改革的演进历程与方向、新课程标准和高考评价体系在生物学命题中的应用，夯实命题的理论基础，帮助基地成员掌握基于情境素材的高中生物学试题命制技巧、开放性试题分析及解题技巧，并通过各类实例帮助基地成员了解命题中常见的错误类型，让基地成员在责任意识、命题理论、命题技巧等方面都获得了极大提升。

教研基地优选五位成员两次参加清远市举行的命题培训，此次培训中基地成员不仅参与试题的命制，而且作为命题小组负责人对整套试卷进行宏观把控，试题命制的能力素养得到进一步提升。同时经过积极争取，推荐五位基地核心成员参与广东省教育考试院举办的广东省教育考试命题省级骨干教师第三期培训班，其中两位成员参加高校组教师的培训班。

通过命题培训与实践，基地成员不断深入地理解高考的核心功能，对高考考查内容和考查要求的把握愈加准确。

（3）以课题为抓手，提升基地成员的新课标操作性和转化能力。

自新课标实施以来，一线教师对新课标的理解各异，实施效果不佳，这是教学中的痛点，科学准确地依据新课标开展教学则是一线教师面临的难点问题。在教育教学领域，课题研究一直是推动教师专业发展的重要途径。为了提升基地成员对新课标的操作性转化能力，我们依托课题研究的推动作用，引导基地成员研读新课标、撰写教学设计、实施课堂教学、进行教学反思，逐步提升对新课标的理解能力和操作性转化能力。通过定期交流学习心得与研究成果，促使成员在实践中持续学习、探索和反思，深化对新课标的理解，促进教师内化，有利于新课标在实际教学中得以落实，进一步提升教师对新课标的操作性转化能力。

（4）以赛促研，提升基地成员的课例研究能力。

积极组织和指导基地成员参加由广东省教育厅等部门举办的优质课例比赛。通过参赛，成员们充分发挥集体智慧，对课例进行深入研究，在亲历参与比赛的过程中，不断提升自己的课例研究能力。

为实现此目标，我们采用了以下几个层次的策略：

第一，强调课例研究的重要性。让基地成员认识到，参加优质课例比赛不仅是对自己教学水平的检验，更是对教育教学理念的深入理解和践行。通过参加比赛，成员们可以了解当前教育领域的发展趋势，以及最新的教育教学理念。

第二，组织一系列课例研究培训活动。旨在帮助基地成员掌握课例研究的方法和技巧，提高他们的研究能力。培训活动涵盖课例研究的基本理论、教学设计、教学方法、教学评价等方面的内容。通过这些培训，成员们能够更好地把握教育教学的核心要素，为参赛做好准备。

第三，基地内部开展课例研究交流活动。鼓励成员们相互分享教学经验和研究成果，激发他们的创新意识。通过交流，成员们可以学习他人的优秀教学实践，发现自己的不足之处，并在实践中不断改进。

第四，在参加优质课例比赛的过程中，注重发挥集体的智慧。成员们在备课、上课、课后反思等环节相互支持、相互学习，共同提高。比赛结束后，我们还会组织总结会议，对成员们的表现进行点评和分析，帮助他们找到自己的优势和不足，为今后的教学发展提供指导。

（5）搭建多元化平台，全面提升基地成员的教学展示能力。

重视培养基地成员的专业自信，坚信自身具备优秀的教学能力。同时，注重培养基地成员的学术权威，通过不断学习与实践，使其在教育教学领域具备一定影响力。

第一，组织基地成员开展主题研讨活动，针对教育教学中的热点问题进行深入探讨，分享教学经验，促进相互学习与共同成长，从而提升教师的教学水平和教研能力。

第二，要求基地成员在各级各类教研活动中积极发言，主动阐述自己的教学观点，在交流互动中进一步成长。

第三，实施同课异构策略，鼓励基地成员在同一课程中展示多样化的教学方法和设计，使其在真实教学环境中锻炼自身，有利于培养教师的创新精神和实践能力。

第四，积极推进送教下乡活动，组织基地成员走进薄弱学校，传播先进教育理念，提升当地教师的教学水平。

第五，开展跨校、跨区、跨市、跨省联合教研活动，推动基地成员和其他教师的合作与交流，共享优质教育资源，拓宽教学视野，有助于提高基地成员的综合素质和教育教学能力。

综上，通过搭建多元化平台，实施一系列有针对性的措施，对教研工作进行深度优化与实践，全面提升基地成员及基地校科组教师的教学教研能力，推动基地校生物学科组建设，发挥科组在学校教研中的主导地位，提升基地校的校本教研能力，在基地校培养一批教学教研骨干，逐步完善片区教研团队，为基础教育高质量发展贡献人才力量。

2. 片区教研——"线"的延伸

以全包围的教研形式促进复合教研"线"的延伸（见图1-3）。全包围的教研形式包括主题研讨、同课异构、送教下乡、跨省（市、区、校）联合教研等活动。

（1）以"一横"的策略推动基地核心成员的成长，以"一纵"的策略带动其他教师的成长。横向方面，通过各类教研活动，为基地核心成员提供教学成果和理念的展示平台，激发其自我驱动力，创设活动为核心成员提供互相学习、锻炼能力的机会，推动核心成员共同进步。纵向方面，以核心成员为中心，通过示范和引领，鼓励教师积极参与教研活动，共同探讨教学问题、分享教学经验。通过不断的学习和交流，推动教师变革课堂教学，实现教学与研究的良性互动，形成良好的教学研究氛围，以此形成"一横一纵"的教师成长"线"。

（2）以"一纵"的策略推动基地高质量建设，以"一横"的策略提高基地学术影响力。纵向方面，积极引进大学的优质资源，与高校建立紧密的合作关系，邀请专家学者为基地成员提供专业指导和培训，旨在提升教师的学术水平和教学能力，提高教

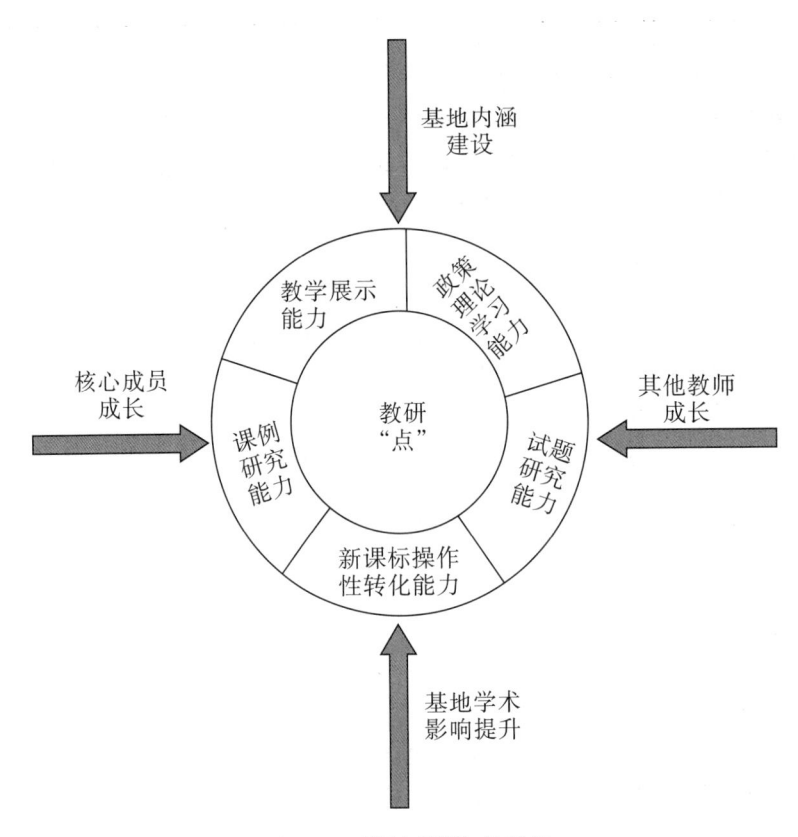

[图示：教研"点"中心环绕六项能力——教学展示能力、政策理论学习能力、试题研究能力、新课标操作性转化能力、课例研究能力。四个箭头指向：基地内涵建设、其他教师成长、基地学术影响提升、核心成员成长]

图1-3 教研"线"的延伸

研基地的建设水平。横向方面，依托基地校构建清远、汕头两市高中生物学联合教研机制，促进两市高中生物学教学的交流与合作，实现资源共享和优势互补。在此基础之上，进一步开展清远、佛山、汕头、湛江四基地联合教研活动，加强与省内各地市高中生物学学科教研基地的联合互动，共同探讨教学问题、分享教学经验，以提升教研基地的学术影响力。以此形成"一纵一横"的教研工作"线"。

这一系列举措旨在不断完善从教研"点"到教研"线"的转变和可持续发展，使得"线"的延伸不仅在基地内部形成了紧密的网络，也在更广泛的范围内促进了教学与教研的有机结合，为教育高质量发展的格局构建了坚实基础。

3. 地市教研——"面"的形成

通过建设"点"、延伸"线"，拓展为教研员——教师教研共同体，形成教研新局面（见图1-4）。

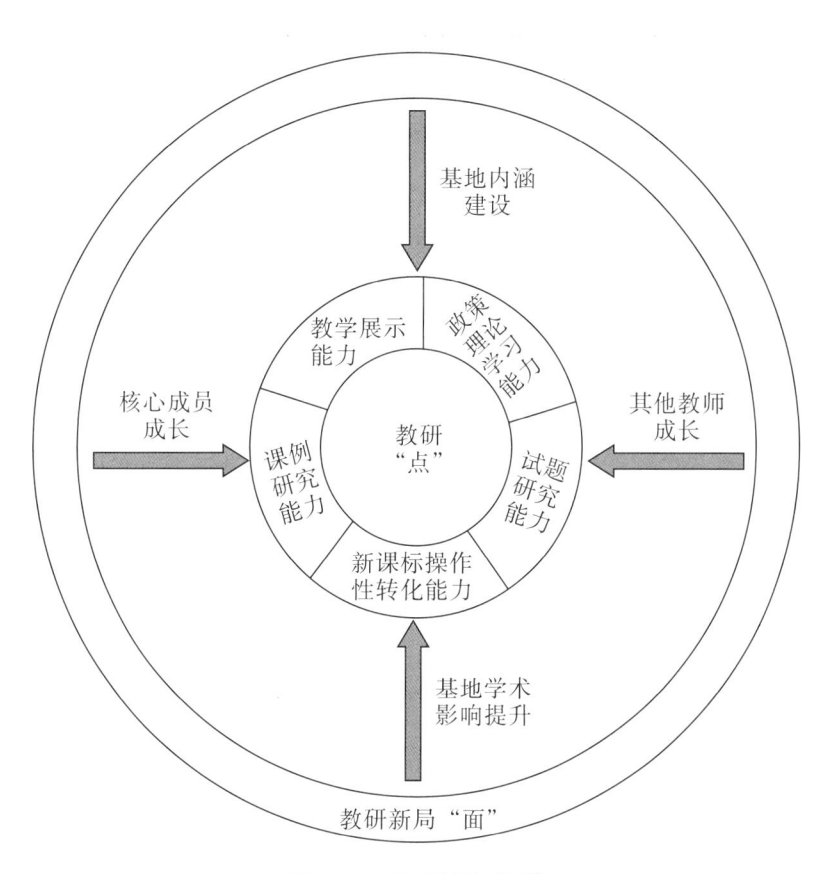

图 1-4 教研新局"面"

把"点"建设为校级教研团队,"线"建设为片区教研团队,组建地市教研团队,即教研员—教师教研共同体,形成教研新局面。教研员作为教育教学的研究者和指导者,宏观规划地市教育教研发展方向,推动教育教学改革和发展。教研员和一线教师共同探讨教育教学问题,分享教学经验,相互学习,通过相互协作,共同开展教育教学研究、教学方法改革等教研活动,实现共同进步。教研团队为教师提供专业支持,推动教师提升自身的教育教学水平,为学生提供更优质的教育资源和服务。

在教育教学研究中,教研员凭借专业知识和技能,对教育教学现象进行深入分析,为教师提供有针对性的解决方案。教师则在实际教学过程中,将教研成果转化为教育教学实践,以提升教学质量。教师积极探索创新的教学方法,借鉴国内外先进的教育理念和实践,结合自身教学实际,不断优化教学过程,提高教学效果。

教研员—教师教研共同体的新模式为教育教学改革注入了新的活力。这种模式有利于提升教师的教育教学水平和促进教育教学的发展,有利于培养德智体美劳全面发展的社会主义建设者和接班人。

综上所述,基于"点—线—面"三级教研机制的项目建设措施,通过规划教师个人专业发展路径培养出一批高素质、专业化、创新型教研队伍和教师队伍团队,提高基地校的教学教研实效,带动清远市偏远山区(少数民族聚居区)的教育发展,使清远市教育水平与广东发达地区水平更接近，为教育均衡发展做出示范，促进清远市高中生物学教学质量高质量发展。（图1-5为"点—线—面"三级教研机制模型图）

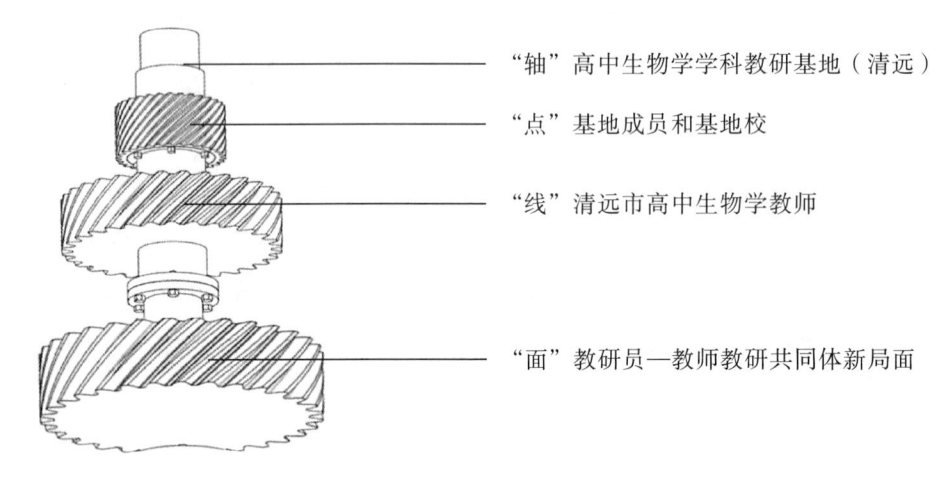

"轴"高中生物学学科教研基地（清远）
"点"基地成员和基地校
"线"清远市高中生物学教师
"面"教研员—教师教研共同体新局面

图1-5 "点—线—面"三级教研机制模型图

五、基地建设成果成效

通过"点—线—面"三级教研机制将教研员、教师以及基地建设紧密地结合起来，形成了一个高效的教学研究共同体即教研员—教师教研共同体，在此过程中取得了一系列的成果成效。

（一）取得的成果

1. 全市生物学高考成绩稳步上升

通过基地建设，教师教育理念得以更新，新课程操作性转化能力得到提升，从而使全市生物学高考成绩显著提高。2021年全市高考生物学平均分位列全省第15名，经过不懈努力，2022年跃升至第11名，并在2023年成功保持这一成绩，实现了连续两年的稳步增长。

2. 教师专业发展进步显著，成果丰硕

（1）项目负责人学术水平获得提升。

项目负责人邓晓锋被聘为2023年教育部精品课评审专家、2023年广东省精品课评审专家、2023—2025年人民教育出版社教材培训专家、广东省教育学会中学生物教学专业委员会理事，参加了2023年广东省学业水平测试和选择性考试的两项命题工作，主持（参与）广东省教育科学规划重点（一般）课题两项，担任省级刊物《少男少女·教育管理》编委，主编《五年高考三年模拟》等教辅资料，担任中南六省（区）中学生物教学研讨会暨广东省教育学会中学生物教学专业委员会学术年会（2023年）现场教学展示评委。在项目建设期间，其撰写的论文《以"点—线—面"教研体系促进地区高中生物学教学质量均衡发展的实践研究》，被 2023 年人民教育出版社培训专家交流研讨大会推荐为优秀论文。开展讲座 20 余次，如在华南师范大学省级中小学教师发展中心面向粤东粤西粤北地区高中生物学教师所开展的讲座《核心素养下的教学评价与教学思考》；在佛山市教育局教学研究院开展题为《中学生物学科教学问题剖析及教学建议》的讲座，取得了业界领航者及同行的高度评价。邓晓锋老师又指导基地成员多次在全市、全省教育教学比赛中获得优异成绩，如在"第四届广东省中小学青年教师教学能力大赛"中，指导基地成员曹静雯老师获得一等奖、黄丹丹老师获得二等奖；在教育部办公厅开展的"基础教育精品课"遴选活动中，指导基地成员钟华老师获得部级优课；指导王楠楠等老师参加 2022 年广东省普通高中新课程新教材实施优质教学课例比赛，获得省级奖项 4 项。

（2）基地成员专业发展取得明显进展。

基地成员借助学科教研基地平台，以课题研究为抓手，通过理论和实践相结合的方式，提升教学水平和教研能力，新手教师快速成长，骨干教师竿头日进，年长教师再焕光彩。基地建设过程中，1 位教师已成长为清远市初中生物学教研员，9 位基地成员完成了职称晋升（中学二级到中学一级有 6 人，中学一级到中学高级有 3 人），3 位教师由教师升为学科组长，7 位教师成为清远市普通高中生物学学科教研中心组成员，3 位教师成长为清远市高中生物学兼职教研员。

①成员学习研究能力和学术输出能力明显提升。

基地积极承办各级教研活动，基地成员拓宽学术视野，提升专业素养，并将所学辐射全市，促进全市生物学教师的专业成长。基地成员开展省级讲座 15 次、市级讲座 30 余次。基地成员积极参与课题研究，通过课题研讨总结与反思。基地在研课题共 8 个，28 人参与省级课题研究，15 人参与市级课题研究，8 人主持省级或市级课题研究。基地项目成员共发表学术论文 14 篇，其中饶猛兵老师的论文《透析听毛细胞动作电位的形成原理——从 2020 年山东卷一道题谈起》《关于"细胞工程"专题中几个问题的解释》分别发表在核心期刊《生物学教学》《中学生物教学》上。沈慧艳与赵李囡老师的论文《基于生物学核心素养的教、学、评一致性教学设计——以"细胞呼吸的方式"教学为例》发表在核心期刊《中学生物学》上。

②试题研究能力和原创命题能力实现零的突破。

7 位基地成员对 2023 年广东省普通高中学业水平选择性考试试题进行了深入的剖析，从素材来源、命题依据、命题意图、解题思路和教学建议五个方面进行了详细解读，加强教师对高考题目的研究能力，从而提高教学实效，并在清远和汕头两市教师发展中心联合举办的"2023 年广东省基础教育高中生物学学科教研基地阶段性成果展示暨清远、汕头联合培训活动"上，向两市五百多位生物学教师展示了他们的研究成果，进一步服务两市高考备考工作。在广东省继续教育学会生物教育专业委员会举办的广东省第三届中学生物学创新命题及说题大赛中，基地成员表现优异，荣获一等奖 3 次、二等奖 1 次、三等奖 11 次。他们的获奖作品在教研基地公众号平台上分享展示，累计阅读人数达到 3923 次。随着基地成员实力的提升，9 位成员逐步承担起清远市生物学科三个年级的期末考试命题工作。

③新课标操作性转化能力真实落地。

基地成员深刻理解新课标，严格落实新课标要求，完成单元整体教学设计，在教学中实践反思，大幅度提升基地成员新课标操作性和转化能力。经过集体学习普通高中生物学课程标准、深入研究单元整体教学设计要求、认真制定单元整体教学设计模板、初步编撰教学设计、交流讨论、修改打磨、教学实践、反思完善定稿八个步骤，完成并在教学中检验了高中生物学五本书共25个单元整体教学设计。

④课例研究能力展示教学智慧。

基地成员发挥自身优势，积极参与各项比赛并取得优异成绩，在国家级、省级、市级各项比赛中均获得多项奖项，其中包含国家级1次、省级10次、市级18次。譬如，钟华老师获得"基础教育精品课"部级优课；王楠楠等老师参加2022年广东省普通高中新课程新教材实施优质教学课例比赛，获得省级奖项4项；周艳超等老师参加广东省教育厅举办的2022年广东省中学化学和生物学实验操作与创新技能竞赛，斩获二等奖2人次。

⑤课堂教学展示提高教学自信。

基地为教师提供展示平台，提高教师的教学自信。基地主办、承担省市级教研活动多达30余次，累计参加人员超过52万人。基地成员开设省（市）级公开课共47节，如陈迪老师在广东省教育研究院主办的"南方教研大讲坛第78场（中学生物学专场）"中承担示范课，陈雅雯等老师在"清远、佛山、汕头、湛江四基地四市联合教研活动"中承担示范课，李霞等老师在"清远、汕头两市联合教研活动"中承担展示课，夏季等老师在"2023年区域联合蹲点教研活动"中承担展示课，刘圆圆等老师在"清远市高一高二片区教研活动"中承担展示课。

基地的成果丰硕，对清远市生物学教师的专业发展起到引领和示范作用，对教育质量的提升大有裨益，对广东省基础教育教学质量均衡发展提供了重要支撑。

3. **探索总结出学科教师成长规律与培养路径**

教研基地严格落实项目建设措施，首先，在"点"的建设上，着重培养教研基地成员的五大能力和基地校的校本教研水平，以提升基地成员和基地校的专业水平。接着，运用教研基地成员带动本校及其他学校教师的方式，促使其他学校教师也提升自身的五大能力，同时，发挥4个基地校的引领作用来带动周边及区域学校进行校本教研建设。由此，逐步形成校级教研团队、片区教研团队和全市教研团队，最终使全市生物学教师的五大能力和全市学校的校本教研水平均得到了提升。（图1-6为"学科教师成长规律与培养路径"示意图）。

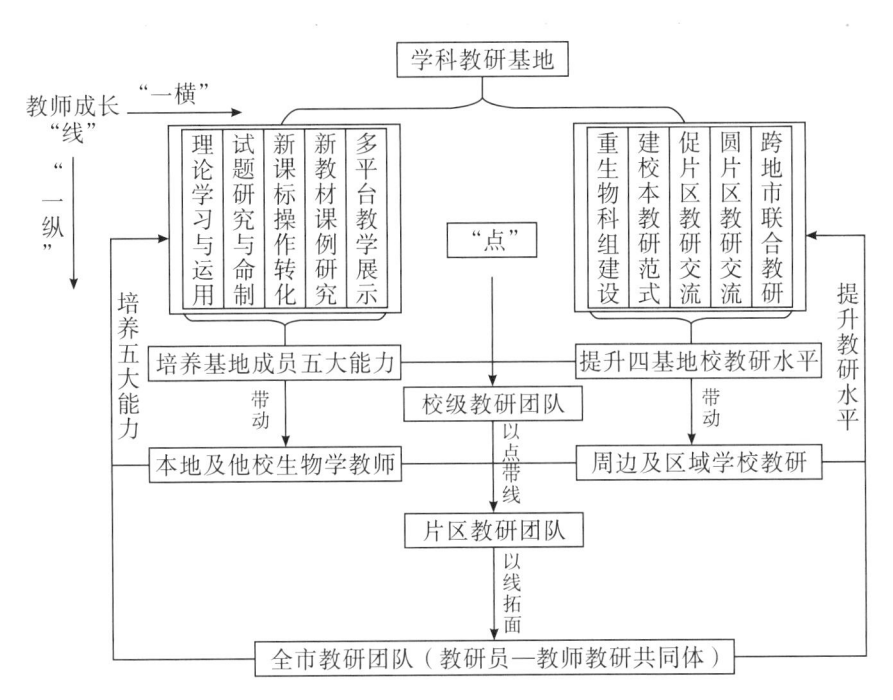

图 1-6 学科教师成长规律与培养路径

（二）取得的成效

经过对教研基地的系统建设，提高了教师专业能力，创新了教研机制，构建了"四个中心"，推动了教育教研深化发展。

1. 教师教学观念发生改变，教育科研能力得到提升，教学水平得到提高

教师的教学观念正在发生深刻的转变，不再局限于传统的教学模式。教师积极探索和创新，运用新课程改革的理念和学科素养达成的角度重新审视和改进自己的课堂教学。教育科研是提高教育教学质量的重要手段，越来越多的教师主动参与课题研究，以期找到更适合学生发展的教学方法和策略。在教育科研能力的提升过程中，不断丰富自己的教育教学理论，为提高教学水平奠定了坚实的理论基础，然后再将理论知识与教学实践相结合，努力实现教育教学理念的落地。教师对教育教学问题的认识也在不断深化，并能采取相应的措施改进教学，其专业素养、教学水平和教育科研能力明显得到提升。

2. 将广东省基础教育高中生物学学科教研基地（清远）建设成为清远市乃至广东省的四个中心，即学习中心、研究中心、引领中心和示范中心，彰显区域（地市）教研文化

（1）学习中心：基地为教师专业成长提供学习资源、支持和指导，旨在促进教师的专业发展和个人成长。

①打造流动书籍资源库。为了满足教师的学习需求，基地购买了一批高质量的专业书籍，建立起一个流动的图书库。这些书籍涵盖生物学各个领域，还包括教育心理

学、教学方法、教学设计等方面，以便教师根据自己的兴趣和专业发展方向进行选择，提升教育教学能力。流动图书库的设立，可以让基地成员以及全市高中生物学教师共享这些宝贵资源，每次借阅1到2本，阅读完毕后归还，如此循环利用，丰富教师的学习资源。

②搭建了教师专业发展培训平台。教研基地作为一个学习和培训的平台，为教师提供专业的培训和学习探讨机会。通过定期举办各种培训和研讨会，帮助众多教师提升教学水平和专业素养。

（2）研究中心：推动教师对教育思想、理念及教学方法开展深入研究。

通过不懈努力，将教研基地建设成为清远市生物学学科教育教学研究的核心阵地，引导基地成员积极开展教育教学课题研究，主持或参与省市级课题，着力研究、解决当前教育教学难题，更新教育理念，助力生物学学科教育教学的创新发展。

（3）示范中心：主动展示学习及研究成果，为新时代教育教学树立良好典范。

基地定期组织基地校、片区以及跨区域的联合教研活动，在市内、省内、省外推广基地的教学实践和成果，促进教育资源的共享和交流，打造成为清远市乃至广东省的教育高地，力争成为清远市及广东省的示范中心，展示先进的教育教学理念和方法，为提升基础教育高质量发展提供有力支持。

（4）引领中心：基地成员作为各学校、市（县、区）、区域的学科带头人带动全市生物学教师专业发展；基地作为清远市、粤北地区乃至全省的教育高地辐射引领清远市、粤北地区乃至全省的基础教育高质量发展。

通过教研基地的建设，我们培养了一批骨干教师，这些骨干教师作为教研基地的核心力量，在本校、基地校及其他薄弱地区发挥着示范作用同时也起到引领作用，引领其他教师共同成长，推动了基地校以及片区教育发展，推动了清远市及粤北地区的基础教育教学改革。同时，吸纳众多教师加入教研基地，共同探索生物学教育教学的规律和前沿理念，彰显区域特色教研文化。

3. 通过"点—线—面"三级教研机制形成教研员—教师教研共同体，营造出浓厚的教研教学氛围

通过"点—线—面"三级教研机制的建立，有效推进了国家、省、市、县、校五级教研工作体系建设，健全了教育薄弱地区教研体系建设，形成了完整的教研体系。在"点"的层面，教师可以获得专业成长和教学研讨的机会；在"线"的层面，学校之间可以加强合作与交流，共享优质教育资源；在"面"的层面，全市范围内可以形成广泛的教研网络，共同推动基础教育的高质量发展。以分散在全市不同层面上的教研点为起点，各教研点层层联动，逐步辐射到各片区形成教研线，最终形成全市教研新局面，实现以研促教、以研促学，构建上下联动、横向贯通的整体协同教研新格局。三级联动的教研机制不仅可以提升教师的专业素养和教育质量，更能够为基础教育的高质量发展提供有力的人才支撑。

通过"点—线—面"三级教研机制的整体引领，基地在宏观和微观层面进行规划，强化内涵建设，提升教师的专业素养和教育质量。这将有助于推动全市高中生物学教育的高质量发展。

六、基地项目创新亮点

提升教师五大能力，助力教师成长；建设四个中心，发挥学科教研基地的引擎作用；形成三级教研机制，推动基础教育教学水平的提升。

1. 精准提升教师五大能力，助力教育高质量发展

基础教育高质量发展，教师是关键主体，教师能力的提升是推动教育高质量发展的关键因素。

（1）提升教师政策与理论学习和运用能力。教育政策和国家法规是教育发展的基石，教师需要深入了解国家政策和发展趋势，将政策理念融入教育教学实践中。同时，教师应具备扎实的理论学习能力，不断吸收新知识、新理念，以适应教育改革的需要。

（2）提升教师试题研究能力和原创命题能力。教师研究各类试题，掌握命题规律，提高原创命题能力，以命题思维导向教学，推动教学评一致性。高质量的试题是检验学生学习成果的重要手段，有助于培养学生的创新能力和实践能力，有助于提升教学质量。

（3）提升教师新课标操作性转化能力。课程标准是教育教学的指导方针，教师需要将课标要求转化为实际教学操作，确保教育教学目标的有效实现。教师应掌握新课标的核心理念，结合学科特点和学生实际情况，创新教学方法和手段。

（4）提升教师课例研究能力。课例研究是提高教学质量的有效途径，教师应关注课堂教学实践，不断反思、总结经验，形成具有示范意义的课例。通过参与校内外教研活动，交流教学心得，教师可以不断提高课例研究能力，为提高教育教学质量奠定基础。

（5）提升教师教学展示能力。教学展示是教师专业素养的重要体现，教师应具备良好的教学设计、组织、实施和反思能力。在教学过程中，教师应注重教学方法的创新，善于运用现代教育技术，提高教学效果。同时，教师还应注重自身教学风格的形成，以独特的教学魅力激发学生的学习兴趣。

精准提升教师五大能力是实现基础教育高质量发展的重要途径。在新时代背景下，我们应关注教师队伍建设，通过多种途径提高教师能力，为我国基础教育事业的繁荣和发展贡献力量。

2. 建设四个中心，彰显区域（地市）教研文化

根据广东省教育厅《关于建立健全新时代基础教育教研体系的实施意见》要求，建设教研体系、打造区域教研文化的重要性日益凸显。为了更好地推动教育教学改革，提升区域教育质量，我们构建四个中心，即学习中心、研究中心、引领中心和示范中心。

（1）学习中心：培养区域教师的专业素养。

学习中心旨在打造一个以教师专业成长为主的学习环境，推动教师学习教育政策，掌握新知识、新理念，进而推动课程改革、创新教学方法，全面提升区域教师的综合素质。

（2）研究中心：促进教育教学研究。

研究中心致力于教育教学研究，通过对教育教学实践的深入探讨，为区域教育改革提供理论支撑和实践指导。同时，研究中心组织开展多样化的研究活动，如课题研究、教育论坛、学术交流等，以提高区域教育教学水平。

（3）引领中心：引领区域教育发展方向。

引领中心承担着为区域教育发展指明方向的重要任务。通过分析国内外教育发展趋势，总结区域教育经验，引领中心为教育教学改革提供有力支持，为区域教育注入新活力。

（4）示范中心：推广先进教育理念和实践。

示范中心负责展示和推广先进的教育理念和实践，以带动区域教育整体水平的提升。示范中心定期组织开展教育教学观摩、示范课展示等活动，促进区域教师专业发展，提高教育教学质量。

四个中心相辅相成，共同推动区域教研文化的繁荣发展，推动教育教学改革，提高教育教学质量。

3. 创新三级教研机制，形成教研员—教师教研共同体

（1）"点—线—面"三级教研机制贯通省、市、县、校教研工作，补充和完善国家五级教研体系。教研员和教师紧密地联系在一起，教研员与教师相互支持、共同进步，成为清远市教育教研的核心力量，为清远市教育提供有力的学术支持与实践指导，在实践中形成了一套富有成效、上下联动的工作机制和职能发挥方式。通过横向交流、纵向贯通的教研工作体系，推动清远市教育教学的创新与发展，进而推动国家五级教研体系的建设，使国家层面的教研指导得到落实，为省、市、县、校四级教研工作提供可参考的经验，在教研系统内部形成上下合力的工作局面，构建上下贯通、层层相连的教研体系，更好地发挥教研职能，实现教育的高质量发展目标。

（2）使一线教师能够具备更高的教研站位和学术视野。教研员—教师教研共同体的形成有助于教师站在更高的层次上审视自己的教育教学工作。教研员作为教育行政部门和一线教师的桥梁，能够将最新的教育教学理念和政策方向传递给一线教师。教研员和教师可以共同探讨教育教学的理论和实践问题，相互学习、交流和分享经验，提升教师的专业素养和教育教学水平，促进教师的合作与共同成长，推动教育教学工作的改进和发展。同时，教师们通过与教研员的合作，可以更加深入地了解这些理念和政策，并在实际工作中加以运用。

第二章　教师专业素养提升的教学研究

一、研究背景

2019年6月国务院办公厅颁布《关于新时代推进普通高中育人方式改革的指导意见》（以下简称《意见》），《意见》提出教育要落实立德树人根本任务，发展素质教育，遵循教育规律，围绕凝聚人心、完善人格、开发人力、培育人才、造福人民的工作目标，深化育人关键环节和重点领域改革，坚决扭转片面应试教育倾向，切实提高育人水平，为学生适应社会生活、接受高等教育和未来职业发展打好基础，努力培养德智体美劳全面发展的社会主义建设者和接班人。《意见》旨在全面推进普通高中育人方式改革，提高教育质量和育人水平，培养创新思维和实践能力，提升人文素养和科学素养，以落实立德树人根本任务和发展素质教育。

《全面深化新时代教师队伍建设改革的意见》中指出兴国必先强师，深刻认识教师队伍建设的重要意义和总体要求。坚持教育优先发展战略，把教师工作置于教育事业发展的重点支持战略领域，把提高教师思想政治素质和职业道德水平摆在首要位置。全面提高中小学教师质量，建设一支高素质、专业化的教师队伍。

《普通高中生物学课程标准（2017年版2020年修订）》进一步明确了普通高中教育的定位。高中教育的任务是着力发展学生的核心素养，促进学生全面而有个性地发展，为学生适应社会生活和就业作准备。在培养学生的理想信念、社会责任感、科学文化素养、终身学习能力、自主发展能力和沟通合作能力等方面奠定基础。而"新教材新高考"背景下的高中生物学课程更需要加强对学生生物学学科核心素养的有效培养。在此过程中，教学设计作为课堂教学的"蓝图"，是教育教学理念在教学中实现的桥梁。

经过相关调研活动，我们发现自新课标颁布以来，清远市高中生物学教师在教学方面仍存在教师教学观念滞后、教师教学方式传统单一等不足之处。基于本地区教师和学生的情况，亟须引导教师转变教学观念，以促进教师教学方式的变革和学生学习方式的变革。经过问卷调查发现清远市高中生物学教学存在以下问题：①高中生物学教师普遍对高中生物学核心素养的理解较弱，相关理论知识的储备亟待加强，导致高中生物学教师在课堂上落实核心素养的效果不够好。这种情况的出现部分是源于教师较难转变固有的教学方式，不能很好地适应新的教学形式和要求；部分是由于在核心素养的培养方面缺乏系统性的指导，在创设情境、设置学生任务等方面缺乏技巧，难以激发学生求知欲，对学生核心素养培养的效果无法做到合理评价，缺少专门针对学生学习的核心素养评价标准和体系等。②经过对学生的问卷调查反映出学生对生物学核心素养的理解较为薄弱，缺乏对特定的生物学现象和生物学问题进行分析、实验设计等能力，学生的科学思维如演绎推理、归纳、建模等有待加强，对课堂存在的问题很少敢质疑，这些现象引起了我们的注意，并开始思考如何能够提升教师的教和学生的学。

二、研究的目的和意义

（一）研究目的

本课题以促进"双新"落地为出发点，研究内容主要为"聚焦生物学核心素养的进阶教学设计与实践"。课题聚焦生物学学科核心素养，旨在将高中生物学核心素养的培养融入日常教学活动中。通过设计"教—学—评"一致的进阶教学方案，探索在课堂教学中落实学科核心素养的有效策略和方法，形成利于"双新"落地的教学范式，并为高中生物学教师在课堂教学中全面落实学科核心素养提供有价值的理论与实践参考。

具体来说，本研究的目标包括：

（1）促进高中生物学教师深入理解高中生物学核心素养的内涵和要求，明确在高中生物学教学中核心素养的培养目标和任务。

（2）探索有效的高中生物学教学方法和策略，以培养学生的生命观念、科学思维、科学探究和社会责任等核心素养为教学目标。

（3）构建基于核心素养的高中生物学教学评价体系，为教学评价提供新的思路和方法。

（4）促进教师专业发展和教师队伍的建设，提高教师的教育教学水平和核心素养培养能力。

通过以上研究目的的设置，本研究期望能够为高中生物学教学实践提供新的思路和方法，推动清远市高中生物学教学的改革和发展，促进清远市高中生物学学科核心素养的提升和全面发展。同时，本研究的结果也可以为其他学科的核心素养培养提供参考，促进整个基础教育阶段学生核心素养的提升。

（二）研究的理论意义和实践意义

1. 理论意义

本课题的理论意义主要体现在对核心素养和高中生物学教学理论的深化理解与创

新应用上。

（1）项目组成员对核心素养理论的理解提高。通过研究，项目组成员可以更深入地理解核心素养的内涵与外延，特别是在高中生物学这一特定学科背景下核心素养的具体表现。这有助于更新和完善项目组成员对核心素养理论体系的理解，并为高中生物学学科核心素养的培养提供理论指导与依据。

（2）本课题探索出一套有效的高中生物学课堂教学模式。本课题通过聚焦核心素养的高中生物学教学，在实践中探索有效的生物学课堂教学模式，在探索实践过程中对教师的生物学教学理念进行了更新，探索出高中生物学教学与核心素养培养的有机结合方式，为高中生物学教育教学提供了新的思路与方法。

2. 实践意义

本课题立足于真实的高中生物学课堂教学，在真实的课堂教学情境中开展研究和实践应用。在课题的开展过程中，项目组成员提升了教学理论水平，总结完善了教育教学过程，并对清远市范围内的高中生物学教师的教学工作提供了一些有益的参考。本课题的实践意义主要体现在以下几个方面：

（1）本课题为教师的教学提供了指导。本课题的研究成果为高中生物学教师提供了具体、可操作的教学范式与教学案例，使高中生物学教师能够在培养学生的学科核心素养时具有可参考借鉴的模板。通过这种"抛砖引玉"的方式，不仅有助于提高中学生物学教师的教学效率，更能够促进教师对立足于核心素养培养的课堂教学进行深入的思考与反思。

（2）本课题促进了学生的核心素养发展。通过本课题所开展的课堂实践，项目组成员建立起了规范的高中生物学课堂教学范式，使学生的生命观念、科学思维、科学探究和社会责任等学科核心素养得到提升，从而促进了学生的核心素养发展。

（3）本课题落实了国家的育人要求。本课题研究的成果将德智体美劳全面发展的要求与生物学学科内容深度融合，有助于为国家培养德智体美劳全面发展的社会主义建设者和接班人。

三、课题相关概念的界定

教育部颁布的《普通高中生物学课程标准（2017年版2020年修订）》中提出，要进一步提升学生综合素质，着力发展学生的核心素养。核心素养是育人价值的集中体现，主要是指学生应具备能够适应终身发展和社会发展需要的正确的价值观念、必备品格和关键能力，是知识与技能、过程与方法、情感态度与价值观的综合。生物学学科核心素养是学生在生物学课程学习过程中逐渐发展起来的，在解决真实情境中的实际问题时所表现出来的价值观、必备品格与关键能力，是学生知识、能力、情感态度与价值观的综合体现。生物学学科核心素养包括生命观念、科学思维、科学探究和社会责任。"生命观念"是指对观察到的生命现象及相互关系或特性进行解释后的抽象，是人们经过实证后的观点，是能够理解或解释生物学相关事件和现象的意识、观念和思想方法。学生应该在较好地理解生物学概念的基础上形成生命观念，如结构与功能观、进化与适应观、稳态与平衡观、物质与能量观等。能够用生命观念认识生物的多样性、统一性、独特性和复杂性，形成科学的自然观和世界观，并以此指导探究生命活动规律，解决实际问题。"科学思维"是指尊重事实和证据，崇尚严谨和务实的求知态度，运用科学的思维方法认识事物、解决实际问题的思维习惯和能力。学生应该在学习过程中逐步发展科学思维，如能够基于生物学事实和证据，运用归纳与概括、演绎与推理、模型与建模、批判性思维、创造性思维等方法，探讨、阐释生命现象及规律，审视或论证生物学社会议题。"科学探究"是指能够发现现实世界中的生物学问题，针对特定的生物学现象，进行观察、提问、实验设计、方案实施以及对结果的交流与讨论的能力。学生应该在探索过程中逐步增强对自然现象的好奇心和求知欲，掌握科学探究的基本思路和方法，提高实践能力，在探究中乐于并善于团队合作、勇于创新。"社会责任"是指基于生物学的认识，参与个人与社会事务的讨论，做出理性解释和判断，解决生产生活问题的担当和能力。

四、研究的内容

（一）高中生物学学科核心素养的文献研究

通过学习《普通高中生物学课程标准（2017年版2020年修订）》及有关文献，准确理解高中生物学学科核心素养的内涵。对生物学学科核心素养的内涵、特征以及在高中生物学教学中的表现和学生核心素养的发展水平进行深入学习。对比分析国内外相关学科素养培育的教育理念、实施路径及评价内容，为我国的高中生物学课堂教学提供借鉴。

（二）清远市高中生物学课堂教学现状分析

通过问卷调查、访谈交流等方式，我们对当前高中生物学教师在学科核心素养培养方面的现状进行调查，了解当前教学中存在的问题和挑战，明确课堂教学改进的方向。

（三）结合学校资源情况和学科特点，探索聚焦核心素养的高中生物学教学范式

将理论学习与教学实践相结合，探索出基于核心素养的高中生物学教学范式。开发并实践"教—学—评"一致的进阶学习过程，形成以单元为整体的生物学教学案例和教学设计。

（四）评价体系构建研究

构建基于核心素养的高中生物学教学评价体系。设计相应的评价工具，对教学实

践进行实时监测与反馈。探索评价结果在教学中的应用，形成正向反馈。

（五）教师专业发展研究

开展针对教师核心素养培养的培训和研修活动。鼓励教师进行教学反思与实践，提升其核心素养培养的教学能力。搭建教师交流与合作的平台，促进教师之间的经验分享。

通过以上研究内容，我们期望能够为高中生物学教学提供有力的实践参考，促进高中生物学教学质量与学生核心素养的共同提升。同时，我们也希望本研究成果能够为其他学科的核心素养培养提供有益的借鉴与参考。

五、研究的理论依据

（一）认知学习理论

认知学习理论是通过研究人的认知过程来探索学习规律的学习理论。主要观点包括人是学习的主体，人类获取信息的过程是感知、注意、记忆、理解、问题解决的信息交换过程；人们对外界信息的感知、注意、理解是有选择性的；学习的质量取决于效果。学习者自定目标是学习的重要促动因素，在利用"目标—研究—评价—素养"模式实施研究性学习的过程中，学生可以根据自己的认知与需求，制定研究目标和主题，进行有探究的学习，从而提高学生的学习积极性和探究能力。

（二）人的主体性理论

人的主体性是指人的主体意识和倾向以及人作为主体所具有的各种功能属性的总和，即人作为主体在与客体的关系中所表现出来的自为的、自觉的主观能动性。马克思认为："人不仅仅是自然存在物，而且是人的自然存在物，是自为地存在着的存在物，他必须既在自己的存在中也在自己的知识中确证并表现自身"。主体性是人在实践过程中体现出来的最本质的特性，人的实践与人的主体性是分不开的。人的主体性表现出对实践活动的意识性、自主性、自为性、选择性和创造性特征，能够指引实践活动取得预期的结果，同时人也在实践活动中不断发展和完善主体意识，使客观实践更加符合人和社会发展的规律。

（三）建构主义学习理论

建构主义学习理论是一种关于知识和学习的理论，强调学习者的主动性，认为学习是学习者基于原有的知识经验生成意义、建构理解的过程，而这一过程常常是在社会文化互动中完成的。

建构主义学习理论认为，知识不是通过教师传授得到，而是学习者在一定的情境下，借助其他人（包括教师和学习伙伴）的帮助，利用必要的学习资料，通过意义建构的方式而获得。建构主义学习理论具有以下特点：学习者必须通过自己的思考和交流来主动学习和建构知识，而不是被动地接受知识。学习是在一定的情境及社会文化背景下进行的，学习者可以利用这些情境中的资源和工具来支持自己的学习。学习者可以通过与他人的协作来促进自己的学习，通过交流和分享来加深对知识的理解。学习者可以通过意义建构的方式来学习知识，将新的知识和原有的知识进行关联，形成自己的认知结构。

建构主义学习理论对教学设计具有重要的指导价值。在建构主义学习环境下，教学设计不仅要考虑教学目标分析，还要考虑构建有利于学生思考的问题情境，并把情境创设看作是教学设计的重要内容之一。此外，协作发生在学习过程的始终，对学习资料的搜集与分析、假设的提出与验证、学习成果的评价直至意义的最终建构均有重要作用。

（四）多元智能理论

多元智能理论是由美国哈佛大学教育研究院的心理发展学家霍华德·加德纳（Howard Gardner）在1983年提出。他从研究脑部受创伤的患者中发觉到他们在学习能力上的差异，从而提出本理论。多元智能理论认为，智能是解决某一问题或创造某种产品的能力。

根据加德纳的理论，多元智能理论具体包含以下几种智能。①语言智能：指的是运用语言和文字进行表达的能力，包括口头语言运用及文字书写的能力。②逻辑数学智能：指的是运算和推理的能力。表现为对事物间的各种关系（如对比、归因和逻辑等关系）的理解，以及通过数学运算和逻辑推理等进行思维的能力。③视觉空间智能：指的是感受、识别、记忆和改变物体的空间关系，并借此表达思想和感情的能力。④身体运动智能：指的是运用四肢和身躯的能力。表现为能够较好地控制身体，对事件能够做出适当的身体反应，善用肢体语言来表达思想和情感。⑤音乐节奏智能：指的是感受、识别、记忆、改变和表达音乐的能力。⑥人际交往智能：指的是与人相处和交往的能力。表现为觉察他人的情绪、感情和意图，并做出适宜反应的能力。⑦自知内省智能：指的是认识、洞察和反省自身的能力。表现为能够正确地认识和评估自身的情绪、动机、欲望、个性、意志，并在正确的自我意识和自我评价基础上，形成自尊、自律、自制的能力。

多元智能理论自提出以来，对教育改革产生了积极而深远的影响，并且已经成为许多教育改革的重要理论基础之一。多元智能理论提醒教育学家尊重每个学生的天赋，注重多元化、个性化的教育评价方式，为学生提供多元化的发展空间。

六、研究的方法

（一）文献研究法

广泛收集和整理与本研究有关的基础理论、国内外文献、教学模式应用理论资料，梳理已有文献中关于核心素养、学科核心素养的研究成果，在借鉴和综合分析的基础上总结提出高中生物学核心素养培养的教学范式。学习关于课程标准在课堂教学中的应用成果，为整理教学范式的应用实践提供理论基础。

（二）调查分析法

采用随机取样的方式，选取清远市高中区域部分教师和学生进行调查，了解学生研究性学习开展的现状和面临的困难。问卷调查的过程包括：编制问卷、预测、实施测试、测试结果的统计处理和数据分析。

（三）案例研究法

对学生研究课题进行分类，形成研究性学习的实施方案，并以案例的形式指导学生的研究性课题的开展。

（四）经验总结法

在学习和实践中不断总结反思，形成打磨后的教学范式。在实践中不断积累经验和调整教学策略，提高培养学生学科核心素养的有效性。

（五）行动研究法

通过实践操作、反思和改进的方式，不断探索和解决实践中出现的问题，提高教学范式的应用效果。

七、研究的组织与实施过程

（一）研究的组织

课题研究人员以基地成员为核心，主持人有较丰富的课题研究和科研能力，成员为高中生物学一线教学骨干教师，具有丰富的教学经验，对教科研充满着热情。教师成员在任教班级开展研究和实践。

（二）研究实施过程

本研究历时两年完成，具体分三个阶段进行：

1. 准备阶段：（2022年4月—2022年9月）

做好研究方案制定、申报立项，联系有关专家指导、修正方案开题等工作。通过调查分析、确定研究的内容、申报立项、设计研究方案，邀请有关教研人员对研究内容进行开题论证，进一步修正、补充、完善。同时加强理论学习，主要包括集体研读和自主学习有关书籍、论文及期刊等。在此基础上，对清远市高中生物学教学现状进行调查分析，了解师生对高中生物学核心素养含义的理解情况等，通过以上调查分析为该研究提供证据。召开研讨会，就研究的必要性与可行性进行论证，确立具有针对性和实践意义的研究课题，从而更好地服务于教学实践。同时，收集相关文献资料进行学习，进而明确研究方法，设计研究方案并进行开题论证。

2. 实施与推广阶段（2022年9月—2024年2月）

为了让本研究的开展更加有序，在完成前期准备阶段后，项目组在实施与推广阶段进行了详细的工作安排，具体过程如下：

（1）加强理论学习，转变教学观念。

在推进"双新"落地过程中，教师应坚定不移地加强理论学习，深入研究核心素养和《高中生物学课程标准》，掌握先进的教育理念、教学方法和学科知识，不断更新自己的教育观念和思想认识。同时，还必须积极转变教学观念，摒弃传统的应试教育思维，注重培养学生的创新精神和实践能力，关注学生的全面发展。为此，项目组成员进行了一系列理论学习，包括对《普通高中生物学课程标准（2017年版2020年修订）解读》《指向核心素养的逆向课程设计》《核心素养导向的课堂教学》《以概念为本的课程与教学》《生物学学科核心素养的教学与评价》《深度学习》等专著的阅读学习。

除了学习文本资料，项目组成员还积极参加各级各类线上线下学习活动。项目组成员参与多位专家的讲座，如胡继飞题为《优化教学设计和课堂行为》的专题讲座、王瑞珍题为《核心素养视野下的生物学概念教学》《生物学教学中培养科学思维与科学探究的策略》的专题讲座、李雪峰题为《科学本质的内涵及培养路径分析》的专题讲座、黄少旭题为《高中生物学开展大单元教学的几点思考》的专题讲座、张峰题为《基于学业质量标准的中学生物学教学与评价》的专题讲座、王健题为《高中生物单元教学的思考》的专题讲座等。

（2）立足课堂教学，探索教学范式。

针对前期的调查分析和理论学习，通过项目组成员在研讨会上的研究和讨论，特制定以下研究内容：以新课标为依据，形成"教—学—评"一致的单元教学设计。以有代表性的高中生物学单元为案例，进行基于核心素养的教学实践，探索基于"教—学—评"一致的单元教学设计，力争构建科学的、合理的、有效的单元教学模板，并在教学实践中促使教师尽快熟悉教学范式。依据研究结果，制定的单元教学计划方案在项目组成员所在学校中实施。

①制定单元、课时教学目标时，尽量全面考虑核心素养的活动设计与达成评价。在生活生产实践等情境中，深入扩展学习生物学知识的同时，特别注重学生能力、思维、品质的培养。

②组织思维探究为主的学习方式，循序渐进地引导学生主动学习、探究学习，有目的、有步骤地指导学生对相关事物及现象进行观察、描述、提出问题、获取和处理信息、提出假设、演绎推理、验证分析、做出解释、与他人合作和交流等，培养学生的学科核心素养。

③围绕大概念、重要概念教学，帮助学生对知识深入理解和迁移应用，有利于学生消除错误概念、建立科学概念，进而理解和运用生物学概念，有效提高教学效果。

④根据不同的学习内容、学生群体，进行学生成长记录、作业练习测试、阶段性纸笔检测、研究性学习、综合实践活动等，采用学生自评互评、组内外评价、教师评价等多种方式结合。

（3）创设多种平台，开展专题研讨。

①以校内外教研为载体，开展具体课例研讨活动。在本研究中，通过各种研讨课、示范课、交流课、观摩课等方式，发现本研究的问题和不足，进行有针对性的研究和探讨，同时进行跟踪调查，定期做好工作总结，分析研究中存在的问题，并及时做出调整。

②以多种活动为抓手，增加研究实效。在研究过程中，积极地参加各种论文评比、教学能力比赛、专题讲座等活动进行校内外交流、研讨和推广，将平时的观察研究所得进行分析讨论，集思广益，共同寻找解决问题的途径和策略，为下一步的研究释疑解惑、指明方向。

3. 结题阶段（2024年2月—2024年4月）

（1）收集整理资料：学习材料、学习心得、课堂实录、教学案例、教学反思、论文、获奖证书等。

（2）撰写研究报告、相关论文等，组织教师将研究成果汇编成册。

（3）邀请省教研员等专家指导结题工作，并根据提出的意见和建议进行整改。

（4）对各类数据、资料进行分析，形成研究理论成果和实践成果。

八、研究成果和成效

(一) 研究取得的实践成果

1. 构建了"教—学—评"一致的进阶教学范式(实施流程框架如图 2-1 所示)

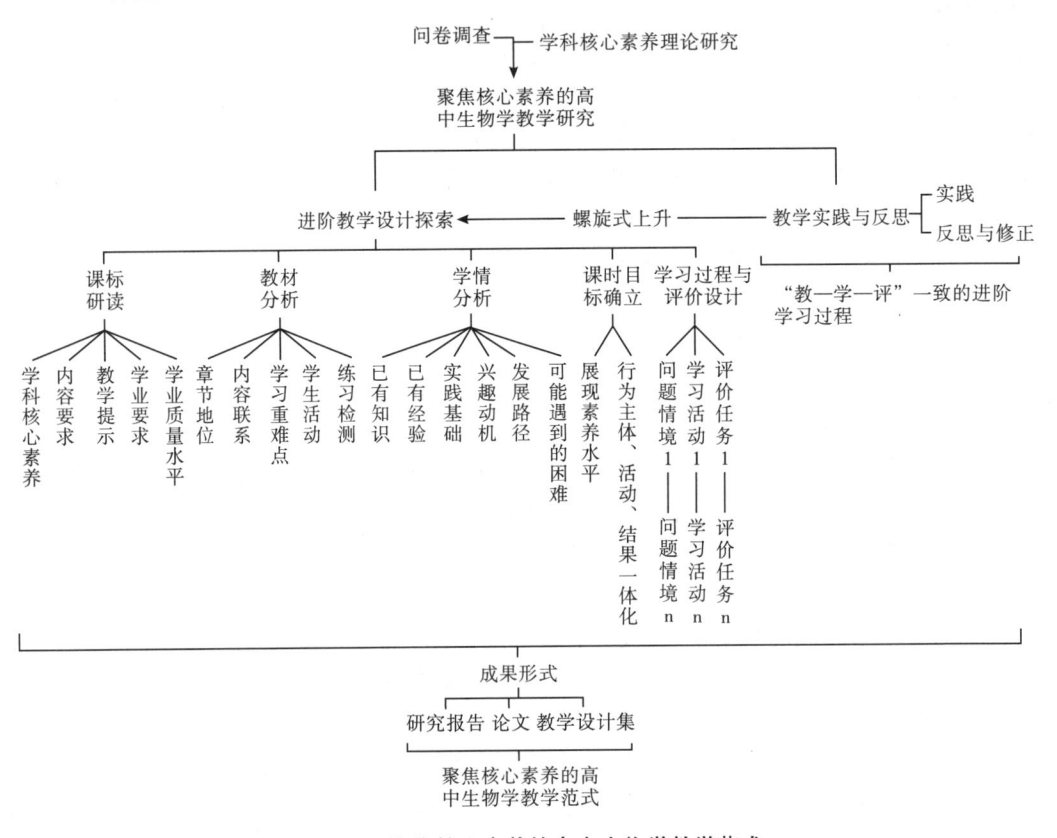

图 2-1 聚集核心素养的高中生物学教学范式

2. 形成基于提高学生生物学核心素养的单元整体教学设计

项目组成员基于学科核心素养,在整体化视角下进行单元教学设计,强调知识的结构化和整体化,单元整体教学设计更强调整体性、连贯性。设计任务驱动、学生活动等教学策略,更有利于学生生命观念的形成。为此,项目组成员进行了系统化思考并开展整体化和结构化的单元整体教学设计。在单元教学中关注学生科学思维的全面性和思维的深度进阶,从而实现新课程标准中核心素养水平的提升。教师所开展的单元整体教学包括四个重要的环节:选择单元整体教学的主题、确定单元教学目标、设计单元教学活动、开展单元教学评价。

(1) 选择单元整体教学的主题。

确定单元学习主题划分的依据有学科课程标准、学科教学内容、核心素养的进阶发展、学生的实际情况等。本项目组主要是以《普通高中生物学课程标准(2017 年版

2020年修订)》中的"大概念"或者"重要概念"为单位设计单元整体教学的主题。

（2）确定单元教学目标。

确定单元学习目标有三个关键步骤：第一步是围绕单元整体教学的主题，依据课程标准要求，结合单元学习内容深入讨论分析，厘清多个单元主题之间的关系，立足学科核心素养的发展，明确学生应该学习的内容和达到的水平要求，设计单元整体教学目标；第二步是分析学生已具备的学科水平、当前阶段的思维特点和发展需求，明确表述本单元整体教学的学科核心素养目标及其单元内每个课时的目标；第三步是打造教研共同体开展研讨，对单元整体教学目标进行检验、修订和完善，最终确定单元整体教学目标等。

（3）设计单元教学活动。

设计单元学习活动有三个步骤：第一步是设计具有挑战性的学习任务，围绕教学目标，结合学习内容的特点和学生的学习基础、学习障碍点、发展空间、学习兴趣等，初步设计出系列培养科学思维的挑战性任务；第二步是对学生学习过程中的表现和可能遇到的困难做出预设，给出基本的应对方案；第三步是团队要对学习活动进行检验，检查这些活动是否有助于达成学习目标，讨论后优化学习活动的设计。根据"重要概念"设计任务情境，以学习活动来解决情境问题，从而构建"重要概念"，为本模块大概念的构建奠定基础，逐渐发展学生的生物学核心素养，尤其是科学思维。

（4）开展单元教学评价。

开展单元学习评价有四个步骤：第一步是制定单元学习评价方案；第二步是确定评价反馈的内容和方式；第三步是论证评价方案的可行性；第四步是公开评价标准。

（二）研究取得的主要成效

1. 构建了"教—学—评"一致的进阶教学范式

通过项目组成员的研究、实践、反思、总结，本研究形成了一条基于"教—学—评"一致的高中生物学课堂教学途径，形成了一套具有学科特色的指导高中生物学教师培养学科核心素养的实践操作范式，进一步加深了对生物学学科核心素养、概念教学理论、单元教学理论的认识，最终形成"教—学—评"一致的进阶教学范式。这一教学范式具有较高的理论价值和实用价值，为高中生物学教师的教育观念和课堂教学方式转变提供了参考和指导。在"教—学—评"一致的教学模式中，教师通过创设合理真实的教学情境，达成教学目标，保持教学目标、教学内容、教学方法以及评价方式之间的一致性，并通过评价来验证学生对学习目标的掌握程度。这种教学范式有助于提高教学质量，培养学生的核心素养，并使教学评价更加科学和客观。

2. 促进了教师教学观念的转变

本研究改变了教师的教学模式和课堂教学观念，使教师能够运用新课程改革的理念和学科核心素养的达成角度重新审视自己的课堂教学，使高中生物学教师认识到：教学是在合理情境下进行的以学生为中心的认知活动，又是在教师组织指导下，学生获得全面、和谐、主动发展的认识活动。在推进"双新"落地的课堂教学实践中，要潜心研究教法、学法，使教与学有机结合，师与生共同成长，真正使课堂教学达成核心素养的培养。

3. 提升了教师的科研能力

开展"聚焦核心素养的高中生物学教学研究"的项目研究，对提升教师的科研能力具有显著的作用。包括以下方面：

①深化教师对核心素养的理解：通过研究，项目组成员教师需要深入探究核心素养在高中生物学教学中的具体体现和实施路径。这一过程不仅增强了教师对核心素养的认识，也为其在教学实践中更好地培养学生核心素养提供了理论支持。

②提高教师的教学设计与实施能力：研究要求教师对现有的教学内容、方法和评价方式进行反思和改进，以更好地适应新课程标准的要求。在这一过程中，教师需要运用科研思维和方法，对教学进行系统设计，并实施有效的教学策略，这有助于提高教师的教学设计与实施能力。

③增强教师的问题解决与创新能力：在研究中，教师会遇到各种各样的教学问题和挑战，需要运用科研方法进行分析和解决。这一过程锻炼了教师的问题解决能力，同时也激发了教师的创新思维，推动其在教学实践中进行更多的探索和创新。

④提升教师的合作与交流能力：研究往往需要教师之间的合作与交流。通过共同研讨、分享经验和成果，教师可以相互学习、相互启发，从而提高自己的科研能力和教学水平。同时，与其他教师、专家的交流与合作也有助于拓展教师的视野和思路。

项目组在本研究中充分发挥成员的引领带动作用，开展了形式多样的互听互教观摩研究活动，在课堂教学研究观摩中互动发展，引导项目组成员更新教学理念，提高课堂教学落实能力，促进了教师的专业成长。项目组教师成员在近两年有 13 人次在市级以上教学评比中获奖，10 多篇论文在区级以上获奖或发表，累计开展讲座 42 场次，进行市级以上课例展示 21 节，获得地市级以上教育教学成果奖情况 18 项，具体见表 2-1。

表 2-1 成果汇编表

序号	成果名称	作者姓名	成果形式	发表刊物名称、刊号或获奖情况
1	2022 年广东省中学化学和生物学实验操作与创新技能竞赛	周艳超	教学课例	省级二等级
2	2022 年广东省普通高中新课程教材实施优质教学课例"蛋白质是生命活动的主要承担者"	王楠楠	教学课例	省级三等级
3	2022 年广东省普通高中新课程新教材实施优质教学课例"细胞中的无机物"	夏季	教学课例	省级三等级
4	2022 年广东省普通高中新课程新教材实施优质教学课例"其他植物激素"	赵李囡	教学课例	省级三等级

(续上表)

序号	成果名称	作者姓名	成果形式	发表刊物名称、刊号或获奖情况
5	2022年广东省普通高中新课程新教材实施优质教学课例"细胞的增殖"	周艳超	教学课例	省级三等级
6	2022年生物学原创试题《"遗传基本规律"试题设计》	郑柳青	教学课例	省级三等级
7	第二届"京师杯"全国中小学教师数字化教学能力《"探究酵母菌细胞呼吸的方式"改进与创新》	郑柳青	教学课例	省级二等级
8	广东省学生物教学微课（2023年）"探究不同的植物叶片色素种类与含量差异"	周艳超	教学课例	省级三等级
9	广东省中学生物教学设计（2023）"动物体细胞核移植技术和克隆动物"	黄海	教学课例	省级三等级
10	2022年清远市普通高中优质课例"细胞的增殖"	周艳超	教学课例	市级一等级
11	2022年清远市普通高中优质课例"蛋白质是生命活动的主要承担者"	王楠楠	教学课例	市级一等级
12	2022年清远市普通高中优质课例"细胞中的无机物"	夏季	教学课例	市级一等级
13	2022清远市普通高中优质课例"其他植物激素"	赵李茵	教学课例	市级一等级

4. 提高了学生的综合素质

本研究形成的基于"教—学—评"一致的高中生物学课堂教学范式，培养了学生的自主探究和自主学习的能力，提高了学生的生物学学科核心素养。表现在学生的生命观念得到提高：通过研究实践过程，学生能够更好地理解生命的本质和规律，建立起生命观念。这种观念的形成，可以帮助学生更好地认识自己和周围生物世界的关系，增强对生命的尊重和环境保护意识。学生的科学思维得到培养：生物学是基于实验的基础学科，研究的实践过程帮助学生掌握科学研究方法，养成科学的思维习惯，学会通过观察、实验和分析，对生物学问题进行科学的探究和推理，形成科学的世界观和方法论。学生的探究能力得到增强：在研究实践过程中，学生在真实情境中体验科学探究的过程，培养发现问题、分析问题和解决问题的能力。学生的社会责任意识得到充分培养：生物学核心素养强调培养学生的社会责任意识，学生可以深入了解生物学知识在社会生活中的应用，明确自己作为公民在环境保护、生物多样性保护等方面的责任和义务。

九、研究的反思与展望

经过两年来的课题研究，我们共同感受到课题研究是一项系统工程，从一开始的选题立项就要全盘考虑，包括课题成员的选择、课题研究的内容、研究的成果预测等，要进行反复的推敲，做出切实可行的方案。虽然我们项目组在研究过程中取得了较好的研究成果和成效，但是也存在一些问题：比如项目组成员平时工作事务比较繁重，除了日常的正常教学外，还有不少成员担任班主任、备课组长、年级级长、校级领导等，没有更多的时间进行理论方面的学习，理论学习不够深刻。在高中生物学核心素养培养的教学实践参考案例不多，课题的教学模式仍需进一步加大推广。

参考文献

［1］中华人民共和国教育部. 普通高中生物学课程标准（2017年版）［M］. 北京：人民教育出版社，2020.

［2］中华人民共和国教育部. 普通高中生物学课程标准（2017年版2020年修订）［M］. 北京：人民教育出版社，2020.

［3］王健. 基于学生核心素养的生物学科能力研究［M］. 北京：北京师范大学出版社，2018.

［4］黄少旭. 高中新课程生物学科核心素养优秀教学设计［M］. 广州：广东高等教育出版社，2022.

［5］武敬，李东旭. 新理念下的高质量课堂教学丛书：中学劳动教育实施指导［M］. 北京：世界知识出版社．2023.

［6］中华人民共和国教育部. 中小学综合实践活动课程指导纲要［M］. 北京：北京师范大学出版社，2017.

［7］辛涛，姜宇，林崇德. 论学生发展核心素养的内涵特征及框架定位［J］. 中国教育学刊，2016.

［8］林崇德. 建构中国化的学生发展核心素养［J］. 北京师范大学学报，2017.

［9］林崇德. 中国学生核心素养研究［J］. 心理与行为研究，2017.

［10］黄四林，左璜，莫雷，等. 学生发展核心素养研究的国际分析［J］. 中国教育学刊，2016.

［11］余文森. 从"双基"到三维目标再到核心素养［J］. 课程教材教法，2019.

［12］张开. 高考评价体系的研制解读［J］. 中国考试，2019.

［13］杨帆，郭学恒. 基于高考评价体系的生物科考试内容改革实施路径［J］. 中国考试，2019.

第三章　单元整体教学设计研究与实践

必修一

第 1 单元　走进细胞

一、单元教学设计说明

在初中的学习中，学生对细胞是生物体结构和功能的基本单位这一概念有初步认识，也具有使用光学显微镜观察一些常见动植物细胞的经验。但是基于学生现有的认知水平、归纳和概括能力，学习理解细胞学说这一微观、抽象的内容还是有一定的困难。细胞学说在高中阶段需要使用科学发展的角度去纵观整个过程，利用对比归纳方法引导学生认识细胞，引领学生形成"细胞是生物体结构与生命活动的基本单位"的大概念，从而建立系统性、科学性的生命观念。

本单元落实单元概念中的"1.3 各种细胞具有相似的基本结构，但在形态与功能上有所差异"，要求通过阅读、讨论、分析细胞学说的建立过程，学会归纳法在科学研究中的应用。通过实验操作，培养学生实验操作技能，体会科学探究是形成概念的重要途径，在教学中渗透保护动物、保护生态环境的社会责任意识，认识生物的结构与功能观，认同生物界的统一性与多样性。为了达成以上目标，学生需要先形成以下次位概念"1.3.1 说明有些生物体只有一个细胞，而有的由很多细胞构成，这些细胞形态和功能多样，但都具有相似的基本结构；1.3.2 描述原核细胞与真核细胞的最大区别是原核细胞没有由核膜包被的细胞核"，具体如图 3-1 所示：

```
重要概念          ┌─────────────────────────────────────────┐
（单元概念）  →   │ 1.3 各种细胞具有相似的基本结构，但在形态与功能上有所差异 │
                  └─────────────────────────────────────────┘
      ↓                              ↑
                  ┌─────────────────────────────────────────┐
单元教学          │ 1.通过阅读、讨论、分析细胞学说的建立过程，学会归纳法在科学研究│
目标              │ 中的应用。                              │
                  │ 2.通过使用高倍显微镜观察细胞，培养学生实验操作技能，体现了科学│
                  │ 探究是形成概念的重要途径。              │
                  │ 3.本单元采用大熊猫素材，学习原核细胞蓝细菌时介绍水华与赤潮的产│
                  │ 生原因，同时介绍发菜过度采挖的案例，渗透保护动物、保护生态环境的│
                  │ 社会责任意识                            │
                  │ 4.通过本单元学习，阐述"细胞是生命活动的基本单位"，用生命观念│
                  │ 认识生物的结构与功能观，认同生物界的统一性与多样性 │
                  └─────────────────────────────────────────┘
      ↓                    ↑                      ↑
次位概念              ┌─────────┐           ┌─────────┐
（课程要求）          │  1.3.1  │           │  1.3.2  │
                      └─────────┘           └─────────┘
      ↓                 ↑ 形成                 ↑ 形成
                  ┌──────────────────┐   ┌──────────────────┐
课程教学          │ 1.通过阅读，归纳细胞学说建│ │ 1.通过利用高倍显微镜观察细│
目标              │ 立过程，学会归纳法应用，领会│ │ 胞，学会采用科学探究方法研究│
                  │ 学发现与技术的关系。     │ │ 细胞结构。       │
                  │ 2.通过单细胞与多细胞完成生│ │ 2.通过比较分析原核细胞与真│
                  │ 命活动案例，理解细胞学说内容。│ │ 核细胞的区别，重点分析原核细│
                  │ 3.通过观察冷箭竹和大熊猫素│ │ 胞结构，学会归纳与概括，阐明│
                  │ 材，阐述生命系统的结构层次，│ │ 细胞统一的结构模式。│
                  │ 阐述细胞是基本的生命系统 │ │ 3.通过我国大熊猫素材，以及水│
                  │                          │ │ 华、赤潮、过度采挖发菜等社会│
                  │                          │ │ 热点、树立保护动物、保护生态│
                  │                          │ │ 环境的社会职责 │
                  └──────────────────┘   └──────────────────┘
      ↓                   ↑                      ↑
教材内容等          ┌──────────────┐     ┌──────────────┐
（共3课时）         │第1章第1节（1课时）│  │第1章第2节（1课时）│
                    └──────────────┘     └──────────────┘
```

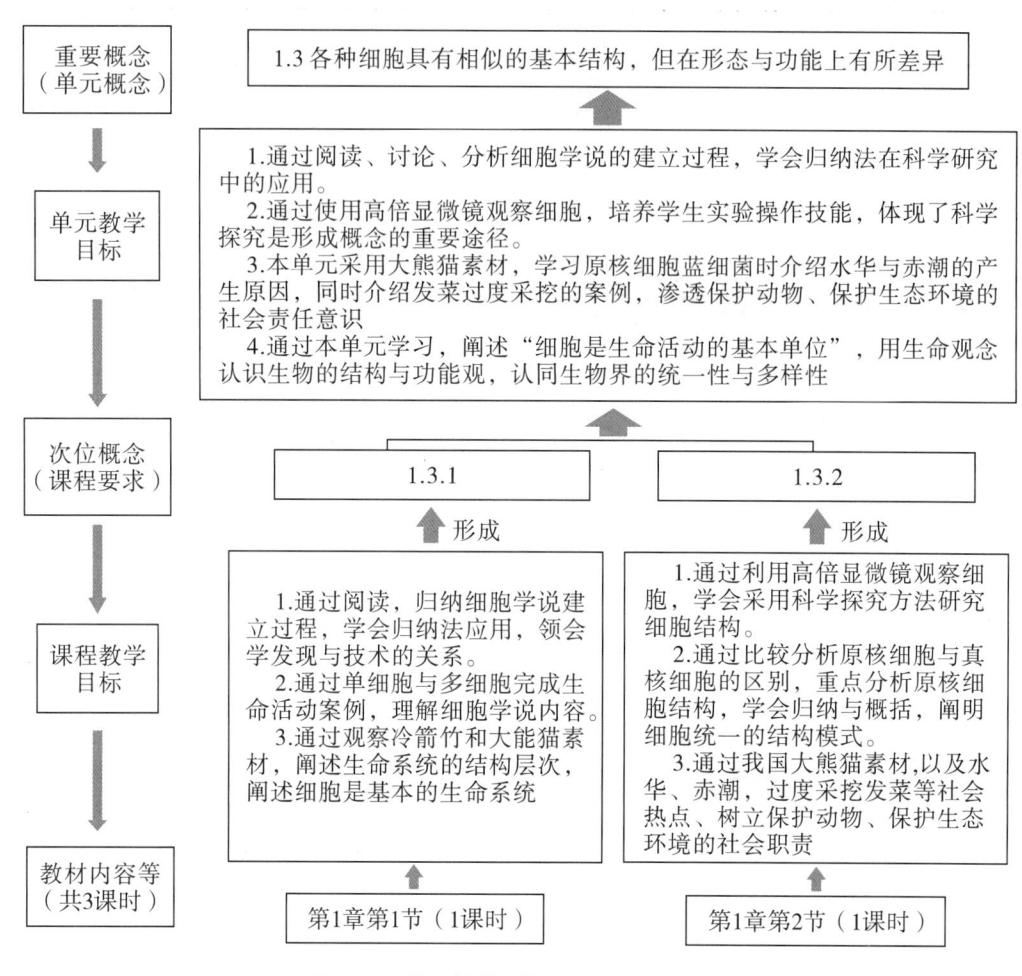

图3-1　单元教学目标导向下的课时目标

学科核心素养的落实：

（1）生命观念。

通过细胞学说建立过程的学习，认知细胞的统一性，进而认识到生物界的统一性；通过观察多种多样的细胞，认识细胞既统一又多种多样，再通过比较真核细胞和原核细胞的异同，从实践的角度认识细胞的多样性和统一性，进而认识到生物界的多样性和统一性，感受大自然的神奇与美丽。通过学习细胞学说等内容，认识到细胞是生命活动的基本单位。单细胞生物能够独立完成生命活动，多细胞生物依赖各种分化的细胞密切合作，共同完成一系列复杂的生命活动。细胞是一个基本的生命系统，在此基础上进一步认识生命系统的结构层次：细胞、组织、器官、系统、个体、种群、群落、生态系统、生物圈，从而让学生初步建立起生命的系统观。

（2）科学思维。

通过"大熊猫吃冷箭竹"的问题探讨，要求学生获取和提供"大熊猫和冷箭竹都是由细胞构成的"的证据，并评价自己的证据是否正确与充分，从而让学生认识到证据是得出结论的重要条件，认识到尊重事实和证据是科学思维的重要特征。基于细胞学说建立的科学史资料，说明人类在探索细胞的过程中运用了观察法、归纳法，尤其是不完全归纳法等科学思维方法。通过观察示意图等方法，说明细胞的统一性和多样性，培养学生的分析归纳能力。用构建模型的方法，掌握生命系统的各个层次之间的关系，培养建模的科学思维。

（3）科学探究。

细胞学说的建立过程，就是科学探究的过程。在分析细胞学说建立的过程中，有解剖观察和显微镜的观察，体现了科学探究是形成概念的重要途径。通过"使用高倍显微镜观察几种细胞"的探究活动，不仅培养了学生显微镜的操作技能，还训练了学生"观察—归纳"的科学方法。

（4）社会责任。

主动关注科学、技术、社会之间密不可分、相互依赖的关系，领悟显微技术的进步对人类认识生命的作用。采用我国珍贵的保护动物大熊猫及其主要食物冷箭竹作为教学情境，激发学生的自豪感，渗透保护动物的情感。通过学习原核细胞蓝细菌，介绍水华产生的具体原因，激发学生爱护环境的情感。同时介绍"发菜的过度采挖破坏了生态，我国已将发菜列为国家一级重点保护生物"的事实，渗透保护生态、保护环境的意识，引导学生分析和解决现实生活中的有关问题，提升社会责任感。

二、单元学习目标与重难点

1. 单元学习目标

（1）通过阅读、讨论、分析细胞学说的建立过程，学会归纳法在科学研究中的应用。

（2）通过使用高倍显微镜观察细胞，培养学生实验操作技能，体现科学探究是形成科学概念的重要途径。

（3）本单元采用大熊猫素材，在学习原核细胞蓝细菌时介绍水华与赤潮的产生原因，同时介绍发菜过度采挖的案例，渗透保护动物、保护生态环境的社会责任意识。

（4）通过本单元学习，阐述"细胞是生命活动的基本单位"，用生命观念认识生物的结构与功能观，认同生物界的统一性与多样性。

2. 单元学习重难点

（1）单元学习重点：体验细胞学说的建立过程；形成细胞是基本的生命系统的观念；比较分析原核细胞和真核细胞的异同。

（2）单元学习难点：细胞学说的意义；使用高倍镜观察几种细胞，比较不同细胞的异同点。

三、单元整体教学思路

本单元作为高中生物学的第一个教学单元，是形成单元概念的重要环节。以"细胞是基本的生命系统"为主线来展开教学内容，本单元围绕着"为什么说细胞是基本的生命系统?""有什么证据证明细胞这一生命系统具有统一性和多样性?"这两个核心问题展开,本单元的学习为后续单元的学习奠定基础。通过本单元学习,学生需要理解除病毒以外,生物体都是以细胞作为结构和功能的基本单位,生命活动离不开细胞,而细胞具有多样性和统一性。细胞学说是基于观察的基础上,用不完全归纳法总结出的结论,基于这一结论,人们认识到生物界也具有统一性,让学生学会从系统的视角看生命世界。

首先介绍细胞学说及其建立过程,其作用是既说明细胞学说的意义,又阐述"细胞是生命活动的基本单位"的理论统领,让学生初步认识"细胞是一个基本的生命系统"。接着通过观察细胞的"探究·实践",从实践的角度认识细胞的多样性和统一性。然后比较原核细胞和真核细胞的区别与联系,归结到"原核细胞和真核细胞的统一性"。最后结尾落在细胞具有统一性,本书后续各章探讨细胞这个生命系统就有了前提。本单元并不仅考虑知识结论的呈现,而且非常注重知识的获取过程,即遵循科学的认知规律,从可靠的证据中获得相应结论的认知逻辑。因此,本单元特别注意引导学生认识证据,寻找证据,并根据这些证据进行归纳,渗透科学方法,培养学生的科学思维。本单元内容结构如图3-2所示。

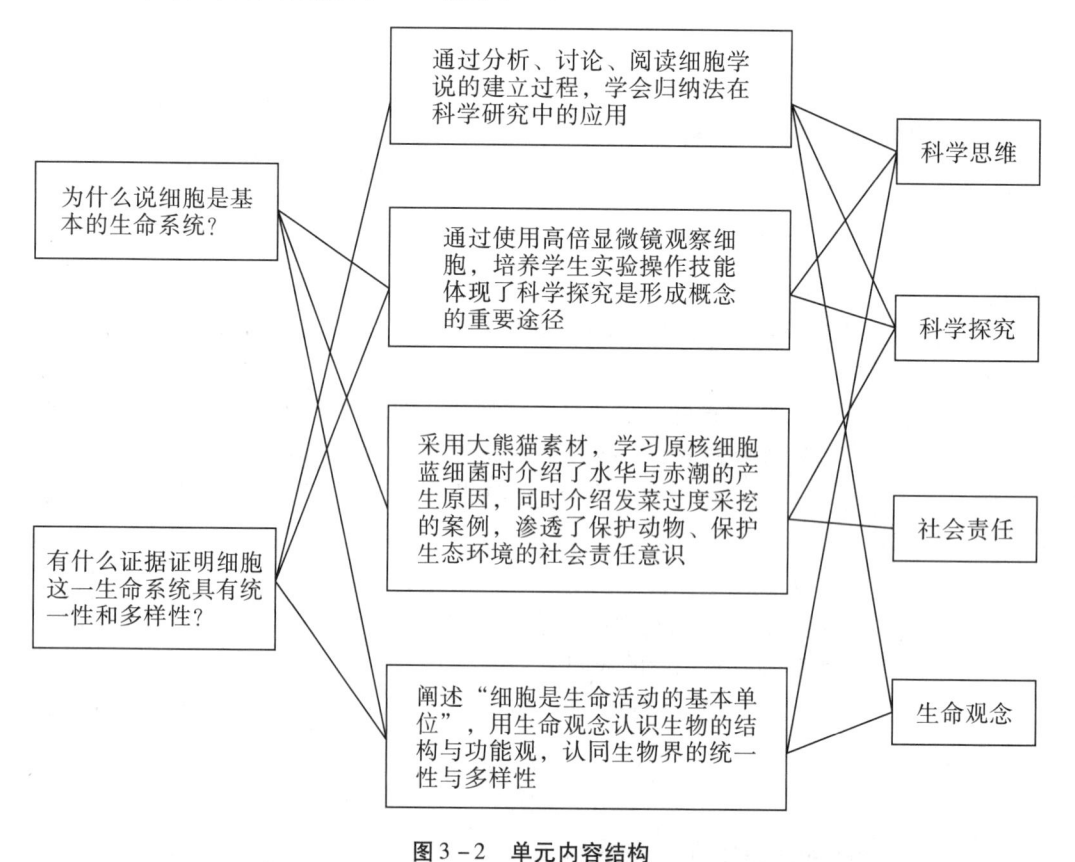

图3-2 单元内容结构

第 1 课时 细胞是生命活动的基本单位

（一）教学内容分析

本节内容主要落实次位概念"1.3.1 说明有些生物体只有一个细胞，而有的由很多细胞构成，这些细胞形态和功能多样，但都具有相似的基本结构"，让学生从宏观到微观的角度认识生命系统，学生要掌握的重要概念是"各种细胞具有相似的基本结构，但形态与功能上有所差异。"这个概念是在学生已有知识的基础上进行的归纳与概括，设置任务让学生在活动中完成，这样做的好处是让学生在高中阶段初次学习生物学时有经验可参考，有讨论过程，产生阅读兴趣，同时也让学生知道学习生物学与社会生活是密不可分的。

（二）学习者分析

本节课的授课对象是刚刚接触高中的高一新生，他们经过初中阶段的学习，已经具备了一定的知识基础，本节内容与学生的学习经验和生活经验都有密切的联系，例如，学生初中已学过细胞，知道细胞的基本结构以及植物细胞和动物细胞的区别与联系，知道细胞是构成生物体的基本单位，知道细胞、组织、器官与系统的关系，也了解熊猫喜欢吃竹子，对生物圈的基础知识也大致知道。此外，学生具有一定的总结归纳能力，并且具有将生物学知识应用于生活中的意识，因此学生能够在上述知识、能力的基础上进一步了解细胞是生命活动的基本单位的内涵。

（三）学习目标确定

（1）通过细胞学说建立过程的学习，认识细胞的统一性，进而认识到生物界的统一性，初步建立起生命的系统观。

（2）基于细胞学说建立的科学史资料，说明人类在探索细胞的过程中运用了观察法、归纳法，尤其是不完全归纳法等科学思维方法。用构建模型的方法，掌握生命系统的各个层次之间的关系，培养建模的科学思维。

（3）主动关注科学、技术、社会之间密不可分、相互依赖的关系，领悟显微观察技术的进步对人类认识生命的作用。

（四）学习重难点

（1）学习重点：细胞学说的内容和意义，细胞是基本的生命系统。

（2）学习难点：细胞是基本的生命系统。

（五）教学过程

环节一：课堂导入，创设情境。

教师利用 PPT 展示克隆猴的图片以及骨髓移植的相关资料，展示生物学研究已取得的结果。说明这些研究的基础是对细胞的了解，虽然目前已取得了如此多的成就，但是关于细胞仍有许多问题有待探究，本单元我们将学习细胞的分子组成、细胞的结构等内容以进一步了解细胞。

【设计意图】通过举例说明生物学的研究成果，激发学生的学习兴趣。

环节二：问题探讨。

教师播放视频"与竹共存"，提出问题：大熊猫和冷箭竹形态不同，但都是由细胞构成的，你将如何获取和提供证据证明呢？同时引导学生回顾初中所学知识，各种形态相似、功能相同的细胞是由什么构成的呢？人类是怎么发现细胞的呢？细胞通常用什么仪器来观察呢？

【设计意图】激发学生学习热情，初步认识生物学是重视证据和逻辑的；检测学生对初中生物中细胞、组织的概念，同时让学生认识到显微镜观察细胞的重要性，渗透观察法这一科学方法。

环节三：细胞学说的发现过程。

教师分组布置学习任务：观看视频分析细胞学说建立的过程，填写表格并思考：

（1）显微镜发明之前，科学家对生物体和生命现象进行研究的主要方法是什么？
（2）显微镜发明后，科学家对细胞有怎样的观察和积累？
（3）科学家是怎样基于事实得出"动植物体由细胞构成"这一结论的？
（4）为什么施莱登、施旺成为细胞学说的建立者？
（5）施莱登和施旺只观察了部分动植物的组织，就归纳出"所有动植物都是由细胞构成的"的结论，可信吗？播放细胞学说的发现史视频。

【设计意图】让学生认同解剖学在解释生命本质方面的意义，体会科学家得出结论需要可靠的证据；认同科学家的观点，理解细胞学说的建立是在生命科学发展史上里程碑式的重要事件。理解不完全归纳法的可靠性，应用归纳法注意事物的普遍性和特殊性。通过自主举例说明不完全归纳法的应用，能够认识到不完全归纳法应用的广泛性及事物的特殊性，渗透科学方法归纳法：直接观察—获得结论—归纳概括—形成理论。

环节四：显微镜与细胞学说的发展。

教师布置学习任务：分析显微观察技术进步与细胞学说建立和发展之间的密切关系。组织学生观察讨论：不同显微镜观察及经不同染色方法处理的酵母菌图片，显微技术的进步与发展对于细胞生物学的发展有怎样的作用？为什么？

【设计意图】让学生认同细胞生物学的快速发展有赖于科学界对细胞的关注，是技术进步的推动。

环节五：分析生命系统的结构层次。

教师布置任务：分析生命系统的结构层次，完成以下活动：①根据打乱的大熊猫和冷箭竹的层次模式图，还原冷箭竹和大熊猫的结构层次。②写出草履虫的生命系统结构层次，并与动植物的生命系统结构层次作比较，找出共性和差异所在。③一个分子或一个原子是否为一个系统？它们是生命系统吗？请作出回答并说明理由。教师对种群、群落和生态系统的概念进行总结。教师布置建立模型的任务：比较细胞和组织、组织与器官、种群与群落之间的关系，尝试用模型表示。

【设计意图】引导学生理解系统中各个成分之间是相互联系的、统一的整体，感受系统内部存在 $1+1>2$，认同细胞是基本的生命系统，从而初步形成生命的系统观。

环节六：小结。

教师总结：回顾本节课所学习的内容：探究细胞学说的建立过程以及在梳理生命系统的结构层次的过程中认识到细胞是基本的生命系统，由此最终确定细胞是结构和生命活动的基本单位。

【设计意图】通过总结本节课的内容并提出本单元的基本问题——为什么说细胞是结构与生命活动的基本单位？让学生在心中存有疑问有利于后续教学的进行。

（六）板书设计

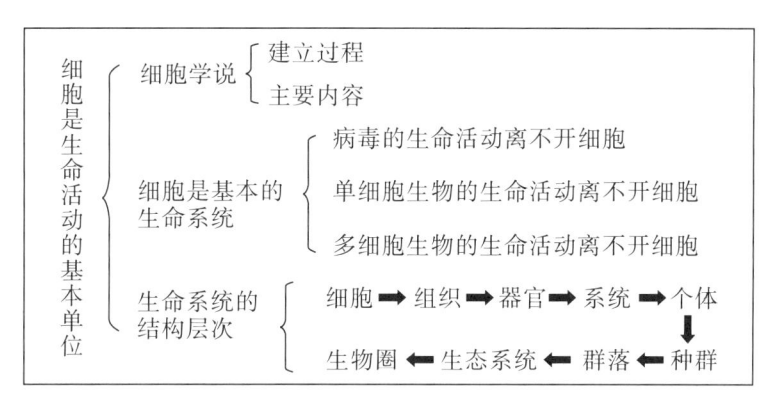

```
                    ┌ 细胞学说 ┌ 建立过程
细胞                │          └ 主要内容
是                  │          ┌ 病毒的生命活动离不开细胞
生命                │ 细胞是基本的  ┤ 单细胞生物的生命活动离不开细胞
活动                │ 生命系统      └ 多细胞生物的生命活动离不开细胞
的基                │ 生命系统的  ┌ 细胞 → 组织 → 器官 → 系统 → 个体
本单位              └ 结构层次    └ 生物圈 ← 生态系统 ← 群落 ← 种群
```

（七）教学反思

本堂课的教学，以科学探究为主线，通过精心设置问题串，引导学生以探索者、研究者的身份投入学习中。学生通过思考与讨论，亲身体验科学发展的过程。通过多媒体的辅助展示教学，将抽象的知识简单化，取得了较好的效果。对于刚接触生物学的高一学生来说，学习容量过大。本节课设置了较多的问题和情境，尽管学生的思维很活跃，但回答的质量有待提高。学习本节新课的重点难点：生命系统的结构层次时，学生对于区分生态系统存在一定的疑惑，通过模型构建，简单清晰地区分各层次的关系。

（八）课后固学

以"细胞"为核心完善思维导图。

第2课时 使用高倍显微镜观察几种细胞

（一）教学内容分析

《使用高倍显微镜观察几种细胞》是人教版高中生物必修一中的第一个实验，也是学生从初中升到高中后所接触到的第一个生物学实验，具有非常重要的作用。本实验要求学生能够熟练地使用显微镜观察各种细胞，并且能够运用高倍显微镜观察不同细胞的区别，同时还要学会临时装片的制作。显微镜的使用是很多其他实验的基础，教师要组织好观察、实验等探究性学习活动，帮助学生增加感性认识，克服对微观结构认识的困难。因此，熟练使用显微镜具有承前启后的重要作用。

（二）学习者分析

高一的新生经过初中的学习以后，对生物学实验有了一定的了解，也掌握了一定的实验技能。初中已经对显微镜的各个部分进行学习，一些学校也开设了显微镜的使用实验。但是因为中考生物学科的分数占比较低，导致部分学生对于生物学不是很重视，学生的实验理论及实验技能基础较差，部分学生甚至没有使用过显微镜。

（三）学习目标确定

（1）比较所观察的几种细胞的区别与联系，能够说出几种细胞的结构形态，认同细胞的多样性和统一性。

（2）巩固和熟练制作临时装片的方法，学会使用高倍镜观察细胞。

（3）养成良好的实验习惯和端正实验态度。

（4）培养合作学习、探究性学习的能力。

（四）学习重难点

（1）学习重点：高倍显微镜的规范使用；巩固和熟练临时装片的制作。

（2）学习难点：高倍显微镜的使用。

（五）教学过程

环节一：准备。

教师讲读实验室规定和实验课要求；对学生提出具体要求，并按划定小组就位。学生入室后按分组找到座位，完成实验课前的准备工作（观察实验室、黑板、实验桌及桌上的仪器及药品等）。

【设计意图】根据学生课前的资料搜集、分组情况，评价学生的学习准备情况。这是学生生物课的第一节实验课，让学生从一开始就学习规矩，养成良好的习惯，培养学生科学探究的能力。

环节二：教学导入。

检查学生课前导学案预习情况，引入课程。学生检查、回忆课前预习内容，思考问题。

【设计意图】根据互动行为出现的次数、对于达成教学目标是否有帮助来评价互动质量。引导学生进入状态，问题驱动。

环节三：教师实验演示。

教师演示显微镜的使用，利用电子目镜和多媒体系统进行可视化的显微镜使用演示。学生结合课本中低倍显微镜和高倍显微镜使用的方法步骤，听教师讲解使用显微镜需要注意的关键点，熟悉本实验的过程与方法。

【设计意图】根据学生是否清楚预设的目标、听课情况、笔记情况进行评价。通过可视化演示直观地呈现显微镜的规范化操作过程，解决学生在实验中经常遇到的问题

环节四：实验活动1。

教师密切关注学生实验情况，对于不熟悉操作过程的小组进行指导，提高效率，提醒学生注意时间安排，适当给予建议，学生有无法解决的问题就及时给予帮助，提醒学生注意实验安全。学生结合课本使用显微镜进行观察，同组同学可以相互帮助指

正，通过合作交流提高实验效率。

【设计意图】根据学生自主学习的次数、时间、参与人数、学习质量来评价学生学习的效果。练习显微镜的使用，通过互相帮助增强学生的合作学习意识，提高学生对实验结果的观察记录分析能力。

环节五：实验活动2。

教师密切关注学生实验情况，对于不熟悉操作过程的小组进行指导，提高效率，提醒学生注意时间安排，根据学生每组不同的材料，适当给予建议，学生有无法解决的问题就及时给予帮助，提醒学生注意实验安全。同组中的不同学生选择不同的材料，结合课本制作临时装片并使用显微镜进行观察的内容，同组同学可以共同观察所制作的装片，通过合作交流提高实验效率。

【设计意图】根据学生自主学习的次数、时间、参与人数、学习质量来评价学生学习的效果。培养学生解决具体问题的能力，通过组内分工增强学生的合作学习意识，提高学生对实验结果的观察记录分析能力。

环节六：小组展示。

教师组织各小组展示实验结果，并交流分享成败经验，同时提出一些实验中的问题，要求小组成员根据实际解决，教师适当适时地进行改进，教师利用电子目镜和多媒体系统展示学生作品，要求其他组给出合理评价与建议，教师根据汇报情况给予鼓励性的评价，并提出建议。小组代表展示成功的实验结果，交流实验中本组利用特殊材料获得成功的经验和遇到的瓶颈问题，学生根据组内的实际情况，提出实验中遇到的问题，并交流本组在具体实验中如何化解难题，小组针对其他组出现的问题进行合理评价并给出适当建议。

【设计意图】根据学生倾听教师讲课、倾听同学发言的人数和时长，以及倾听时的笔记、回应等评价学生的听课情况。根据互动行为出现的次数、对于达成教学目标是否有帮助来评价互动质量。培养学生交流表达能力，培养合作学习的意识、与他人交流的意识，培养学生给出合理评价的能力，学生体验实验过程和成功的喜悦。

环节七：小结。

教师对小组展示进行总结，同时提出问题，引发讨论。学生结合本次实验出现的问题，在同组成员之间通过讨论来分析和解决问题，拓展深化。

【设计意图】根据学生是否清楚预设的目标，以及对课程学习过程中情境问题的回答情况评价预设目标的达成情况，通过讨论和解决问题巩固所学知识技能，培养学生有始有终的实验精神，养成良好的实验习惯。

（六）板书设计

> 一、显微镜各部分名称
> 二、显微镜的使用
> 1. 对光
> 2. 制作装片
> 3. 使用低倍镜观察（粗准焦）
> 4. 使用高倍镜观察（细准焦）

（七）教学反思

普通单筒光学显微镜的使用有很多限制，在使用的时候只能给一个人观察，无法做到同时面向全体同学展示。教师在进行显微镜使用演示时，学生无法同步观察，因此对于学生理解显微镜的使用有一定的障碍，教师演示显微镜使用方法实际效果不理想。

本节实验对实验器材做了创新性改进，将传统目镜换成电子目镜，并配合多媒体平台系统，就可以做到将显微镜视野实时投影到大屏幕上，做到显微镜视野可视化，使本来只能面向一个学生转变成同时面向全体学生，极大地改善了传统单筒光学显微镜的局限性，使得教学效果得到了极大的提升，也丰富了教学手段。

在组织教学方面做了精心设计，通过实验小组的建立和实验任务的提前布置，让学生自主寻找选择实验材料，增强了学生实验的自主选择性和探究性，锻炼了学生合作学习、交流探究的意识。在具体实验的过程中，生物材料取材的难易程度不同，导致学生普遍偏向于准备植物材料，对动物细胞以及微生物细胞的观察不足。部分小组因为选择的材料种类过多，有的材料较难处理，时间上有些不够用，有的材料没有做完，在以后的教学中要加以改进。

（八）课后固学

以"显微镜"为核心画出思维导图。

第3课时　细胞的多样性和统一性

（一）教学内容分析

本节细胞的多样性和统一性主要对应次位概念"1.3.2 描述原核细胞与真核细胞的最大区别是原核细胞没有由核膜包被的细胞核"，本节内容对应"各种细胞具有相似的基本结构，但在形态与功能上有所差异"的重要概念。本节内容作为细胞生物学中最基础的知识，是学生后续学习其他内容的基础。教师应结合学生上一节课使用显微镜的经历，引导学生通过观察和比较来认识细胞的多样性和统一性，进而认识生物界的多样性和统一性。

（二）学习者分析

学生通过上一节的实验课已经对高倍显微镜的使用有了实际性的体验，同时利用高倍显微镜对细胞进行了观察，对细胞有了直观的感性认识。教师需要引导学生通过对比分析原核细胞与真核细胞的异同，总结得出细胞的统一性和多样性，有效训练学生的科学思维。

（三）学习目标确定

（1）比较真核细胞和原核细胞的异同，从实践的角度认识细胞的多样性和统一性，进而认识到生物界的多样性和统一性。

（2）通过讨论水华的产生原因及治理措施，形成对蓝细菌单体与群体形式的直观认识，认同环境保护的必要性和重要性。

（四）学习重难点

（1）学习重点：真核细胞与原核细胞的区别与联系。
（2）学习难点：真核细胞与原核细胞的区别与联系。

（五）教学过程

环节一：新课引入，创设情境。

教师展示熊猫心肌细胞、冷箭竹叶肉细胞、血涂片、口腔上皮细胞临时装片、洋葱根尖分生区细胞临时装片、洋葱内表皮细胞装片的观察结果，带领学生回顾认识各细胞的名称、形态及作用。总结细胞具有多样性，也具有一些相似的结构，比如细胞膜、细胞质，因此细胞也具有统一性。

【设计意图】通过使用初中实验课观察过的细胞图片创设情境，引导学生回顾过往知识从而起到温故知新的作用。

环节二：原核细胞和真核细胞的概念。

学生小组派代表分组展示自己绘制的模式图，并解说绘制的蓝细菌、大肠杆菌、支原体等生物的结构。教师展示动植物和蓝细菌、细菌及支原体的图并提出问题：①生物的细胞与实验课观察到的细胞有什么不同？②什么是拟核？什么是染色体？教师总结原核细胞和真核细胞的概念。原核细胞，它们没有以核膜为界限的细胞核。真核细胞，它们有以核膜为界限的细胞核。

【设计意图】在教学内容和学生已有的知识结构间设置问题，能够有效地调动学生学习的兴趣，积极地对比两侧图片分析其区别。同时，学生在利用教师所提供资源，解决问题的过程中也锻炼了相应的科学思维。

环节三：原核生物蓝细菌。

教师布置任务，深入了解蓝藻：①阅读教材关于蓝细菌（蓝藻）的相关知识，了解种类，归纳蓝细菌的基本特征。②分析水华的产生原因和治理措施。教师通过屏幕展示原核细胞和真核细胞的比较表格，师生共同完善，并系统地总结生物的分类、细胞的统一性、细胞的多样性。

【设计意图】利用"图片＋语言"的讲解方式有助于加深学生对"细胞具有多样性"的认识，并初步了解细胞生物的分类。通过师生讨论水华的产生原因及治理措施，形成对蓝细菌单体与群体形式的直观认识，认同环境保护的重要性。

环节四：小结。

教师利用思维导图的方式介绍生物分类。

【设计意图】总结提升的环节有助于学生建立本节内容的知识框架。

（六）板书设计

类别	原核细胞	真核细胞
细胞大小	较小	较大
细胞核	无成形的细胞核，无核膜和核仁，无染色体	有成形的细胞核，有核膜和核仁，有染色体

（续上表）

类别	原核细胞	真核细胞
细胞器	只有核糖体	有核糖体、线粒体等，植物细胞还有液泡
生物类群	细菌、蓝细菌、放线菌、支原体等	真菌、动物、植物

（七）教学反思

整节课采用基于情境的问题导学式教学。采用课本的文本资料创设情境，设置问题引导，学生在解决问题的过程中获得必备知识，培养核心素养。通过探究真核细胞、原核细胞的主要区别，准确地判断不同生物类型，找到相同的和不同的生物细胞结构，认同生物间存在统一性和多样性。学会用科学方法来概括真核细胞、原核细胞的统一性和差异性，联系生活中存在的"水华"问题，学会用课本学到的知识来解决生活中遇到的问题，锻炼学生解决真实问题的能力。

（八）课后固学

以"细胞种类"为核心画出思维导图。

单元教学课例评析：

本课例是学生在高中阶段的第一单元学习，本单元设计有以下特点：

（1）主线化的问题情境激发探究欲望。本单元以"细胞是基本的生命系统"为主线展开教学内容，围绕着"为什么说细胞是基本的生命系统？""有什么证据证明细胞这一生命系统具有统一性和多样性？"这两个核心问题展开，能够引导学生深入思考、提出问题和解决问题，激发学生的探究欲望。

（2）多样化的活动发展科学探究能力。本单元设计多种不同类型的活动，如课堂讨论活动、利用显微镜观察细胞实验、利用电子目镜和多媒体平台系统的改进实验等，让学生在不同的活动中运用他们的探究能力在合作中互相学习、互相启发。

（3）多元化的评价方式是科学探究能力的发展需要。这包括自我评价、同伴评价和教师评价等多种方式。评价的目的不仅是了解探究的成果，更是了解探究的过程，以便我们能发现并解决探究中的问题，从而更好地提升探究能力。

第 2 单元 组成细胞的分子

一、单元教学设计说明

依据《普通高中生物学课程标准（2017 年版 2020 年修订）》，本章内容主要是大概念 1 下的重要概念：1.1 细胞由多种多样的分子组成，包括水、无机盐、糖类、脂质、蛋白质和核酸等，其中蛋白质和核酸是两类最重要的生物大分子，包括 1.1.1—1.1.7 的次位概念。1.1.1 说出细胞主要由 C、H、O、N、P、S 等元素构成，它们以碳链为骨架形成复杂的生物大分子；1.1.2 指出水大约占细胞重量的 2/3，以自由水和结合水的形式存在，赋予了细胞许多特性，在生命活动中具有重要作用；1.1.3 举例说出无机盐在细胞内含量虽少，但与生命活动密切相关；1.1.4 概述糖类有多种类型，它们既是细胞的重要结构成分，又是生命活动的主要能源物质；1.1.5 举例说出不同种类的脂质对维持细胞结构和功能有重要作用；1.1.6 阐明蛋白质通常由 20 种氨基酸分子组成，它的功能取决于氨基酸序列及其形成的空间结构，细胞的功能主要由蛋白质完成；1.7 概述核酸由核苷酸聚合而成，是储存与传递遗传信息的生物大分子。学业要求：学习本单元后学生能从结构与功能相适应的视角，解释细胞由多种多样的分子组成，这些分子是细胞执行各项生命活动的物质基础。根据新课标重要概念和次位概念的内容要求，确定单元学习目标和每一节内容的学习目标。

神奇的生命，其活动都离不开细胞，细胞是最基本的生命系统。本章是第一章"走近细胞"的深化，也是后续几章进一步认识细胞的结构、功能、发展和变化的基础。通过本章内容的学习，让学生认识到细胞和生物体是由物质组成的，组成生命的元素都来自自然界，认识生命的物质性、特殊性，初步形成生命的物质观。让学生认识到蛋白质、核酸等物质在细胞中的功能是由其组成和结构决定的，帮助学生初步建立结构与功能相适应的观念。通过事实和证据，归纳、概括和阐释构成生物体的各种物质的特征、作用特点等；能够在面对生活中出现的新问题时，运用归纳、演绎、推理等科学思维解释问题。

"检测生物组织中的糖类、脂肪和蛋白质"，是高中生物学典型的物质检测实验，即用化学试剂来检测特定物质。这一实验中进行物质检测的思路方法，在其他相关实验探究中也可以迁移、借鉴。经历探究实验过程，创造性地分析实验结果，提升科学探究素养；与学生的生活联系，要求学生关注无机盐、糖类、脂质等物质的过量摄入对身体健康的影响；引导学生建立健康的饮食习惯，关注营养与健康。

二、单元学习目标与重难点

1. 单元学习目标

（1）通过分析水与无机盐在细胞中的含量、存在形式及作用，理解水和无机盐对生命活动的重要意义。

（2）通过分析糖类与脂质在细胞中的种类及作用，理解糖类与脂质对生命活动的重要意义。

（3）利用脱氧核苷酸链与核糖核苷酸链的建模，以及氨基酸—多肽—蛋白质的建模，让学生理解分子结构与功能的关系，用结构功能观发展学生归纳、概括、模型与建模的科学思维。

（4）利用"检测生物组织中的糖类、脂质和蛋白质"的实验，让学生学会科学探究的方法与原理，培养实验探究能力。

（5）通过介绍无机盐、糖类、脂质等物质的过量摄入对身体健康的影响，以及蛋白质和核酸在生命活动中的重要作用，引导学生建立健康的饮食习惯、关注营养与健康。

2. 单元学习重难点

（1）单元学习重点：通过分析水、无机盐、糖类和脂质在细胞中的含量、存在形式及作用，理解物质对生命活动的重要意义。利用脱氧核苷酸链与核糖核苷酸链的建模，以及氨基酸—多肽—蛋白质的建模，让学生理解分子结构与功能的关系，用结构功能观发展学生归纳、概括、模型与建模的科学思维。

（2）单元学习难点：利用脱氧核苷酸链与核糖核苷酸链的建模，以及氨基酸—多肽—蛋白质的建模，让学生理解分子结构与功能的关系，用结构功能观发展学生归纳、概括、模型与建模的科学思维。

三、单元整体教学思路

本单元共包含5节内容，从简单到复杂，符合学生的认知规律，先无机物后有机物，从易到难，层层递进。引导学生了解组成细胞的元素和化合物的种类，引导学生通过具体元素的对比，认识生命的物质性，思考细胞的特殊性，分别介绍无机物、糖类和脂质、蛋白质、核酸。"探究·实践"活动"检测生物组织中的糖类、脂肪和蛋白质"让学生通过活动观察到生物组织中确实有这几类物质，从而对生物组织中含有还原糖、脂肪、蛋白质有深刻的印象，认识到这些物质是细胞中的重要组成成分，为后续的学习打下基础；同时，侧面体现本模块在科学思维训练方面所侧重的基于观察和实验、重视证据的设计安排。

本单元内容结构如图3-3所示：

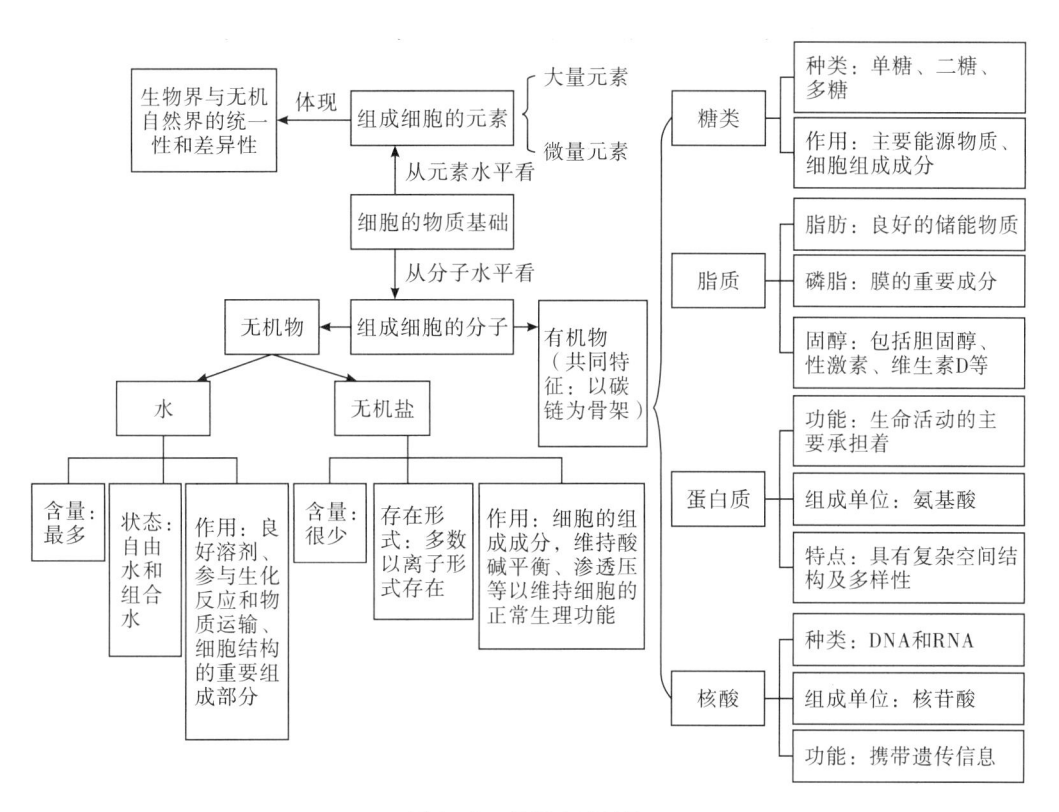

图 3-3 单元内容结构

单元内课时安排及课时之间的关联如图 3-4 所示。

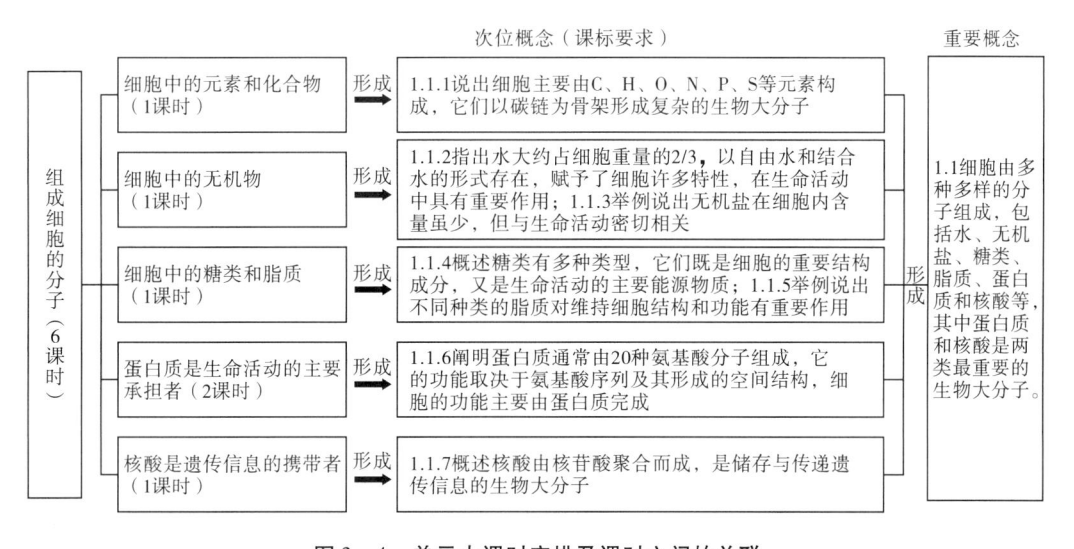

图 3-4 单元内课时安排及课时之间的关联

第 1 节　细胞中的元素和化合物

（一）教学内容分析

本节教学内容简单，是本单元其他内容的基础。教学内容包括三部分，第一部分通过比较地壳（宏观）与细胞（微观）的元素组成及含量，从元素种类和含量的角度认识细胞与无机环境的共性和不同点，从而在元素层次上认识到生命的物质性，有助于学生归纳与概括能力的提升。第二部分通过学生自主学习，掌握元素在细胞中的存在形式，了解细胞内的主要化合物的种类及含量，从化合物角度进一步认同生命的物质性。第三部分开展"检测生物组织中的糖类、脂肪和蛋白质"的探究实践活动，有助于发展学生的科学探究能力和实证意识，也促进学生更加认同"糖类、脂质与蛋白质等化合物参与组成了细胞"这一事实，为后续各节学习奠定基础。

（二）学习者分析

高一学生好奇心强，并且已经具备一定的观察和认知能力，在初中化学学习中掌握了一些关于元素和化合物的知识，也掌握了一定的实验能力。因此，教师应该注重前后知识的联系，巧妙地运用旧知识建构出新知识，有助于学生学习细胞中的元素和化合物。关于如何检测生物组织中的糖类、脂肪和蛋白质，教师借助演示实验帮助学生理解其原理和过程，并指导学生进行实验。

（三）学习目标确定

（1）通过分析生物界与非生物界的元素种类与含量，了解细胞元素来源于自然界又与无机环境不同，说出组成细胞的大量元素和主要微量元素，认同生命的物质性。

（2）说出细胞化合物的主要种类，了解不同化合物的其相对含量，进一步认同生命的物质性。

（3）通过检测生物组织中的糖类、脂肪与蛋白质，观察结果，培养科学探究能力。

（四）学习重难点

（1）学习重点：说出细胞化合物的主要种类，了解不同化合物的相对含量，进一步认同生命的物质性。通过检测生物组织中的糖类、脂肪与蛋白质，观察结果，培养探究能力。

（2）学习难点：通过检测生物组织中的糖类、脂肪与蛋白质，观察结果，培养探究能力。

（五）教学过程

环节一：新课导入。

教师展示清远鸡图片和奶茶店送的玩具小鸡实物。提出疑问：

（1）尽管玩具鸡和清远鸡形态相似，但却没有生命的各种特征。二者分别由什么构成？
（2）为什么细胞能够表现出生命的特征？
（3）组成细胞的元素和化合物有什么特殊之处吗？

【设计意图】创设生活情境，通过问题激发学生的求知欲，从而引入本节内容。

环节二：组织学生活动，探究细胞中的元素。

活动一：比较组成地壳和组成细胞（鲜重）部分元素的种类和含量，指导学生发现问题，进行交流。

活动二：比较组成玉米细胞和人体细胞的部分元素及含量，围绕教材所提出的问题组织学生讨论交流。提出问题：

（1）组成细胞的化学元素，在无机自然界中都能找到，这说明了什么？

（2）细胞中的各种元素相对含量与无机自然界的大不相同，这说明什么？

（3）组成细胞的元素追根溯源来自无机自然界，为什么细胞内各种元素的比例与无机自然界的大不相同？

（4）在玉米细胞和人体细胞中含量较多的四种元素一样吗？怎样解释这种现象？

（5）玉米细胞中氧元素的含量明显要高于人体细胞，而氮元素的含量明显又低于人体细胞，怎样解释这种现象？

（6）细胞中有些元素含量很少，如在玉米细胞中，S 只有 0.17%，Mg 只有 0.18%，是否意味着这些元素并不重要？

小结：

（1）细胞中的元素都来自无机自然界，这说明生物与非生物具有统一性；细胞中各种元素的相对含量与无机自然界的大不相同，说明生物与非生物具有差异性。

（2）不同细胞中的元素种类大致相同，说明生物具有共同的物质基础。帮助学生认识化学元素尤其是微量元素对于生命活动的重要性，进一步认同生命的物质性。

【设计意图】通过连续设问，帮助学生运用归纳与概括的思维方法认同生命的物质性。

环节三：分析元素缺乏与疾病的相关性。

教师用多媒体投影"缺铁性贫血患者的血检报告单""呆小症""大脖子病""黄叶植物"图片，引导学生提出疑问：以上现象出现和哪种元素有关？

【设计意图】通过将生活情境与元素相关联，了解不同元素在生物生命活动中的重要作用。

环节四：组成细胞的化合物。

结合图 3–5，思考元素在细胞中的存在形式。

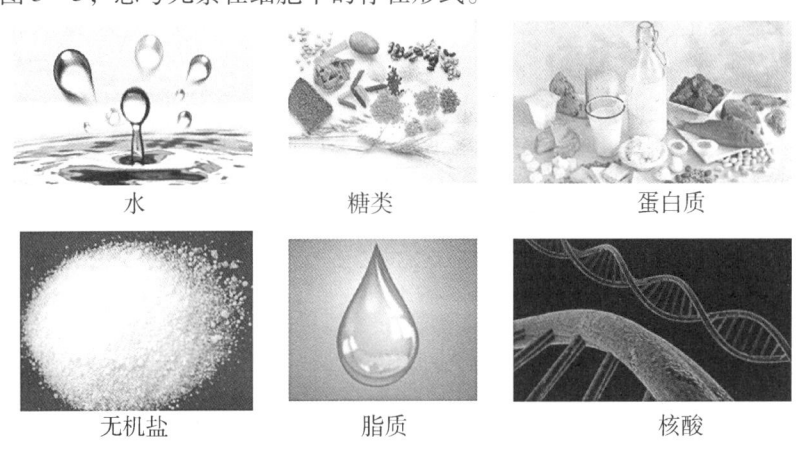

水　　　　　糖类　　　　　蛋白质

无机盐　　　　脂质　　　　　核酸

图 3–5

以小组为单位，完成以下活动：

（1）分析教材第 17 页图 2-1，了解细胞内的主要化合物的种类及含量；

（2）结合教材 P17 页的旁栏问题进行讨论；

【设计意图】展示图片，引导学生观察分析，了解组成细胞的化合物种类与含量，得出共识。

环节五：检测生物组织中的糖类、脂肪和蛋白质实验。

联系日常膳食，预测一些食材可能含有的有机物种类（呈现实物图片，如西瓜、梨、葡萄、甘蔗、白萝卜、花生、肥肉、肝脏、鸡蛋清、大豆和纯牛奶等）。

教师用葡萄糖溶液、蛋白粉溶液、花生子叶切片示范还原糖、蛋白质、脂肪的鉴定。

学生选择有异议的实验材料，设计表格进行实验，并且记录分析检测结果。

【设计意图】帮助学生熟悉实验过程，激发学生主动思考和探究的积极性，使其对实验原理、材料选择以及操作要求等有更深刻的理解。

环节六：社会热点链接。

围绕糖尿病患者的日常饮食、各类奶粉的营养价值评价、真假饮料的鉴定，以小组为单位完成拓展实验和资料调查，写成小报告。

【设计意图】让学生在改进自己膳食行为的同时，向他人宣传营养保健的相关知识。能通过科学实践，尝试解决现实生活中的生物学问题，培养学生服务于社会的责任意识。

（六）板书设计

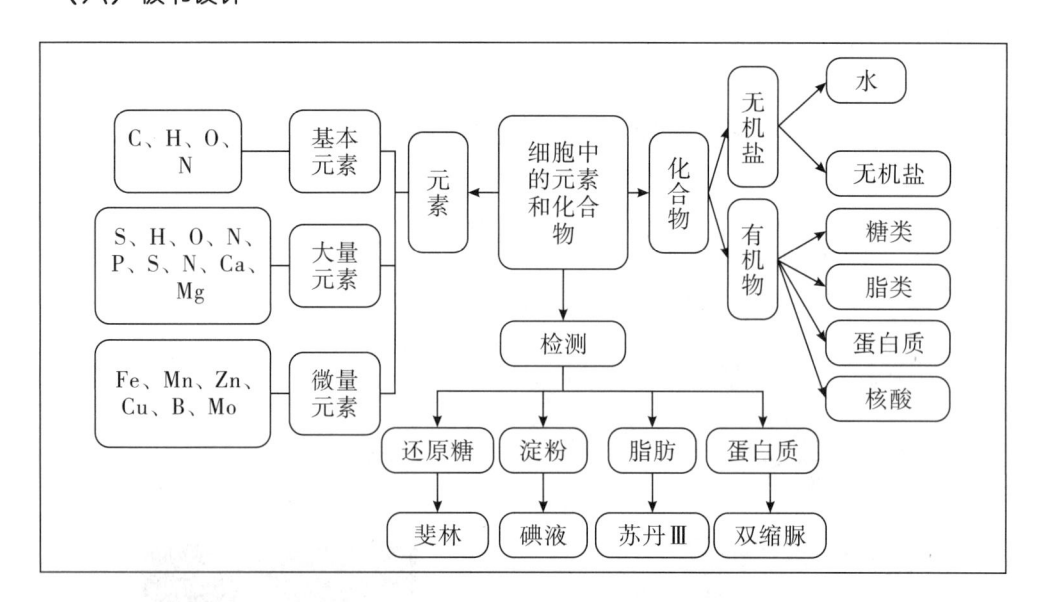

（七）教学反思

（1）巧设情境，激发学习动力。本节课用清远鸡图片和奶茶店送的玩具小鸡实物，创设问题情境，引发学生思考。

（2）科学实践，发展科学探究能力。探究"检测生物组织中糖类、脂肪和蛋白质"

实验能激发学生的好奇心，引导学生细心地观察和积极地思考，对于开拓学生的视野、提高创新意识和实践能力都十分有效。

（3）联系生活，提升社会责任意识。生物学知识来源于生活，服务于生活。学以致用，解决困扰糖尿病人的饮食搭配问题，提升社会责任意识。将所学知识迁移到奶粉、饮料等的质量评价上，增强学生学习生物学的兴趣，运用新知来解决生活问题，对某些学生未来的择业、就业也有一定的指导意义。

（八）课后固学

（1）围绕本节课所学知识绘制概念图。
（2）完成教材课后习题。
（3）为家人设计一份健康食物。

第 2 节　细胞中的无机物

（一）教学内容分析

本节教材包括"细胞中的水"和"细胞中的无机盐"两部分，学生每天都需要饮用水，以维持基本的生命活动，水对于生命的重要性不言而喻。但为什么水的作用如此重要呢？学生缺乏该方面的知识与经验，本节内容帮助学生从水的分子结构视角理解水的功能，帮助学生掌握水在细胞中的存在形式以及自由水和结合水的作用、特点及相互关系。细胞中存在着大量的无机盐，课本以镁离子和亚铁离子为例帮助学生概括无机盐的主要作用，进一步加深学生对于生命的物质性的理解。

（二）学习者分析

在初中化学中学生已经掌握了一些水和无机盐的基本知识，但学生对其在细胞中的作用的认知不够全面，停留在感性认识，对于水和无机盐在细胞中的存在形式没有明确的概念，对其功能也未形成理性认识。本节课主要引导学生简单描述自己所了解的水的作用，并自主学习水分子的结构，分析理解水分子的特点，并介绍细胞中水的存在形式，以及自由水和结合水的作用特点及相互关系。

（三）学习目标确定

（1）通过分析水的分子结构，从结构与功能相适应的视角，说明水在细胞中的存在形式和作用；初步建构"水的分子结构决定其性质"的认知，认同生命的物质性。
（2）举例说出无机盐在细胞中的存在形式和主要作用，了解无机盐在生命活动中作用，进一步认同生命的物质性。

（四）学习重难点

通过分析水的分子结构，从结构与功能相适应的视角，说明水在细胞中的存在形式和作用；初步建构"水的分子结构决定其性质"的认知，认同生命的物质性。

（五）教学过程

环节一：创设真实情境，设置问题导入。

教师播放某运动饮料介绍的视频并展示饮料成分表，学生思考：

（1）我们喝饮料主要是给身体补水，水在细胞中起什么作用？

（2）表中哪些成分是无机盐？

（3）为什么要在运动员喝的饮料中添加无机盐？

（4）无机盐在细胞的生命活动中起什么作用？

【设计意图】激发学生兴趣，感悟水和无机盐与细胞生命活动之间的密切关系，明确本节课的学习主题。

环节二：分析表3-1，寻找数据规律。

表3-1

生物	水母	鱼类	蛙	哺乳动物	藻类
含水质量比例/%	97	80~85	78	65	90
组织器官	牙齿	骨髓	骨骼肌	心脏	血液
含水质量比例/%	10	22	76	79	83

小结：水在构成生物体的化合物中含量第一；不同种生物含水量不同；水生生物含水量一般比陆生生物高；同一生物体，不同组织、器官中的含水量不同。

【设计意图】通过分析和整理数据，培养学生的逻辑思维能力，同时合理设疑，激发学生进一步探究的欲望。

环节三：探讨水在细胞中存在的形式。

（1）心脏和血液的含水量很接近，为何心脏呈坚韧的形态而血液却呈流动的液态？

（2）新鲜鸡蛋和变质鸡蛋中的水分别主要以什么状态存在？这说明两者之间的关系是怎么样的？

根据学生的回答，点评并确定水在细胞中存在的形式：自由水和结合水。自由水以游离的形式存在，可以自由流动。特点：易蒸发、不受束缚、可流动。结合水是与细胞内其他化合物（蛋白质、多糖等物质）相结合的水。特点：不易散失、含量较稳定、失去流动性和溶解性。

进一步创设情境，巩固学习水在细胞中存在的形式：

（1）刚收获的小麦种子，农民往往将其晒干后再储藏，在这个过程中，种子丢失的主要是哪种形式的水？种子还有活性吗？

（2）如果将晒干的种子放在试管中加热，会发现试管壁上有水珠出现，该过程中种子丢失的主要是哪种形式的水？种子还有活性吗？

（3）晒干的种子能够长久保存，浸泡吸水后能够萌发，据此推断自由水和结合水的比值与细胞的代谢强度之间有什么关系。

（4）越冬的植物、干旱地区植物的细胞中，结合水含量升高，这表明自由水和结合水的比值与生物的抗逆性有什么关系？

（5）分析水的作用有哪些。

【设计意图】通过事实数据，形成认知冲突，分析细胞中水的不同存在状态及作用。

环节四：构建水分子结构模型。

阅读课本第 20~21 页楷体字部分，尝试用球棍模型构建水分子的结构模型，总结水分子结构与特性的关系。小组讨论完成下列问题：

（1）为什么说水是一种良好的溶剂？

（2）为什么水能起到物质运输的作用？

（3）为什么说水对维持生命系统的稳定性十分重要？

【设计意图】通过模型分析、归纳概括、设置问题串，结合水的结构和水分子的理化特性，利用结构与功能相适应的观点解释水支持生命的分子机理。

环节五：细胞中的无机盐。

（1）"解体渴"无机盐在生物体内的存在形式？

（2）无机盐在生物体细胞的生命活动中起什么作用？

（3）分析并探究无机盐的作用。

教师 PPT 展示植物缺磷出现病症的照片、叶绿素分子和血红蛋白分子的局部结构简图、生理盐水的使用说明书以及运动后腿部肌肉抽筋的视频，组织学生阅读教材第 22 页资料，小组讨论以下问题，归纳无机盐的作用。

（1）为什么缺磷会影响植物的生长发育？缺镁会影响植物的光合作用吗？为什么人体缺铁会导致贫血？这些实例说明无机盐具有什么功能？

（2）你觉得无机盐的存在形式是怎样的？大量出汗后为什么会出现肌肉抽搐的症状？人体内 Na^+ 缺乏会引发什么病症？你根据这些事例又能得出什么结论？

（3）你知道为什么生理盐水为质量分数 0.9% 的氯化钠溶液吗？人体激烈运动后会产生乳酸导致肌肉酸痛，为什么体液的 pH 却没有因此而明显降低？这两个事例又能说明什么问题？

【设计意图】收集一些动植物缺乏某些无机盐而产生相应症状的素材（如文字、图片、视频资料等）提供给学生。在大量事实面前，学生会对无机盐的功能进行理性思考。

（六）板书设计

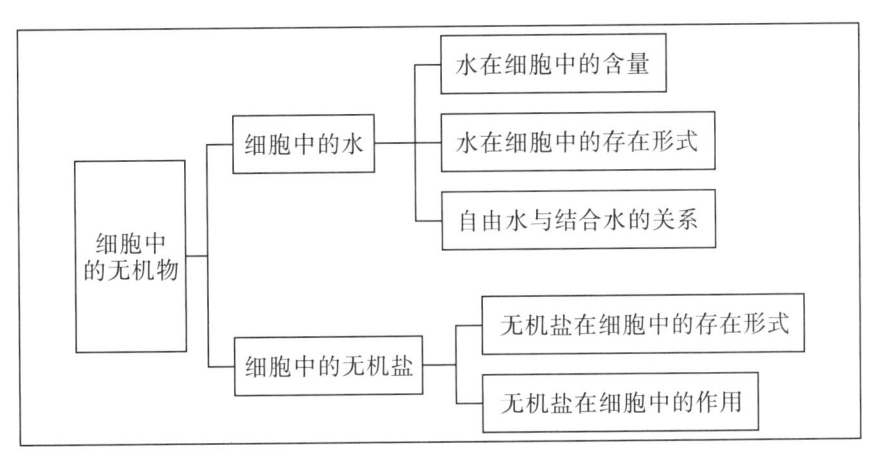

（七）教学反思

创设多元化问题情境，引导学生深入学习，摆脱以往学习中惯性思维的束缚，找到知识之间的本质联系，建构科学概念。利用概念教学模式，通过资料分析、小组合作、归纳概括等多种方式培养学生的科学思维。在单元境脉情境下设计教学，一境贯穿，学生将从真实情境中学习到的知识和能力用于解决生活中的问题。课程中注重引导学生学会用知识解决生活中的问题，学会生活，培养学生的良好生活习惯，引导学生关注水资源短缺现状，养成节水习惯，培养学生的社会责任意识。但学科交叉以及涉及微观分子水平等原因使得部分同学理解困难。

（八）课后固学

完成教材第 22 页课后习题，以"细胞中的无机物"为核心画出思维导图。

第 3 节　细胞中的糖类和脂质

（一）教学内容分析

本节内容包括细胞中的糖类和细胞中的脂质两部分内容，是人教版高中《生物学·必修 1·分子与细胞》中第 2 章第 3 节的教学内容，其中学生在初中已经学习过部分知识，有些内容与学生日常生活联系紧密，如糖尿病、低血糖症和肥胖等。教材从学生熟悉的生活实例引入，并注意与人体健康相联系，以便学生从细胞、分子水平了解一些保健的知识。本节最后一部分以"生物大分子以碳链为骨架"作为小结，突出了碳元素和碳链在组成生物大分子中的重要作用。本节承前启后，在学生已有相关知识的基础上进一步拓展，同时为后面的细胞呼吸、光合作用等物质代谢知识作好铺垫，体现了知识的系统性和连续性。

（二）学习者分析

高一学生尽管在初中和日常生活中已经对糖类和脂质的部分内容有所了解，但这种认识是比较肤浅的，也是不系统的。通过本节内容的学习，教师引导学生对糖类和脂质有一个全面、系统的认识。

（三）学习目标确定

（1）说出糖分类标准，阐明糖类是细胞结构的重要成分又是生命活动的主要来源，认同生命的物质性。

（2）举例说出脂质的主要种类与作用，说出糖类与脂质的相互转化，进一步认同生命的物质性。

（3）通过关注糖类、脂肪过量摄入对健康的影响，改进自己的饮食习惯的同时主动宣传健康饮食的观念。

（四）学习重难点

说出糖分类标准，阐明糖类是细胞结构的重要成分又是生命活动的主要来源；举例说出脂质的主要种类与作用；说出糖类与脂质的相互转化；进一步认同生命的物质性。

（五）教学过程

环节一：情境导入。

近些年我国综合国力大大增强，人民的生活水平得到了显著提高，如早餐非常丰富。图 3-6 是同学们常吃的几种早餐，据此回答以下问题：

图 3-6

（1）这些食物可以给人体提供哪些营养物质呢？

（2）哪些食物中糖类的含量高？哪些食物中脂肪的含量高？

（3）有人说"不吃肉、少吃油腻的食物就不会发胖"；也有人说"不吃甜食就不会发胖"。你认为这些说法有道理吗？怎样的饮食方式才更有利于人体健康？

【设计意图】以学生日常生活经验创设情境，引入人们比较关注的肥胖问题，能有效激发学生的学习兴趣，同时引出课题。

环节二：细胞中糖类的种类及功能。

（1）列举一些生活中所熟悉的糖的名称。

呈现冰糖、红糖、白砂糖、面粉、马铃薯淀粉、麦芽糖以及葡萄糖溶液等物品或成分表的照片。引导学生思考：

（2）这些物品中分别含有哪些种类的糖？你还能说出其他糖的名称吗？

（3）上述物品中，主要成分是淀粉的有哪些？你如何来验证你的假设？

（4）你知道哪些糖是还原糖？哪些是非还原糖？又该如何鉴别呢？

（5）糖都是甜的吗？

（6）甜的物质一定是糖吗？

学生阅读教材第 23~25 页，思考并回答下列问题：

（7）按是否能水解以及水解产物分子数的不同进行分类，通常将糖类分为哪几大类？请举例说出不同种类的糖的具体名称。它们分布在哪些生物体中？分别具有的主要功能是什么？

（8）为什么淀粉、糖原和纤维素的基本单位相同，功能上却有很大差异？

引导学生完成表3-2。

表3-2

种类			分布	功能
单糖	五碳糖			
	六碳糖			
二糖				
多糖				

【设计意图】利用问题驱动，引导学生阅读教材，初步认识糖类的种类、元素组成，并对其列表梳理总结。

环节三：健康生活。

以下为一位糖尿病患者的检查报告单。设问：

	检测项目	英文对照	结果	单位	参考值
1	*丙氨酸氨基转移酶	ALT	11	U/L	9~60
2	*天冬氨酸氨基转移酶	AST	12 ↓	U/L	15~45
17	*葡萄糖	GLU	10.96 ↑	mmol/L	3.9~6.1
18	糖化血清白蛋白	GA	33.70 ↑	%	10.8~17.1
19	*肌酸激酶	CK	126	U/L	38~174
20	肌酸激酶同工酶MB	MMB	1.9	ng/ml	0.6~6.3
21	*乳酸脱氢酶	LDH	173	U/L	140~271
22	*甘油三酯	TG	2.21	mmol/L	0~1.7
23	*总胆固醇	TCHO	5.15	mmol/L	3.1~5.2

（1）糖尿病患者的饮食受到严格限制，包括米饭、馒头等主食也都需定量摄取，为什么？

（2）糖尿病患者的饮食要控制，正常人的饮食需要控制吗？

（3）《中国居民膳食指南（2016）》中提出的"控糖"是指控什么糖？为什么要控糖？

(4) 有些饮料广告标示的"0糖0脂0卡"真的不含糖、吃不胖吗？

【设计意图】结合教材中"与社会的联系"栏目，引导学生认识添加糖，并区分添加糖与食物中天然存在的糖类的区别，指出添加糖过多可能会对人体健康造成的影响。

环节四：认识细胞中脂质的种类及功能（见图3-7）。

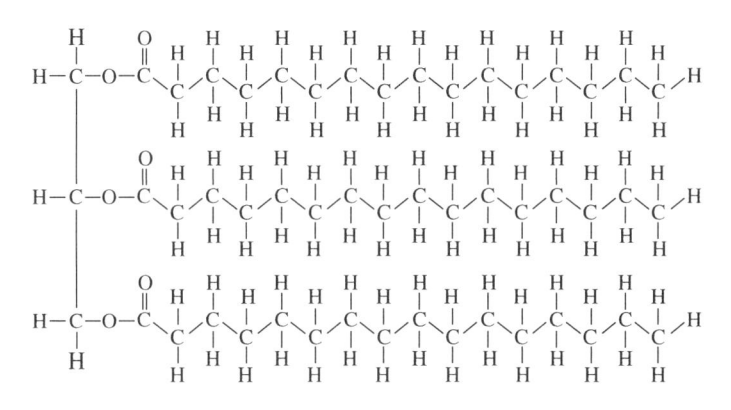

图 3-7

(1) 观察其中一种脂肪分子的结构式。脂肪的元素组成与糖类有何异同？
(2) 在全民减肥的时代，脂肪真是有害无益吗？脂肪还有什么作用？
(3) 植物细胞中也有脂肪，植物脂肪与动物脂肪有何区别？
(4) 脂肪和脂质是什么关系？脂质还包括哪些物质？
(5) 为什么儿童晒太阳能预防佝偻病？
(6) 给家畜、家禽提供富含糖类的饲料，为什么会起到"肥育"的效果？
(7) 关爱生命，说出脂肪堆积过多的害处。

【设计意图】创设情境，引导学生探究脂肪的形态、结构与功能，感受"脂肪的结构与功能的关系"。同时引导学生自主探究，归纳脂质的种类与功能。通过对"家畜、家禽育肥以及生活中人们特别关注的肥胖与减肥"等问题的分析，认识糖类与脂肪相互转化的关系及其转化程度的差异，进而形成科学健康的生活方式。

(六) 板书设计

糖类(CHO)
- 单糖
  - 概念：不能水解，可直接被细胞吸收
  - 举例：果糖、核糖、脱氧核糖、葡萄糖、半乳糖
- 二糖
  - 概念：由两分子的单糖脱水缩合而成，必须水解成单糖才能被细胞吸收
  - 举例：麦芽糖、蔗糖、乳糖
- 多糖
  - 概念：由许多葡萄糖分子连接而成，必须要水解成葡萄糖才能被吸收
  - 举例：淀粉、糖原、纤维麦、几丁质

脂质(CHO) 有的含N、P
- 脂肪：主要储能物质
- 磷脂
- 固醇（胆固醇、性激素、维生素D等）

（七）教学反思

本案例较好地体现了布鲁纳"发现教学法"的思想，充分利用学生的生活经验创设问题情境，使教学生活化。教学中注重发挥学生的主体作用，让学生积极思考，主动学习，发现和掌握知识。在教学过程中，教师将学生熟悉的生活事例作为学习的主要驱动，激发了学生探究学习的欲望。通过一环扣一环地创设问题情境，在培养学生科学思维的同时，培养了学生的逻辑思维能力。

（八）课后固学

以"细胞中的糖类和脂质"为核心完善思维导图，完成课后习题。

第4节 蛋白质是生命活动的主要承担者

（一）教学内容分析

本节课是高中生物学中重要并且较难掌握的一节课，内容也较多，它在教材中起到承上启下的作用：第一节提到细胞中含量最多的有机物是蛋白质，后续学到的载体蛋白、酶等知识都与蛋白质紧密相关。

本节内容与生活实际密切相关，蛋白质种类繁多，功能多样，是生命活动的主要承担者，学好这部分内容对学生从分子水平理解细胞的物质基础和结构基础举足轻重，同时也为学好必修2基因表达部分打下基础。蛋白质这一节内容分为氨基酸及其种类、蛋白质的结构及其多样性、蛋白质的功能三部分。

（二）学习者分析

由于高一学生缺乏有关有机化学的知识，对氨基酸的化学组成和氨基酸形成蛋白质的过程比较难掌握，所以在教学时，要联系学生的生活经验，通过主动探索得出结论，利用图解或模型加强教学的直观性，增加学生对微观内容的感性认识，使学生在主动获取知识的过程中完成重点、难点知识的学习，锻炼动手能力，提高思维能力，形成相应的观点。

（三）学习目标确定

（1）通过比较不同氨基酸的结构，归纳得出氨基酸的结构通式与特点。

（2）通过开展模拟活动和模型建构等活动，说明肽键的形成过程，阐明蛋白质的基本组成单位是氨基酸。

（3）通过讨论蛋白质结构多样性与功能多样性的关系，尝试解释蛋白质的结构与功能相适应，认同细胞的主要功能由蛋白质完成。

（四）学习重难点

（1）学习重点：氨基酸的结构通式与特点，氨基酸通过脱水缩合形成肽键的基本过程。

（2）学习难点：通过模拟活动和模型建构等活动，说明肽键的形成过程，阐明蛋白质的基本组成单位是氨基酸。

（五）教学过程

环节一：创设真实情境，设置问题导入。

蛋白质是细胞中含量最多的有机物，我们每天需要摄入650 g左右富含蛋白质的食物。想一想：哪些食品富含蛋白质？

【设计意图】激发学生兴趣，感悟蛋白质与细胞生命活动之间的密切关系，明确本节课的学习主题。

环节二：分析蛋白质的功能，理解蛋白质是生命活动的主要承担者。

阅读教材P28，举例说出蛋白质承担的功能。根据"蛋白质承担多种多样生命活动的功能"的事实，提出关于蛋白质的组成和结构多样性的追问。

想一想：我们从食物中摄取的蛋白质如何为我们所用？

【设计意图】从真实情境出发，归纳得出蛋白质的功能，训练学生归纳与概括的科学思维，同时引导学生思考蛋白质的结构特点。

环节三：归纳氨基酸的结构特点。

（1）回顾初中课本中有关蛋白质在人体内的消化吸收过程。比较组成蛋白质的氨基酸的相同点与不同点，获得氨基酸分子结构特点。尝试使用球棍模型构建氨基酸分子结构通式的物理模型。

（2）选出构成蛋白质的氨基酸卡片，剪下备用（见图3-8）。

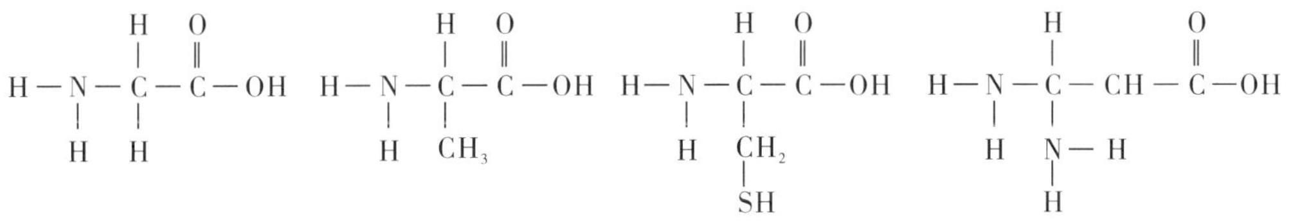

图3-8

【设计意图】基于事实，经过归纳与概括等科学思维方法形成氨基酸的概念。通过直观的模型观察与建模的科学思维训练，促进学生对氨基酸结构的理解，培养学生用简单模型解释复杂概念的能力。

环节四：建构氨基酸形成蛋白质的过程。

（1）阅读教材第30~31页，小组合作探究，利用氨基酸卡片模拟脱水缩合过程。

（2）请结合脱水缩合过程，说明肽链形成过程中，失去的水分子中氢和氧元素的来源分别是什么。

（3）氨基酸、肽链、形成的水分子、肽键的数量关系是怎样的？

（4）肽链中还有没有游离的氨基和羧基？如果有，它们位于哪里？

（5）假设氨基酸的平均相对分子质量为 a，由 n 个氨基酸形成1条肽链，则该多肽的相对分子质量是多少？若形成 m 条肽链呢？

学生分组讨论上述问题的答案，随后请学生回答，教师逐一点评。

【设计意图】引导学生自主阅读，小组讨论、交流，模拟氨基酸脱水缩合的过程。学生合作活动环节有助于增加学生的体验，加深对于氨基酸脱水缩合形成多肽这一生理过程的理解，促进学生对比分析和空间想象能力的提高。

环节五：讨论蛋白质分子结构多样性的原因。

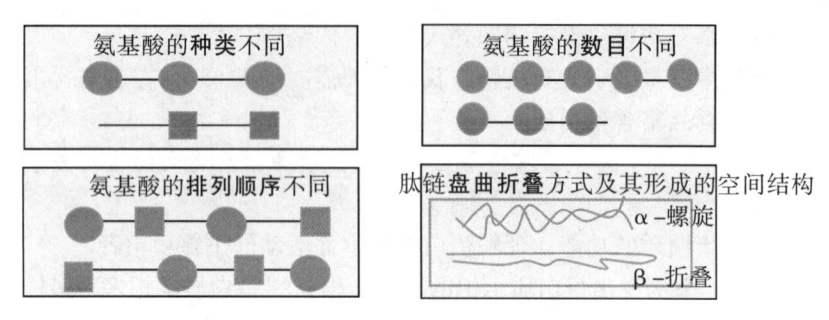

图 3-9

【设计意图】引导学生归纳蛋白质的结构层次以及蛋白质结构和种类多样性的原因，提高学生的概括能力。

环节六：蛋白质变性。

（1）熟鸡蛋更容易消化的原因是什么？

（2）蛋白质变性后还可用双缩脲试剂检测吗？说明理由。

【设计意图】与社会生活联系，尝试用生物学知识，解释日常生活中的常见现象。

（六）板书设计

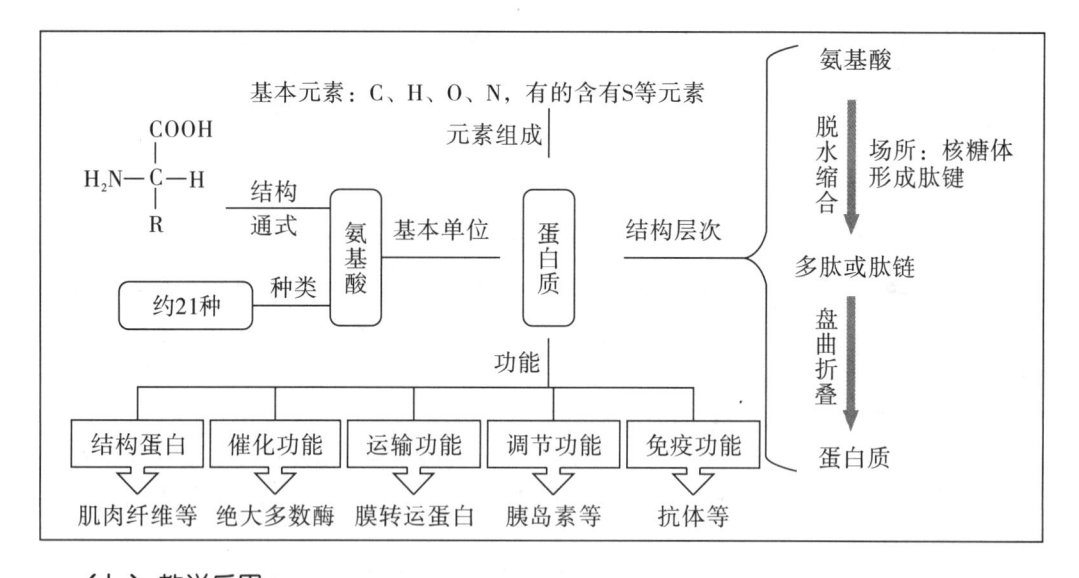

（七）教学反思

本节课的教学从蛋白质功能的多样性入手探索蛋白质结构的多样性。教学中需要重点突破的是"氨基酸的结构特点""氨基酸怎样构成蛋白质""蛋白质分子具有结构与功能多样性"等问题。通过设计球棍模型的探究活动，将氨基酸的结构特点、脱水缩合过程以及蛋白质的结构多样性递进式串联起来，学生通过"手拉手"合作游戏等方式进一步理解氨基酸脱水缩合的过程，最后通过概念图总结，让学生初步形成结构与功能相适应的观念。同时，本课时运用现代多媒体教学手段设置情境，利用动画的直观性激活教学，让学生在动画中有效地进行知识的感知、内化图片、提高认知，从而优化课堂教学。

（八）课后固学

以"蛋白质是生命活动的主要承担者"为核心完善思维导图，完成课后习题。

第5节 核酸是遗传信息的携带者

（一）教学内容分析

这节内容是高中生物学新课程人教版第一模块《分子与细胞》中第二章第5节的内容。在第二章中，教材重点从微观方面介绍了组成细胞的分子基础，主要介绍了组成细胞的元素和化合物，本节着重学习遗传信息的携带者——核酸（DNA 和 RNA）的结构与功能，让学生了解核酸在细胞中的分布以及核酸成为遗传信息携带者的原因。

（二）学习者分析

高一学生具有一定的抽象思维能力和综合思维能力，同时，他们对生命的本质有着浓厚的兴趣。基于现在媒体的发达以及学生初中阶段对生物学知识的接触，学生已经对核酸是遗传信息的携带者有一定的认识，也了解 DNA 在一些方面的应用，但还比较肤浅，没有深入到核酸物质结构的水平上。所以，教学中可以利用学生原有的知识基础，并结合学生的认知规律，通过适当的教学策略，使新知识有效地整合到学生原有的知识网络之中。

（三）学习目标确定

（1）说出核酸的种类及基本组成单位。利用学具模拟磷酸、五碳糖、碱基形成核苷酸以及核苷酸形成核酸的过程，描述核酸的结构层次。

（2）比较不同的核苷酸长链，从分子水平上理解核酸能够携带大量遗传信息的原因，从而建立结构和功能相统一的生命观念。关注 DNA 指纹技术在社会生活中的应用，并作出理性解释和判断，能利用所学生物学知识分析有关先进科技研究成果，增强社会责任感。

（四）学习重难点

（1）学习重点：说出核酸的种类及基本组成单位。利用学具模拟磷酸、五碳糖、碱基形成核苷酸以及核苷酸形成核酸的过程，描述核酸的结构层次。

（2）学习难点：核苷酸和核酸的对应关系，核苷酸形成核酸的过程。

（五）教学过程

环节一：情境导入。

DNA指纹技术在案件侦破工作中有重要的用途。刑侦人员将从案发现场收集到的血液、头发等样品中提取的DNA，与犯罪嫌疑人的DNA进行比较，就有可能为案件的侦破提供证据。

（1）为什么DNA能够提供犯罪嫌疑人的信息？与它的化学组成有关吗？

（2）DNA鉴定技术在其他方面有应用吗？

【设计意图】播放刑侦人员通过DNA指纹技术在侦破工作中锁定犯罪嫌疑人的视频，结合真实犯罪案例的图片、文字等信息，创设问题情境，激发学生兴趣，导入新课。

环节二：核酸的种类及其分布。

展示DNA和RNA在不同的动物细胞、植物细胞和原核生物中的分布图片，小组讨论DNA和RNA在细胞中的分布情况。提问：

（1）核酸是什么物质？核酸就是DNA吗？

（2）核酸只分布在细胞核中吗？

【设计意图】建立初高中知识连接的桥梁。修正学生"DNA就是核酸，核酸就是DNA"等错误的前概念。

环节三：核酸的基本组成单位—核苷酸。

资料1：几种核苷酸结构式（见图3-10）

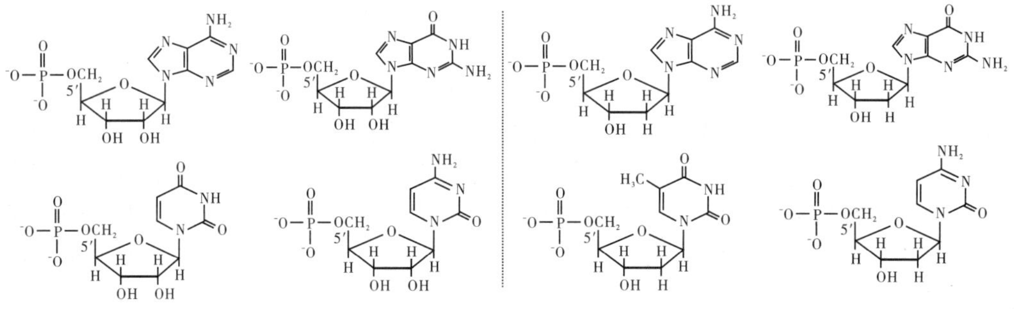

图3-10

资料2：用酶处理DNA，最终水解得到的五碳糖是脱氧核糖，得到的碱基有4种：腺嘌呤（A）、鸟嘌呤（G）、胞嘧啶（C）、胸腺嘧啶（T），用同样的方法处理RNA，得到的五碳糖是核糖，得到的碱基也有4种：腺嘌呤（A）、鸟嘌呤（G）、胞嘧啶（C）、尿嘧啶（U）。

（1）核苷酸由哪些元素组成？具体又分别由哪几部分组成？

（2）根据资料分析，构成DNA和RNA的核苷酸有什么不同？

（3）磷酸、含氮碱基分别与五碳糖中的几号位碳原子相连？

让学生指出根据五碳糖的不同，可以将核苷酸分为脱氧核糖核苷酸（DNA的基本单位）和核糖核苷酸（RNA的基本单位），展示图片并引导学生分析两者的异同。

【设计意图】通过分析比较图片，学生直观认识核酸的组成元素，初步认识核苷酸、磷酸、五碳糖及含氮碱基。培养学生的识图读图能力和获取信息的能力。

环节四：建构模型。

（1）各小组内分工合作，根据提供的模型（磷酸、脱氧核糖、核糖以及A、G、C、T、U五种碱基模型）在白板上构建脱氧核苷酸和核糖核苷酸，各小组展示搭建的模型。

（2）尝试对构建好的核苷酸进行命名，完成DNA与RNA在五碳糖、碱基种类等方面的比较。

【设计意图】通过完成构建任务充分理解核苷酸中磷酸、五碳糖、含氮碱基的连接方式。培养学生概括、比较与质疑的科学思维方式。

环节五：核酸是由核苷酸连接形成的长链。

脱氧核苷酸是如何连接形成生物大分子DNA的？核糖核苷酸是如何连接形成生物大分子RNA的？用制作好的八种脱氧核苷酸的模型，完成DNA和RNA模型的构建。

【设计意图】通过直观模型，加深对核苷酸连接方式的理解，达到突破难点的目的。认识DNA、RNA空间结构特点，了解两者功能的差异。

环节六：核苷酸链储存遗传信息。

（1）请每小组将构建脱氧核苷酸链和核糖核苷酸链的白板依次并排展示，思考并解释各小组核苷酸链不同的原因（可与蛋白质的多样性进行类比）。

（2）尝试解释为什么通过DNA指纹技术能锁定犯罪嫌疑人。

【设计意图】让微观现象直观化，帮助学生理解核酸分子的多样性和生命的复杂性。

环节七：生物大分子以碳链为骨架。

在构成细胞的化合物中，除了DNA和RNA，哪些物质也属于生物大分子？

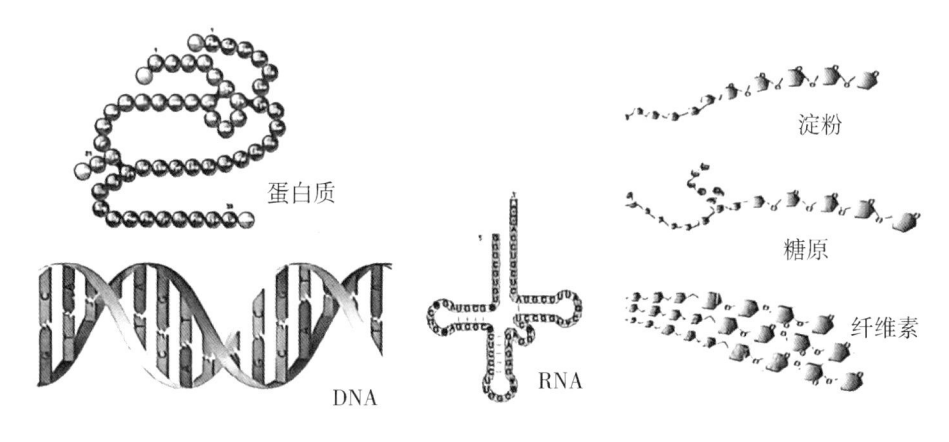

图3-11

（1）各生物大分子的基本组成单位是什么？各具有怎样的特点呢？

（2）仔细观察这些基本组成单位的结构式，从元素组成方面分析它们有何共同特征？

(3) 引导学生归纳得出结论：每一个单体都是以若干个相连的碳原子构成的碳链为骨架。

【设计意图】 由核酸到其他生物大分子，理解生物界的统一性。

（六）板书设计

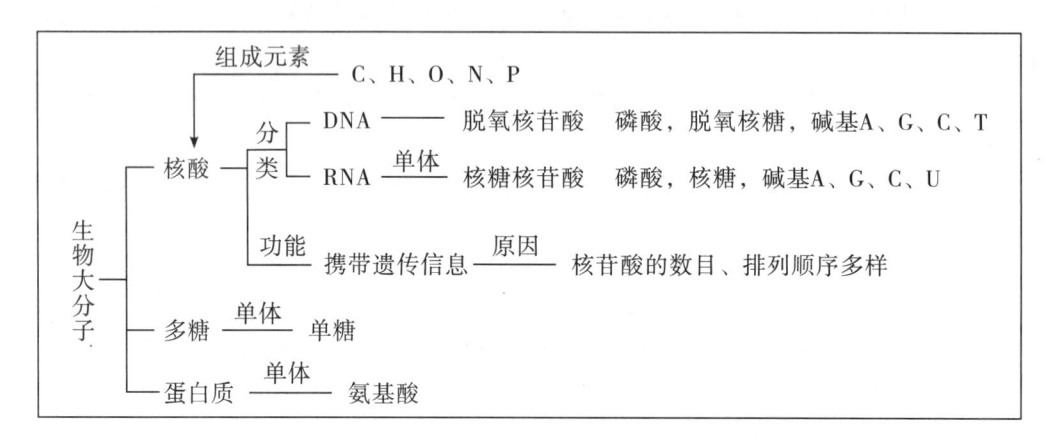

```
                    ┌─ 组成元素 ── C、H、O、N、P
                    │         ┌─ DNA ── 脱氧核苷酸  磷酸，脱氧核糖，碱基A、G、C、T
            ┌─ 核酸 ─┤── 分类 ─┤         单体
            │       │         └─ RNA ── 核糖核苷酸  磷酸，核糖，碱基A、G、C、U
生物大分子 ─┤       └─ 功能 ── 携带遗传信息 ── 原因 ── 核苷酸的数目、排列顺序多样
            │                单体
            ├─ 多糖 ────── 单糖
            │                单体
            └─ 蛋白质 ──── 氨基酸
```

（七）教学反思

本节教学通过模型构建的方法，让学生动手构建核酸的结构，先用磷酸、五碳糖及碱基的学具构建核苷酸，再进一步构建核苷酸长链，层层深入，在建模的过程中自然而然掌握了核酸的结构层次。通过比较不同小组构建的模型，引出遗传信息的概念，从而理解核酸能携带遗传信息是由它的结构决定的，进一步建立结构决定功能的生命观念。整堂课学生参与度很高，学习热情高涨，学生课后反馈认为这节课学习起来比较轻松、简单，说明学生理解程度较好。

（八）课后固学

以"核酸是遗传信息的携带者"为核心完善思维导图，完成课后作业。

单元教学课例评析：

本单元设计较好地体现了布鲁纳"发现教学法"的思想，充分利用学生的生活经验创设问题情境，使教学生活化。其特点有：

（1）重视学生的主体地位。教学中注重发挥学生的主体作用，让学生积极思考，主动学习，发现和掌握知识。教学过程中，教师将学生熟悉的"清远鸡"作为学习的导入情景，激发了学生探究学习的欲望。通过一环扣一环地创设问题情境，在引导学生科学思维过程中，培养了学生的逻辑思维能力，又利用学生日常膳食中的几种重要食物中营养成分的引入，学习其他物质的结构和功能。这些情境真实、贴近生活，不仅能活跃课堂气氛，更能够吸引学生的注意，从而顺利进入新课的学习。

（2）重视整合情境，创设问题串深入探究。通过问题串引导学生阅读、归纳、交流、修正、讨论与进一步完善，逐步理解物质的种类、结构和其功能，以及相互转化关系，进而建构"细胞中糖类与脂质""蛋白质的结构和功能"等概念图。各环节都旨在促使学生理解概念，建构各层级概念间的关系，进而把握重点，突破难点。

（3）重视利用球棍构建物质的结构模型。让学生建构水分子球棍结构模型，分析水分子结构与特性的关系，也通过设计球棍模型的探究活动将氨基酸的结构特点、脱水缩合的过程以及蛋白质的结构多样性递进式串联起来。学生通过亲自构建模型，在"做"中学，深入理解水、蛋白质的结构特点，让学生初步形成结构与功能相适应的观念。同时，本课时运用现代多媒体教学手段，结合模型图、动画的直观性激活教学，有效地引导学生进行知识的感知、内化、提高，层层深入，在建模的过程中自然而然掌握了物质的结构层次，这样的课堂学生学习起来比较轻松、简单，记忆深刻。

第3单元 细胞的基本结构

一、单元教学设计说明

依据《普通高中生物学课程标准（2017年版2020年修订）》，本章内容对应的重要概念为：1.2 细胞各部分结构既分工又合作，共同执行细胞的各项生命活动。在此基础上分为4个次位概念：1.2.1 概述细胞都由质膜包裹，质膜将细胞与其生活环境分开，能控制物质进出，并参与细胞间的信息交流。1.2.2 阐明细胞内具有多个相对独立的结构，担负着物质运输、合成与分解、能量转换和信息传递等生命活动。1.2.3 阐明遗传信息主要贮存在细胞核中。1.2.4 举例说明细胞各部分结构之间相互联系、协调一致，共同执行细胞的各项生命活动。

为了帮助学生建立相关的概念，本单元以"草履虫"为主线情境展开教学，通过设置富有挑战性的学习任务，引导学生主动参与探究活动，从而建构细胞结构模型，帮助学生建立和理解生物学概念。

二、单元学习目标与重难点

1. 单元学习目标

（1）概述细胞膜的功能和结构，建立结构和功能相适应的生命观念。
（2）制作细胞膜流动镶嵌模型，阐明细胞膜成分、结构、功能之间的内在联系。
（3）概述主要细胞器的结构和功能，概述分泌蛋白的形成和运输的过程，解释细胞各部分在结构和功能上紧密联系、协调配合，共同完成各项生命活动。
（4）使用高倍显微镜观察细胞，阐明细胞中部分与整体、结构与功能的统一性。
（5）概述细胞核的结构和功能，阐明遗传信息主要贮存在细胞核中。
（6）制作细胞的三维结构模型，认同细胞是一个整体。

2. 单元学习重难点

（1）单元学习重点：概述细胞膜的功能以及流动镶嵌模型的主要内容；概述几种

主要细胞器的结构和功能；以分泌蛋白的合成和运输过程为例，概述细胞器之间的协调与配合；概述细胞核的结构和功能，阐明遗传信息主要贮存在细胞核中。

（2）单元学习难点：阐明细胞膜的结构与组成成分之间的内在联系；阐明细胞器之间的协调配合；阐明细胞中部分与整体、结构与功能的统一性。

本单元内容结构如图 3-12 所示。

```
        ┌─ 细胞膜 ─┬─ 细胞膜的功能
        │         │        ↓
        │         ├─ 探索细胞膜结构的科学史
        │         │        ↓
        │         └─ 流动镶嵌模型
        │
细胞 ───┤─ 细胞器 ─┬─ 细胞器之间的分工
        │         │        ↓
        │         └─ 细胞器之间的配合
        │
        └─ 细胞核 ─┬─ 细胞核的功能
                  │        ↕
                  └─ 细胞核的结构
```

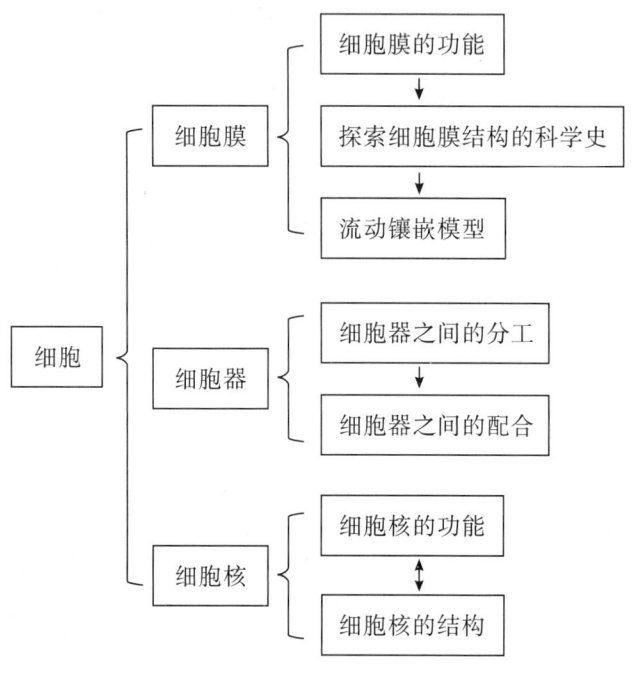

图 3-12　单元内容结构

三、单元整体教学思路

本单元的主体内容为"细胞的基本结构"，其中包含细胞膜、细胞器、细胞核 3 节相关内容。根据课标和学生情况确定了 6 个单元学习目标，以草履虫为主线情境，围绕 4 个次位概念展开教学活动。整个章节共 3 节内容，包含 5 个课时，课堂采用基于问题导向的探究式教学模式，通过设置富有挑战性的学习任务，引导学生主动参与探究活动，帮助学生建立、理解次位概念，形成重要概念。

教学上以学生作为主体，鼓励学生通过阅读思考、小组讨论、动手实验、制作模型、展示汇报等学习方式自主学习，再与教师点拨相结合，在轻松活跃的气氛中，帮助学生构建相关概念，达成本单元的学科素养目标。

单元教学目标导向下的课时目标如图 3-13 所示。

```
┌──────────────┐      ┌────────────────────────────────────────────────────────┐
│  重要概念     │      │ 1.2 细胞各部分结构既分工又合作，共同执行细胞的各项生命活动 │
│ （单元概念）  │      └────────────────────────────────────────────────────────┘
└──────┬───────┘                             ▲
单元核心素养目标                              │
       │       ┌──────────────────────────────────────────────────────────────┐
       ▼       │ 1.概述细胞膜的功能和结构，建立结构和功能相适应的生命观念。     │
┌──────────────┐│ 2.制作细胞膜流动镶嵌模型，阐明细胞膜成分、结构、功能之间的内在 │
│ 单元教学目标 ││   联系。                                                     │
└──────┬───────┘│ 3.概述主要细胞器的结构和功能，概述分泌蛋白的形成和运输的过程， │
       │       │   解释细胞各部分在结构和功能上紧密联系、协调配合，共同完成各项生 │
       │       │   命活动。                                                   │
       │       │ 4.使用高倍显微镜观察细胞，阐明细胞中部分与整体、结构与功能的统 │
       │       │   一性。                                                     │
       │       │ 5.概述细胞核的结构和功能，阐明遗传信息主要贮存在细胞核中。     │
       │       │ 6.制作细胞的三维结构模型，认同细胞是一个整体                  │
       │       └──────────────────────────────────────────────────────────────┘
       ▼                             ▲
┌──────────────┐  ┌─────┐  ┌─────┐  ┌─────┐  ┌─────┐
│  次位概念    │  │1.2.1│  │1.2.2│  │1.2.3│  │1.2.4│
│ （课标要求） │  └──┬──┘  └──┬──┘  └──┬──┘  └──┬──┘
└──────┬───────┘     │        │        │        │
       │       ┌─────▼──────┬─▼────────▼──┬─────▼──────┐
       │       │1.通过资料分析，│1.学习差速离心法，│1.通过资料分析，│
       │       │概述细胞膜的功  │概述主要细胞器的结│概述细胞核的结  │
       │       │能，建立结构和  │构和功能，建立结构│构，构建细胞核的│
       │       │功能相适应的生  │和功能相适应的生命│结构模型。      │
       │       │命观念。        │观念。             │2.通过实验分析，│
       │       │2.通过分析科学史，│2.通过资料分析，概│概括出细胞核的功│
       │       │概述细胞膜的成分，│述细胞骨架和细胞质│能，阐明遗传信息│
       │       │阐明细胞膜组成成  │基质的成分和功能。│主要贮存在细胞核│
       │       │分、结构、功能之间│3.学习同位素标记法，│中。            │
       │       │的内在联系，学习科│概述分泌蛋白的形成│3.阐明细胞中部分│
       │       │学探究的一般方法， │和运输的过程，解释│与整体、结构与功│
       │       │提升科学探究能力。│细胞各部分在结构和│能的统一性，认同│
       │       │3.制作细胞膜流动镶│功能上紧密联系，协│细胞是一个整体。│
       │       │嵌模型，并阐明流动│调配合。           │4.根据系统整体观，│
       │       │镶嵌模型的特点。  │4.概述生物膜系统，阐│运用模型建构的方│
       │       │4.通过实例阐明细胞│明细胞中部分与整体、│法，制作真核细胞│
       │       │膜组成成分、结构、│结构与功能的统一性，│的三维结构模型  │
       │       │功能之间的内在联系│认同细胞是一个整体。│                │
       ▼       │                  │5.学习使用高倍镜观察│                │
┌──────────────┐│                  │叶绿体和细胞质的流动│                │
│ 课时教学目标 │└──────────────────┴───────────────────┴────────────────┘
└──────────────┘
课时核心素养目标
       │       ┌────────────────┬─────────────────┬────────────────┐
       ▼       │ 第三章第1节（2课时）│ 第三章第2节（2课时）│ 第三章第3节（1课时）│
┌──────────────┐└────────────────┴─────────────────┴────────────────┘
│  教材内容    │
│ （共4课时） │
└──────────────┘
```

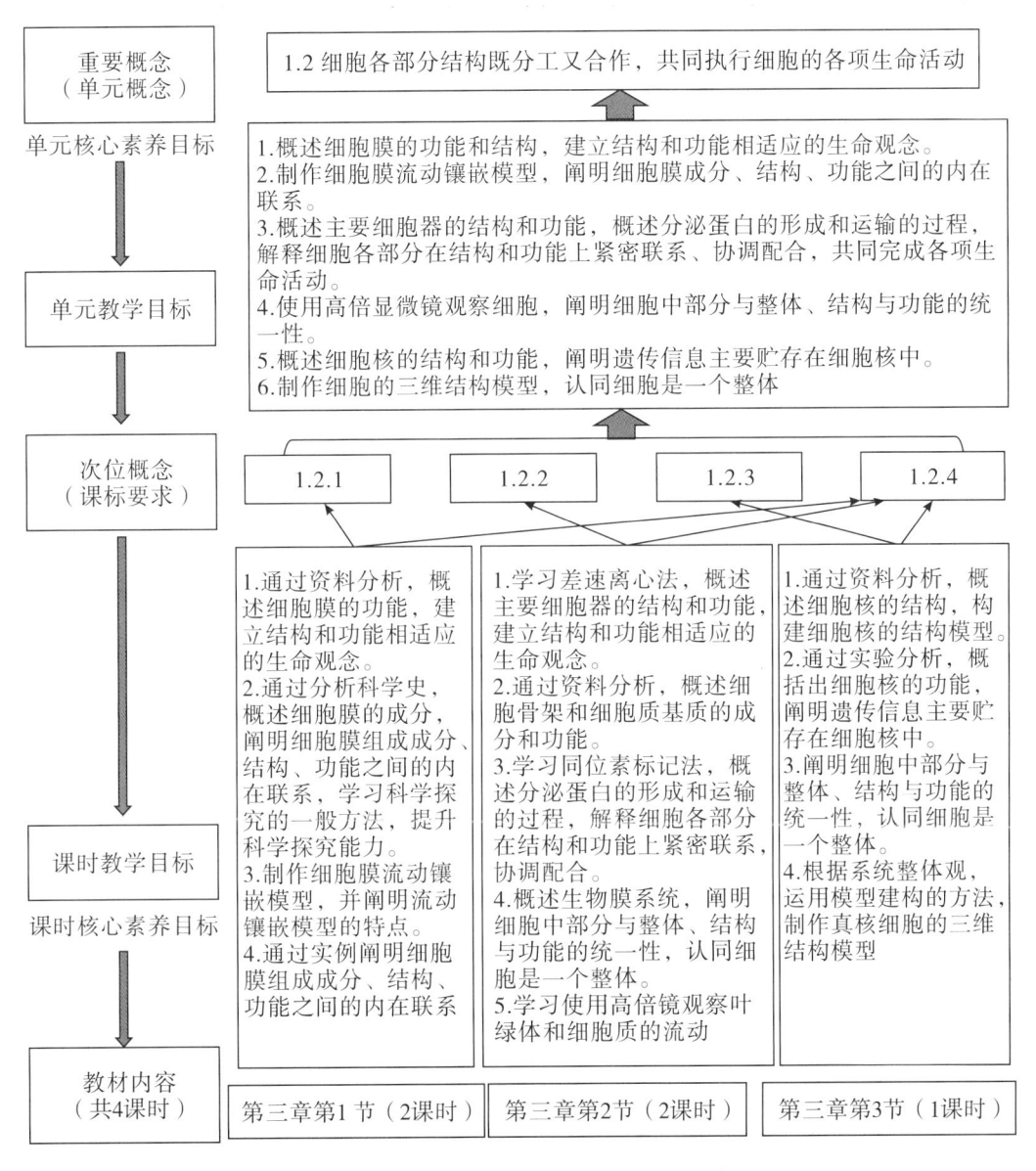

图 3-13 单元教学目标导向下的课时目标

第1节 细胞膜的结构和功能

（一）教学内容分析

本节内容对于学生学习结构和功能之间的联系至关重要。主要介绍：细胞膜的功能、细胞膜成分探索历程、细胞膜结构探索历程、流动镶嵌模型的基本内容。这一节内容既是对上一章内容"细胞中的化合物"的具体化，又是学习下一章节内容"物质的输入输出"的基础，具有承上启下的作用。

（二）学习者分析

高中一年级的学生经过初中阶段学习和训练，具有一定的观察能力、认知能力、分析能力、逻辑推理能力。经过之前两个单元的学习，学生对组成细胞的化合物有了进一步的认知，为进一步学习细胞基本结构奠定了基础。此时的学生知识储备和学习能力都达到本单元的学习要求，因此学生的学习积极性较高。课堂上可以充分利用这一特点，引导学生主动学习，分析思考，充分尊重学生的学习主体性地位，并积极发挥教师的主导作用，通过开展各类教学活动，引导学生进行探究式学习。

（三）学习目标确定

（1）通过资料分析，概述细胞膜的功能，建立结构和功能相适应的生命观念。

（2）通过分析科学史，概述细胞膜的成分，阐明细胞膜组成成分、结构、功能之间的内在联系，学习科学探究的一般方法，提升科学探究能力。

（3）制作细胞膜流动镶嵌模型，并阐明流动镶嵌模型的特点。

（4）通过实例阐明细胞膜组成成分、结构、功能之间的内在联系。

（四）学习重难点

（1）学习重点：概述细胞膜的功能和结构、制作细胞膜流动镶嵌模型。

（2）学习难点：阐明细胞膜组成成分、结构、功能之间的内在联系。

（五）教学过程

环节一：创设情境，导入新课。

教师指导学生使用显微镜观察草履虫。

教师向学生提问：在显微镜下，能看到草履虫细胞的哪些结构？学生讨论并回答问题。

教师继续提问：在显微镜下能观察到草履虫的细胞膜吗？如何证明细胞膜的存在？

学生参考教材第40页问题探讨中的台盼蓝染色实验，提出自己的想法。

【设计意图】：通过观察"草履虫"，创设真实的学习情境，增强学习趣味性。通过思考问题，吸引学生的注意力，引导学生聚焦细胞膜，做好学习准备。

环节二：认识细胞膜的功能。

教师指导学生实验：将台盼蓝溶液分别与草履虫培养液、加热后的冷却草履虫培养液混合，分别观察草履虫细胞的染色情况。

学生以学习小组为单位动手实验，记录实验结果，并与同学交流实验结论。

教师依次向学生提出2个问题：

（1）这个实验能不能证明细胞膜的存在，为什么？

（2）这个实验体现了细胞膜具有什么功能？

学生思考讨论细胞膜存在的证据，总结归纳草履虫的细胞膜具有分隔、控制物质进出的功能，并积极发表自己的看法。

教师播放一段草履虫"接合生殖"过程的视频。向学生提问："接合生殖"的过程又体现了细胞膜具有什么功能？

学生通过思考讨论，总结归纳草履虫的细胞膜具有进行信息交流的功能。

教师继续引导学生阅读教材第 41 页：细胞间信息交流的方式举例，并引导学生思考：细胞膜是如何信息交流的？

学生阅读资料，思考上述问题，并以小组为单位进行讨论。归纳细胞间进行信息交流的三种方式。

【设计意图】通过实验培养学生动手能力、观察能力。通过问题驱动，引导学生逐步认识细胞膜的功能，培养学生的分析归纳能力。

环节三：细胞膜成分的探索。

教师引导学生思考：从上面的实验中，我们得知草履虫的细胞膜不会在水中溶解。根据这个现象，你能找到哪些关于细胞膜成分的线索？

教师引导学生阅读教材第 42 页"思考·讨论"和第 43 页的教材，布置以下学习任务：

（1）科学家们研究细胞膜的成分时采用了什么方法？

（2）以表格的形式概述教材涉及的科学家以及他们的实验和成果（见表 3-3）。

表 3-3　细胞膜成分的探索历程归纳表

科学家	实验内容	实验结论

（3）根据科学家的研究成果，你认为细胞膜含有哪些主要成分？

学生阅读教材，小组思考讨论细胞膜的成分及其对应的证据，并以表格的形式进行归纳，最后总结归纳细胞膜的成分。

【设计意图】引导学生体验科学探索历程，体会通过实验证据进行推导论证的科学研究方法，逐步认识细胞膜的组成成分，促进逻辑推理思维的发展。

环节四：细胞膜结构的探索，制作细胞膜流动镶嵌模型。

教师引导学生思考：通过学习我们得知细胞膜的成分包括磷脂、蛋白质和糖类，那么这些成分在分子水平上是以什么样的方式组合在一起形成细胞膜的呢？

教师引导学生阅读第 43~45 页关于流动镶嵌模型的基本内容，尝试利用橡皮泥等材料制作细胞膜流动镶嵌模型。

学生以小组合作形式，动手制作细胞膜流动镶嵌模型，并说明细胞膜相关结构及其对应的功能。

【设计意图】通过模型构建过程，帮助学生深入理解流动镶嵌模型的相关内容，培养学生的实践能力及小组合作意识，提高动手实践能力，增强生物学习兴趣。

环节五：探究细胞膜的结构特点。

教师展示资料：

（1）草履虫遇到浓盐水刺激会转向。

（2）草履虫通过一些狭窄的通道时细胞会变得细长。引导学生思考以下问题：

草履虫浓盐水刺激会转向，体现细胞膜的什么功能？该功能可能与细胞膜的哪些成分有关？

在通过狭窄的通道时，草履虫的细胞膜变得细长，体现了细胞膜的什么特点？该特点可能与细胞膜的哪些成分有关？

【设计意图】 以草履虫作为情境，引导学生体会从现象出发进行推导论证的过程。学生通过对草履虫细胞变形这一现象进行分析，理解领悟细胞膜具有流动性这一结构特点；理解细胞膜组成成分、结构、功能之间的内在联系，强化了结构与功能相适应的生命观念，促进了知识迁移能力和逻辑推理思维的发展。

（六）板书设计

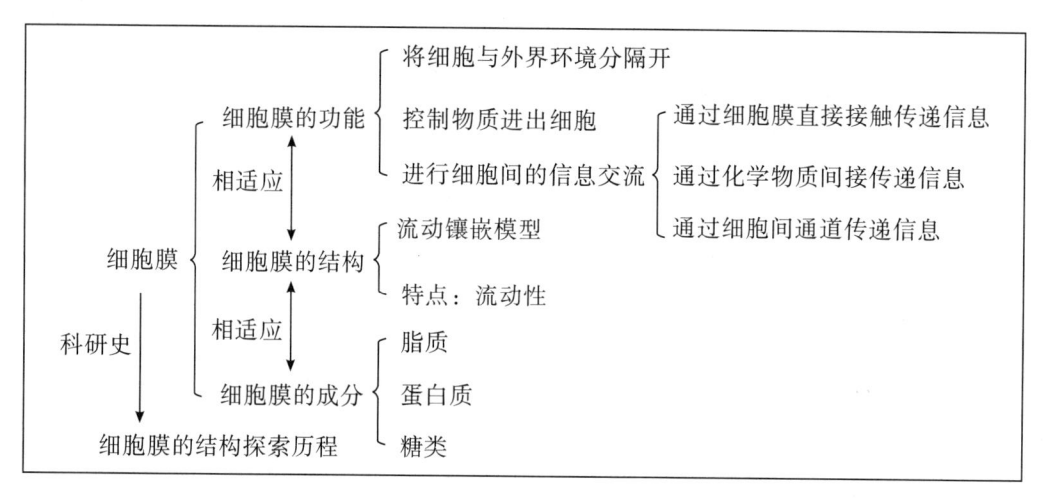

```
          ┌ 细胞膜的功能 ┬ 将细胞与外界环境分隔开
          │              │                        ┌ 通过细胞膜直接接触传递信息
          │              ├ 控制物质进出细胞       │
          │   相适应     │                        ├ 通过化学物质间接传递信息
          │      ↕       └ 进行细胞间的信息交流   │
          │              ┌                        └ 通过细胞间通道传递信息
细胞膜 ────┤ 细胞膜的结构 ┤ 流动镶嵌模型
          │              └ 特点：流动性
          │   相适应
          │      ↕       ┌ 脂质
          │ 细胞膜的成分 ┤ 蛋白质
          │              └ 糖类
          │ 科研史
          └ 细胞膜的结构探索历程
```

（七）教学反思

本节内容根据大单元教学的要求，贯彻深入学习的理念，遵循以学生为主体的原则进行教学设计。整个单元都以"草履虫"作为情境，引导学生通过研究草履虫的细胞，体验科学研究的过程，从而深入理解细胞结构的相关概念。

本节内容作为单元学习的第一节课，以"草履虫的细胞膜"作为情境主线，按照由简单到复杂的顺序，通过设置关键问题和驱动任务，引导学生通过小组合作的形式，通过阅读理解和思考分析的方式进行探究式学习。整节课学生参与课堂教学程度较高，效果较好。教学过程中涉及的实验、模型制作耗时较多，故本节内容需要2个课时完成。

（八）课后固学

草履虫细胞表面被称为"表膜"，与教材介绍的细胞膜相比，表膜的结构更为复杂。请你以小组为单位，查找相关资料，以"表膜是不是草履虫的细胞膜"为主题，发表自己的看法，写一篇小论文与大家分享。

第2节 细胞器之间的分工合作

（一）教学内容分析

本节内容是第三章的重点内容之一。本节教材系统性介绍了主要细胞器的结构和功能，分泌蛋白形成和运输的过程，生物膜系统的概念和意义，以及使用高倍镜观察叶绿体和细胞质的流动的实验。除了知识性内容，还涉及了差速离心法、同位素标记法等科学研究方法，同时强调了各个细胞器之间协调配合，细胞是一个整体的生物学观念。

（二）学习者分析

学生在学习了有关细胞膜的知识以后，再进行本节内容的学习，就有了良好的知识基础。加上第一章学习了高倍镜的使用，具备了课后独立完成实验的能力。再通过引导学生以小组合作的形式进行学习，使同学之间做到相互帮助、优势互补，顺利完成本课的学习。由于学生没有接触过差速离心法、同位素标记法等科学研究方法，为了帮助学生扫除学习障碍，需要对此进行重点介绍。

（三）学习目标确定

（1）学习差速离心法，概述主要细胞器的结构和功能，建立结构和功能相适应的生命观念。

（2）通过资料分析，概述细胞骨架和细胞质基质的成分和功能。

（3）学习同位素标记法，概述分泌蛋白的形成和运输的过程，解释细胞各部分在结构和功能上紧密联系，协调配合。

（4）概述生物膜系统，阐明细胞中部分与整体、结构与功能的统一性，认同细胞是一个整体。

（5）学习使用高倍镜观察叶绿体和细胞质的流动。

（四）学习重难点

（1）学习重点：列举归纳主要细胞器的结构和功能；阐明分泌蛋白的合成和运输过程中细胞器之间的协调与配合；学习使用高倍镜观察叶绿体和细胞质的流动。

（2）学习难点：解释细胞各部分在结构和功能上紧密联系，协调配合。

（五）教学过程

环节一：创设情境，介绍差速离心法。

教师指导学生实验：将75%的酒精滴入载玻片上草履虫培养液中，观察草履虫细胞的变化。

学生以学习小组为单位动手实验，记录实验结果，并与同学交流实验结论。

教师向学生提问：草履虫细胞裂解后，细胞内各种内容物流出，我们如何分离其中的各种细胞结构呢？

教师介绍差速离心法原理。向学生提问：草履虫细胞内的部分结构质量大小为：

大核>食物泡>小核，请分析这些结构的析出顺序。

【设计意图】以草履虫为情境，通过实验引导学生思考分离细胞器的方法，帮助学生理解差速离心法的原理。

环节二：认识细胞器之间的分工。

教师展示初中生物学教材中草履虫的结构示意图，向学生提问：

（1）什么是细胞器？

（2）请说出图中草履虫的细胞内含有哪些细胞器？

（3）除了图中的细胞器，草履虫还有没有其他的细胞器？

教师引导学生阅读教材相关内容，指导学生以表格的形式总结归纳细胞器的种类、分布、结构、功能（见表3-4）。

表3-4 细胞器的种类、分布、结构、功能归纳表

细胞器的名称	细胞器的分布	细胞器的结构特点	细胞器的功能	动、植物细胞是否含有该细胞器

学生通过阅读教材内容，以小组合作形式，共同完成上述表格。

教师向学生提问：动、植物细胞在细胞器层面有哪些区别？

学生讨论动、植物细胞的区别。

【设计意图】围绕草履虫创设情境，以问题为引导，学生通过小组合作学习，了解主要细胞器的种类、分布、结构、功能等知识，领悟细胞器的结构特点，强化结构与功能相适应的生命观念，提升交流表达、获取信息和归纳总结的能力。

教师展示资料：草履虫的运动是通过细胞内微管和微丝的控制和调节实现的。引导学生思考以下问题：

（1）请推测资料中提到的"微管和微丝"可能是细胞中的什么结构？它的化学成分是什么？它还有哪些功能？

（2）除了"微管和微丝"，草履虫的运动还可能与哪些细胞器有关？这些细胞器发挥了什么作用？

（3）除了"微管和微丝"，以及各种细胞器之外，草履虫的细胞质中还有什么物质？这些物质对生命活动有什么意义？

【设计意图】以草履虫运动为情境，引导学生进行思考讨论，理解细胞骨架、细胞质基质的相关内容，进一步构建结构功能观，同时初步理解各个细胞器相互协作，共

同完成生命活动这一生命观念。

环节三：认知细胞器之间的合作。

教师播放一段"草履虫摄食"的视频，并向学生提问：草履虫"吃"进去的食物去了哪里？我们如何对进入草履虫细胞的物质进行追踪？引导学生关注同位素标记法。

教师播放关于同位素标记法和同位素自显影技术的视频资料，并向学生提问：同位素标记法有哪些用途？

【设计意图】利用学生熟悉的情境，引导学生学习科学研究使用的工具和方法，理解同位素标记法的原理和用途。

教师指导学生阅读教材第 51 页思考讨论的内容，引导学生分析分泌蛋白的合成和运输过程，以流程图的形式描述分泌蛋白的形成过程。

学生通过阅读教材、小组交流，最后以流程图的形式描述分泌蛋白的形成过程。

教师继续引导学生思考讨论以下问题。

（1）哪些结构参加分泌蛋白的合成和运输过程？

（2）这些结构在分泌蛋白的合成和运输的过程中发挥什么作用？

（3）参与分泌蛋白的合成和运输过程的细胞器缺失会有什么后果？

【设计意图】学生通过阅读思考和讨论，阐明分泌蛋白的合成和运输过程，理解细胞器之间相互协调配合构成一个整体，着重培养学生对信息的迁移与运用能力。

环节四：认知生物膜系统。

教师引导学生通过阅读教材，结合分泌蛋白合成分泌的过程，以小组为单位分析讨论以下 4 个问题：

分泌蛋白的合成和运输过程中涉及哪些"膜"结构？

这些"膜"结构之间有什么联系？在这个过程中，各种"膜"的面积会发生什么变化？

什么是生物膜系统？它对细胞的生命活动有什么意义？

【设计意图】学生通过分析讨论，明确生物膜系统的概念和组成，加深细胞是一个整体的认知，提升总结归纳能力。

环节五：学生实验。

教师指导学生完成教材第 50 页探究·实践的实验——使用高倍镜观察叶绿体和观察细胞质的流动，并引导学生思考以下问题。

（1）叶绿体的形态和分布与叶绿体的功能有什么关系？

（2）植物细胞的细胞质处于不断流动的状态，对于细胞的生命活动有什么意义？

（3）请你说说细胞器结构与功能的联系。

学生以小组为单位动手完成实验，记录实验结果，描述叶绿体形态和分布，讨论胞质环流的意义和叶绿体分布不均的原因。

【设计意图】培养对知识的理解和运用能力，提高动手实践能力及小组合作意识。通过问题讨论进一步明确细胞中部分与整体、结构与功能的统一性，认同细胞是一个整体。

（六）板书设计

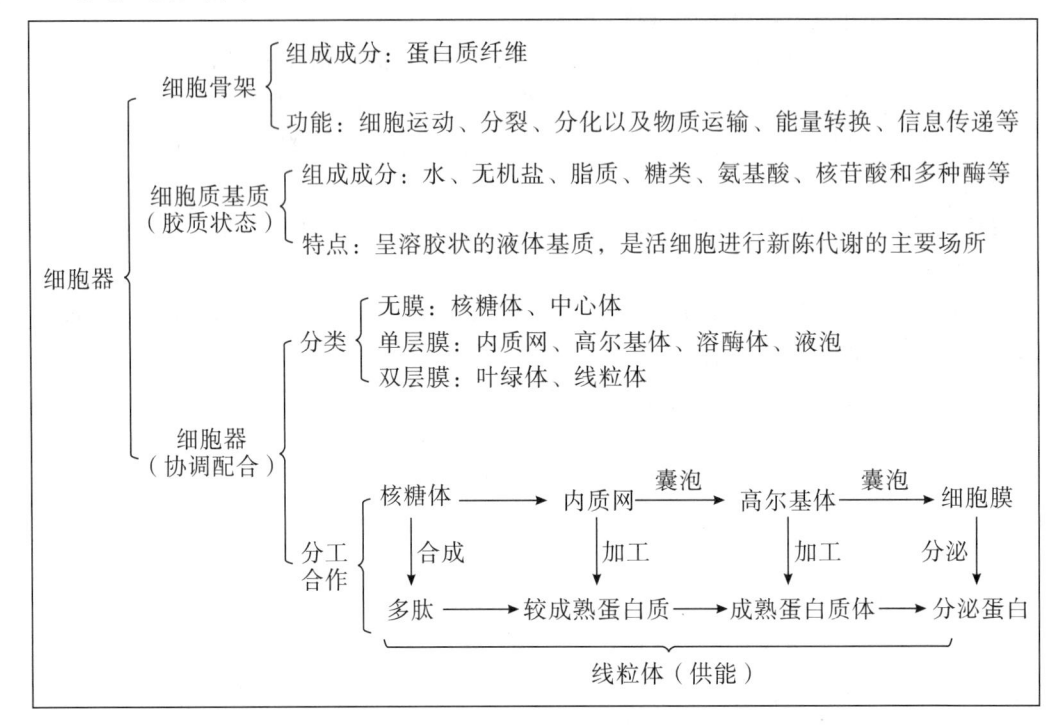

```
          ┌─ 细胞骨架 ┬─ 组成成分：蛋白质纤维
          │          └─ 功能：细胞运动、分裂、分化以及物质运输、能量转换、信息传递等
          │
          ├─ 细胞质基质 ┬─ 组成成分：水、无机盐、脂质、糖类、氨基酸、核苷酸和多种酶等
          │ （胶质状态）└─ 特点：呈溶胶状的液体基质，是活细胞进行新陈代谢的主要场所
细胞器 ─┤
          │              ┌─ 无膜：核糖体、中心体
          │    ┌─ 分类 ─┼─ 单层膜：内质网、高尔基体、溶酶体、液泡
          │    │        └─ 双层膜：叶绿体、线粒体
          └─ 细胞器
             （协调配合）
              └─ 分工     核糖体 ──→ 内质网 ─囊泡→ 高尔基体 ─囊泡→ 细胞膜
                 合作      │合成       │加工         │加工         │分泌
                          ↓           ↓            ↓            ↓
                         多肽 ──→ 较成熟蛋白质 ──→ 成熟蛋白质体 ──→ 分泌蛋白
                                      线粒体（供能）
```

（七）教学反思

根据大单元教学的要求，本课时依旧以"草履虫"作为情境，贯穿始终，通过表格的形式，引导学生归纳出各个细胞器的结构和功能。再引导学生分析分泌蛋白的形成和运输过程，帮助学生深入地理解细胞器之间相互合作、协调配合。

主线任务之外，以"草履虫"的运动为情境，穿插问题讨论、资料分析等其他学习任务，帮助学生整体把握知识体系，建立整体的生命观。学习过程中，学生通过自主学习、积极思考，提高了分析能力，拓宽了视野。教学过程中涉及的实验耗时较多，故本节内容需要2个课时完成。

（八）课后固学

以小组为单位，查找相关资料，讨论"草履虫食物泡的形成和消化"的过程需要哪些结构协调配合共同完成，请将你的探究结果以流程图的形式向大家展示。

第3节 细胞核的结构和功能

（一）教学内容分析

本节主要包含：细胞核的功能和结构，遗传信息主要贮存在细胞核中，以及制作真核细胞三维模型等内容。本节课程的知识既是细胞结构和功能的重要部分，也为后续学习细胞增殖、细胞分裂、细胞全能性、生物遗传等章节相关知识奠定了基础。

（二）学习者分析

经过之前的学习，学生对细胞的部分结构如细胞膜、细胞质有了较为深入的认识，也树立了结构与功能相适应的生命观念。具有一定的分析问题的能力以及小组合作探究的能力。因此，课堂教学采用任务驱动学习，问题引发兴趣，让学生将新知识与旧知识融为一体，有利于学生对新知识理解的同时巩固旧知识。

（三）学习目标确定

（1）通过资料分析，概述细胞核的结构，构建细胞核的结构模型。
（2）通过实验分析，概括出细胞核的功能，阐明遗传信息主要贮存在细胞核中。
（3）阐明细胞中部分与整体、结构与功能的统一性，认同细胞是一个整体。
（4）根据系统整体观，运用模型建构的方法，制作真核细胞的三维结构模型。

（四）学习重难点

（1）学习重点：概述细胞核的结构和功能；阐明遗传信息主要贮存在细胞核中。
（2）学习难点：阐明细胞中部分与整体、结构与功能的统一性。

（五）教学过程

环节一：创设情境，引发思考。

教师展示草履虫的高清显微照片，向学生提问：你能找出草履虫的细胞核吗？在显微镜下能看清细胞核的结构吗？

【设计意图】通过"草履虫"，创设情境，切入主题，增强学习趣味性。

环节二：认识细胞核的结构。

教师展示关于草履虫细胞核的资料：草履虫的细胞核是其细胞中最重要的结构之一，以下是关于草履虫细胞核的一些特点：①草履虫的细胞核通常是一个球形或椭圆形的结构，大小约为 5~10 微米。②细胞核内含有染色质、核仁等结构。③细胞核核膜上附着的核糖体负责合成蛋白质。④核仁参与核糖体的形成过程。⑤细胞核膜是由两层膜组成的，中间夹着核孔复合物。

教师引导学生根据材料的描述，结合教材内容，以学习小组为单位绘制草履虫的细胞核图像。并将本组绘制的草履虫细胞核图像与教材第 56 页细胞膜结构模式图进行比较，对本组绘制的图像进行补充和校正，并标注相关结构和功能。

【设计意图】继续通过"草履虫"，创设真实的学习情境，通过小组合作绘制细胞核的结构图，构建细胞核结构模型，了解细胞核的部分功能，加深认识结构与功能相适应的观点，从而提升学生自主学习、归纳总结的能力。

环节三：认识细胞核的功能。

教师展示资料：科学家将草履虫的细胞核取出，一段时间后，去核草履虫全部死亡。

向学生提问：草履虫离开细胞核为什么会死亡？

学生根据资料并结合已有知识经验进行分析推理，交流讨论。

教师继续指导学生阅读第 54 页"思考·讨论"。向学生提问：通过对教材中的资料分析，我们能归纳总结出细胞核具有什么功能？

教师引导学生以小组讨论的形式，阅读教材，思考讨论教材第55页"思考·讨论"中的6个问题，顺着这6个问题的指引，认识细胞的生命活动离不开细胞核，细胞核控制生物的性状和遗传。

【设计意图】学生通过阅读分析和小组交流，归纳总结细胞核的功能，阐明细胞核是细胞代谢和遗传的控制中心。同时培养学生自主学习、获取信息和归纳总结的能力。

教师继续提问：细胞核中的哪种结构控制了细胞的遗传和代谢？

教师展示细胞分裂间期、中期、末期的照片，并展示文字资料：观察发现染色质平时散漫地分布在细胞核中呈丝状；当细胞分裂时，丝状的染色质便浓缩，形成棒状的染色体，到分裂完成时，棒状的染色体又恢复为丝状的染色质。

教师指导学生阅读上述资料，并阅读教材第56页相关内容，向学生提问：

（1）染色体和染色质之间有什么联系？

（2）为什么细胞核能够成为细胞遗传和代谢的控制中心？

（3）如何较为全面地描述细胞核的功能？

【设计意图】通过创设情境，增加学生对于染色体的感性认识。学生通过小组合作讨论，明确染色体和染色质是同一物质在不同时期的不同形态，阐明遗传信息主要贮存在细胞核中，进一步明确细胞核控制生物的性状和遗传的功能。提升学生独立思考、归纳总结的能力。

环节四：认识细胞是一个统一的整体。

教师提出开放性的问题：请以草履虫为例，说说为什么细胞是一个统一的整体？

教师引导学生以草履虫为例，从细胞的各个结构如何相互协调合作，完成摄食、消化、游动等生命活动出发，思考讨论，阐明细胞是一个统一的整体。

【设计意图】开放式问题，学生以熟悉的草履虫为例，通过举例说明和分析讨论，理解细胞是一个统一的整体。

（六）板书设计

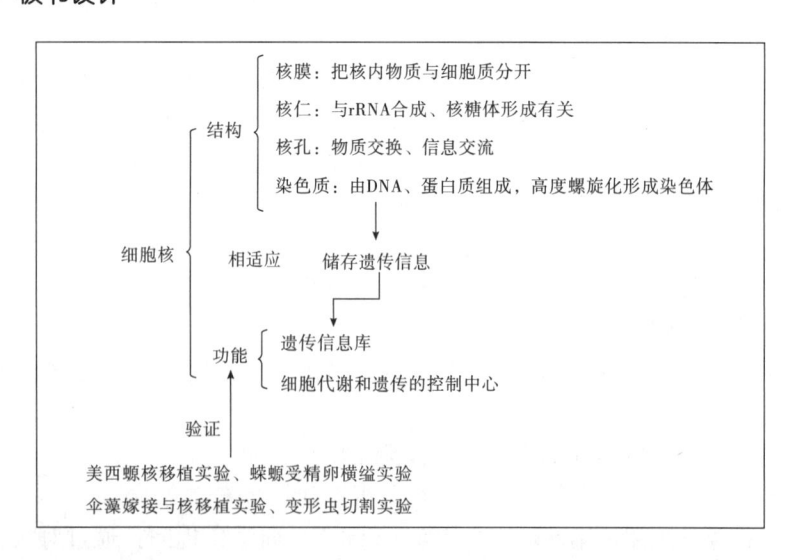

细胞核
- 结构
  - 核膜：把核内物质与细胞质分开
  - 核仁：与rRNA合成、核糖体形成有关
  - 核孔：物质交换、信息交流
  - 染色质：由DNA、蛋白质组成，高度螺旋化形成染色体
- 相适应 —— 储存遗传信息
- 功能
  - 遗传信息库
  - 细胞代谢和遗传的控制中心
- 验证
  - 美西螈核移植实验、蝾螈受精卵横缢实验
  - 伞藻嫁接与核移植实验、变形虫切割实验

（七）教学反思

本节内容是大单元的重要环节，整体根据大单元教学的要求，遵循以学生为主体的原则进行教学设计。整节课以结构与功能观作为主线，以"草履虫"为情境线索，通过设置驱动任务，引导学生进行资料分析、小组讨论、归纳总结等学习活动，从而理解细胞核的结构和功能相关的知识，领悟结构和功能相适应的生命观念。通过这节课的学习，学生掌握了相关的学科知识，提高归纳分析和逻辑推理能力。

由于时间关系，把制作三维真核细胞结构模型这一教学活动留到了课后，课后学生有更加充裕的时间完成模型制作。通过模型制作这一课后任务，增加学生感性体验。

（八）课后固学

以学习小组为单位，根据教材第57页探究实践的要求：制作真核细胞的三维结构模型，并向同学介绍相关结构和功能。

单元教学课例评析：

（1）大单元教学知识体系更具整体性和系统性。本单元教学以重要概念为核心，以"草履虫"作为主线情景，围绕4个次位概念展开教学活动。在教学设计中，注重对教材内容进行分析、整合和开发，形成具有学习目标、驱动任务、多元课堂评价等要素为一体的单元教学设计。相对于以罗列知识点为基础的碎片化教学，大单元教学更加重视对核心概念的整体把握，使得知识体系更加具有整体性和系统性。

（2）大单元教学中创设大情境，使教学更具连贯性。为达成大单元教学目标，在教学设计中以"草履虫"作为主线情境。这样情境更加真实生动、形象具体。教学过程中，利用多媒体、实物、模型等教学资源展示草履虫的各种资料，引导学生进入相关情境，依次把细胞膜、细胞器、细胞核的结构和功能等相关概念串联起来，加深知识纵向联系，使得教学更具连贯性。将学生感兴趣的话题和现实生活紧密结合，使课程内容更加生动有趣，提高学生的学习兴趣。

（3）大单元教学以学生为主体，更好地调动学生的主观能动性。大单元教学多以问题为导向，通过驱动任务，引导学生以小组为单位自主学习、交流讨论，完成各项学习任务。这样的教学方式为学生提供一个相对宽松的学习氛围，教师鼓励学生提出问题和发表自己的观点，为学生提供个性化的关注和指导，帮助学生发掘自己的潜能，培养学生的思维能力和表达能力。在这样的教学活动中，学生更愿意积极主动地去解决遇到的各种问题，极大地调动了学生学习的主观能动性。

第4单元　细胞的物质输入和输出

一、单元教学设计说明

依据《普通高中生物学课程标准（2017年版2020年修订）》，本单元教学内容对应的重要概念：2.1 物质通过被动运输、主动运输等方式进出细胞，以维持细胞的正常代谢活动；对应的次位概念：2.1.1 阐明质膜具有选择透过性；2.1.2 举例说明有些物质顺浓度梯度进出细胞，不需要额外提供能量；有些物质逆浓度梯度进出细胞，需要能量和载体蛋白；2.1.3 举例说明大分子物质可以通过胞吞、胞吐进出细胞。根据课标重要概念和次位概念的内容要求，确定单元学习目标和每一节内容的学习目标。

本节课内容选自高中生物学必修一《分子与细胞》（2019年人教版）第4章，通过教材分析知道，细胞膜具有控制物质进出细胞的功能，从而引入本章的主情境"细胞正常的生命活动需要吸收营养物质并排出代谢废物，细胞膜是怎样控制物质输入和输出的呢？不同的物质跨膜运输的方式一样吗？这与细胞膜的结构有什么关系呢？"，根据主情境依次介绍水、离子、葡萄糖、氨基酸、大分子等物质进出细胞的方式，在学习这些物质跨膜运输的方式过程中渗透生物学学科核心素养。

二、单元学习目标与重点难点

1. 单元学习目标

（1）从细胞的整体协作关系以及结构与功能相适应的角度来理解生物膜的生命属性。

（2）利用物质跨膜运输的相关原理，对其他成分物质出入细胞的方式进行推理和判断。

（3）通过探究植物细胞的吸水和失水，体验科学探究实验的一般过程，促进动手操作能力及实验设计能力的提升。

（4）通过分析蔬菜腌制、合理施肥等问题，运用物质跨膜运输的知识，解决生活生产实践中的问题。

2. 单元学习重难点

（1）单元学习重点：被动运输的原理和特点；探究植物细胞吸水和失水；主动运输的过程、特点；胞吞、胞吐的过程。

（2）单元学习难点：探究植物细胞吸水和失水；转运蛋白的种类和作用；主动运输的过程、特点；胞吞、胞吐的过程。

三、单元整体教学思路

本单元的内容结构如图 3-14 所示。

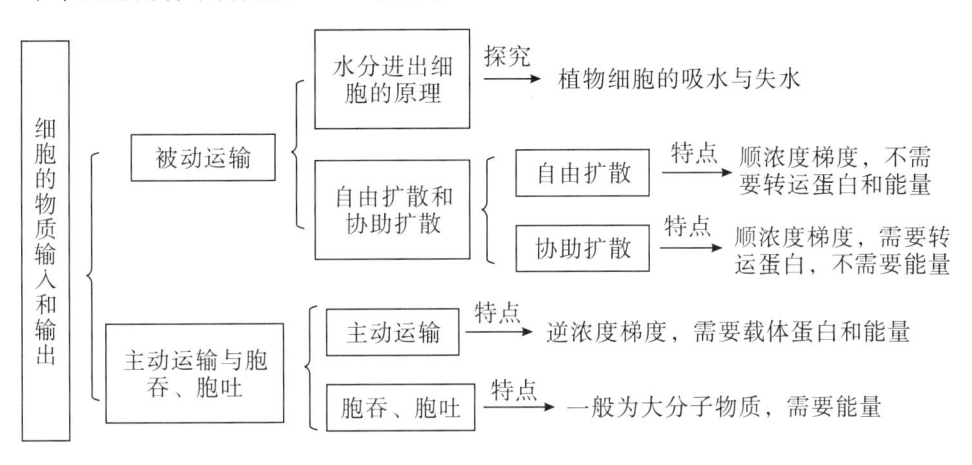

```
                    ┌─ 水分进出细胞  ──探究──→ 植物细胞的吸水与失水
                    │   的原理
        ┌─ 被动运输 ─┤
        │           │                ┌─ 自由扩散 ─特点─→ 顺浓度梯度，不需
细胞的   │           └─ 自由扩散和    │                    要转运蛋白和能量
物质输   │              协助扩散      │
入和    ─┤                            └─ 协助扩散 ─特点─→ 顺浓度梯度，需要转
输出     │                                                 运蛋白，不需要能量
        │                            ┌─ 主动运输 ─特点─→ 逆浓度梯度，需要载体蛋白和能量
        └─ 主动运输与─┤
           胞吞、胞吐 └─ 胞吞、胞吐 ─特点─→ 一般为大分子物质，需要能量
```

图 3-14　单元内容结构

本单元的内容主要分为第 1 节 "被动运输" 和第 2 节 "主动运输与胞吞、胞吐" 两部分，内容安排从易到难、层层递进。首先从了解水分子进出细胞的方式开始，让学生理解扩散、渗透的原理；然后进一步理解被动运输的概念，同时对自由扩散和协助扩散加以区分，为接下来学习主动运输埋下伏笔；而对于大分子及颗粒性物质，细胞则是通过胞吞和胞吐来完成物质的跨膜运输。在教学过程中，让学生积极体验实验探究过程，并借助多媒体辅助教学，帮助学生把握各种物质跨膜运输方式及意义，从而促进教学的顺利实施。

单元教学目标导向下的课时目标如图 3-15 所示。

```
重要概念          2.1 物质通过被动运输、主动运输等方式进出细胞，以维持细胞的正常代谢
（单元概念）
                  ┌─────────────────────────────────────────────────────┐
单元核心素养目标  │ 1.从细胞的整体协作关系以及结构与功能相适应的角度来理解生物膜的 │
    ↓             │   生命属性。                                         │
                  │ 2.利用物质跨膜运输的相关原理，对其他成分物质出入细胞的方式进行 │
                  │   推理和判断。                                       │
单元教学          │ 3.通过探究植物细胞的吸水和失水，体验科学探究实验的一般过程，促 │
    目标          │   进动手操作能力及实验设计能力的提升。                 │
    ↓             │ 4.通过分析蔬菜腌制、合理施肥等问题，运用物质跨膜运输的知识，解 │
                  │   决生活生产实践中的问题                             │
                  └─────────────────────────────────────────────────────┘
次位概念           2.1.1          2.1.2              2.1.3
（课标要求）        形成           形成  形成          形成
    ↓
        ┌──────────────────────────┐  ┌──────────────────────────┐
        │ 1.基于细胞膜的结构与功能，理解被 │  │ 1.阐明质膜具有选择透过性。    │
课时教    │   动运输的机制，认同生命的自主性， │  │   举例说明有些物质逆浓度梯   │
学目标    │   从而更加深刻地理解生命的本质。  │  │   度进出细胞需要能量和载体   │
    ↓     │ 2.理解渗透作用的原理及其发生的条 │  │   蛋白。举例说明大分子物质   │
          │   件，结合此现象解释动植物细胞吸水 │  │   可以通过胞吞、胞吐进出    │
课时核心素养目标│   和失水；并尝试结合细胞膜的结构与 │  │   细胞。                │
    ↓     │   功能，推断其他成分物质出入细胞的 │  │ 2.从结构与功能相适应观点    │
          │   方式。                     │  │   出发，理解物质通过主动运  │
          │ 3.通过探究实验，探究植物的原生质 │  │   输、胞吞与胞吐方式进出细  │
教材内容等 │   层是否为一层半透膜，培养学生的科 │  │   胞，以维持细胞的正常代谢  │
（共3课时）│   学探究能力。                │  │   活动。                │
          │ 4.培养学生造福人类的态度和价值观， │  │ 3.结合物质进出细胞的方式，  │
          │   将物质运输的知识应用到生活实践中， │  │   说明某些疾病的成因，宣扬  │
          │   用于分析和解释诸如蔬菜腌制、合理 │  │   健康生活              │
          │   施肥等实践问题              │  │                        │
          └──────────────────────────┘  └──────────────────────────┘
              第四章第1节（2课时）              第四章第2节（1课时）
```

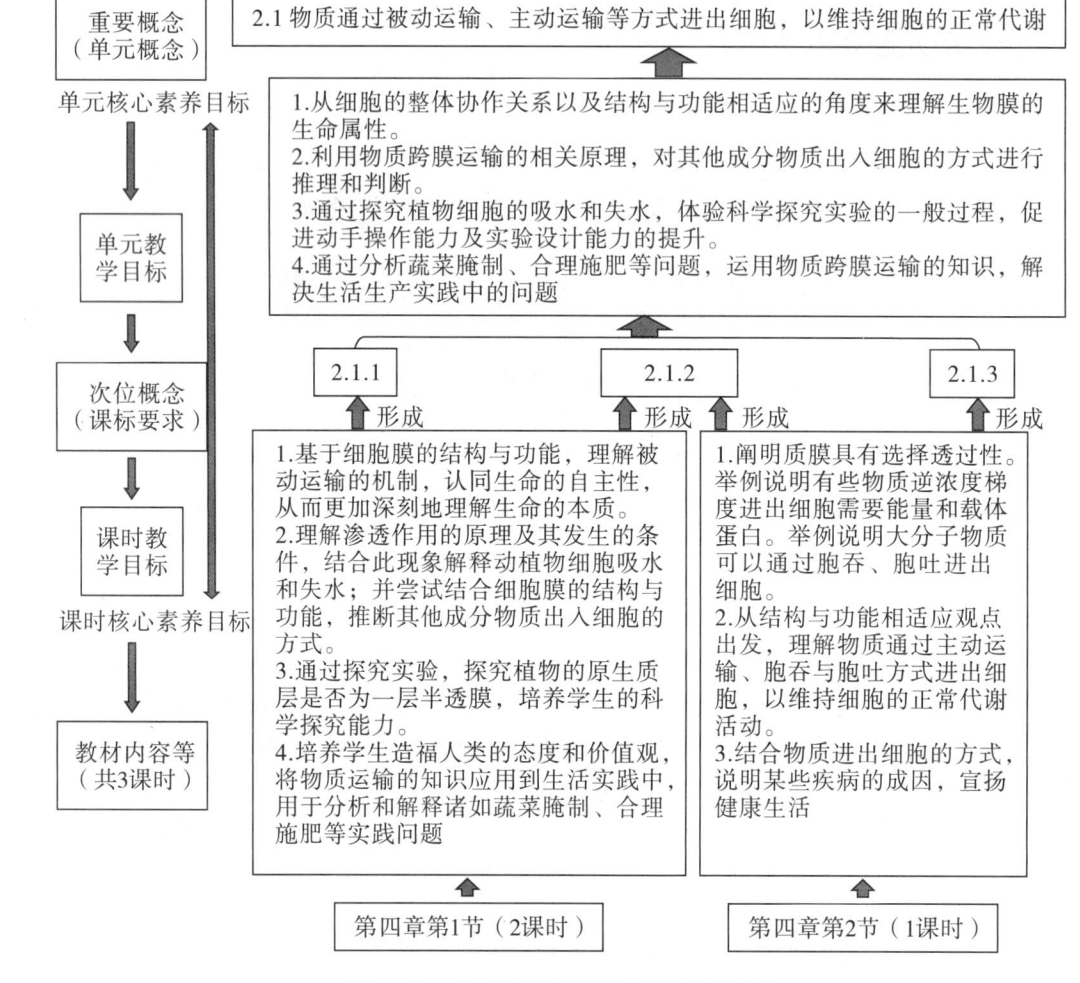

图 3-15 单元教学目标导向下的课时目标

第 1 节 被动运输

（一）教学内容分析

"被动运输"是必修一第四章"细胞的物质输入和输出"第一节的内容，本节课的教学内容是在学生学习了"细胞的基本结构"的基础上进行的。本节课内容较多，主要包括动物细胞的吸水和失水、植物细胞的吸水和失水、质壁分离及其复原实验、自由扩散、协助扩散等内容；其知识点紧凑且联系紧密，这有利于学生在巩固前面所学知识的同时，能够更加具体地学习、掌握被动运输的主要内容，并为学生后面学习"主动运输与胞吞、胞吐"的内容作好铺垫。

（二）学习者分析

处于高一阶段的学生，对植物细胞的吸水和失水已经有了基本的认识，也都知道

了植物细胞和动物细胞在结构上的差别。同时,这一阶段的学生好奇心强,并且已经具备一定的观察和认知能力。这些已有的知识基础和能力能够帮助学生更好地理解被动运输的具体机制,但是学生的探究能力有待提高,教师需要对学生进行一定的指导。

(三) 学习目标确定

(1) 基于细胞膜的结构与功能,理解被动运输的机制,认同生命的自主性,从而更加深刻地理解生命的本质。

(2) 理解渗透作用的原理及其发生的条件,结合此现象解释动植物细胞吸水和失水过程,并尝试结合细胞膜的结构与功能,推断其他成分物质出入细胞的方式。

(3) 通过探究实验,探究植物的原生质层是否为一层半透膜,培养学生的科学探究能力。

(4) 培养学生造福人类的态度和价值观,将物质运输的知识应用到生活实践中,用于分析和解释诸如蔬菜腌制、合理施肥等实践问题。

(四) 学习重难点

(1) 学习重点:渗透作用的原理和特点;被动运输的原理和特点。

(2) 学习难点:转运蛋白的作用和特点。

(五) 教学过程

环节一:新课导入。

教师在讲台拿出香水喷一下。提出问题:

(1) 为什么可以闻到香味?

(2) 香料分子的运动方向是怎样的?

【设计意图】创设生活情境,通过问题激发学生的求知欲,从而引入本节内容。

环节二:动画播放渗透装置,演示渗透现象。

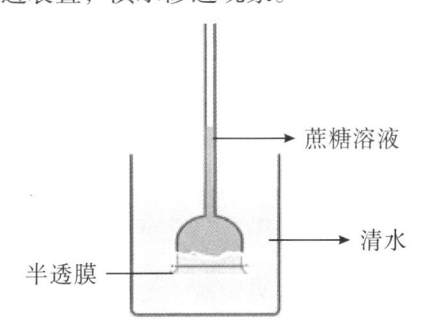

图 3-16 渗透现象示意图

教师引导学生观察现象:烧杯中的清水通过半透膜进入含有蔗糖溶液的漏斗中使漏斗液面上升,提出问题:

(3) 漏斗管内的液面为什么会升高?如果漏斗管足够长,漏斗管内的液面会无限升高吗?如果用一层纱布代替玻璃纸,还会出现原来的现象吗?

(4) 如果烧杯中不是清水,而是同样浓度的蔗糖溶液,结果会怎样?

小结:渗透作用是指水分子通过半透膜的扩散。如果膜两侧存在浓度差,渗透的方向就是水分子从相对含量高的一侧流向相对含量低的一侧。

【设计意图】通过连续设问，帮助学生掌握并辨析半透膜、浓度差、渗透等名词。引导学生用精练的语言归纳"渗透作用"的概念及条件，帮助学生在形成概念的同时提升归纳能力。

环节三：将生活情境与渗透作用相关联，引导学生作出假设。

教师用多媒体投影"超市蔬菜喷洒雾水""糖拌黄瓜""农作物施肥过多出现烧苗"的图片，引导学生提出疑问：喷雾水进入细胞、黄瓜水分外流等现象与渗透作用的原理是否相同？

教师用多媒体投影植物细胞结构模式图（见图3-17）并提问：

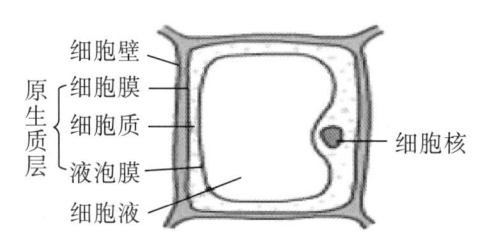

图3-17 成熟的植物细胞模式图

（1）植物细胞的水分主要储存在哪里？
（2）水分流出植物细胞要跨过哪些结构？
（3）若黄瓜细胞失水的原理与渗透作用原理相同，哪些结构相当于渗透现象中的半透膜？

学生通过分析提出假设：水分进出植物细胞的原理与渗透作用相同，原生质层相当于渗透现象中的半透膜。

【设计意图】紧扣情境导入主题，结合"超市蔬菜喷洒雾水""糖拌黄瓜"的现象进一步明确"水分可以进、出植物细胞"，与渗透现象对比，引导学生提出假设。然后回顾植物细胞结构，层层设问引出原生质层的概念，为下一步实验设计做铺垫。

环节四：设计实验方案，完成探究实验。

根据假设，引导学生设计实验思路，并提问：

（1）如果假设是正确的，当外界溶液浓度高于细胞液浓度时，细胞就会____；当外界溶液的浓度低于细胞液的浓度时，细胞就会____。
（2）选用何种观察材料？
（3）如何设置较高或较低浓度的外界溶液？
（4）如何观察细胞？
（5）对实验结果做出预测：细胞失水或吸水后可观察到哪些变化？

将全班同学分成若干个六人小组，组内讨论上述问题。随后学生回答，教师逐一点评并确定正确答案。

小结：①选材：液泡有颜色而细胞质无色的植物细胞。②用显微镜观察滴加蔗糖溶液前后的细胞。③用吸水纸从另一侧引流，使得滴加溶液浸润洋葱鳞片叶。

讨论完成后，在实验员的协助下分发实验用品，两人一组开始探究，完成拍照并记录结果，完成表3-5。

表 3-5 实验结果记录表

外界溶液	中央液泡大小	原生质层的位置	细胞大小
蔗糖溶液			
清水			

【设计意图】通过提问，帮助学生设计实验思路，理清实验步骤。

环节五：展示并分析结果。

教师选取有代表性的高倍镜观察图像，引导学生描述实验结果：水分进、出植物细胞时，从相对含量高的一侧运输至相对含量低的一侧，与渗透作用的原理一致，说明"水分进出植物细胞的原理与渗透作用相同，原生质层相当于渗透现象中的半透膜。"假设成立。

通过引导学生观察实验现象，提问：加入蔗糖溶液中液泡缩小后，原生质层在什么位置？滴加清水后，原生质层在什么位置？通过学生的回答，引出质壁分离和质壁分离复原现象。

【设计意图】引导学生结合实验现象，理解质壁分离与质壁分离复原出现的原因。

环节六：类比推理动物细胞失水与吸水的原理，归纳本节课的概念。

学生完成植物细胞吸水与失水探究实验后，容易进行类比推理，从而提出假设：动物细胞失水和吸水也是通过渗透作用的原理进行的。结合"制备动物细胞膜"实验、医院注射用的生理盐水作用、嗑瓜子嘴皮皱缩等实例分析动物细胞进行渗透作用的所需条件。通过水分子进出动植物细胞的实例分析，归纳出概念：像水分子这样，物质以扩散方式进出细胞，不需要消耗细胞内化学反应释放的能量，这种物质跨膜运输方式称为被动运输，被动运输又分为自由扩散和协助扩散。引导学生阅读教材"自由扩散和协助扩散"相关内容，设计表格比较这两种运输方式的区别。

【设计意图】引导学生运用类比推理学习动物细胞吸水与失水原理，充分发挥学生学习积极性，设计表格比较自由扩散与协助扩散，促进学生自主学习和合作学习能力的提升。

（六）板书设计

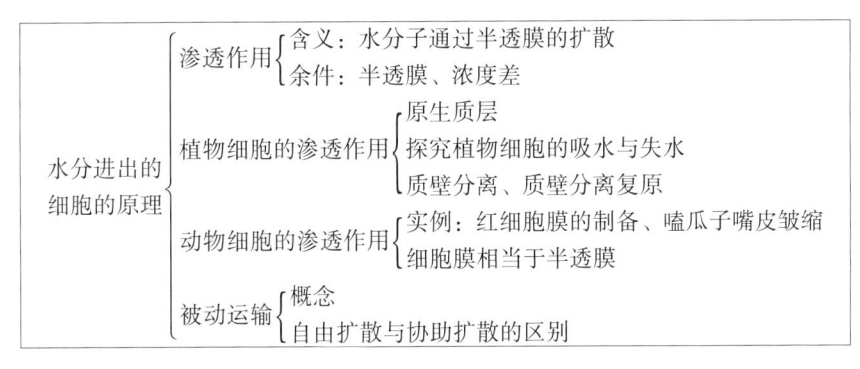

```
                    ┌ 渗透作用 ┌ 含义：水分子通过半透膜的扩散
                    │         └ 条件：半透膜、浓度差
                    │
水分进出的          │                   ┌ 原生质层
                    ├ 植物细胞的渗透作用 ┤ 探究植物细胞的吸水与失水
细胞的原理          │                   └ 质壁分离、质壁分离复原
                    │
                    │                   ┌ 实例：红细胞膜的制备、嗑瓜子嘴皮皱缩
                    ├ 动物细胞的渗透作用 ┤
                    │                   └ 细胞膜相当于半透膜
                    │
                    └ 被动运输 ┌ 概念
                              └ 自由扩散与协助扩散的区别
```

（七）教学反思

（1）充分发挥教材中蕴含的创新、探究的素材，通过多处"设障""布惑"，把教

材中的"现成结论"进行活化和优化处理，使之真正成为学生的"学材"，潜移默化地培养了学生对图形描述的能力。具体操作表现：一是动画展示渗透现象，递进式问题的设置符合学生的认知规律；二是利用探讨式教学完成"植物细胞吸水与失水实验探究"，以多媒体辅助教学，引导学生进行分析、讨论、归纳和总结，充分发挥了学生的主动性并提高了教学的有效性，增强对学生科学思维的训练。

（2）教学方式灵活，课堂效率提高。具体表现：一是让学生用类比推理的方法学习动物细胞吸水与失水的原理，此处理方法能及时反馈学生的学习效果；二是列表格比较自由扩散与协助扩散的区别，促进学生自主学习和合作学习能力的提升。

（八）课后固学

以"渗透作用"为核心完善思维导图。

第2节 主动运输与胞吞、胞吐

（一）教学内容分析

第3章第1节已经介绍了细胞膜的成分、结构以及功能，第3章第2节"分泌蛋白的合成与运输"等内容为本节内容的学习打下了基础。"主动运输"体现了细胞膜控制物质进出细胞的功能，"胞吞、胞吐的过程"又是对生物膜具有流动性的一个很好的佐证，对学生理解细胞是基本的生命系统有着重要的意义。

（二）学习者分析

本节的授课对象是高一学生，在初中阶段，学生对物质交换有了初步的了解，通过前几章的学习，学生已经具备了一些认知能力，为新知识的学习奠定了基础。同时经过前阶段的新课程学习，他们具备了参与群体讨论，并大胆说出自己的想法和理论依据的能力。他们对事物的探究有激情，但往往对探究的目的性及过程、结论的形成缺乏科学思维，需要教师的引导。

（三）学习目标确定

（1）阐明质膜具有选择透过性。举例说明有些物质逆浓度梯度进出细胞，需要能量和载体蛋白。举例说明大分子物质可以通过胞吞、胞吐进出细胞。

（2）从结构与功能相适应的观点出发，理解物质通过主动运输、胞吞与胞吐方式进出细胞，以维持细胞的正常代谢活动。

（3）结合物质进出细胞的方式，说明某些疾病的成因，宣扬健康生活。

（四）学习重难点

（1）学习重点：主动运输的过程与特点；胞吞、胞吐的过程。

（2）学习难点：主动运输与胞吞、胞吐的区别与联系。

（五）教学过程

环节一：创设真实情境，设置问题导入。

教师播放甲状腺滤泡上皮细胞吸收碘的视频，并提问：

(1) 甲状腺滤泡上皮细胞吸收碘是通过被动运输吗？
(2) 联想逆水行舟的情形，甲状腺滤泡上皮细胞吸收碘是否需要细胞提供能量？
(3) 这种跨膜运输是特例还是有一定的普遍性？

根据学生的回答，教师逐一点评并确定正确答案：
(1) 甲状腺滤泡上皮细胞吸收碘不是通过被动运输。
(2) 甲状腺滤泡上皮细胞吸收碘需要细胞提供能量。
(3) 这种跨膜运输具有普遍性。

【设计意图】引入不同于被动运输的物质进出细胞的方式，激发学生兴趣。

环节二：物质跨膜运输实例分析及动画演示，建构主动运输的概念。

实例1：小肠液中氨基酸、葡萄糖的浓度远低于小肠上皮细胞的浓度，但仍可被吸收。

实例2：人红细胞中K^+的浓度比血浆高30倍。

实例3：轮藻细胞中K^+的浓度比周围水环境高63倍。

教师展示3个实例，并播放这些物质跨膜运输的动画，引导学生分析上述物质跨膜运输的方式与被动运输的区别，从而构建主动运输的概念并归纳其特点。

小结：物质逆浓度梯度进行跨膜运输，需要载体蛋白的协助，同时还需要消耗细胞内化学反应所释放的能量，这种方式叫作主动运输。

【设计意图】引导学生结合实际情境，利用已有的被动运输知识，理解主动运输的概念和特点。

环节三：生物大分子进出细胞的方式——胞吞、胞吐。

学生已经知道，小分子、离子可以通过主动运输和被动运输进出细胞。接下来教师提问：会不会有生物大分子也需要进出细胞？让学生举例说明。

学生阅读教材回答问题，初步发现一些大分子物质通过胞吞、胞吐进出细胞。

教师用多媒体投影动物细胞吸收胆固醇的图片，并展示"动脉粥样硬化与胆固醇的关系"相关资料，并提问：

(1) 为什么动物细胞需要胆固醇？
(2) LDL进入细胞内部需要什么条件？
(3) 该实例体现了细胞膜的什么特性？
(4) 如何预防动脉粥样硬化？

学生分组讨论上述问题的答案，随后请学生回答，教师逐一点评并确认答案：①胆固醇是细胞膜的成分之一。②细胞膜上某种蛋白质和能量。③细胞膜的流动性。④合理饮食、少吃高脂肪食物，多运动，不吸烟，不酗酒。

小结：胞吞和胞吐运输物质的特点：需要消耗能量，借助膜的流动性。

【设计意图】帮助学生理解物质通过胞吞、胞吐进出细胞要借助细胞膜的流动性以及消耗细胞呼吸所释放的能量才能实现，通过预防动脉粥样硬化的措施引导学生关注健康的生活方式。

环节四：列表总结物质进出细胞的方式。

表3-6 物质进出细胞方式

物质进出细胞的方式	自由扩散	协助扩散	主动运输	胞吞	胞吐
图例					
运输方向					
特点					
举例					

【设计意图】让学生通过回忆各种物质跨膜运输方式，比较不同运输方式的特点，认同细胞膜的结构帮助细胞实现选择性吸收或排出物质的功能，认同物质跨膜运输与能量密切相关。

（六）板书设计

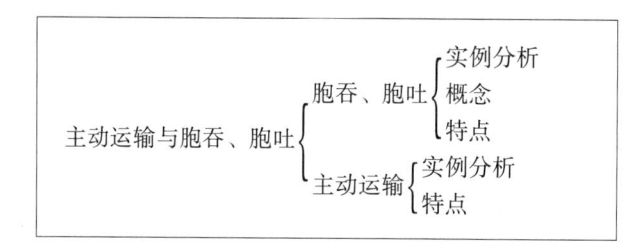

$$
\text{主动运输与胞吞、胞吐}\begin{cases}\text{胞吞、胞吐}\begin{cases}\text{实例分析}\\\text{概念}\\\text{特点}\end{cases}\\\text{主动运输}\begin{cases}\text{实例分析}\\\text{特点}\end{cases}\end{cases}
$$

（七）教学反思

（1）本课的教育理论基于概念教学设计，采用启发式、引导式教学，通过设置问题，引导学生运用旧知识对新知识进行层层剖析。符合新课标的理念，注重对学生分析、推理及探究能力的培养和联系实际生活。

（2）本节课利用多种形式引导学生自主学习，归纳总结不同物质的跨膜运输方式特点等，让学生在获得知识的同时，培养探究能力、分析比较和表达能力等。

（3）教学中安排与"图"有关的活动，通过解读数据提高学生图文转换、正确解读图表数据的能力，帮助学生实现对细胞膜控制物质进出方式的感性认识上升到理性认识，深刻领会膜结构与功能相适应的观点。

（八）课后固学

以"物质进出细胞的方式"为核心画出思维导图。

单元教学课例评析：

本单元"细胞的物质输入和输出"主要围绕物质进出细胞的方式展开，强调了被动运输和主动运输等重要概念。在教学过程中，学生通过构建事实来理解概念，设计了一系列有特点的活动：

（1）关联生活情境，引导设计实验。通过"超市蔬菜喷洒雾水"和"糖拌黄瓜"等现象，引导学生明确水分可以进出植物细胞，进而引出渗透现象，鼓励学生提出假设。通过实验验证，学生深入理解教材的核心概念。

（2）巧用多媒体手段，层层设问，建构概念，发展学生思维。通过展示图片、动画等多媒体资源，以及问题与问题的衔接，使学生将新旧知识结合起来，如渗透作用与细胞结构的关系等。通过动画演示和实例分析，引导学生建构主动运输的概念，激发了学生的学习兴趣。

（3）引导学生关注生活，重视健康生活。学生通过阅读教材回答问题，初步了解大分子物质通过胞吞、胞吐进出细胞的过程。同时，展示动物细胞吸收胆固醇的图片，引导学生思考为什么动物细胞需要胆固醇，以及 LDL 进入细胞内部需要什么条件等问题。通过这些问题，学生理解了物质通过胞吞、胞吐进出细胞需要借助细胞膜的流动性以及消耗细胞呼吸所释放的能量才能实现。通过这些内容，学生能够更加关注健康的生活方式，预防动脉粥样硬化等疾病。

总的来说，这节课的设计注重联系生活实际，运用多种教学手段，引导学生主动参与和思考，有助于学生更好地理解和掌握物质进出细胞的相关知识。

第 5 单元　细胞的能量供应和利用

一、单元教学设计说明

依据《普通高中生物学课程标准（2017 年版 2020 年修订）》，本单元对应的重要概念：2.2 细胞的功能绝大多数基于化学反应，这些反应发生在细胞的特定区域。对应的次位概念：2.2.1 说明绝大多数酶是一类能催化生化反应的蛋白质，酶活性受到环境因素（如 pH 和温度等）的影响。2.2.2 解释 ATP 是驱动细胞生命活动的直接能源物质。2.2.3 说明植物细胞的叶绿体从太阳光中捕获能量，这些能量在二氧化碳和水转变为糖与氧气的过程中，转化并储存为糖分子中的化学能。2.2.4 说明生物通过细胞呼吸将储存在有机分子中的能量转化为生命活动可以利用的能量。根据课标重要概念和次位概念的内容要求，确定单元学习目标和每一节内容的学习目标。

课程标准"模块 1 分子与细胞"的"教学提示"中提出，应开展的学生活动有：探究酶催化的专一性、高效性及影响酶活性的因素；提取和分离叶绿体色素；探究不同环境因素对光合作用的影响；探究酵母菌的呼吸方式。在课程标准"模块 1 分子与细胞"的"学业要求"中提出，"从物质与能量视角，探索光合作用与呼吸作用，阐明细胞生命活动过程中贯穿着物质与能量的变化（生命观念、科学思维、科学探究）"。

二、单元学习目标与重点难点

本单元包含的 4 个次位概念中，从学生的前概念层面分析，学生对于酶及酶的作用、光合作用吸收光能合成有机物释放氧气、呼吸作用分解有机物释放能量等知识都有所了解，因化学知识和认知水平有限，对呼吸作用的过程、场所、产物和影响呼吸速率的因素等知识没有涉及。同时也存在"酶都是蛋白质""植物细胞都能进行光合作用""植物细胞只有在黑暗条件下才进行细胞呼吸"等错误的前概念。学生对相关概念的了解都停留在生命活动现象层面，并没有深入到分子与细胞水平，学生对于分子与细胞水平上物质与能量的变化和 ATP、酶与代谢之间的关系还缺乏了解。另外,学生的分析、推理和抽象思维能力参差不齐。从思维特点上看,此时学生的逻辑推理能力还不是很完善,在学习方法和认识水平方面还不够熟练。

通过本单元的学习,应达成以下目标:

(1) 通过科学探究实验,如探究酶催化的专一性、高效性及影响酶活性的因素;探究酵母菌细胞呼吸的方式;提取和分离绿叶中的色素;探究环境因素对光合作用强度的影响等实验,能利用假设或问题,开展实验设计,通过探究实践学会控制自变量和无关变量,观察和检测因变量,设置对照实验和对比实验,分析获取的事实和证据,掌握实验设计的基本原则,熟悉科学探究的基本思路和方法,并以小组为单位收集实验的数据,分析数据,得出结论,提高科学探究能力。

(2) 能从细胞呼吸、光合作用的能量的转化等角度,开展"如何更有效、安全地提高农作物的产量"等探究实践活动,以增强社会责任感,逐步树立将自身所学服务于社会、服务于人类的观念。

(3) 通过实验让学生能熟练地使用常见的有关细胞代谢的实验器具,制订简单的实验方案,或在给出的多个方案中选取恰当的方案并能实施,如实记录数据,分析各项数据,得出合理结论,实验中能与他人合作开展探究活动,规范撰写实验报告,与他人交流所得结果和存在问题等,提升科学探究能力。

(4) 通过分析科学史资料,理解科学的本质和科学研究的思路、方法和逻辑。通过构建酶活性的数学模型、ATP 分子结构和供能机理的物理模型、细胞代谢的概念模型,训练和提升科学思维。

(5) 能基于"细胞需要不断与环境间进行物质和能量的交换,需要生活环境的稳定"等知识,关注生活环境、关注环境保护等社会性议题,形成热爱生命、人与自然和谐发展等基本观念,初步形成健康的生活方式和保护环境的意识,自觉抵制封建迷信和伪科学,增强社会责任感。

三、单元整体教学思路

本单元共分为 4 节,分别是"降低化学反应活化能的酶""细胞的能量'货币'ATP""细胞呼吸的原理和应用""光合作用与能量转化"。细胞中的物质变化和能量转化必须以化学反应为基础,而这些化学反应统称为"细胞代谢"。细胞代谢包括物质代谢和能量代谢,因此本章的教材内容可以划分出两条主线。从物质变化的主线来看,将"降低化学反应活化能的酶"安排在第 1 节,奠定了酶在细胞代谢中的地位,即酶是细胞进行各种化学反应不可或缺的生物催化剂。后续分别呈现了 ATP 的合成和水解、细胞呼吸和光合作用,其中 ATP 是生物界通用的能量货币,它的主要来源是细胞呼吸,而细胞呼吸所需要的底物又来自光合作用。这样的编排符合对事物的认知规律。从能量转化的主线来看,本章可以解决"生物界能量的源头是什么?""细胞中如何完成能量的转化?""细胞中的能量如何推动生命活动的进行?"等问题,从无机环境中的能量被固定到生物体内,再到生物体内如何利用这些能量推动生命活动的进行,有利于学生对细胞中能量的供应和利用形成整体认识。

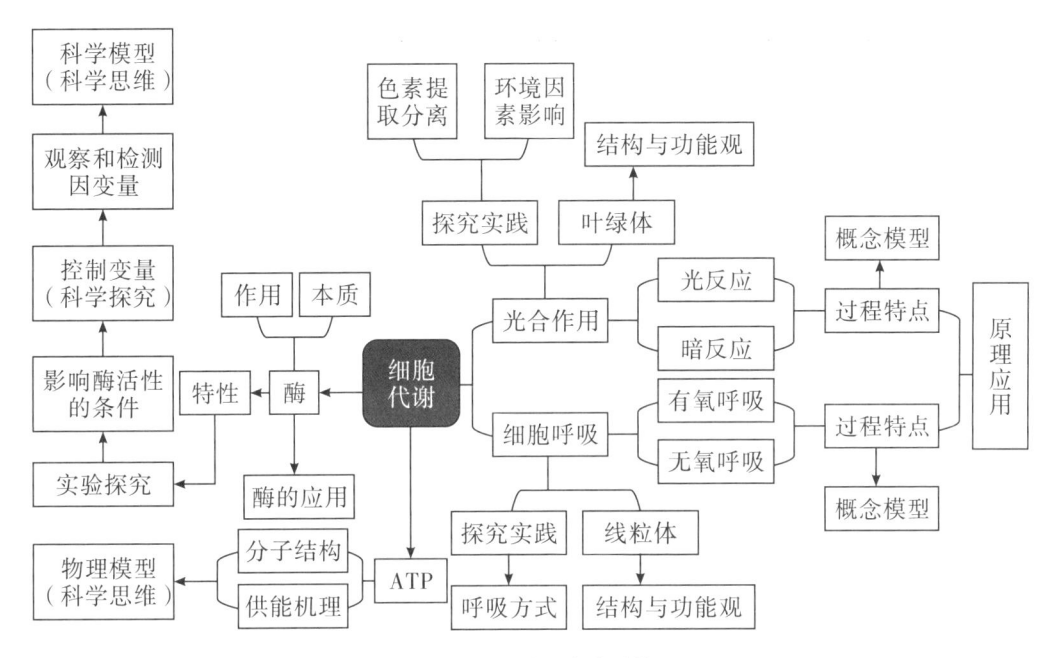

图 3-18 单元内容结构

教师整合了本单元的学习内容，结合学习情境，提出学生需要解决的核心问题是"水稻种子从开始萌发到植株上结出稻谷，再到米饭被人体利用，在整个过程中能量是如何供应和利用的"。以此激发学生运用科学知识解决生产实践问题的兴趣。然后基于问题大情境提出具有挑战性的单元大任务——"细胞是如何通过化学反应来获取和利用能量的"，使单元学习围绕大任务开展。最后，结合4个学习课题，创设与问题大情境相关的问题小情境，再基于问题小情境提出子任务，并围绕子任务开展有目的、有方向的自主、合作、探究等主动学习活动。通过问题撬动学生的思考，学生会考虑到"温度、日照长短、气候条件、土壤特点"等，每一个影响因素都与本单元学习产生密切的关联。通过"植物是怎样合成有机物的""这些有机物参与了生物的哪些生理过程"以及"如何利用所学知识和原理解决生活中的实际问题"等层层设问对学生进行思维训练，很好地探讨、阐释了生命现象及规律，有助于学生"归纳""概括""推理""创造性思维"等科学思维的形成。引导学生在学习任务的驱动下，分析影响水稻淀粉含量的主要因素，进而挖掘温度对植物生长的影响机制，很顺畅地进行"酶"的作用机制、酶的本质、特性等内容的学习。为解决水稻滞销的问题，学生发散思维，给出各类解决方案，从改善运输到产品的深加工，从简单处理到产品附加值的提升等，并针对米酒制作内容，探究细胞呼吸的原理及过程，比较顺畅地实现了相关知识的学习。子任务的进阶促进了知识获取与能力形成，探究影响水稻有机物含量变化的影响因素，在驱动学生完成光合作用与呼吸作用的学习基础上，进一步探究了影响2个重要生理过程的因素，并能够实现知识的迁移，给出提高粮食产量的策略。在整个学习过程中逐步实现"学习理解、应用实践、迁移创新"等能力的培养与提升，并在学习的基础上，逐步构建出各类概念，梳理出本单元的概念关系，引导学生最终概括出本单元的大概念，进而实现对概念的持久性理解。

基于问题大情境提出具有挑战性的单元大任务——"细胞是如何通过化学反应来获取和利用能量的",使单元学习围绕大任务开展。最后,结合 4 个学习课题,创设与问题大情境相关的问题小情境,再基于问题小情境提出子任务,并围绕子任务开展有目的、有方向的自主、合作、探究等主动学习活动。本单元安排 10 个课时。其中,"降低化学反应活化能的酶"安排 3 课时,"细胞的能量'货币'ATP"安排 1 课时,"细胞呼吸的原理和应用"安排 2 课时,"光合作用与能量转化"安排 4 课时。

单元教学目标导向下的课时目标如图 3-19 所示。

重要概念（单元概念）：2.2 细胞的功能绝大多数基于化学反应,这些反应发生在细胞的特定区域

单元核心素养目标

单元教学目标：
1. 进行科学探究实验,如探究酶催化的专一性、高效性及影响酶活性的因素;探究酵母菌细胞呼吸的方式;提取和分离绿叶中的色素;探究环境因素对光合作用强度的影响等实验。能利用假设或问题开展实验设计,通过探究实践学会控制自变量和无关变量,观察和检测因变量,设置对照实验和对比实验,分析获取的事实和证据,掌握实验设计的基本原则,熟悉科学探究的基本思路和方法,并以小组为单位收集实验的数据,分析数据,得出结论,提高科学探究能力。
2. 能从细胞呼吸、光合作用的能量的转化等角度,开展"如何更有效、安全地提高农作物的产量"等探究实践活动,以增强社会责任感,逐步树立将社会所学服务于社会、服务于人类的观念。
3. 通过实验让学生能熟练地使用常见的有关细胞代谢的实验器具,制订简单的实验方案,或在给出的多个方案中选取恰当的方案并能实施,如实记录数据,分析各项数据,得出合理结论,实验中能与他人合作开展探究活动,规范撰写实验报告,与他人交流所得结果和存在问题等,提升科学探究能力。
4. 通过分析科学史资料,理解科学的本质和科学研究的思路、方法和逻辑。通过构建酶活性的数学模型、ATP 分子结构和供能机理的物理模型、细胞代谢的概念模型,训练和提升科学思维。
5. 能基于"细胞需要不断与环境间进行物质和能量的交 ,需要生活环境的稳定"等知识,关注生活环境、环境保护等社会性议题,形成热爱生命、人与自然和谐发展等基本观念,初步形成健康的生活方式和保护环境的意识,自觉抵制封建迷信和伪科学,增强社会责任感

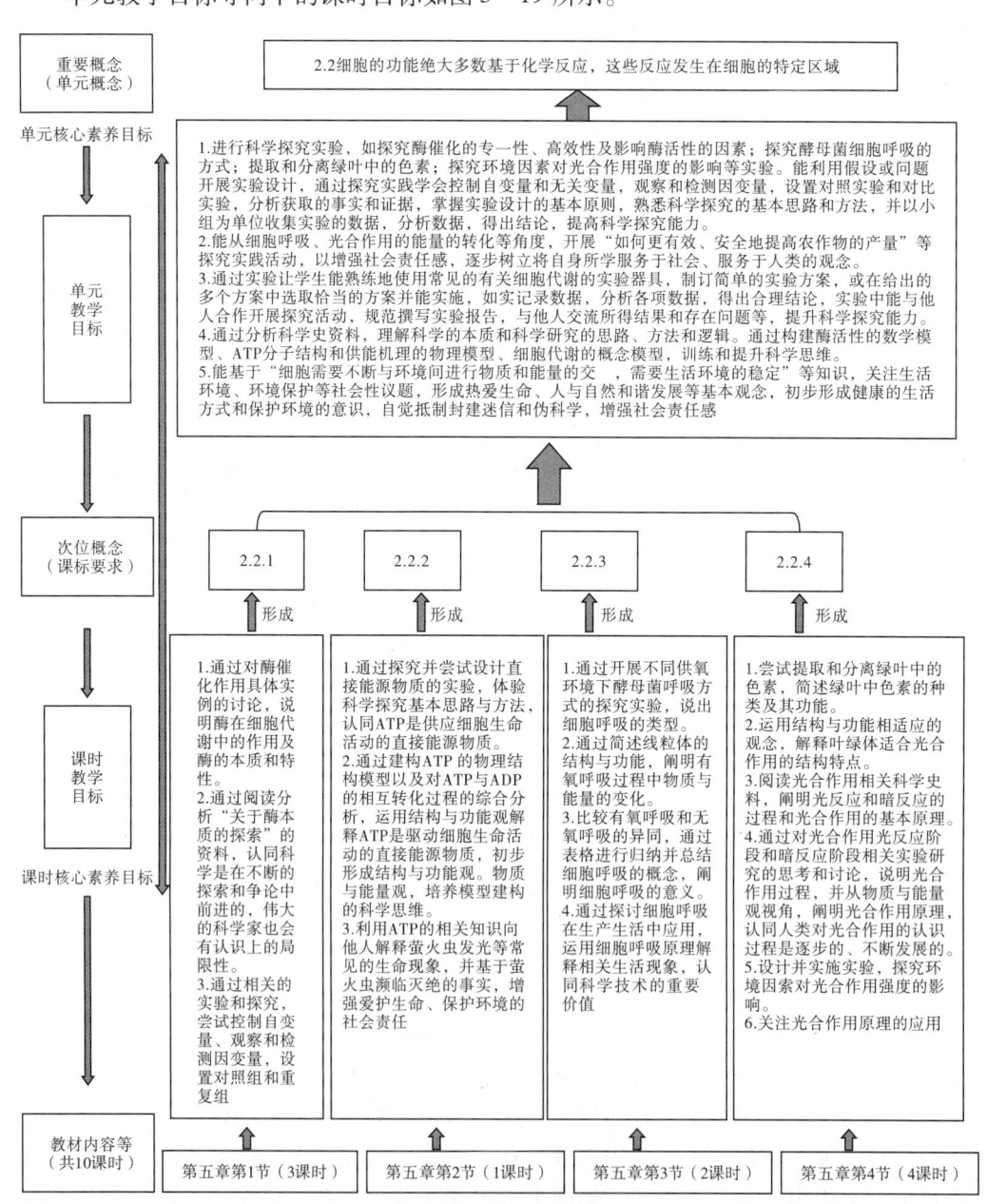

次位概念（课标要求）：2.2.1 形成 / 2.2.2 形成 / 2.2.3 形成 / 2.2.4 形成

课时教学目标：

2.2.1	2.2.2	2.2.3	2.2.4
1.通过对酶催化作用具体实例的讨论,说明酶在细胞代谢中的作用及酶的本质和特性。2.通过阅读分析"关于酶本质的探索"的资料,认同科学是在不断的探索和争论中前进的,伟大的科学家也会有认识上的局限性。3.通过相关的实验和探究,尝试控制自变量、观察和检测因变量,设置对照组和重复组	1.通过探究并尝试设计直接能源物质的实验,体验科学探究基本思路与方法,认同ATP是供应细胞生命活动的直接能源物质。2.通过建构ATP的物理结构模型以及对ATP与ADP的相互转化过程的综合分析,运用结构与功能观解释ATP是驱动细胞生命活动的直接能源物质,初步形成结构与功能观、物质与能量观,培养模型建构的科学思维。3.利用ATP的相关知识向他人解释萤火虫发光等常见的生命现象,并基于萤火虫濒临灭绝的事实,增强爱护生命、保护环境的社会责任	1.通过开展不同供氧环境下酵母菌呼吸方式的探究实验,说出细胞呼吸的类型。2.通过简述线粒体的结构与功能,阐明有氧呼吸过程中物质与能量的变化。3.比较有氧呼吸和无氧呼吸的异同,通过表格进行归纳并总结细胞呼吸的意义。4.通过探讨细胞呼吸在生产生活中的应用,运用细胞呼吸原理解释相关生活现象,认同科学技术的重要价值	1.尝试提取和分离绿叶中的色素,简述绿叶中色素的种类及其功能。2.运用结构与功能相适应的观念,解释叶绿体结构适合光合作用的结构特点。3.阅读光合作用相关科学史料,阐明光反应和暗反应的过程和光合作用的基本原理。4.通过对光合作用光反应阶段和暗反应阶段相关实验研究的思考与讨论,说明光合作用过程,并从物质与能量观视角,阐明光合作用原理,认同人类对光合作用的认识过程是逐步的、不断发展的。5.设计并实施实验,探究环境因素对光合作用强度的影响。6.关注光合作用原理的应用

课时核心素养目标

教材内容等（共10课时）：第五章第1节（3课时） / 第五章第2节（1课时） / 第五章第3节（2课时） / 第五章第4节（4课时）

图 3-19　单元教学目标导向下的课时目标

第 1 节　降低化学反应活化能的酶

（一）教学内容分析

本节内容是细胞中物质和能量代谢的先导内容，同时绝大多数酶的化学本质更是很好地呼应了蛋白质的催化功能。酶的作用与细胞代谢息息相关，是学生形成结构与功能观、物质与能量观的重要链接部分。通过该部分内容的学习，学生掌握实验中的"控制变量"这一基本原则，同时能够具备基本的实验分析能力，故本实验的重要性不言而喻。但教材中的实验存在着探究性不够、活化能讲解较抽象等问题。

本节内容是第五章内容的基础，为后续学习光合作用和呼吸作用的知识奠定基础，主要包括酶的作用及机制、酶的本质、酶的特性，并且设置了实验探究活动和科学史资料的分析，旨在让学生掌握科学方法，提高科学探究能力，理解科学本质观。课标对本节的内容要求为"细胞的功能绝大多数基于化学反应，这些反应发生在细胞的特定区域，说明绝大多数酶是一类能催化生化反应的蛋白质，酶活性受到环境因素（如 pH 和温度等）的影响"。通过"淀粉酶对淀粉和蔗糖水解的作用"的探究活动，阐明酶具有专一性，学会"控制变量和设计对照实验"的科学方法。通过"pH 和温度对酶活性影响"的探究活动，分析推导"酶的作用条件较温和"的特性，训练模型建构的科学思维，体验科学探究过程，领悟科学探究方法，并对实验结果做出评价和修订。通过酶在生活、生产中应用的实例，认同酶在生产实践上应用具有高效、环保、节能等特点。

（二）学习者分析

在前面章节的学习中，学生已经初步认识到蛋白质可以作为酶发挥催化作用，但并不知道酶的特性、原理和本质，本节内容较多，而且原理性的知识较多，需要运用实验探究、科学史资料分析、实例讨论等方法进行学习，让学生加深理解。虽然对细胞内的化学反应了解较少，但是通过初中化学内容的学习，已经知道何为化学反应的速率以及影响反应速率的因素有哪些。基于对实验的热情，能够展现出较强的求知欲，能够对实验结果进行一定的自主分析，但是较为缺乏条理性和准确性。

（三）学习目标确定

（1）通过对酶催化作用具体实例的讨论，说明酶在细胞代谢中的作用及酶的本质和特性。

（2）通过阅读分析"关于酶本质的探索"的资料，认同科学是在不断地探索和争论中前进的，伟大的科学家也会有认识上的局限性。

（3）通过相关的实验和探究，尝试控制自变量、观察和检测因变量，设置对照组和重复组。

（四）学习重难点

（1）学习重点：酶的作用、本质和特性。
（2）学习难点：酶能降低化学反应的活化能，探究实验中控制变量的科学方法。

(五)教学过程

环节一：新课导入。

播放视频：水稻种子从开始萌发到植株上结出稻谷，再到米饭被人体利用。

创设问题小情境——水稻种子萌发时细胞中淀粉酶活性为什么会升高？

【设计意图】 创设生活情境，通过问题激发学生的求知欲，进而挖掘温度对植物生长的影响机制，从而引入本节内容，进行"酶"的作用机制、酶的本质、特性等内容的学习。

环节二：说明酶在细胞代谢中的作用。

让学生回忆初中阶段食物消化的知识，思考食物的消化过程，然后说明在两百多年前人们认为食物只进行了物理消化，没有化学消化，接着呈现斯帕兰扎尼的实验，让学生解答问题探讨中的问题。

呈现细胞内外的环境，让学生比较化学反应与细胞代谢反应的区别。

教师引导学生提出问题：在细胞温和的环境中，细胞代谢反应是如何高效有序地进行的？

学生以学习小组形式合作探究"比较过氧化氢在不同条件下的分解"实验。在教师的引导下，一起设计实验比较过氧化氢在不同条件下的分解快慢并明确实验的变量，理解对照实验的意义。

教师在学生进行实验后提出问题：

（1）实验中的四支试管相比，导致产生气泡数量差异的原因是什么？

（2）这些实验条件的设置是由谁来决定的？其目的是什么？

（3）如果将实验以数学中的函数图像进行表示，以反应条件作为横坐标，那么纵坐标所表示的内容是什么？是否能够对其下一个定义？

（4）实验过程中，为什么过氧化氢的浓度和体积要保持相同？如果不同组别采用不同的过氧化氢浓度和体积，那么实验结果和结论又会是怎样的？如果在此基础上再进行加热和添加过氧化氢酶同时处理，那么最终影响气泡产生速率快慢的因素究竟是哪一个还能否被探究出来吗？请同学们结合相关的实验进行具体说明。

学生通过分析回答教师的问题并尝试自主构建曲线图模型。

【设计意图】 对比细胞代谢反应与化学反应可以降低学生的理解难度，实验探究可以让学生掌握控制实验变量、设置对照实验的科学方法，激发学生的积极性，引导学生自主学习，从而更好地掌握酶的作用机理。

环节三：在酶本质的科学探究史中理解科学的本质。

教师呈现资料1：我国人民利用酶的事例，然后呈现资料2：西方的酿酒业和盖-吕萨克发现酵母菌可将糖类转化为酒精，并说明当时科学家们认为这是一个纯化学反应过程，与生命活动无关。

呈现资料3：巴斯德的实验和李比希的观点。让学生比较他们的观点，引导学生认识到科学家个人的主观思想会影响科学研究。

呈现资料4：毕希纳的实验研究，让学生分析其实验思路以及与巴斯德、李比希实验方法的区别，并阐明其提取液中含有许多物质。

呈现资料 5：帕耶恩和珀索兹的提取实验，阐明技术对科学研究的影响，然后呈现资料 6：萨姆纳的研究，让学生领悟其体现的科学精神。

呈现资料 7：诺斯罗谱和库尼茨发现胃蛋白酶、胰蛋白酶和胰凝乳蛋白酶结晶；资料 8：切赫和奥尔特曼发现 RNA 具有生物催化活性。让学生填写科学史发展的逻辑关系图。回顾科学探究史，引导学生思考其中体现的科学本质观。

学生通过资料分析，理解科学与技术的关系，领悟科学精神。填写关系图，归纳概括酶的本质。

【设计意图】通过科学史的学习帮助学生学习科学探究的方法，并培养学生勇于做出假设、勇于质疑的科学精神。

环节四：呈现数据资料阐明酶具有高效性，实验探究酶具有专一性。

教师呈现酶具有高效性的数据资料和反应现象视频，然后让学生思考酶高效性具有的生物学意义。

然后让学生以学习小组形式开展"淀粉酶对淀粉和蔗糖的水解作用"的探究实验。

引导学生设计实验思路。确定学习小组开展实验，记录实验现象，得出实验结论。组织学生交流实验结论，呈现锁钥理论与诱导契合理论的资料，然后让其思考酶专一性的生物学意义。

【设计意图】数据资料可以提供证明酶具有高效性的科学事实，实验探究则进一步加深了理解，同时培养实验设计能力，思考高效性与专一性的生物学意义能够渗透结构与功能相适应的生命观念。

环节五：探究影响酶活性的条件，归纳概括酶的作用条件温和。

教师呈现加酶洗衣粉或其他加酶产品的使用注意事项的资料，然后回顾蛋白质变性的知识，讲解酶活性概念。提问：细嚼慢咽，唾液淀粉酶随食物进入胃内时，就不再发挥作用，如果它没有马上被胃蛋白酶分解掉，可能是什么条件变化导致它的活性降低？学生基于资料做出推测：影响酶活性的可能因素。

教师提问：向学生展示 α-淀粉酶（工业用酶，适宜温度 55~65 ℃），与新鲜的肝脏研磨液，提问：肝脏研磨液里主要包含哪种酶？引导学生根据所选材料对要探究的问题做出假设，并根据假设提出可能出现的现象：高温、低温以及过酸过碱会影响酶活性从而减缓反应速度，使单位时间出现产生的气泡量或分解的淀粉量减少。

教师分发实验报告，将学生分四组，两小组探究温度对酶活性的影响，另两组探究 pH 对酶活性的影响。选择实验试剂和用具，确定探究内容。

教师提出问题：

(1) 你所设计实验的自变量是什么？如何控制？

(2) 实验的因变量是什么？反映因变量的指标是什么？如何对其指标进行检测？

(3) 无关变量有哪些？如何进行控制？能否探究温度对 H_2O_2 酶影响？

请两个组的同学展示实验方案，教师在每个小组介绍完实验步骤后，询问各组设计中的自变量及其控制方法、因变量指标的观察和检测方法。其他同学认真倾听，听完后作评价。

引导研究相同问题的两组互相评价、互相补充。

教师让学生以小组合作形式探究，依据实验设计原则评价、修改方案，然后开展实验。

温度组：

（1）取 6 支洁净的试管，分别标号 1、2、3、4、5 和 6。

（2）向 1~3 号试管中各加入 1 mL α-淀粉酶溶液，向 4~6 号试管中各加入 2 mL 可溶性淀粉溶液。

（3）将 1 号和 4 号试管放入 0 ℃ 冰水浴中，2 号和 5 号试管放入 60 ℃ 水浴中，3 号和 6 号试管放入 100 ℃ 沸水浴中，均保温 5 分钟。

（4）分别将置于相同温度下的两支试管中的溶液混合均匀，仍然分别在相应条件下保温，让混合液反应 5 分钟。

（5）将反应后的 3 支试管取出，分别加入等量碘液，振荡摇匀，观察溶液颜色变化，记录下来。

学生讨论分析：此处最好不用斐林试剂来鉴定结果，其水浴加热可能会影响自变量——温度本身。

pH 组：

（1）6 支洁净的试管，分别标号 1、2、3、4、5 和 6。

（2）向 1~3 号试管中各加入 2 mL H_2O_2 酶溶液，向 4~6 号试管中各加入 2 mL H_2O_2 溶液。

（3）向 1 号试管中加入 2 滴 5% 的 NaOH 溶液，向 2 号试管中加入 2 滴蒸馏水，向 3 号试管中加入 2 滴 5% 的盐酸溶液，静置 2 分钟。

（4）分别将 1 号和 4 号、2 号和 5 号、3 号和 6 号试管中的溶液混合并振荡，观察混合后的 3 支试管中的现象，并记录。

请几个学生代表叙述并分析自己的实验现象。小组展示，组内自评，组间互评。

如果实验现象不明显，引导学生共同讨论分析、总结原因。如：①试剂量取、混合等实验步骤操作是否规范；②在先后取不同试剂时，量筒有无清洗干净；③在酶与底物混合后，是否在与混合前相同的条件下给予充分的反应时间；等等。

学生通过分析实验结果，绘制温度和 pH 对酶活性影响的曲线图。学生通过分析总结，能用准确的语言描述实验结果，阐明实验结论。教师引导学生归纳概括出酶的作用条件较温和的特性。

教师展示课本上的曲线图，并指导学生了解曲线的含义。

【设计意图】从学生熟悉的生活情境入手，引导学生思考可能影响酶活性的条件，激发学生进行探究的兴趣。让学生自主设计实验方案可以提高学生的科学探究能力，掌握实验设计的原则，同时提供大量的科学事实可以培养学生归纳概括的科学思维。通过汇报、不同组之间的比较和辩论、相互的评价和补充，充分发挥学生进行探究的主动性，学生通过探究过程深刻体会实验设计中的对照原则、单一变量原则、等量原则的意义。通过实验让学生展示动手操作能力，加强规范操作意识，经过对实验结果的分析讨论，发展了学生分析处理问题的能力，并且体现出团队分工合作的精神。

拓展延伸：如果给一个未知的酶，如何测定它发挥活性的最适温度和最适 pH？

学生思考后做出回答：那需要设置一系列的温度梯度或者是 pH 梯度，定量测出酶在各种温度或 pH 条件下的活性，将酶活性最强时的温度和 pH 确定下来。教师让学生思考酶制剂的保存条件，介绍酶在生活中的应用实例和酶工程技术的发展。

教师提出课前问题小情境：水稻种子萌发时细胞中淀粉酶活性为什么会升高？

学生基于本课所学，尝试回答：在种子萌发初期，酶会将储存在种子中的营养物质分解成小分子物质，进行物质的转化，以便胚更好地生长。

【设计意图】用已有结论引发学生对新的问题进行思考，学生可以用已经掌握的实验设计方法和原则来处理分析新的问题，进一步发展实验探究能力，并结合本单元的主情境分析问题、解决问题，从而习得知识、获得能力。

（六）板书设计

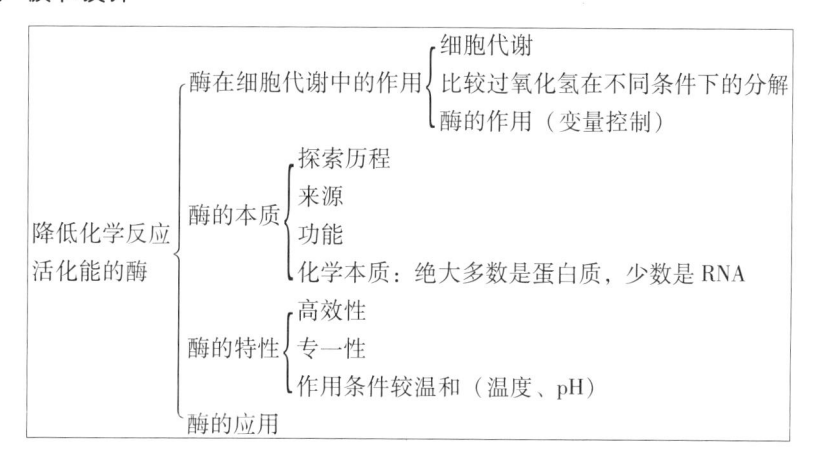

```
                    ┌ 酶在细胞代谢中的作用 ┌ 细胞代谢
                    │                      │ 比较过氧化氢在不同条件下的分解
                    │                      └ 酶的作用（变量控制）
                    │
                    │           ┌ 探索历程
                    │           │ 来源
降低化学反应─┤ 酶的本质 ┤ 功能
活化能的酶   │           └ 化学本质：绝大多数是蛋白质，少数是 RNA
                    │
                    │           ┌ 高效性
                    │ 酶的特性 ┤ 专一性
                    │           └ 作用条件较温和（温度、pH）
                    │
                    └ 酶的应用
```

（七）教学反思

过去由于受应试教育的影响，过分强调学生的理论学习与掌握，因而对实验教学的重要性认识不足。平日里，教师只是进行一般性的实验过程教学，有些实验教学只在课堂上进行了理论性的指导，从而忽视了学生实践能力的培养，所以在教学中明显感觉到学生动手能力的不足。动手实验可以提炼出实验常用的研究方法、基本思路及实验设计的常用原则，可提高学生的思维能力，促进良好学习方法的养成。

引导学生利用已掌握的多种理论知识及提炼的研究方法、思想，结合实际的操作经验，着重培养学生分析、解释非课本实验结果的能力，设置简单的实验、补充不完整的实验设计或修正错误的实验设计的能力。通过直观的实验教学过程训练学生用学到的方法来解决实际问题的能力。

另外，此类实验教学的难处就在于解释一些预料之外的现象，因为正确的实验结论，需要严谨的实验方案来保证。实验过程中稍有不慎，就不会得出预料的实验现象，那就需要学生讨论来解释。

（八）课后固学

1. 下列有关酶的叙述正确的是（　　）。

①是有分泌功能的细胞产生的　②有的从食物中获得，有的在体内转化而来　③凡是活细胞，一般都能产生酶　④酶都是蛋白质　⑤有的酶不是蛋白质　⑥酶在代谢

中有多种功能　⑦在新陈代谢和生长发育中起调控作用　⑧酶只是起催化作用

A. ①②⑤　　　　B. ①⑤⑧　　　　C. ③⑤⑧　　　　D. ①③⑤

2. 某研究小组为探究影响 H_2O_2 分解的因素，做了三个实验。相应的实验结果如图 3 所示（实验 1、实验 2 均在适宜条件下进行，实验 3 其他条件适宜）。请分析回答下列问题：

实验1　　　　　　　实验2　　　　　　　实验3

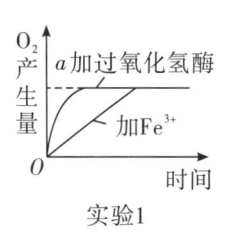

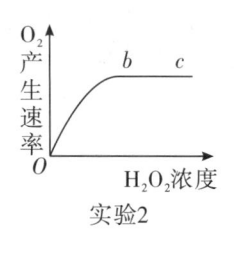

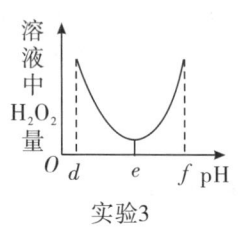

图 3-20

(1) 实验 1、2、3 中的自变量分别为_____、_____、_____、_____。

(2) 实验 2 结果反映，在 b、c 所对应的 H_2O_2 浓度范围内，H_2O_2 溶液浓度会_____（填"升高""降低"或"不影响"）过氧化氢酶的活性，bc 段 O_2 产生速率不再增大的原因最可能是_____。

(3) 实验 1 若温度升高 10 ℃，加过氧化氢酶的催化反应曲线斜率将_____（填"增大"或"减小"），加 Fe^{3+} 的催化反应曲线斜率将_____（填"增大"或"减小"）。

(4) 实验 3 的结果显示，H_2O_2 酶的最适 pH 为_____，实验结果表明，当 pH 小于 d 或大于 f 时，H_2O_2 酶的活性将永久丧失，其原因是_____。

第 2 节　细胞的能量"货币"ATP

（一）教学内容分析

本节内容的具体要求是：通过引导学生分析得出 ATP 是细胞生命活动的直接能源物质；选择构建模型的方法阐明 ATP 的结构；通过学生自主设计 ATP 和 ADP 转化之间的内在联系模型图，在新陈代谢中理解 ATP 与 ADP 的相互转变，能够在思考中了解这种转化对于生命的意义，深入理解放能反应与吸能反应中的能量转化；回顾旧知能够举出 ATP 利用的例子，掌握教材中肌肉收缩和载体蛋白转运钙离子的机制。按照课标要求，教材提供了 ATP 的分子结构的示意图，帮助学生理解 ATP 的结构。通过 ATP 与 ADP 相互转化的示意图，学生清晰地明确了两种高能化合物在结构上的区别。对于 ATP 的利用部分，为进一步让学生理解 ATP 供能机制，引入了 ATP 为钙离子的主动运输供能的示意图。教材最后介绍由萤火虫发光的原理，培育出了荧光树，号召学生运用所学知识解决能源短缺的问题。同时，该节内容在《细胞的能量供应和利用》一章中的承接作用相当明显，学好本节内容有助于学生更好地掌握后面的《细胞呼吸的原理和应用》及《光合作用与能量转化》等知识。

（二）学习者分析

本节授课对象是高中一年级学生，他们好奇心强，具有一定的知识基础，但学生的生物学科素养还需要培养提升。ATP 与 ADP 是细胞内两种重要的有机物，学生相对比较陌生，ATP 与 ADP 之间的相互转化也比较抽象，学生理解起来有一定的难度。所以通过资料分析、多媒体动画演示等方式突破 ATP 与 ADP 相互转化这一重点，通过类比方法突破 ATP 是驱动细胞生命活动的直接能源物质这一难点。通过本节探究性学习的建模实践，让学生以小组合作形式，参与学习活动，帮助他们增强对 ATP 结构的感性认识，克服对微观结构认识的困难。通过阐明细胞生命活动过程中 ATP 与 ADP 的相互转变和 ATP 水解过程中能量的利用，学生能够认识物质与能量变化的关系。

（三）学习目标确定

（1）通过探究并尝试设计直接能源物质的实验，体验科学探究基本思路与方法，认同 ATP 是供应细胞生命活动的直接能源物质。

（2）通过建构 ATP 的物理结构模型以及对 ATP 与 ADP 的相互转化过程的综合分析，运用结构与功能观解释 ATP 是驱动细胞生命活动的直接能源物质，初步形成结构与功能观、物质与能量观，培养模型建构的科学思维。

（3）利用 ATP 的相关知识向他人解释萤火虫发光等常见的生命现象，并基于萤火虫濒临灭绝的事实，增强爱护生命，保护环境的社会责任感。

（四）学习重难点

（1）学习重点：通过对 ATP 化学组成示意图和 ATP 结构的建模学习，说出 ATP 分子的结构组成，认同 ATP 的结构与其功能相适应。

（2）学习难点：通过举例分析，说明细胞中生命活动需要 ATP 供能，理解 ATP 在生命活动中的重要地位。

（五）教学过程

环节一：创设真实情境，设置问题导入。

先创设问题小情境——水稻种子萌发时释放的能量能否被细胞分裂等生命活动直接利用，接着提出子任务——解释 ATP 是驱动细胞生命活动的直接能源物质。

教师展示萤火虫视频，激发学生兴趣并提出问题：

(1) 萤火虫发光的生物学意义是什么？

(2) 萤火虫的发光机理是什么？

学生阅读教材 89 页小字部分总结萤火虫发光原理，分析激活荧光素需要吸收能量，细胞内哪些物质有可能为萤火虫发光提供能量，通过生活经验浅谈体会，尝试给出可能性答案，如糖类、脂肪、葡萄糖、糖原、淀粉……

【设计意图】引发学生思考，激发求知欲。激励学生质疑，提高学习的主动性。

环节二：ATP 的功能。

教师引导学生做出假设，并布置任务 1：以学案提供的材料设计实验方案，预测实验结果和结论。

学生展示实验设计思路：小组展示，组内自评，组间互评。

教师引导学生总结实验设计，并通过视频展示实验结果。引导学生重视实验并认同实验结果。得出结论：为萤火虫提供能量的物质为 ATP。

【设计意图】在探究实验过程中，学生复习已学知识，在新的实验情境中学会找寻自变量、因变量、无关变量、实验组和对照组等相关内容。

环节三：ATP 的结构。

教师引导学生从结构和功能角度分析，为什么 ATP 能成为萤火虫发光的直接供能物质？进而提出任务 2：阅读教材指定内容，并以小组为单位用教师所提供的模型依次建构腺苷、腺嘌呤核糖核苷酸、ATP 的结构模型。

学生阅读课本相关内容，自学后合作构建模型。小组代表展示模型。师生一同修正完善模型。

师生共同归纳 ATP 的结构并写出其简式。并提出新问题：

（1）储存在 ATP 中的能量是如何被释放的呢？

（2）ATP 的哪个磷酸基团更容易脱落呢？教师引导学生思考并分析 ATP 是一种高能化合物的原因。

学生结合物理化学知识尝试分析，磷酸基团带负电，从电荷角度出发，ATP 分子有什么特点，得出相应结论。通过类比，ATP 就如同一个被压缩了的弹簧，分子内部是会储存能量的，使学生理解两个特殊化学键中蕴含较高的转移势能从而认识到 ATP 是一种高能磷酸化合物。

【设计意图】学生通过模型构建，加深对 ATP 分子结构的理解，充分调动学生参与学习的积极性，创建研究式学习的课堂，加深学生对这一重点知识的掌握，提高学生理性思维的能力。初步形成物质的功能与结构相适应的生命观念。

环节四：ATP 与 ADP 的相互转化。

教师提出新问题：细胞生命活动需要消耗大量能量，细胞是通过储存大量 ATP 来实现供能的吗？学生尝试分析资料，找出证据。

资料 1：成人体内 ATP 总量约 2~10 mg，人体安静状态下，肌肉内 ATP 含量只能供肌肉收缩 1~2 s。

资料 2：一个成年人一天在静止状态下所消耗的 ATP 约有 40 kg。

资料 3：每个细胞每秒钟可合成约 1 000 万个 ATP 且同时有等量 ATP 被水解。

学生阅读资料后得出结论：ATP 含量很少；ATP 消耗量大；ATP 含量变化不大且 ATP 合成和水解都非常迅速。

学生以小组为单位，利用构建的 ATP、ADP 结构模型，尝试写出 ATP 水解的化学方程式，指导学生交流。通过进一步思考合成 ATP 需要什么原料，ATP 的合成和分解是否可逆。

【设计意图】充分利用模型进行深度学习，培养学生严谨的科学思维品质，学会使用资料引发认知冲突，根据事实修正自己的观点，培养学生尊重事实和证据的科学精神，同时渗透稳态与平衡观，帮助学生认识 ATP 水解与合成的同时，伴随着能量的变化，形成"物质是能量流动的载体，能量是物质代谢的动力"的物质和能量观。

环节五：ATP 的合成。

教师提问：细胞为什么不直接利用葡萄糖等有机物中的能量，而是要将能量转移至 ATP 中再利用呢？

资料：1 mol 葡萄糖彻底氧化分解可以释放能量 2 870 kJ，1 molATP 水解可以释放能量 30.54 kJ。如果使用葡萄糖提供能量，如同 100 元买 1 元的零食，不方便，关键会造成能量浪费。ATP 更像是细胞中的零钱，储能少，转化快，更适合作为流通的能量货币。

学生分析数据后，根据课本材料归纳：对于动物、人、真菌和大多数细菌来说，ATP 合成所需的能量来自细胞呼吸；对于绿色植物来说，ATP 合成所需的能量来自细胞呼吸和光合作用。认识到：ATP 合成时伴随放能反应，水解时伴随吸能反应，能量是通过 ATP 流通的概念。

【设计意图】根据事实给学生造成认知上的冲突，使学生认同 ATP 不会在体内大量储存而导致浪费，从而引发他们进一步探究的欲望。巧妙运用类比，建立起学生对 ATP 作为细胞能量"货币"这个概念的认识，进一步培养生命观念。

环节六：ATP 的利用。

教师播放视频并引导学生思考：ATP 水解释放的能量是如何用于生命活动的呢？以 Ca^{2+} 的主动运输过程为例。结合教材 88 页，回顾已学知识思考并回答 ATP 水解时释放的能量被哪些生命活动利用？

学生分析 ATP 为主动运输供能的原理机制并举例。

教师提出课前问题小情境：水稻种子萌发时释放的能量能否被细胞分裂等生命活动直接利用？

学生基于本课所学，尝试分析：在种子萌发初期，种子呼吸作用释放的能量要先转化成 ATP 才能被细胞分裂等生命活动直接利用。

【设计意图】培养学生获取和处理信息的能力、图文转换的能力、分析归纳能力，促使学生完善知识体系，首尾呼应，结合本单元的主情境分析问题、解决问题，使学生能体会到学以致用的成就感。

（六）板书设计

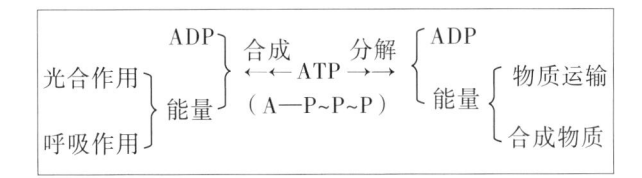

$$\left.\begin{array}{l}\text{光合作用}\\ \text{呼吸作用}\end{array}\right\}\left\{\begin{array}{l}\text{ADP}\\ \text{能量}\end{array}\right.\xrightarrow{\text{合成}}\text{ATP}\xrightarrow{\text{分解}}\left\{\begin{array}{l}\text{ADP}\\ \text{能量}\end{array}\right.\left\{\begin{array}{l}\text{物质运输}\\ \text{合成物质}\end{array}\right.$$

（A—P~P~P）

（七）教学反思

本节课基于情境导入，激发学生兴趣；通过学生构建模型，加深对 ATP 结构与功能的认识；通过问题的层层设计，帮助培养学生的科学思维，并联系能量供应系统整合 ATP 的相关知识；通过资料分析等设计，加深学生对知识点的理解与运用；通过实验设计，培养学生形成科学思维和科学探究的能力。通过教学实践，恰当地使用了模型，激发了学生的学习兴趣；通过问题的层层推进，帮助学生搭建了知识体系。但是，在教学过程中仍有许多的不足：课堂内容容量大，应有适当的删减；在 ATP 的合成与放能反应和 ATP 的水解与吸能反应方面，应该多举一些实例，以增加学生对该问题的理解。

（八）课后固学

1. 将 ATP 与 ADP 的转化概念图（见图 3-21）补充完整。

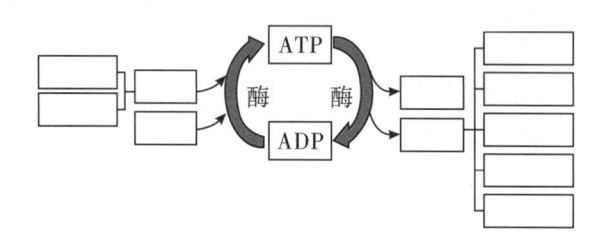

图 3-21　ATP 与 ADP 的转化概念图

2. 离子泵是一种具有 ATP 水解酶活性的载体蛋白，它在跨膜运输物质时离不开 ATP 的水解。下列叙述正确的是（　　）。

　　A. 离子通过离子泵的跨膜运输属于协助扩散
　　B. 离子通过离子泵的跨膜运输是顺浓度梯度进行的
　　C. 动物一氧化碳中毒会降低离子泵跨膜运输离子的速率
　　D. 加入蛋白质变性剂会提高离子泵跨膜运输离子的速率

3. ATP 荧光仪是专门设计用于快速检测微生物数量的测试仪器，其工作原理是 ATP 的含量与活细胞的活性、种类和数量成一定的比例关系。ATP 可以和荧光素作用而发出生物光，光的强度和微生物的数量成一定的比例关系，其反应式如下：

$$荧光素 + ATP + O_2 \xrightarrow[\text{Mg}^{2+}]{\text{荧光素酶}} 氧化荧光素 + AMP + CO_2 + Pi + 光$$

下列有关 ATP 及 ATP 荧光仪工作原理的叙述，错误的是（　　）。

　　A. 检测过程中 ATP 内的化学能转变成光能
　　B. 荧光的强度能反映微生物的数量
　　C. ATP 释放能量需要酶的参与
　　D. 微生物体内 ATP 的产生都需要氧气的参与

第 3 节　细胞呼吸的原理和应用

（一）教学内容分析

前面两节学习的酶与 ATP 知识为本节奠定基础，同时本节又是学习光合作用知识的基础，呼吸作用与光合作用是生物的两大重要代谢反应，课标对本节的内容要求为"说明生物通过细胞呼吸将储存在有机分子中的能量转化为生命活动可以利用的能量"，即要理解细胞呼吸作用中物质与能量转化过程，确立物质与能量观，同时要对线粒体结构进行分析，理解结构与功能相适应的观点。

（二）学习者分析

在初中阶段学生学习了呼吸的气体交换现象、有氧呼吸的知识，掌握了有氧呼吸的总反应式，但是并不知道有氧呼吸的具体过程，对无氧呼吸也没有认知经验。细胞的呼吸作用与学生的生活联系密切，因此可以结合实例加深学生的理解。无氧呼吸与有氧呼吸过程有许多区别和联系，可以列表格进行分析，同时在酵母菌呼吸方式的探究实验中自主探究有氧呼吸与无氧呼吸的特点。学生在之前的学习中已经接触过探究实验并了解设计实验的相关原则，这使本节课的自行设计实验得以顺利进行。在此基础上，学生的观察思维能力较强，但逻辑思维能力及对实验现象的分析能力和表达能力有待提高。

（三）学习目标确定

（1）通过开展不同供氧环境下酵母菌呼吸方式的探究实验，了解细胞呼吸的类型。

（2）通过简述线粒体的结构与功能，阐明有氧呼吸过程中物质与能量的变化。

（3）比较有氧呼吸和无氧呼吸的异同，通过表格进行归纳并总结细胞呼吸的概念，阐明细胞呼吸的意义。

（4）通过探讨细胞呼吸在生产生活中应用，能运用细胞呼吸原理解释相关生活现象，认同科学技术的重要价值。

（四）学习重难点

（1）学习重点：探究酵母菌细胞呼吸的方式、细胞呼吸的概念。

（2）学习难点：探究酵母菌细胞呼吸的方式、有氧呼吸过程中物质与能量的变化。

（五）教学过程

环节一：创设真实情境，设置问题导入。

先创设问题小情境——在用粮食作物制作酒酿时，将一定量的酒药与煮熟冷却后的米饭混匀密封一段时间后，坛内为何总是先产水后产酒呢，接着提出子任务——说明生物通过细胞呼吸将储存在有机分子中的能量转化为生命活动可以利用的能量。

教师展示"展示饲料酵母和酿酒"视频，引导学生思考课本【问题探讨】的问题。

学生推测细胞呼吸的方式和可能的产物，提出探究课题，如"细胞呼吸是否都需要氧气""细胞呼吸产物是什么"。

【设计意图】结合本单元主情境，利用真实问题引导学生根据已有资料证据、知识和经验作出合理的推测或假设，从而引出细胞呼吸的两种方式，进而引出本节课探究的课题"细胞呼吸的方式及其产物"，培养学生提出问题、作出假设等科学探究能力。

环节二：探究酵母菌细胞的呼吸方式。

教师引导学生分析实验变量，梳理实验思路，设计实验方案，利用教师提供的仪器材料搭建、分析评价并优化实验装置，得出实验设计。

学生依据实验目的，分析本实验的自变量、因变量、无关变量和解决如何观测因变量等问题。小组成员利用教师提供的 2 瓶酵母菌培养液（分别标上 A、B 瓶）、1 瓶质量分数为 10% 的 NaOH 溶液（标 C 瓶）、3 瓶澄清石灰水（标 D 瓶）、洗耳球、植物油等仪器材料合作设计细胞呼吸实验装置，并派代表展示、讲解搭建的实验装置。最后，通过小组之间互评讨论优化实验装置。

教师展示两套注射器装置（图3-22），让学生自主讨论分析如何应用两套注射器装置实现对酵母菌细胞有氧呼吸和无氧呼吸方式的探究，怎样控制有氧和无氧条件？怎样鉴定有无酒精产生？怎样鉴定有无 CO_2 产生？如何比较 CO_2 产生的多少？引导学生评价利用注射器改装的实验装置。

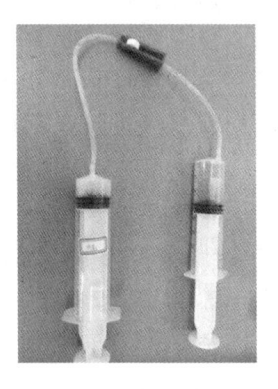

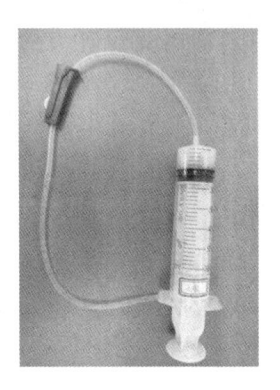

图3-22 有氧呼吸（左）和无氧呼吸（右）装置

【设计意图】通过分析实验变量、梳理实验思路，引导学生自主设计探究细胞呼吸的实验装置并通过小组展示讲解实验装置，培养学生动手、表达、合作等能力。通过讨论分析利用注射器如何解决实验耗时长的问题，培养学生的科学思维，从而实现"以学生为中心"的教学理念。

学生开展分组实验：利用注射器改装的探究装置进行实验，观察并将实验现象记录在学案上。

学生在总结出酵母菌细胞呼吸方式及产物的基础上，初步认同物质的变化过程伴随能量的转化。其中，学生记录有氧和无氧呼吸装置的澄清石灰水均变浑浊，有氧装置变浑浊较快且浑浊程度较高，而无氧装置变浑浊较慢且浑浊程度较低。此外，还观察发现在有氧呼吸（79 mg/100 mL）和无氧呼吸（107 mg/100 mL）装置中，酒精检测仪器均有读数。

通过对实验结果的分析引导学生得出结论。

通过教师提示（本实验应用的酵母菌培养液在课前40分钟制备，而氧气制备了30 mL 提前供酵母菌进行有氧呼吸），讨论分析为什么有氧呼吸装置中有酒精的产生？该注射器装置除了用以检测酵母菌细胞呼吸的产物，还可以探究什么课题？学生经过思考，结合细胞呼吸的化学方程式及单位时间内二氧化碳的产生量，分析得出可以用该装置比较有氧和无氧呼吸的强弱。

【设计意图】为了让学生更明确要观察的指标，提高学生参与度，教师提前制作学案并附带需要填写的实验现象表格，让学生带着目的和任务观察实验。利用教学过程中产生的生成性问题创设开放的问题情境，让学生的思维处于发散状态，发展其思维的广度，而学生对该问题层层深入的思考又扩展了学生思维的深度，进而培养了学生思维的深度和广度。

环节三：细胞呼吸的概念。

学生通过回顾探究酵母菌细胞呼吸方式的学习历程，总结科学探究的一般方法，通过开展识别、区分细胞呼吸方式装置，了解酒驾测试仪器的原理，巩固和应用所学知识，初步认识呼吸作用的实质，学习对比实验等科学方法，形成细胞呼吸的概念。

【设计意图】与生活实际相结合增强学习的趣味性，让学生体会生物学、技术和社会的联系，认同生物学对社会发展的贡献。

环节四：有氧呼吸。

教师提出新问题：葡萄糖在生物体内的氧化分解与体外燃烧相同吗？具体场所在哪里？物质变化是怎样的？能量又是如何释放的呢？

资料1：将酵母菌培养液进行离心处理，将酵母菌破碎后，再次离心处理为只含有酵母菌细胞质基质的上清液、只含有酵母菌细胞器的沉淀物两部分，并与未离心处理过的酵母菌培养液分别加入甲、乙、丙3支试管，实验结果如表3-7所示。

表3-7

试管	甲	乙	丙
细胞不同结构	细胞质基质（上清液）	沉淀物（细胞器）	酵母菌细胞匀浆
加入物质	均加入5mL等浓度的葡萄糖溶液，通入O_2		
实验结果	产生丙酮酸，O_2浓度未降低	无反应	产生CO_2和H_2O，O_2浓度降低

学生小组交流，分析实验，进行推理。

甲：葡萄糖在细胞质基质中分解为丙酮酸。

乙：葡萄糖在细胞器内不分解。

丙：葡萄糖与氧气在酵母菌（细胞质基质和细胞器）中分解为CO_2和H_2O。

【设计意图】利用所给实验素材，分析资料、运用化学原理推导得出有氧呼吸第一阶段的场所、物质变化，培养学生分析、推理能力。

教师提出新问题并展示新资料，丙酮酸的氧化分解究竟是在哪种细胞器中完成的呢？

资料2：克雷布斯以鸽子飞行肌为材料，实验证明在多种酶作用下，丙酮酸在线粒体中被激活，氧化生成CO_2和H_2O，且丙酮酸在相关脱羧酶的作用下脱[H]，该过程没有O_2参与。

资料3：利维和施利曼等利用低速离心等方法分离出线粒体的外膜和内膜，科学家在线粒体基质发现有脱羧酶存在，而在线粒体内膜上有氧化酶的存在，脱氢与氧化之间通过电子传递链连接，并且脱氢的过程需要H_2O参与。

教师引导学生分析资料、回答问题：线粒体内的反应分为几个阶段？反应的场所分别是什么？各阶段有哪些物质参与反应？

学生分析资料、大胆猜想，得出丙酮酸氧化分解是分步完成，并尝试书写线粒体内发生的化学反应式。

【设计意图】依据所给科学资料，分析得出有氧呼吸第二、三阶段的场所与物质变化,认识到线粒体不同部位含有不同的酶,催化丙酮酸的分步氧化分解,认同线粒体的结构与其有氧呼吸的功能相适应。

教师提出新问题:葡萄糖中的能量会转化成什么形式来为生命活动供能呢?能量的释放是在有氧呼吸第几阶段释放呢?引导学生作出假设,设计实验探究有氧呼吸过程中的能量变化。

作出假设:有氧呼吸的三个阶段均有能量释放,葡萄糖中的能量转化为ATP中的能量,为生命活动供能。提示:荧光素在ATP和荧光素酶作用下被激活可与氧气发生反应,形成氧化荧光素并且发出荧光。

学生小组合作,设计实验,分享评价。

资料4:引导学生分析实验结果(见表3-8),得出结论。

表3-8

试管	1	2	3
细胞不同结构	细胞质基质	线粒体基质	线粒体内膜
加入物质	2mL 葡萄糖溶液、一定量的荧光素和荧光素酶	2mL 丙酮酸溶液、O_2、一定量的荧光素和荧光素酶	2mL 丙酮酸溶液、O_2、一定量的荧光素和荧光素酶
实验结果	出现微弱荧光	出现微弱荧光	出现较强荧光

学生分析实验现象及资料,说出葡萄糖中能量的去向,有氧呼吸3个阶段均有ATP生成,葡萄糖中能量转化为ATP中的能量。

教师提出新问题:葡萄糖中的能量能全部转移到ATP中吗?

资料5:细胞内,1 mol葡萄糖彻底氧化分解可以释放2 870 kJ的能量,可使977.28 kJ左右的能量储存在ATP中,其余的热量则以热能的形式散失。

【设计意图】加强学生对有氧呼吸分步反应过程的理解,提高学生探究性实验设计的能力。以具体数据展示,明确有氧呼吸能量变化,提高理性认识。

教师引导学生构建有氧呼吸模式图及有氧呼吸的总反应式,并标明O元素的去向,概括出有氧呼吸的概念。

梳理有氧呼吸的场所、物质和能量变化,自主构建有氧呼吸的总反应式及概念。

【设计意图】培养学生归纳概括的能力。

环节五:无氧呼吸。

教师引导学生自主构建无氧呼吸的知识并回答下列问题:

(1)有些生物除了进行有氧呼吸外,还能进行无氧呼吸。不同生物无氧呼吸的产物相同吗?请举例说明。

(2)无氧呼吸的过程可以分为哪几个阶段?写出无氧呼吸总的反应方程式并注明反应场所。

(3)为什么无氧呼吸过程释放的能量少?为什么在动植物细胞中无氧呼吸第二阶段的反应产物不同?

学生构建无氧呼吸体系,提问、回答,形成无氧呼吸的知识体系。

【设计意图】引导学生自主阅读、构建概念，自主分析与解答，培养学生学习的主动性。通过无氧呼吸场所、过程、反应式和特点等的分析，加深对无氧呼吸概念的理解。深入理解无氧呼吸的化学方程式和反应机理，并与人类日常生活的关系进行联系。

教师引导学生总结有氧呼吸与无氧呼吸的差异，并引导学生填表比较（见表3-9）。

表3-9

		有氧呼吸	无氧呼吸
不同点	场所		
	条件		
	产物		
	能量变化		
相同点	联系		
	实质		

学生填写表格内容，先独立思考，然后小组交流、互评。

【设计意图】培养学生自主进行归纳总结的能力，加深概念理解。

环节六：影响呼吸作用的因素及应用。

教师引导学生结合有氧呼吸和无氧呼吸的反应方程式进行分析，影响细胞呼吸的因素有哪些？展示三个坐标图，让学生思考：

（1）图3-23中甲、乙、丙横坐标对应的外界因素分别是什么？

（2）尝试解读甲图中Q点、R点、P点分别表示的生物学意义。

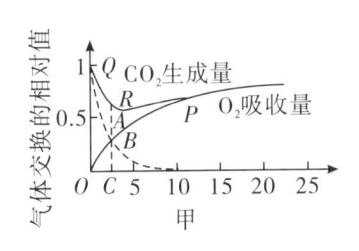

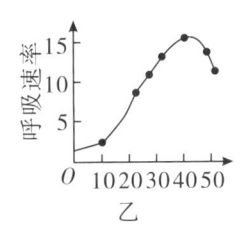

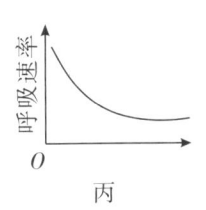

图3-23

学生小组成员之间相互讨论，完成思考。

教师提出新问题：依据甲、乙、丙三图中不同因素的影响，在实际生活中如何利用细胞呼吸的原理呢？组织学生讨论课前小情境问题，在用粮食作物制作酒酿时，将一定量的酒药与煮熟冷却后的米饭混匀密封一段时间后，坛内为何总是先产水后产酒呢？

【设计意图】通过对影响细胞呼吸因素的分析，发展学生科学思维。联系应用，培养学生知识迁移的能力及运用所学知识解决生产生活问题的思维习惯和能力。

（六）板书设计

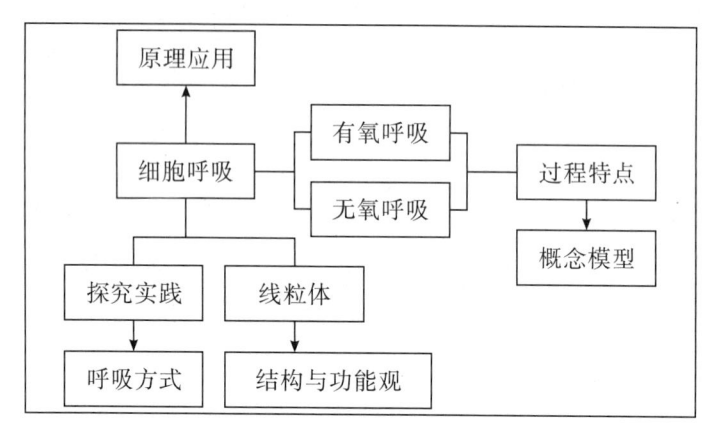

```
                    原理应用
                       ↑
              ┌─── 有氧呼吸 ───┐
    细胞呼吸 ─┤                ├── 过程特点
              └─── 无氧呼吸 ───┘      ↓
              ↓                    概念模型
        ┌─────┴─────┐
     探究实践      线粒体
        ↓            ↓
     呼吸方式    结构与功能观
```

（七）教学反思

适时提出问题可以激发学生的学习热情，吸引学生学习知识的乐趣，从而积极地投入到课堂知识的学习中来。而在本节教学中，创设了生活实例情景，强烈地吸引了学生的眼球，从而为学生完成自主探究性学习提供了更加有利的条件，为知识的掌握提供了更为有力的保障。

适时地创造问题情境，让学生切身感受生物学知识与实际生活的联系，有助于学生理解知识并学以致用，感受生物学科在实践中的魅力，体会学在其中的乐趣。在教学设计中，教师注重选取合适的素材，如教材中的资料分析和探究实验，让所选取内容接近生活、贴近生活，应用生活中的实例理解所学内容。同时努力让学生掌握科学的研究方法，使他们学会探究。如在研究细胞呼吸的类型时，学生展示研究的基本过程和不同的表示方法，然后学生在自主学习的基础上进行合作探究，从而更好地理解细胞呼吸与实际生活的联系，并在今后的日常生活中得以应用，体验探究性学习的乐趣。

（八）课后固学

1. 在检验酵母菌细胞呼吸产物时，常用到一些特殊的颜色反应，下列描述不正确的是（　　）。

A. CO_2 可使澄清的石灰水变混浊

B. CO_2 可使溴麝香草酚蓝水溶液由蓝变绿再变黄

C. 乙醇在碱性条件下能与灰绿色的重铬酸钾溶液反应变成橙色

D. 乙醇在酸性条件下能与橙色的重铬酸钾溶液反应变成灰绿色

2. 图 3-24 为某种生物细胞有氧呼吸的基本过程示意图。

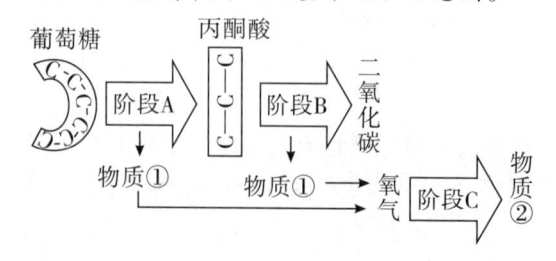

图 3-24

(1) 阶段 A 进行的场所为_____。阶段 A 和阶段 B 都能够产生的物质①是_____。

(2) 在此三个阶段中产生大量 ATP 的是_____，此过程是在_____进行的。

(3) 若将一只小鼠放入含有 $^{18}O_2$ 的密闭容器中，小鼠体内首先出现 ^{18}O 的化合物是图中的 [   ] _____。

(4) 若蚕豆种子在发芽的早期测定得出 CO_2 的释放量比 O_2 的吸收量大 3~4 倍，说明此时蚕豆的呼吸方式为_____。

3. 现有等量的 A、B 两个品种的小麦种子，将它们分别置于两个容积相同、密闭的棕色广口瓶内，各加入适量（等量）的水。在 25℃ 条件下，瓶内 O_2 含量变化如图 3-25 所示，请据图判断下列说法错误的是（   ）

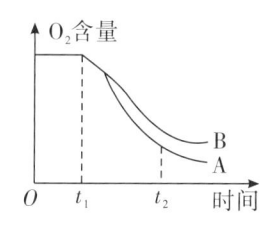

图 3-25

A. 在 t_1~t_2 期间，瓶内 O_2 含量的降低主要是由于种子细胞的有氧呼吸引起的

B. A 种子比 B 种子的呼吸速率快

C. A、B 种子释放 CO_2 量的变化趋势是逐渐增加

D. 在 O~t_1 期间，广口瓶内的 CO_2 有少量增加，主要原因可能是种子进行了无氧呼吸

4. 在缺氧条件下，人体既可通过神经系统调节呼吸频率来适应，又可通过增加红细胞的数量来适应。红细胞数量增加与细胞内缺氧诱导因子（HIF）介导的系列反应有关，机理如图 3-26 所示。2019 年诺贝尔生理学或医学奖颁给了发现这一机制的三位科学家。请回答问题：

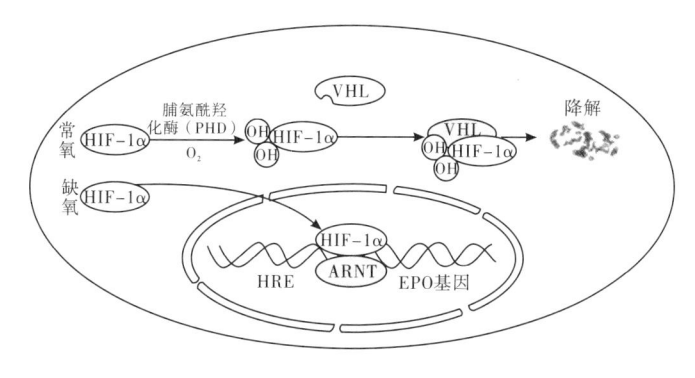

图 3-26

(1) 呼吸频率加快加深后，吸入更多的氧气。氧气进入人体细胞参与有氧呼吸的反应场所是_____，该细胞器内膜折叠成嵴，有利于_____。人体在缺氧条件下，

细胞呼吸的产物有_____。

（2）如图所示，常氧条件下，经过_____的催化，HIF-1α蛋白发生羟基化，使得VHL蛋白能够与之识别并结合，从而导致HIF-1α蛋白降解。

（3）由图可知，缺氧条件下，HIF-1α蛋白通过_____进入细胞核内，与ARNT结合形成缺氧诱导因子（HIF）。HIF结合到特定的DNA序列上，促进EPO（促红细胞生成素）的合成，从而促进红细胞数量的增加，携带氧气能力增强。另外，HIF还可促进其他有关基因的表达，使细胞呼吸第一阶段某些酶的含量增加、细胞膜上葡萄糖转运蛋白的数量增加，请分析这些变化的适应意义：_____。

（4）慢性肾功能衰竭患者常因EPO产生不足而出现严重贫血，研究人员正在探索一种PHD抑制剂对贫血患者的治疗作用。请结合图中信息，分析PHD抑制剂治疗贫血的作用机理_____。此外，在肿瘤微环境中通常缺氧，上述机制_____（填"有利于"或"不利于"）癌细胞大量增殖。研究人员正努力开发新的药物，用以激活或阻断氧感应机制，改善人类的健康。

第4节　光合作用与能量转化

（一）教学内容分析

细胞的生命活动是需要能量来驱动的。太阳能是几乎所有生命系统中能量的最终源头。外界能量进入细胞，并为细胞所利用，都要经过复杂的化学反应。细胞是如何通过化学反应来获取和利用能量的呢？本节包括"捕获光能的色素和结构"和"光合作用的原理和应用"两个小节。第一小节引导学生认识捕获光能的色素和结构，主要是解决绿色植物利用什么物质和结构来吸收光能的问题。教材以问题串贯穿正文的方式来加以表述。第二小节再引导学生认识光合作用的原理，详细了解光合作用是如何进行的，并探讨光合作用原理在实践上的应用。前一小节为第二小节奠定基础，同时前面章节的叶绿体结构知识有利于学生发展结构与功能观的生命观念。除此之外，在光合作用的研究过程中蕴含着丰富的科学史资料，这可以培养学生归纳概括的科学思维并渗透科学本质观教育。课标对本节的内容要求为"说明植物细胞的叶绿体从太阳光中捕获能量，这些能量在二氧化碳和水转变为糖与氧气的过程中，转换并储存为糖分子中的化学能"，即要理解光合作用的物质与能量转化过程，又要加深对物质与能量观的理解。

（二）学习者分析

初中阶段学生已经初步学习了光合作用的过程与科学探究史，但是并不知道叶绿体中色素的种类、提取方法以及光合作用具体阶段。在第三章细胞器的内容中学生学习了叶绿体的结构与功能，这为本节的深入学习奠定了基础，但是色素的提取与分离实验以及光合作用的阶段对学生来说比较困难，需要利用小组合作、视频、证据分析和建构模型的方法加深理解。学生无法体会植物精巧结构与复杂生理功能间的协调，同时也不能从物质变化和能量转化的角度认识光合作用，因此无法深刻体会光合作用在生产实践中的应用。但高中生具备一定的观察、认知能力，并具有强烈的探索欲，因此，能理性地对探究实验进行分析，进而获得真知。

（三）学习目标确定

（1）尝试提取和分离绿叶中的色素，简述绿叶中色素的种类及其功能。

（2）运用结构与功能相适应的观念，解释叶绿体适合光合作用的结构特点。

（3）阅读光合作用相关科学史料，阐明光反应、暗反应的过程和光合作用的基本原理。

（4）通过对光合作用光反应阶段和暗反应阶段相关实验研究的思考和讨论，说明光合作用过程，并从物质与能量观视角，阐明光合作用原理，认同人类对光合作用的认识过程是逐步的、不断发展的。

（5）设计并实施实验，探究环境因素对光合作用强度的影响。

（6）关注光合作用原理的应用。

（四）学习重难点

（1）学习重点：叶绿体适于光合作用的结构特点、光合作用的原理。

（2）学习难点：光合作用过程中物质和能量的变化及相互关系、探究影响光合作用强度的环境因素。

（五）教学过程

先创设问题小情境——"在水稻种植过程中可采取哪些措施提高水稻的产量"，接着提出子任务——"说明植物细胞的叶绿体从太阳光中捕获能量，这些能量在二氧化碳和水转变为糖与氧气的过程中，转换并储存为糖分子中的化学能"。

教师展示正常苗与白化苗，引出色素的重要性。

学生分析出正常幼苗进行光合作用，制造有机养料。白化苗无法进行光合作用，待种子中贮存的养分耗尽就会死亡。学生推断出光能的捕获与叶片颜色有关，分析提出假设：光能的捕获需要绿叶所含的色素。

【设计意图】通过对正常苗与白化苗的对比分析，展示植物缺少叶绿素的现象，引发学生猜想、设问，推理出光能的捕获与叶片颜色有关。

环节一：绿叶中色素的提取和分离。

教师引导学生，结合教材自主学习该实验探究的"实验目的""实验原理""实验材料用具"，明确每一种材料用具的作用，并与学生一起讨论：若选材不当、试剂使用不当会造成什么样的后果？

结合课件，教师引导学生，结合教材自主学习该实验探究的"方法步骤"，明确实验每一步操作的目的，并与学生一起讨论。

资料1：已知色素存在于叶片的叶绿体中，提取色素时要破碎细胞及叶绿体，使色素充分释放。在酸性条件下，叶绿素分子卟啉环中的镁离子可以被氢离子取代，导致叶绿素被破坏，试分析色素提取时加入碳酸钙的作用是什么？

学生根据资料分析出色素提取时，研磨叶片会导致液泡中的有机酸释放，破坏叶绿素，碳酸钙可以中和酸性物质，保护叶绿素。

（1）研磨时应注意什么？原因是什么？

学生分析出研磨时要迅速、充分。这样可以保证色素释放得更加充分且挥发量少。

（2）过滤时漏斗基部的尼龙布能否用滤纸替代？原因是什么？

学生分析出不能用滤纸替代。因为滤纸的吸附性强，会导致滤液中色素的浓度过低。

（3）某实验小组得到的色素提取液颜色过浅，请结合实验步骤分析可能的原因有哪些？

学生分析可能的原因如下：出未加入二氧化硅或研磨不充分，使色素未能充分提取出来；称取绿叶过少或加入的无水乙醇过多，使色素溶液浓度小；未加入碳酸钙或加入过少，部分色素分子被破坏。

教师引导学生进行看书后归纳总结。

分离色素的方法："纸层析法"，利用待分离物质中不同组分的某些理化性质的差异而建立起来的一种分离技术。

分离色素的原理：不同色素在层析液中的溶解度不同。溶解度高的色素，在滤纸上随层析液的扩散速度快；溶解度低的色素，在滤纸上随层析液的扩散速度慢。

教师提出以下问题，引导学生进行思考讨论。

（1）制备滤纸条时为什么要减去两角？

学生分析出减少边缘效应，使滤液同时到达滤液细线，防止层析液在滤纸条的边缘处扩散过快。

（2）滤液细线的画线原则是什么？待滤液干后，再重画一到两次的目的是什么？

学生分析出画滤液细线的原则是细、直、齐。待滤液干后，再重画一到两次可以增加滤液细线中色素的含量。

（3）为何滤液细线不能触及层析液？

学生分析出防止色素溶解在层析液中。

（4）滤纸条上有几条色素带？它们是按照什么次序分布的？滤纸条上色素的分布情况说明了什么？

学生分析出滤纸条上的色素带分布说明了绿叶中的色素主要有4种，它们在层析液中的溶解度不同，随层析液在滤纸上扩散的快慢也不同。同时由于4种色素的颜色不同，也说明不同色素吸收了不同波长的光。

【设计意图】学生体验色素的提取与分离的操作方法，为叶绿体中含有4种光合色素寻找证据，加深对实验原理的理解，锻炼科学探究能力。

教师提供资料2：光是一种电磁波，分为可见光和不可见光。可见光的波长是400～760 nm。不同波长的光，颜色不同。

科学家做过这样的实验：在色素溶液与阳光之间，放置一块三棱镜。阳光是由不同波长的光组合成的复合光，在穿过三棱镜时，不同波长的光会分散开，形成不同颜色的光带，称为光谱。分别让不同颜色的光照射色素溶液，就可以得到色素溶液的吸收光谱。

教师提出问题：如何才能得到每种色素的连续吸收光谱？引导学生提出可行的方法。

学生分析出获得足够多的层析结果，将每种色素从滤纸上剪下重新溶解，分别用专用仪器测定连续吸收光谱。

教师展示科学家的实验结果：叶绿素和类胡萝卜素的吸收光谱。

学生据图分析叶绿素和类胡萝卜素的吸收光谱得出 4 种色素吸收的光谱。进一步结合色素的吸收光谱指导学生一起分析：不同的色素有不同的吸收光谱，有利于绿色植物充分地吸收光能，并尝试解释其在农业生产中的应用。

（1）冬季时，为了增加蔬菜的产量，应该选红色、蓝色还是无色的大棚塑料薄膜？为什么？

学生分析出应选无色的大棚塑料薄膜。因为太阳光由七色光组成，所以用无色的大棚塑料薄膜，植物可以获得更多的光能。

（2）阴天时，为了增加蔬菜的产量，在功率相同的情况下，应选择什么颜色（"蓝紫光和红光"或"白光"）的照明灯为蔬菜补充光源？为什么？

学生分析出应选择蓝紫光和红光。因为在照明灯功率相同的情况下，选用蓝紫光和红光的照明灯作为补充光源，植物利用光能的效率更高。

学生归纳色素的种类、含量、颜色及吸收光谱，如表 3-10 所示。

表 3-10

种类	叶绿素（约占3/4）		类胡萝卜素（约占1/4）	
	叶绿素a	叶绿素b	胡萝卜素	叶黄素
颜色	蓝绿色	黄绿色	橙黄色	黄色
吸收光谱	主要吸收红光和蓝紫光		主要吸收蓝紫光	

【设计意图】启发学生将科学知识应用于生产实际，形成社会责任感。

环节二：叶绿体的结构和功能。

教师展示叶绿体亚显微结构模型，引导学生结合教材内容，尝试从结构与功能观，理解叶绿体具有哪些适于光合作用的结构并引导学生解释以下问题。

（1）色素为什么存在于叶绿体类囊体的薄膜上？

学生分析出色素易溶于有机溶剂。

（2）叶绿体是如何增大生物膜面积的，有什么优点？（可联想线粒体的内膜）

学生分析出叶绿体含有众多的基粒和类囊体，极大地扩展了生物膜面积。

（3）这体现了什么样的生物学观点？

学生分析出结构和功能相适应。

（4）进行光合作用所必需的酶分布在叶绿体的哪些结构中？

学生分析出进行光合作用所必需的酶分布在叶绿体的基粒类囊体薄膜上或者叶绿体基质中。

教师进一步展示教材第100页"思考·讨论"中的资料并提问：

（1）恩格尔曼第一个实验的结论是什么？指导学生分析讨论得出：氧气是由叶绿体释放出来的，叶绿体是绿色植物进行光合作用的场所（即叶绿体能吸收光能用于光合作用放氧）。

（2）恩格尔曼在选材上有什么巧妙之处？

学生分析：水绵的叶绿体呈螺旋带状，便于观察；通过好氧细菌可以确定释放氧气较多的部位。

（3）为何要除去小室中原有的空气？在黑暗中用极细的光束照射水绵有何巧妙之处？

学生分析出选用没有空气的环境，可排除空气中氧气的干扰。学生分析出用极细的光束照射，使叶绿体形成有光和无光部位，相当于一组对比实验。

（4）为何把载有水绵的临时装片又暴露于光下？

学生分析出和黑暗条件下用极细的光束照射进行对照，进一步明确实验结果完全是由光照射到叶绿体引起的。

（5）为什么大量的需氧细菌聚集在红光和蓝紫光区域呢？

学生分析出这是因为水绵叶绿体上的光合色素主要吸收红光和蓝紫光，在此波长光的照射下，叶绿体会释放氧气，适于需氧细菌在此区域分布。

（6）综合上述分析，你认为叶绿体具有什么功能？

学生分析得出叶绿体是进行光合作用的场所，并且能够吸收特定波长的光。

恩格尔曼的实验直接证明了叶绿体能吸收光能用于光合作用释放氧。结合其他的实验证据，科学家们得出"叶绿体是光合作用的场所"这一结论。

【设计意图】 通过对恩格尔曼实验的分析，使学生体会恩格尔曼实验的巧妙，提升科学探究素养，同时培养学生归纳概括的能力。进一步形成结构与功能观解释叶绿体适于光合作用的结构。

环节三：光合作用的过程。

教师组织学生阅读教材第103～104页学习光合作用的过程。指导学生结合图示学习光反应过程，梳理光反应过程发生的场所、条件、物质变化、能量变化。

提出问题：①光反应的场所是哪里？②光反应的条件是什么？③光合色素吸收光能后的用途是什么？④合成 ATP 的能量来源是什么？⑤H^+的渗透势能是由什么能量转化的？⑥高能电子的能量是由什么能量转化的？

学生总结：光反应过程中的物质变化和能量转化

教师提出新问题：二氧化碳是如何转变成糖类的呢？教师指导学生结合图示学习暗反应过程，梳理暗反应过程发生的场所、条件、物质变化、能量变化。

教师引导学生根据资料1分析判断碳元素的转移途径。

资料1：随着时间缩短，含有放射性物质的变化情况见表3－11。

表 3-11

照光时间	含有放射性的物质
30s	$C_3 C_5 C_6$
5s	$C_5 C_6$
$(1/n)$s	C_3

学生根据展示的数据，推断碳的转移途径。

通过光反应与暗反应分阶段的学习，教师引导学生尝试构建光合作用过程模型，并列表对光反应与暗反应进行比较。

学生分组讨论，列表比较，并展示成果，进行小组间评价。

【设计意图】培养学生信息分析、逻辑思维等能力，引导学生分析数据，推断暗反应中碳的转移途径，培养学生的科学思维和科学探究能力。最终完成概念建构，通过不同形式的评价完善成果，从整体上认识和理解光合作用并探讨光合作用的生物学意义，提升学生的社会责任意识。

环节四：探究光照强度对光合作用强度的影响。

教师提出问题：在水稻种植过程中可采取哪些措施提高水稻的产量？除了遗传因素之外，还有哪些外界影响因素呢？

学生通过单元情境，思考多种可能的因素。

根据以上的理论知识，如何判断光合作用的强度？哪些因素会影响光合作用的强度？可通过实验进行探讨。

学生思考：

(1) 该实验的自变量是什么？如何设置？

(2) 该实验的因变量是什么？如何观察和统计？

(3) 对照组如何设置？

(4) 无关变量如何控制？

(5) 如何排除热量对实验结果的影响？并尝试写出实验的方法和步骤，列出统计表格。

学生根据已有的实验探究知识，思考、讨论，并完成实验设计，展示、互评。

学生进行实验。实验中需要注意的细节：①用打孔器打出圆片。②抽出圆片中的气体。③碳酸氢钠溶液的量取。④无关变量的控制。⑤自变量的调节。⑥各种仪器的组装。⑦观察记录因变量。

引导学生分析实验结果和结论。在一定光照强度范围内，光合作用随着光照强度的增加而增强。

各小组分析因变量，形成数学模型（如绘制成曲线图），并得出结论。同时布置课后思考，拓展延伸其他因素对光合作用强度的影响。

回归本单元主情境：农作物的产量与光合作用强度直接相关，我们如何调整外界因素来提高水稻等农作物的产量？提高粮食的产量实质上指的是什么？

学生思考并回答问题，能基于实验现象和结果，运用归纳与概括、演绎与推理等方法阐释环境因素对光合作用的影响规律；采用批判性思维分析外界因素对植物生长发育的影响。举例说明光合作用与农业生产的紧密联系，关注这些原理的广泛应用，认同科学技术的重要价值。

【设计意图】通过提问，引导学生思考如何进行实验设计，以及关键环节如何完善，培养学生的动手能力、解决问题的能力、模型转换能力，以及用数学的方式来准确表达生理过程的能力。同时，引导学生结合图表等详细分析各单因素及多因素对光合作用强度的影响，并将其应用于生产实践，解决实践问题。

环节五：化能合成作用。

教师展示硝化细菌的亚显微图片，引导学生分析自然界中还有一种制造有机物的方式，硝化细菌能利用氨氧化时释放的化学能将 CO_2 和水合成为糖类，供自身利用。同时比较化能合成作用与光合作用的异同。

学生阅读教材，列表比较化能合成作用与光合作用的异同。

【设计意图】进一步完善知识结构，了解自养生物的能量来源有光能和化学能。

（六）板书设计

一、捕获光能的色素

1. 提取绿叶中的色素

用有机溶剂无水乙醇提取

2. 分离绿叶中的色素

"纸层析法"：用层析液进行分离

3. 色素含量：叶绿素 a ＞ 叶绿素 b ＞ 叶黄素 ＞ 胡萝卜素

二、叶绿体的结构和功能

三、探索光合作用原理的实验

1. 光合作用概念

2. 反应式 $CO_2 + H_2O^* \xrightarrow[\text{叶绿体}]{\text{光能}} (CH_2O) + O_2^*$

四、光合作用的过程

1. 光反应

2. 暗反应

五、影响光合作用强度的因素及原理应用

1. 探究光照强度对光合作用强度的影响

2. 分析各种因素对光合作用的影响

光照强度等

六、化能合成作用

（七）教学反思

策略实施过程中学生能自主地进行思考、学习、分析、创造与综合。在方案设计过程中，能展现出分析与综合、归纳与概括和创造性的科学思维；合作开展实验能提高学生的团队合作能力和科学探究能力；分析真实问题可以提高学生的社会参与度和社会责任感，从而逐步实现生物学学科核心素养中生命观念、科学思维、科学探究和社会责任四个方面的培养目标。本节设计尽可能丰富生物课程的教学方式，促进科学知识的交互式传递，还能促进学生思维能力和创新能力的有效提高，为学生的终身发展打下良好基础。

（八）课后固学

1. 1937 年，英国植物学家希尔（R. Hill）发现，将离体的叶绿体加入具有氢受体（如 $NADP^+$）的水溶液中，在无 CO_2 的条件下给予光照，发现叶绿体有氧气放出，生成 NADPH（还原型辅酶Ⅱ）。像这样，离体叶绿体在适当条件下发生水的光解，产生氧气的化学反应称作希尔反应。下列相关分析错误的是（　　）。

A. 希尔的实验说明水的光解与糖的合成不是同一个化学反应

B. 在此过程中，H_2O 分解产生 O_2 的同时，还生成了 NADPH

C. 光合作用中 O_2 的释放和 CO_2 的利用，是可以暂时分离的

D. 光合作用整个过程都直接需要光照

2. 图 3-27 表示光合作用示意图。下列说法错误的是（　　）。

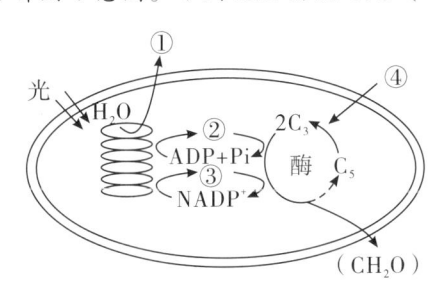

图 3-27

A. 类囊体薄膜上有吸收光能的 4 种色素

B. 物质②中可储存活跃的化学能，物质③为 NADPH

C. 在光照供应充足时，突然停止供应物质④，C_5 的含量将迅速下降

D. 在整个光合作用过程中，植物将太阳能最终转化为有机物中稳定的化学能

3. 观赏植物蝴蝶兰可通过改变 CO_2 吸收方式以适应环境变化（见图 3-28 与图 3-29）。长期干旱条件下，蝴蝶兰在夜间吸收 CO_2 并贮存在细胞中。

（1）依图 3-28 分析，长期干旱条件下的蝴蝶兰在 0—4 时_____（选填"有"或"无"）ATP 和［H］的合成，原因是_____；此时段_____（选填"有"或"无"）光合作用的暗反应发生，原因是_____；10—16 时无明显 CO_2 吸收的直接原因是_____。

（2）从图 3-29 可知，栽培蝴蝶兰应避免_____，以利于其较快生长。此外，由于蝴蝶兰属阴生植物，栽培时还需适当_____。

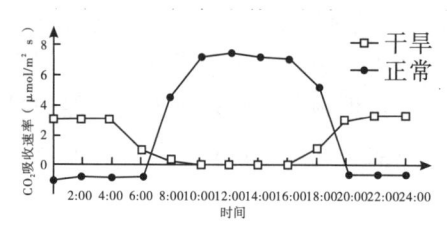

图3-28 正常和长期干旱条件下蝴蝶兰CO_2吸收速率的日变化

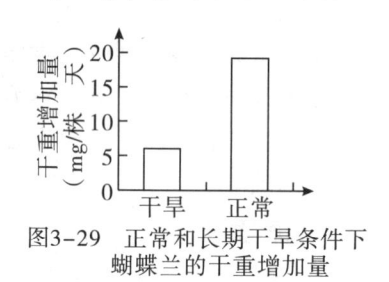

图3-29 正常和长期干旱条件下蝴蝶兰的干重增加量

单元教学课例评析：

单元教学设计，围绕核心问题在活动任务解决问题中发展学生核心素养；用系统观统领单元教学，注重培养学生用系统观去理解生命现象和规律；在活动的设计中，要注意教学来源生活，结合生活进行教学使学生潜移默化地对实际的科学研究更多关注，提升科学思维，培养社会意识。

第6单元　细胞的生命历程

一、单元教学设计说明

依据学科课程标准，本单元的重要概念是"细胞会经历生长、增殖、分化、衰老和死亡等生命过程"。完成本单元学习后，学生能够观察处于细胞周期不同阶段的细胞，结合有丝分裂模型，描述细胞增殖的主要特征，并举例说明细胞的分化、衰老、死亡等生命现象。生物学科核心素养指向大概念的课标要求，提炼了高中生物学学科大概念，并探索构建了适用于高中生物学教学的单元教学模式，其主要流程如下：①总览教材，分析单元内容；②立足课标，解构单元概念体系；③整合内容，重构学习单元；④聚焦素养，确定单元学习目标；⑤紧扣目标，选择恰当评价方式；⑥贴近生活，构建探究材料；⑦规划脉络，设计单元学习活动；⑧反思改进，完善单元教学设计。

二、单元学习目标与重难点

1. 单元学习目标

（1）能基于进化与适应的视角，认识生命活动的多样性和复杂性，并举例说明生物的独特性和统一性。

（2）能基于特定的生物学事实，采用归纳与概括、演绎与推理等科学思维方法，以文字、图示的形式，说明细胞增殖、分化、衰老和死亡等概念。

（3）能运用模型模拟演示、解释有丝分裂过程中染色体分配的连续过程，阐释亲代与子代细胞在遗传信息上的一致性。能根据细胞图，并结合数学模型，分析染色体、染色单体、DNA 等数量关系，加深理解染色体数目变化与行为有着密切关系，进而归纳总结细胞图、扇形图、折线图及柱形图间的相互转换，从而实现从直观到抽象，从图到数至形的转换。

（4）通过观察分析细胞有丝分裂过程中各个时期染色体和 DNA 的变化，建构细胞分裂时期的图像模型，培养模型建构的科学思维。

（5）能够认同细胞衰老和死亡是一种自然的生理过程，深刻理解生物体内各种细胞结构与功能的统一性，树立结构与功能相适应的生命观念。

（6）通过了解干细胞研究的现状与前景，能主动向他人宣传与健康生活和关爱生命相关的知识，形成从健康自我到健康世界的社会责任感。

2．单元学习重难点

（1）有丝分裂各时期的特点。
（2）有丝分裂的意义。
（3）有丝分裂过程中染色体的行为变化及染色体和 DNA 的数量变化。
（4）观察根尖分生区组织细胞的有丝分裂。
（5）细胞分化的概念、原因和意义。
（6）细胞衰老与个体衰老的关系。
（7）细胞凋亡的含义。

三、单元整体教学思路

依据高中生物学课程标准，按照学为主体、师为引导的思想进行教学，课堂上大部分时间留给学生，教师作为参与者，同时教师基于真实情境设计问题引发思考，使学生多途径多方式地参与到学习中，使学生的主体性得到充分体现。因此设计以"提出问题→解决问题→合作讨论或进行实验→分享成果→评价升华→学后反思及巩固"的教学思路方式进行。

本单元内容结构如下图 3-30 所示。

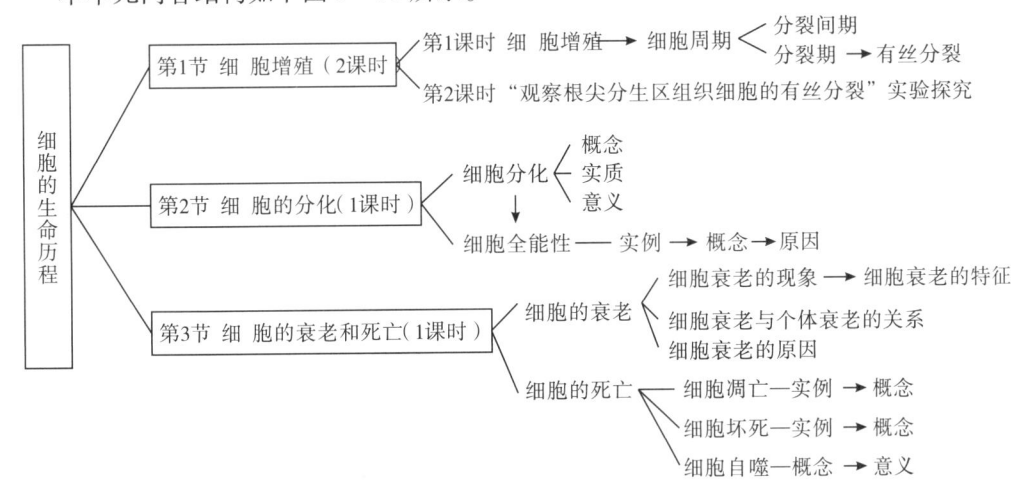

图 3-30 单元内容结构

第 1 节　细胞的增殖

（一）教学内容分析

本节内容较多，可分为 2 课时进行教学，本节课主要围绕第 1 课时展开。这部分内容主要包括：细胞增殖、细胞周期、有丝分裂的过程三部分知识。在细胞增殖的三种方式中，有丝分裂是最主要、最重要的方式之一，它既是学习减数分裂和遗传规律的基础，同时也可为后续学习选修模块做好了铺垫。

本实验可以帮助学生理解细胞有丝分裂过程，加深学生对有丝分裂各个时期特点的理解，对学生体会有丝分裂过程中染色体的行为变化具有重要作用。同时训练学生的操作、观察和思考能力，让学生学会在显微镜下分辨有丝分裂各个不同的时期；培养学生认真的科学态度和实事求是的科学精神，提高学生的创新思维和综合能力。

（二）学习者分析

高一此阶段的学生，已经学习了细胞生命系统的物质组成、结构和功能，而且具备了一定的认知能力，这为新知识的学习奠定了认知基础；但是学生的抽象逻辑思维能力还不够完善，对于理解有丝分裂各时期特点有一定困难。因此在学习过程中，学生要学会观察染色体的形态变化，通过构建物理模型和数学模型熟悉有丝分裂过程各时期的特征，进一步理解真核细胞在有丝分裂的过程中染色体复制后平均分配的过程，对子代细胞和亲代细胞保持遗传稳定性有更清晰的认识。此外，学生缺乏制作有丝分裂复杂装片的经验，学生不清楚分裂的模式图与显微镜下看到的真实图像之间的区别和联系，也不能真正理解观察到的图像是静态的、但有丝分裂是动态的过程这一重要认识。因此可通过真实实验操作帮助学生解决上述问题。

（三）学习目标确定

（1）通过举例说明生命活动与细胞增殖的关系，认同细胞增殖是生物体生长、发育、繁殖、遗传的基础。

（2）通过观察分析显微图像和模式图，概述细胞有丝分裂各时期的主要特征，阐明细胞周期的概念。

（3）通过识图比较，辨析动植物细胞有丝分裂的异同点，阐明有丝分裂对保证亲子代细胞遗传物质一致性的重要意义。

（4）通过制作根尖分生区组织细胞有丝分裂的临时装片，并观察处于细胞周期不同阶段的植物细胞，提升制作临时装片和显微镜操作技能。

（四）学习重难点

（1）学习重点：真核细胞有丝分裂过程中各时期的特点；制作植物根尖细胞有丝分裂临时装片，识别有丝分裂不同时期的显微镜图像。

（2）学习难点：真核细胞有丝分裂过程中各时期的特点；制作植物根尖细胞有丝分裂临时装片；通过计算各时期细胞比例，比较细胞周期中不同时期的时间长短。

（五）教学过程

环节一：新课导入。

通过图片展示鼠和象，分析生物个体大小差异的原因，引出本节课的主要教学内容和学习目标。

学生通过思考象和鼠两种生物个体大小差异的原因，关注本节课的教学主题。

【设计意图】明确本节课的教学内容和学习目标。

环节二：核心概念解读——细胞增殖、细胞周期。

通过受精卵分裂的图片，引出细胞增殖的含义、意义、特点。

通过细胞周期的扇形图和线段图帮助学生理解与细胞周期相关的知识：如何判断分裂期、分裂间期、细胞周期。学生看了动画展示发现细胞分裂后子细胞数目增加，思考遗传物质不会越分越少的原因。

【设计意图】引出细胞有丝分裂的过程。

环节三：有丝分裂。

动画展示真核细胞有丝分裂的过程，细胞分裂一分为二，那细胞中的遗传物质会越分越少吗？

细胞中遗传物质不会越分越少，则细胞中的遗传物质需要加倍。因此，染色体需要先复制。分裂间期进行物质准备以染色质的结构存在，分裂期以染色体的结构存在，用模型展示染色质到染色体的变化过程。

学生理解染色质和染色体的关系及染色体需要复制的原因。

细胞分裂通过怎样的机制保证子细胞的遗传物质和亲代细胞的相同呢？完成探究活动1~3。

探究活动1：请大家排出染色体变化的先后顺序。

探究活动2：自制模型——体验染色体形态和数量变化。

利用铁丝绒和白纸，演示1对或多对染色体经历一次有丝分裂的各个时期形态和数量的变化，并由此得到DNA的相应变化。

探究活动3：根据细胞分裂图像说出有丝分裂各个时期的特征。

结合细胞有丝分裂过程5个时期的特点，用希沃白板5设计了一款课堂活动的分组竞争游戏。

比较动物细胞与植物细胞有丝分裂的相同点和不同点。安排学生完成教材第114页"思考·讨论"。

布置学生完成教材第115页"思维训练"，思考细胞不能无限长大的原因。

【设计意图】动画展示可化抽象为具体。用模型展示染色体和染色质的变化，便于理解染色质和染色体的关系。构建染色体形态和数量变化模型，使抽象内容具体化，帮助学生突破难点。通过分析、比较、归纳等方法，巩固易错点。互动游戏不但可以巩固知识，还活跃了课堂氛围，且此教学方法具有创新性。引导学生用表格归纳出动物细胞与植物细胞有丝分裂的相同点和不同点，并理解细胞增殖的意义。通过模型理解细胞的表面积和体积的比值与物质运输效率的关系。

环节四：课堂总结。

小结本节课的主要内容，回顾探讨模型构建的过程，总结课堂活动成果。

【设计意图】通过归纳、总结，促进知识的系统化、结构化，提高知识的迁移应用能力。

环节五：教学准备。

教师准备：

(1) 材料：提前一周培养洋葱和大蒜让其生根。

(2) 试剂：配制15%盐酸，体积分数95%的酒精，质量浓度为0.01 g/ml、0.02 g/ml的甲紫溶液等实验溶液。

(3) 用具：镊子、滴管、显微镜、载玻片、盖玻片等实验仪器。

(4) 教师要先做预实验，预测不同材料对有丝分裂效果的影响，并挑选分裂效果好的装片作为示范片，课堂展示。教师要对实验结果进行预估，这样才能有效掌握课堂上的意外情况，更好引导、评价学生。

【设计意图】提前为实验做准备，让学生了解实验的原理和实验步骤，让教师做到心中有数。

环节六：温故知新，激发兴趣。

【问题导入】

(1) 有丝分裂各时期的特点是什么？

(2) 区分有丝分裂各时期的主要依据是什么？

(3) 有丝分裂能力强的细胞存在于生物体哪些部位？

【设计意图】温故知新，为实验课中识别有丝分裂不同时期打下理论基础，同时激发学生对实验的渴望。

环节七：观看视频，引发思考。

播放视频，引导学生探讨实验步骤的问题，明确目标。

(1) 怎样使用显微镜？为何要观察根尖分生区细胞？分生区细胞有何特点？

(2) 解离的目的是什么？解离程度不足或过度解离会怎样？解离后细胞还能保持活性吗？

(3) 为何要漂洗？怎样漂洗？

(4) 染色的目的是什么？为何要把握染色剂的浓度和染色时间？

(5) 制片的目的是什么？如何制片？

【设计意图】增加学生的感性认识，为后续实验开展做好铺垫、打好基础，同时培养学生独立思考和小组合作交流的能力。

环节八：进行实验，合作探究。

引导学生进行实验，掌控好课堂节奏，对学生遇到的问题进行点拨。

【设计意图】将感性认识上升到理性认识，领悟科学探究的魅力，培养学生动手操作和合作交流的能力，在这一环节中也领悟了实验设计原则中的"单一变量"和"对照"原则，明确了实验材料的选择和"解离"这一步骤的重要性。

环节九：观察结果，交流展示。

实物投影预实验挑选的理想的各时期示范片，引导学生进行结果的分析与思考。

【设计意图】通过绘图，培养了学生的绘图技能；通过图像对比分析，学生也明确了分裂模式图和显微镜下看到的真实图像之间的差别，培养了学生求真求实的科学态度。

环节十：归纳总结，点评升华。

积极引导学生进行自我评价、小组间互评，最后总结，教师点评。

【设计意图】通过自评、互评、教师点评三位一体的评价模式，充分体现了学生的主体地位与对学生的尊重。教师应着重对过程进行评价，并在此基础上引导学生进行生成性问题的再探究。

（六）板书设计

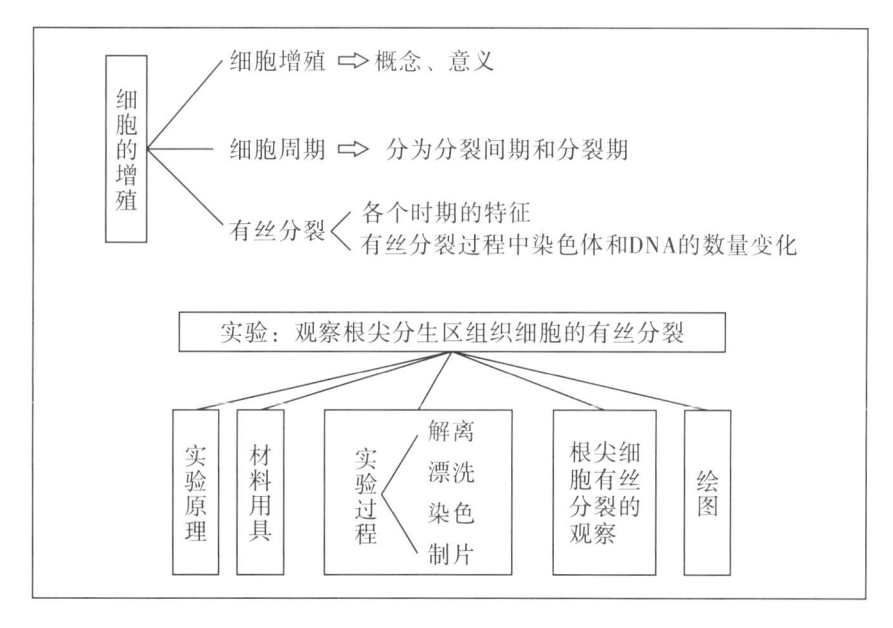

```
                    细胞增殖 ⇒ 概念、意义
   细
   胞
   的        细胞周期 ⇒ 分为分裂间期和分裂期
   增
   殖                  各个时期的特征
            有丝分裂 <
                     有丝分裂过程中染色体和DNA的数量变化

            实验：观察根尖分生区组织细胞的有丝分裂

      ┌────┬────┬────────┬────────┬────┐
      │实验│材料│ 解离   │根尖细胞│绘  │
      │原理│用具│ 漂洗   │有丝    │图  │
      │    │    │ 染色   │分裂的  │    │
      │    │    │ 制片   │观察    │    │
      │    │    │实验过程│        │    │
      └────┴────┴────────┴────────┴────┘
```

（七）教学反思

（1）本节课充分发挥了学生的积极性，体现了学生的"动口、动手、动脑"能力。教学内容的学习由现象到本质、由感性到理性、由定性到定量，让学生找到科学探究的方法，运用观察、分析、归纳等方法总结特点，使学生的科学思维得到提升。

（2）本节课对于学生的要求很高，思维活动量很大，教师应随时适当地进行引导。

（3）设计一款基于生物学相关知识的互动游戏，既体现了教师教法的创新性，又增添了课堂的趣味性。

（4）探究活动3的处理方式让学生找到了高效学习的方法，并懂得科学实验合作与分享的重要性，有利于充分发挥团队精神，这也是科学研究领域攻克重大难题需要的重要品质之一。

（5）对下一节课的教学引导性很强，让学生进一步用自制的染色体模型进行DNA和染色体数量变化的探究，让学生亲身体验探究的过程，让学生收集原始的数据，整理成曲线图，初步认识到科学研究中数据处理、实验结果分析的重要性。

（八）课后固学

绘制实验中有丝分裂各时期的细胞图像。

第2节 细胞的分化

（一）教学内容分析

本节内容是在第1章"细胞的分子组成"和第2章"细胞的结构"以及本章第1节"细胞的增殖"等内容之后，进一步探讨细胞的生命历程，如细胞的分化，是对之前所学知识的拓展和延伸，也为必修2《遗传与变异》的学习奠定基础。因此，本节在教学中起着承上启下的作用。

（二）学习者分析

鉴于高一学生未系统学习过遗传的相关内容，对于细胞分化的实质理解可能仅限于浅层式的记忆和背诵，这不利于学生真正地感知与理解。因此，尝试通过创设情境引入概念，设计活动自主构建概念，深度学习探究概念的实质，联系生活扩大概念的外延等深度教学策略，并结合图片、视频、活动、思考题等多种形式，将抽象的内容具体化、形象化，实现有效的概念教学。其中，在探究细胞分化的实质活动中，充分诱发学生的认知冲突，激发求知欲，最后引导学生利用新知主动去纠正认知、完善概念，使得课堂学习更加深刻，以期达到预期的教学目标。

（三）学习目标确定

课程标准与本节对应的要求是"说明在个体发育过程中，细胞在形态、结构和功能方面发生特异性的分化，形成了复杂的多细胞生物体。"根据上述要求和建议，本节课教学目标确定如下：

（1）阐明细胞分化的概念，说出细胞分化是细胞中的基因选择性表达的结果，是形成多细胞生物体的必要过程。

（2）举例说明细胞的全能性在植物组织培养和动物克隆等方面的应用。

（3）了解干细胞的特点，关注干细胞在医学上的应用。

（四）学习重难点

（1）学习重点：细胞分化的概念、原因和意义；细胞全能性的概念。

（2）学习难点：细胞分化的原因；细胞全能性的概念。

（五）教学过程

环节一：创设情境，引入概念。

教师播放"人体胚胎发育"的视频，提出系列递进式问题：

（1）个体发育的起点是什么？

（2）一个受精卵是经历什么过程后会形成一团相同的细胞（胚胎干细胞）？

（3）由这团完全相同的细胞形成200多种不同的细胞，又经历了什么过程？

（4）如果没有这个过程，个体将会变成什么样？

【设计意图】深度学习将学习任务"锚定"在真实的问题情境中,并在其中镶嵌解决问题所需要的学业内容知识、元认知策略和学习策略,使学生在完成任务的过程中建构知识和技能。通过观看视频,让学生感到震撼,并形象且直观地感知生命的伟大,激发学习兴趣;通过回答问题,引导学生利用高阶思维对知识进行深加工,既复习旧知,又引入新知——"细胞的分化",为下文做铺垫。

环节二:活动设计,形成概念。

教师展示3类细胞——人的红细胞、肌细胞和胰岛细胞的图片,提问三者在形态、结构和功能方面的差异,引导学生归纳细胞分化的概念。

【设计意图】利用图片、问题串的形式为学生搭建知识支架,引导学生自主构建细胞分化的概念,培养学生的观察力和语言表达能力,建构正确的结构与功能观。

环节三:深度探究,理解实质。

(1) 问题聚焦。

过渡:既然这些细胞都来自同一个受精卵,那它们为什么有这么大的差异?是遗传物质改变了吗?PPT展示问题链:①直接决定细胞形态、结构和功能差异的是哪种有机物?②蛋白质的合成最终受到哪种物质的控制?

【设计意图】在分子水平上理解细胞分化的实质是本节课的难点,通过设计两个针对性强的问题,迅速将焦点集中在"细胞分化是因为细胞内蛋白质的不同,还是遗传物质的不同"这个问题上,驱动学生深入探究。

(2) 实质初探。

教师提供代表4种基因(血红蛋白基因、肌动蛋白基因、胰岛素基因和糖酵解基因)的磁性贴纸,4种蛋白质(血红蛋白、肌动蛋白、胰岛素和糖酵解酶系)的磁性贴纸。并且提供信息:在生物学上,把特定的基因控制特定的蛋白质的合成称为基因的表达。引导学生分组讨论人的红细胞、肌细胞和胰岛细胞中所含的基因和蛋白质。

【设计意图】针对学生的争议,教师不直接判定,而是组织各小组学生进行互评,从而有效激发学习动机,提升学生的自我效能感,增强团队协作能力和凝聚力,这是促进深度学习的关键。

(3) 实质揭示。

教师向学生展示绵羊"多莉"的克隆过程,并要求学生分析以下问题:①乳腺细胞是高度分化的细胞吗?②为什么移植乳腺细胞的细胞核可以克隆出"多莉"?说明在分化过程中其内部的基因有无丢失?

【设计意图】借助图片,巧设问题,步步引入,层层激发学生的认知冲突,使学生产生强烈的求知欲。教师及时点拨,使学生对细胞分化有深层次的理解,通过自主纠正,发展学生的科学思维和批判精神。

(4) 联系生活,扩大外延。

资料1:白血病,俗称"血癌",是造血系统的恶性肿瘤,白血病患者的血液中出现大量的异常白细胞,而正常的血细胞明显减少。通过骨髓移植可以有效地治疗白血病。但移植后都会有排异,其间会出现不同情况的排异反应,严重时甚至会死亡。

资料2:紫杉醇被认为是已发现的功效最显著的天然抗癌药物,它主要是从新鲜的红豆杉树皮中提取，然而红豆杉的数量很少，生长极其缓慢，且不易繁殖。30 吨的树皮中大概只能获得 100 g 紫杉醇。

【设计意图】"疑"是思之始，是学生自主学习、主动求知的动力。针对学生的质疑问题，教师可引导学生阅读教材"细胞的全能性"相关内容——细胞分化的外延，为细胞的全能性学习做好铺垫；以生活实例创设情境，把抽象枯燥的知识形象化、具体化，可促使学生学以致用。

（5）归纳细胞全能性的概念。

引导学生浏览教材第 120 页"思考·讨论"，并完成讨论。

【设计意图】通过自主学习教材和小组讨论，学生运用比较和归纳的科学方法对实验结果进行分析。

教师引导学生了解干细胞特点，关注最新相关进展。

【设计意图】训练学生获取信息的能力，帮助学生形成关注健康、珍爱生命的理念，提升社会责任意识和能力。

环节四：归纳总结。

用课件和板书总结本节内容。

【设计意图】提高学生归纳总结能力，让学生学会自我诊断、自我反思。

（六）板书设计

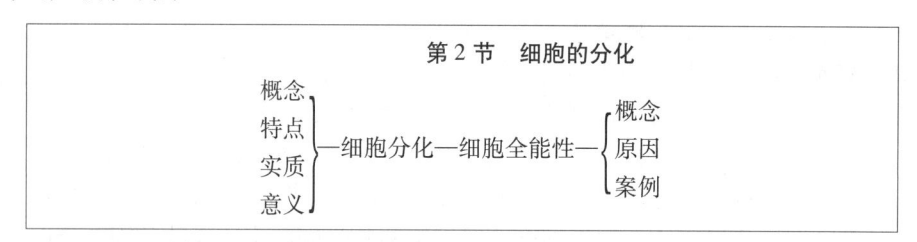

第 2 节　细胞的分化

$\left.\begin{array}{l}\text{概念}\\\text{特点}\\\text{实质}\\\text{意义}\end{array}\right\}$—细胞分化—细胞全能性—$\left\{\begin{array}{l}\text{概念}\\\text{原因}\\\text{案例}\end{array}\right.$

（七）教学反思

知识的获得不是简单地叠加和记忆，而是在理解基础上整合和运用。学生通过分析、讨论、评价等方式，自主构建细胞分化的概念，有助于学生的深刻理解。在学习过程中，让学生产生前后的认知冲突，激起强烈的思维碰撞，再逐步引导学生根据知识去分析问题、解决问题，这不失为一种有效的学习方法。但同时，在教学过程中，笔者也感觉到自身能力和知识的欠缺，这提示我们一线教师仍要不断学习，扩充自身的知识储备，提高自身业务能力和课堂驾驭能力。

（八）课后固学

以"细胞分化"为核心画出思维导图。

必修二

第 1 单元　遗传因子的发现

一、单元教学设计说明

生物通过生殖、发育和遗传实现生命的延续和种族的繁衍，在探寻遗传与进化的道路上，"人类是怎样认识到基因的存在的？"是首先需要解决的问题。本章节选取的遗传因子的发现相关知识内容，主要是从细胞水平阐述生命的延续性，对于学生理解生命的延续和发展，树立正确的自然观有重要意义。依据《普通高中生物学课程标准（2017 年版 2020 年修订）》，本单元主要内容对应大概念 3 下的重要概念：3.2 有性生殖中基因的分离和重组导致双亲后代的基因组合有多种可能，对应的次位概念：3.2.3 阐明有性生殖中基因的分离和自由组合使得子代的基因型和表型有多种可能，并可由此预测子代的遗传性状。学业要求中指出运用统计与概率的相关知识，解释并预测种群内某一遗传性状的分布及变化（科学思维、科学探究）。根据课标重要概念和次位概念及学业要求，确定单元学习目标和每一节内容的学习目标。

通过教材分析并结合课标要求，本单元应从以下方面落实生物学核心素养。生命观念：在本单元学习过程中，基于生物体内的遗传因子（基因）分析和阐明孟德尔豌豆杂交实验，体现了遗传的物质性，在阐明基因的分离定律和自由组合定律的过程中，形成"有性生殖中基因的分离和重组导致双亲后代的基因组合有多种可能"的重要概念，利于学生理解生物的变异和生物多样性，为形成生物进化观、科学的自然观打基础。科学思维：假说—演绎法的研究思路在本单元的学习中处于极其突出的地位。在解释分离与自由组合现象等内容时，需要学生理解和掌握"根据现象提出假说，然后演绎出理论体系或具体推论，再通过观察和实验来检验"的思维方法。在运用假说—演绎法时，仍需要以经验归纳法作为补充，以一定的实验事实为根据，促进学生创造性思维的发展。科学探究：学习孟德尔定律的发现过程时，学习正确地选用实验材料，运用数学统计方法，提出新概念以及应用符号体系表达概念。基于"性状分离比的模拟实验""设计实验方案""分析孟德尔成功的原因""拓展应用"中的问题，训练学生应用遗传规律设计实验方案、解决遗传学问题的能力。社会责任：教材中"设计实验方案"的思维训练、"孟德尔遗传规律的应用"、"复习提高"等均设置了真实的问题情境，可训练学生解决问题的能力。此外与生物学有关的职业引导学生关注育种工作，渗透了社会责任。

二、单元学习目标与重难点

1. 单元学习目标

（1）阐明基因的分离定律和自由组合定律，能用分离和自由组合定律解释并预测种群内一些遗传现象。

(2) 通过对孟德尔杂交实验的分析和"假说—演绎"法的学习，培养归纳与演绎、抽象与概括的科学思维。

(3) 认同在科学实验中选材与运用数学方法的重要性，学会用符号语言表述实验过程。

(4) 通过本单元的学习，认同生命的物质观、遗传的物质性。

2. 单元学习重难点

(1) 单元学习重点：应用假说—演绎法的研究思路解释基因的分离和自由组合现象，总结孟德尔获得成功的原因。

(2) 单元学习难点：应用假说—演绎法对基因的分离和自由组合现象进行解释。

三、单元整体教学思路

本单元主要内容包括：孟德尔豌豆杂交实验（一）、（二），孟德尔的豌豆杂交实验阐明了遗传因子的发现过程，解决了人类是怎样认识到基因存在的问题。在教学过程中，应重视与生活经验的联系，创设真实问题情境，引导学生分析、解决、建构概念、发展能力。充分利用"思考与讨论""探究与实践"等活动，并从生命科学史中体会研究方法与思路，促进探究性学习，培养科学思维与科学探究能力。

孟德尔豌豆杂交实验（一）：本小节共分为 7 个学习任务：走进孟德尔豌豆杂交实验、一对相对性状的杂交实验、解释现象提出假说、模拟假说、验证假说、归纳概括与提炼规律、应用拓展。对应的学习活动为：学习豌豆杂交实验的基本过程、探究一对相对性状的遗传规律、学习孟德尔对一对相对性状杂交实验结果的分析、模拟性状分离比实验、选择实验证明 F1 遗传因子的组成和配子的类型比例、总结"假说—演绎"法、根据情境问题设计实验方案。培养的核心素养分别是：科学实证观，自主学习和归纳总结能力，归纳与演绎、抽象和概括的科学思维，生命的物质观，建模思维与合作探究能力，社会责任。

孟德尔豌豆杂交实验（二）：本小节划分了 8 项学习任务：观察两对相对性状的遗传现象、分析问题并提出假说、演绎推理与实验验证、归纳概括与总结规律、从 1 对到多对独立遗传性状的规律、孟德尔实验方法的启示、孟德尔遗传规律的再发现、应用拓展。分别对应了 8 项学习活动，培养了深入思考并提出问题的能力、胆大心细的创新精神和严谨务实的求真态度、演绎推理与归纳概括的思维方法等方面的学科素养。

本单元内容结构如图 3-31 所示。

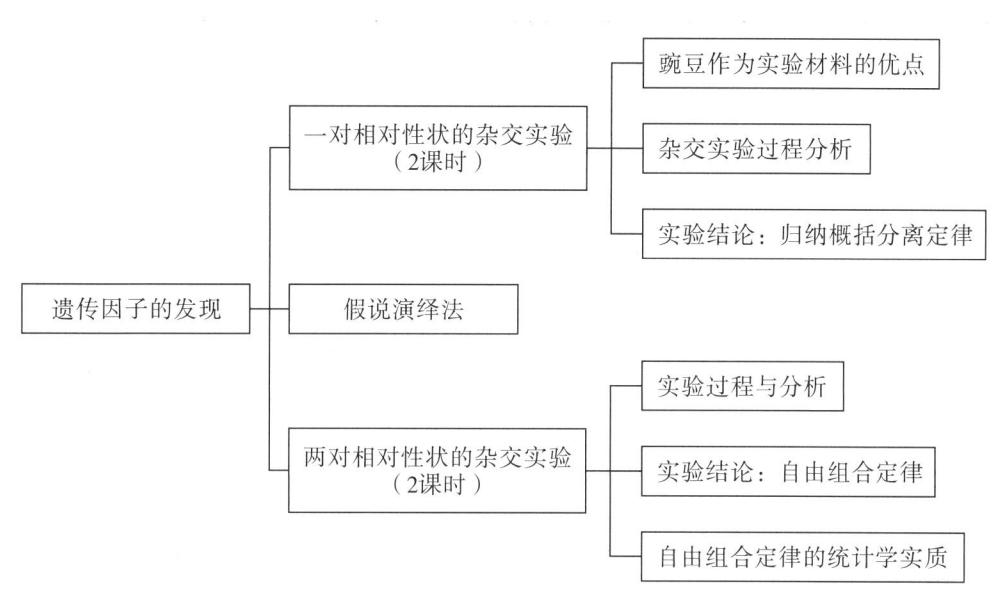

第三章 单元整体教学设计研究与实践

```
                                              ┌─ 豌豆作为实验材料的优点
                   ┌─ 一对相对性状的杂交实验 ─┼─ 杂交实验过程分析
                   │        （2课时）         └─ 实验结论：归纳概括分离定律
遗传因子的发现 ──┼─ 假说演绎法
                   │                          ┌─ 实验过程与分析
                   └─ 两对相对性状的杂交实验 ─┼─ 实验结论：自由组合定律
                            （2课时）         └─ 自由组合定律的统计学实质
```

图 3-31　单元内容结构

单元教学目标导向下的课时目标如图 3-32 所示。

重要概念（单元概念）：3.2 有性生殖中基因的分离和重组导致双亲后代的基因组合有多种可能

↑

单元教学目标：
1. 阐明基因的分离定律和自由组合定律，能用分离和自由组合定律解释并预测种群内一些遗传现象。
2. 通过对孟德尔杂交实验的分析和假说—演绎法的学习，培养归纳与演绎、抽象与概括的科学思维。
3. 认同在科学实验中选材与运用数学方法的重要性，学会用符号语言表述实验过程。
4. 通过本单元的学习，认同生命的物质观、遗传的物质性

↑

次位概念（课标要求）：3.2.3

↑形成　↑形成

课时教学目标：

（左）
1. 阐明分离定律，能运用分离定律解释或预测一些遗传现象。
2. 认同在科学探究中正确的实验选材、运用数学统计方法、概念及符号的使用的重要性。
3. 通过一对相对性状的分析，培养学生的科学思维、体会假说—演绎法

（右）
1. 阐明自由组合定律，能运用自由组合定律解释或预测一些遗传现象。
2. 体会孟德尔成功经验，认同敢于质疑、勇于创新的科学精神。
3. 分析两对相对性状的杂交实验，培养学生的科学思维，进一步体会假说—演绎法

↑　　　　　　　　　　　↑

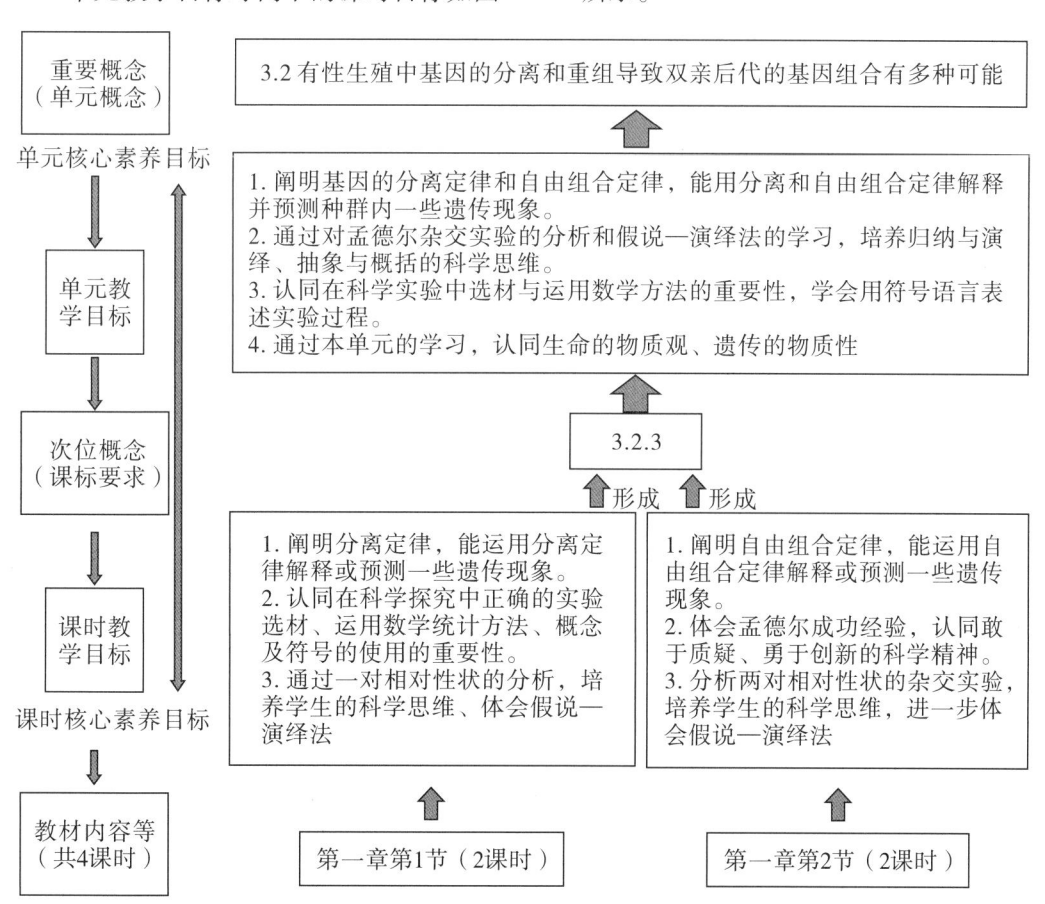

教材内容等（共4课时）：第一章第1节（2课时）　　第一章第2节（2课时）

左侧纵向标注：单元核心素养目标 → 课时核心素养目标

图 3-32　单元教学目标导向下的课时目标

第 1 节　孟德尔的豌豆杂交实验（一）

（一）教学内容分析

本节内容从属于重要概念3.2"有性生殖中基因的分离和重组导致双亲后代的基因组合有多种可能"，旨在引导学生理解"人类是怎样认识到基因的存在的？"这个问题。课程标准中对应的内容要求为3.2.3"阐明有性生殖中基因的分离和自由组合使得子代的基因型和表型有多种可能，并由此预测子代的遗传性状"。在教学提示中指出"教学过程中应创造条件让学生进行实践（如模拟植物或动物性状分离的杂交实验），引导学生从生活经验中发现和提出问题，学习有关知识，应用知识分析和解决实践中的问题"。学业要求中指出"完成本节学习后学生应能够运用统计与概率的相关知识，解释并预测种群内某一遗传性状的分布及变化"。

根据上述分析，本节内容要求学生能够综合运用生命观念分析和解释较为复杂情境中的生命现象，基于事实归纳概括规律，运用科学思维依据生物学规律和原理对可能的结果或发展趋势做出预测或解释，并能够以一定方式阐明其内涵，即要求学生达到甚至超过学业质量水平三的要求。教材结合学生生活经验创设情境问题，引发认知冲突，引导学习。本节内容介绍了豌豆的优缺点，利于学生理解实验选材的重要性，层层深入地展示孟德尔的探究、分析过程，帮助学生构建分离定律，培养演绎推理的科学思维，体会科学探究的基本思路与方法，并设计了模拟实验，帮助学生理解抽象概念，形成"有性生殖中基因的分离和自由组合使得子代的基因型和表型有多种可能"的初步认识。

（二）学习者分析

学生初中已经学过遗传学的浅显概念，具有较为丰富的生活经验，也初步具备了生命的物质观和归纳概括等科学思维能力，为分子遗传学问题打下基础，但对演绎推理、模型构建等科学思维训练接触较少，对于遗传学本质的问题往往是知其然但不知其所以然。同时学生的数学知识（尤其是概率、二项式等方面的知识）是学习遗传规律的基础，但目前尚未掌握，因此在理解遗传规律的数学本质和预测后代的遗传分布时可能遇到较大困难。

（三）学习目标确定

（1）阐明分离定律，能运用分离定律解释或预测一些遗传现象。

（2）认同在科学探究中正确的实验选材、运用数学统计方法、使用概念及符号的重要性。

（3）通过一对相对性状的分析，培养学生的科学思维，体会假说—演绎法。

（四）学习重难点

（1）学习重点：对分离现象的解释和验证，分离定律；假说—演绎法。

（2）学习难点：对分离现象的解释；假说—演绎法的研究思路。

（五）教学过程

第 1 课时

环节一：新课导入。

展示问题探讨：人们曾经认为，两个亲本杂交后，双亲的遗传物质会在子代体内发生混合，使子代表现出介于双亲之间的性状。就像把一瓶蓝墨水和一瓶红墨水倒在一起，混合液是另外一种颜色，再也无法分出蓝色和红色。这种观点也称作融合遗传。

讨论1：按照融合遗传的观点，当红花豌豆与白花豌豆杂交后，子代的豌豆花会是什么颜色？

讨论2：你同意上述观点吗？你的证据有哪些？

【设计意图】创设情境，统摄孟德尔遗传规律的内容。引发学生思考，引出孟德尔对错误观点的挑战，介绍孟德尔的研究工作。

环节二：走进孟德尔的豌豆杂交实验。

提出情境问题：为何孟德尔选择豌豆进行杂交实验会取得成功？介绍孟德尔生平，结合图片分析豌豆花的结构特点。

活动一：学习豌豆杂交实验的基本过程。

问题引导：

（1）母本如何操作？何时操作？为什么？

（2）人工异花传粉前后有何特殊操作？为什么？

（3）作为遗传实验材料，豌豆的上述特点为孟德尔的成功提供了哪些便利？

展示豌豆的7对相对性状，帮助学生构建相对性状的概念，结合练习进行概念辨析，引导学生分析总结豌豆作为遗传材料的优点。

【设计意图】用情境问题统摄孟德尔遗传规律的内容，引发学生思考，引出孟德尔对错误观点的挑战，锻炼学生自主学习与归纳总结能力，落实对新概念的理解，体会豌豆作为实验材料的优点及实验选材的重要性。

环节三：学习一对相对性状的杂交实验。

1. 观察现象，发现问题。

活动二：探究一对相对性状的遗传规律。

问题引导：

（1）子一代性状均为高茎，这是否仅由母本决定，如何证明？

阐释正反交的概念及结果。

（2）矮茎的性状是"丢失"了吗？展示自交的实验结果：F_2中又出现了矮茎，这说明了什么问题？

引导归纳：显性性状、隐性性状、性状分离概念。

（3）孟德尔是如何从杂交实验结果中发现规律的？子二代出现的性状分离比接近3：1只是偶然的情况吗？

展示教材第4页表1-1，引导学生归纳得出规律：分离比均接近3：1。

设问：如何解释上述规律呢？

2. 解释现象，提出假说。

活动三：学习孟德尔对一对相对性状杂交实验结果的分析。

问题引导：

（1）若用 D 表示决定显性性状的遗传因子，d 表示决定隐性性状的遗传因子，每个个体应含有什么遗传因子？请标出。

（2）基于 F_2 中出现性状分离的事实，F_1 体细胞中的遗传因子是单个还是成对存在？如何组成？亲本和 F_2 的遗传因子组成是怎样的？（引导学生归纳纯合子、杂合子的概念）

（3）F_1 产生怎样的配子才能使 F_2 出现隐性个体？配子中的遗传因子是单个还是成对存在？

（4）F_1 的配子如何结合才能够使 F_2 出现 3∶1 的性状分离比？

【设计意图】基于孟德尔的实验事实与数据，培养学生尊重事实和证据和严谨务实的求知态度，认同统计学方法在遗传学研究中的重要价值，学习遗传图解，提升应用符号体系表达概念的能力，培养归纳与演绎、抽象与概括的科学思维。

环节四：课堂小结。

概念梳理：

第一组概念：孟德尔的豌豆遗传实验：杂交、正交、反交、自交。

第二组概念：基于孟德尔的豌豆遗传实验的实验现象：性状、相对性状、显性性状、隐性性状、性状分离。

第三组概念：基于孟德尔对分离现象的解释：纯合子、杂合子。

符号梳理：

如何验证遗传因子的分离、配子的随机结合使得后代出现 3∶1 的性状分离比？

【设计意图】建立遗传因子与性状的联系，巩固遗传学术语，体会假说的创新性，为第 2 课时做铺垫。

第 2 课时

环节一：导入新课。

回顾孟德尔对分离现象的原因提出的四点假说，设问：如何验证遗传因子的分离、配子的随机结合使得后代出现 3∶1 的性状分离比？

【设计意图】复习知识，反思孟德尔的核心思想与融合遗传的本质区别，引出模拟实验。

环节二：模拟、验证假说。

活动一：模拟性状分离比的实验。

讲述：我们可以先通过一个模拟实验来体验孟德尔的假说。

问题引导：

（1）每个小桶内的 D 小球和 d 小球数量相等的含义是什么？

（2）两只小桶中的彩球数量是否必须相等？

（3）分别从两个桶内随机抓取一个彩球模拟了什么过程？

（4）分别从两个桶内随机抓取一个彩球组合在一起模拟了什么过程？

（5）为何将抓取后的小球放回并摇匀？

组织学生完成实验并记录结果。

讨论教材中论题1。

展示第4页表格1-1，对比不同组的数据统计结果。

讨论教材中的论题2。

设问：孟德尔并不能够观察到假说中提到的F_1的遗传因子组成和形成配子时遗传因子分离的现象。他如何对自己的假说进行验证？

活动二：讨论实验方案。

从F_1自交、与显（隐）性亲本分别杂交中选择一个实验方案，证明F_1遗传因子组成和产生的配子类型及比例。

问题引导：

（1）孟德尔的假说依据什么实验结果提出？

（2）与显性亲本杂交后代会出现什么性状？

（3）与隐性亲本杂交结果怎样？

学生写出遗传图解，教师展示规范遗传图解，纠正学生错误。

概括测交实验的意义：检验待测个体（这里为F_1）产生的配子类型和比例，验证了孟德尔的假说。

活动三：学习孟德尔分离定律的直接实验证据。

结合练习介绍F_1花粉鉴定法。

【设计意图】通过模拟实验，建立模型，领会颗粒遗传的特点，进而理解孟德尔的假说内容。通过数据分析认同统计学对遗传分析的重要作用和样本量对实验结果的影响，训练科学思维，合作探究能力。通过对实验方案的评价、选择演绎推理，锻炼学生的批判性思维、思维缜密度、知识表征（符号表达和语言表达）能力。在思辨与解决问题过程中构建测交概念，感悟孟德尔的创新性。

环节三：归纳概括，提炼规律。

引导学生归纳分离定律内容。活动：总结科学方法——假说—演绎法。

问题引导：

（1）孟德尔基于什么提出假说？

（2）哪部分实验过程是演绎过程？

（3）如何验证演绎结果？

【设计意图】形成遗传的物质观，理解假说—演绎法，体会测交实验的精妙。

环节四：应用拓展。

（1）回答情境问题：为何孟德尔选择豌豆进行杂交实验会取得成功？这里仅是孟德尔对一对相对性状的分析总结，豌豆具有多对易于区分的相对性状，对于更复杂的多对相对性状的遗传规律，孟德尔又是如何进行实验分析并成功总结规律的呢？需要下节课继续学习。

（2）本节教材课后练习应用拓展第2题。

（3）完成本节教材"思维训练"的设计实验方案。

【设计意图】检验学生对本节知识的掌握情况，锻炼分析概括能力；检验学习效果，锻炼科学思维；利用分离定律解决现实生活中的育种等问题，培养社会责任。

（六）板书设计

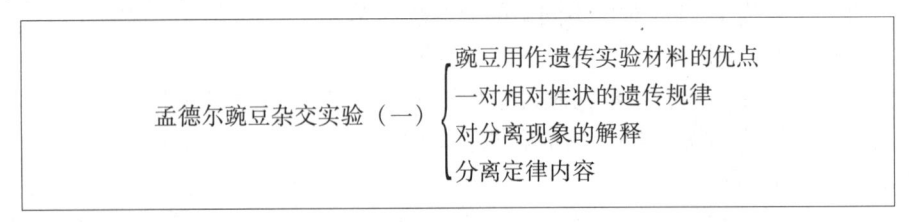

孟德尔豌豆杂交实验（一）
- 豌豆用作遗传实验材料的优点
- 一对相对性状的遗传规律
- 对分离现象的解释
- 分离定律内容

（七）教学反思

本节课的关键在于如何将科学史用于思维方法的引导，课堂教学应注意问题串的设置与学生思维的引导，从学生的自主学习情况、互动效果、问题解答表现等方面及时评价学生的学习效果并调整教学，同时关注自己的教学指导情况，确保及时、适度、准确。同时，本书设计充分发挥教材中蕴含的思考、探究的素材，把教材中的"现成结论"，通过问题引导，使之真正成为学生的"学材"，促进学生能力的节节攀升。

（八）课后固学

1. 补充完善本节内容的概念图（图3-33）。

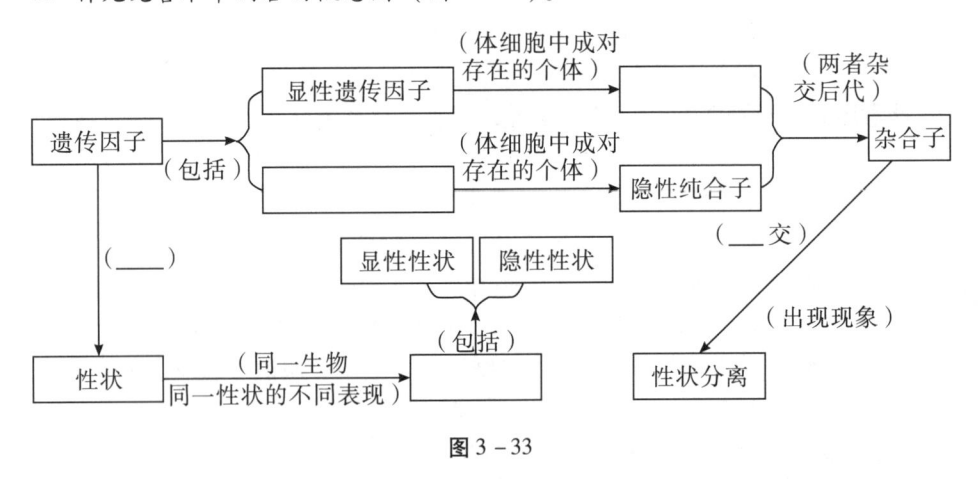

图3-33

2. 人的卷舌和不卷舌是由一对等位基因（R和r）控制的。某人不能卷舌，其父母都能卷舌，其父母的基因型是（　　）。

　　A. RR、RR　　　　B. RR、Rr　　　　C. Rr、Rr　　　　D. Rr、rr

3. 华贵栉孔扇贝具有不同的壳色，其中橘黄壳色深受人们青睐。科研人员采用杂交的方法对壳色的遗传规律进行了研究，实验结果如表3-12所示。请回答问题：

表 3-12

实验	亲本	子代表现型及个体数目
Ⅰ	橘黄色×枣褐色	全部为橘黄色
Ⅱ	橘黄色×橘黄色	148 橘黄色，52 枣褐色
Ⅲ	实验Ⅰ的子代×枣褐色	101 橘黄色，99 枣褐色

（1）依据实验＿＿＿＿＿＿结果可判断出上述壳色中＿＿＿＿＿＿是显性性状。

（2）实验Ⅲ为＿＿＿＿＿＿实验，可检测实验Ⅰ中子代个体的＿＿＿＿＿＿。

（3）从上述杂交实验结果分析，华贵栉孔扇贝的壳色遗传是由＿＿＿＿＿＿对基因控制的，这一结论为华贵栉孔扇贝特定壳色的选育提供了遗传学依据。

4．科研人员用甜瓜的黄叶植株和绿叶植株进行杂交实验，过程及结果如表 3-13 所示。请回答问题：

表 3-13

杂交结果	第 1 组	第 2 组	第 3 组	第 4 组
	黄叶♀×绿叶♂	绿叶♀×黄叶♂	第 1 组的 F₁♀×第 2 组的 F₁♂	第 2 组的 F₁♀×第 1 组的 F₁♂
黄叶（株）			132	122
绿叶（株）	520	526	384	354

（1）在第 1、2 组杂交和第 3、4 组杂交中互换授粉的对象，结果表明花粉的来源＿＿＿＿＿＿（影响/不影响）杂交结果。

（2）由实验结果分析，黄叶是＿＿＿＿＿＿性状，且黄叶和绿叶性状由一对等位基因控制，作出这一判断需要综合考虑＿＿＿＿＿＿组的实验结果。

（3）若第 1 组的 F_1 与黄叶植株杂交，则子代表现型及比例为＿＿＿＿＿＿，这一杂交可检验＿＿＿＿＿＿。

第 2 节　孟德尔的豌豆杂交实验（二）

（一）教学内容分析

本节内容从属于重要概念 3.2 "有性生殖中基因的分离和重组导致双亲后代的基因组合有多种可能"，旨在引导学生理解"人类是怎样认识到基因的存在的？"这个问题。课程标准中对应的内容要求为 3.2.3 "阐明有性生殖中基因的分离和自由组合使得子代的基因型和表型有多种可能，并由此预测子代的遗传性状"。在教学提示中指出"教学过程中应创造条件让学生进行实践（如模拟植物或动物性状分离的杂交实验），引导学生从生活经验中发现和提出问题，学习有关知识，应用知识分析和解决实践中的问题"。学业要求中指出"完成本节学习后学生应能够运用统计与概率的相关知识，解释并预测种群内某一遗传性状的分布及变化"。教材结合学生生活经验创设情境问题，引发认知冲突，引导学习。本节按照科学发现的过程，遵循孟德尔实验过程，从现象到本质，层层深入地呈现了假说—演绎法的研究思路，再总结自由组合定律。本节内容注重与前后内容的联系，注重科学方法的学习和科学精神的渗透，是锻炼学生领悟科学方法，提升科学探究能力的良好素材。

（二）学习者分析

学生上节已经学习了分离定律，掌握了实验设计与分析的部分技巧，初步感悟了"假说—演绎"法的应用。学生的数学知识，尤其是概率、二项式等方面的知识是学习遗传规律的基础，但目前尚未掌握，因此在理解遗传规律的数学本质和预测后代的遗传分布时可能遇到较大困难。

（三）学习目标确定

（1）阐明自由组合定律，能运用自由组合定律解释或预测一些遗传现象。
（2）体会孟德尔成功经验，认同敢于质疑、勇于创新的科学精神。
（3）分析两对相对性状的杂交实验，培养学生的科学思维，进一步体会"假说—演绎"法。

（四）学习重难点

（1）学习重点：两对相对性状杂交实验的分析，自由组合定律的内容。孟德尔成功的原因。
（2）学习难点：对自由组合现象的解释。运用遗传规律解释或预测一些遗传现象。

（五）教学过程

第 1 课时

环节一：导入新课。
带领学生回顾假说演绎的过程。
设问：分离定律的实质是什么？
豌豆有多对易于区分的相对性状，一对相对性状的分离对其他相对性状有无影响？
展示教材"问题探讨"指导学生讨论。

【设计意图】 复习分离定律为自由组合定律做铺垫，引入孟德尔的两对相对性状的豌豆杂交实验。

环节二：观察现象，发现问题。
设问：孟德尔是如何解决上述问题的？
活动一：探究两对相对性状的遗传规律。
展示孟德尔两对相对性状的杂交实验过程和结果。
问题引导：
（1）F_1 全为黄色圆粒说明什么？
（2）F_2 中新的性状组合与亲本的性状有什么关系？
（3）对 F_2 中每对相对性状单独进行分析，每对性状是否仍遵循基因分离定律？

(4) 从数学角度分析，两对相对性状实验 F_2 中 9∶3∶3∶1 的数量比与一对相对性状杂交实验 F_2 中 3∶1 的数量比有什么关系？

教师引导学生思考讨论后尝试归纳总结作答。

【设计意图】分析实验现象，激发学生的求疑心理、求趣心理和求知欲。培养学生基于现象深入思考、提出有研究价值的问题的能力，锻炼学生科学思维和探究能力。

环节三：分析问题，提出假说。

设问：为何亲本的两对相对性状在 F_2 中发生了新的组合？是否控制两对相对性状的遗传因子也发生了组合呢？

活动二：学习孟德尔对两对相对性状的杂交实验结果的解释。

问题引导：

(1) 性状由遗传因子决定，亲本的两对相对性状如何用遗传因子表示？

(2) 由纯合亲本杂交产生的 F_1 遗传因子组成是怎样的？

(3) 要得到 YyRr 的黄圆豌豆，亲本还可能有哪些类型？

(4) F_1 黄圆（YyRr）豌豆产生哪些类型的配子，才使得 F_2 中除了亲本性状还能够出现 2 种新重组性状？

(5) F_1 产生的不同类型的配子比例是多少，才能够保证配子随机结合的后代出现四种性状且比例为 9∶3∶3∶1？

引导学生分析探究孟德尔的假说核心观点，组织学生完成棋盘，并统计归纳：

①F_2 表型的种类及比例；

②F_2 重组类型及比例；

③F_2 基因型的种类及比例。

结合统计结果探讨：提出的假说是否能够解释两对相对性状自由组合的现象？

【设计意图】引领学生重走孟德尔的遗传探究之路，体会科学探究的过程。在问题引领下，进行分析、推断、假设，对数据进行分析归纳，培养胆大心细的创新精神和严谨务实的求真态度，让学生在解决问题过程中建构概念，锻炼科学思维和探究能力。

环节四：演绎推理，实验验证。

设问：F_1 是否真产生了 4 种类型等比例的配子？如何设计实验进行验证？

活动三：设计实验验证孟德尔假说的核心观点。

（基于分离定律所学的基础）引导学生根据假说对测交实验的结果进行预测。

问题引导：

(1) 若假说正确，（测）交配实验的结果应当如何？请写出遗传图解。

(2) 孟德尔为何要做正反交的测交实验？是否多余？

展示孟德尔的测交实验结果，与学生的预期进行对比，验证假说。

【设计意图】培养学生知识迁移应用能力，规范遗传图解的书写，锻炼学生严谨缜密的科学思维和推理探究能力。

环节五：归纳概括，总结规律。

活动四：归纳总结两对相对性状的遗传规律。

问题引导：

(1) 不同对的遗传因子相互之间有影响吗？
(2) 同一性状遗传因子与不同性状遗传因子在配子形成时发生何种变化？
引导学生参照分离定律的表述，归纳概括自由组合定律的内容。
【设计意图】总结孟德尔定律的核心内容。

第 2 课时

环节一：导入新课。
设问：
(1) 自由组合定律的实质是什么呢？
(2) 从实验结果呈现的统计规律来看，分离定律与自由组合定律有什么联系呢？
【设计意图】巩固自由组合定律的核心内容。为探索从一对到多对性状独立遗传的遗传规律做铺垫。

环节二：从一对到多对独立遗传性状的遗传规律。
活动一：探究从一对到多对独立遗传性状的遗传规律。
问题引导：展示表 3-14，引导学生填写并归纳总结规律。

表 3-14

孟德尔遗传规律	F_1配子种类及比例	F_1配子结合方式	F_2遗传因子的组成种类及比例	F_2性状种类及比例
分离定律				
自由组合2对				
自由组合3对				
自由组合n对				

练习巩固：
(1) 已知 A 与 a、B 与 b、C 与 c 3 对遗传因子自由组合，让 AaBbCc、AabbCc 两个体进行杂交。下列关于杂交后代的推测，正确的是（　　）。
  A. 后代性状有 8 种，AaBbCc 个体的比例为 1/16
  B. 后代性状有 4 种，aaBbcc 个体的比例为 1/16
  C. 后代性状有 8 种，Aabbcc 个体的比例为 1/8
  D. 后代性状有 8 种，aaBbCc 个体的比例为 1/16

(2) 某种动物的直毛（B）对卷毛（b）为显性，黑色（D）对白色（d）为显性，控制两对性状的遗传因子独立遗传。遗传因子组成为 BbDd 的个体与个体 X 交配，子代的性状及比例为直毛黑色∶卷毛黑色∶直毛白色∶卷毛白色 = 3∶1∶3∶1。那么，个体 X 的遗传因子组成为（　　）。
  A. bbDd   B. Bbdd   C. BbDD   D. bbdd

【设计意图】领悟孟德尔从单因素到多因素分析遗传规律的逻辑，渗透孟德尔遗传规律的统计学实质：多个相互独立的事件同时出现。能够运用先分离后组合的逻辑思维，从正反两个角度领会此思路。

环节三：孟德尔实验方法的启示。

活动二：探讨孟德尔成功的原因。

回归情境问题：为何孟德尔选择豌豆进行杂交实验会取得成功？

展示教材12页思考讨论的内容，引导学生自主阅读，归纳总结孟德尔成功的原因。

【设计意图】让学生认同科学思维与科学方法的重要性，理解数理基础在遗传规律发现中的重要作用，崇尚敢于质疑、勇于创新、探索求真的科学精神。

环节四：孟德尔遗传规律的再发现。

讲述孟德尔以超越时代的非凡设想和严谨务实的工作态度发现了分离定律和自由组合定律这两项划时代的科学发现，但为何这项惊世骇俗的成就却沉寂了30多年无人问津呢？

补充科学史资料，让学生了解遗传学的发展史，根据科学发展史，重新认识生物学概念：

问题引导：

（1）什么是基因型与表现型？

（2）基因型与表现型有什么关系？

（3）等位基因与相对性状是什么关系？

【设计意图】认同科学发现是不断发展的，同时需要坚持不懈、严谨务实的求知态度。

环节五：应用拓展。

微视频展示中国育种科学家的工作成就。

应用1：已知小麦的抗倒伏（D）对易倒伏（d）为显性，易染条锈病（T）对抗条锈病（t）为显性。小麦条锈病或倒伏会导致减产甚至绝收。现有两个不同品种的小麦，一个品种抗倒伏但易染条锈病（DDTT）；另一品种易倒伏但能抗条锈病（ddtt）。假如你是育种工作者，你如何运用所学将两个品种的优良性状集合在一起？

问题引导：

（1）想获得什么样的目标品种？

（2）选择什么样的杂交方式才能获得所需性状？

（3）最早出现的优良性状能够稳定遗传吗？

（4）怎样分离纯化出稳定遗传的优良性状？

应用2：阐述在医学应用的例子，展示教材14页拓展应用第3题。设问：若父母均为双眼皮，后代出现单眼皮子女的概率是多少？若父母都是单眼皮，如果孩子是双眼皮且亲生，你能给出合理解释吗？

【设计意图】体会学以致用的快乐，渗透社会责任，宣传追求美好、关爱健康的生活态度。

（六）板书设计

```
                        ┌ 探究两对相对性状的遗传规律
                        │ 探讨孟德尔成功的原因
孟德尔豌豆杂交实验（二） ┤ 两对相对性状的杂交实验结果的解释与验证
                        └ 应用拓展
```

（七）教学反思

本节课基于分离定律内容，结合科学史进程，使用多媒体呈现现象、数据，引导学生以假说—演绎法为主线，通过划分学习任务、构建学习活动，以问题串为引导由表及里对遗传因子的组合进行推测，鼓励小组合作探究，注重与统计学方法的结合，微视频展示中国育种科学家的工作成就，从不同角度培养学生的核心素养。在教学设计中，注重遵循由简单到复杂、由一对到多对的研究思路，符合学生的认知规律，依托已有遗传规律，引出自由组合，通过合作探究深化思维方法，增强学生自主学习能力。在成功中总结方法，在概念中突出思维，注重与统计学实质的分析结合，通过应用渗透责任，充分培养学生的核心素养。

（八）课后固学

教材第16页的"复习和提高"。

单元教学课例评析：

本单元教学以任务驱动为主线，通过划分学习任务（第一节划分为7项学习任务，第二节划分为8项学习任务）构建学习活动，以问题串为引导，让学生主动探究遗传因子的发现过程。本单元的教学特点如下。

（1）重视科学发现的历程及科学方法的教育。本章标题"遗传因子的发现"点出了章的主要内涵，在单元教学中教师引领着学生从孟德尔的植物杂交实验开始，围绕"怎样发现""发现什么"的主题组织基于科学方法内涵的教学。通过设计问题串，教师引领学生重走孟德尔的遗传探究之路，让学生在问题的引领下沿着科学家思维的轨迹分析、推理、解决问题，理解重点和消化难点，同时教师还补充了科学史资料，让学生了解遗传学的发展史，根据科学发展史，重新认识生物学，体会假说—演绎法生成的过程。

（2）设计问题，引领主动思维，增强科学认同。教学中教师引导学生以假说—演绎法为脉络，通过划分学习任务构建学习活动，以问题串为引导由表及里对遗传因子的组合进行推测，鼓励小组合作探究，注重与统计学方法的结合，认同"假说—演绎"的科学思维方式，从不同角度培养学生的核心素养。

（3）穿插多样的活动，建构遗传定律的模型。教师引导学生完成模拟实验，建立模型，领会颗粒遗传的特点，进而理解孟德尔的假说内容。通过数据分析认同统计学对遗传分析的重要作用和样本量对实验结果的影响，充分训练了学生的科学思维及合作探究能力。选择适当的课堂活动方式，教师将抽象的教学内容通过模型建构直观化，既强化了教学难点，又活跃了课堂氛围，使"教学过程重实践"的新课程标准理念得到了很好的落实。

第4单元 基因的表达

一、单元教学设计说明

遗传物质实验证据的获得和 DNA 双螺旋结构的建立，揭示了基因的化学本质，生物学的研究从此迈步向前。那么，基因又是如何起作用的呢？这是本章的学习内容。本章按照认知逻辑，从遗传信息传递和表达的角度，探讨基因如何控制生物体的性状，使学生进一步形成"遗传信息控制生物性状，并代代相传"的核心概念。依据《普通高中生物学课程标准（2017 年版 2020 年修订）》，本章课程标准的有关内容要求如下：

概念3 遗传信息控制生物性状，并代代相传。

3.1 亲代传递给子代的遗传信息主要编码在 DNA 分子上。

3.1.4 概述 DNA 分子上的遗传信息通过 RNA 指导蛋白质的合成，细胞分化的本质是基因选择性表达的结果，生物的性状主要通过蛋白质表现。

3.1.5 概述某些基因中碱基序列不变但表型改变的表观遗传现象。

二、单元学习目标与重难点

1. 单元学习目标

（1）通过使用教具和资料分析，准确说出遗传信息的转录和翻译的过程并构建过程模型，基于事实阐明生命活动不仅需要物质和能量，也需要信息，初步建立生命的信息观，形成生命是物质、能量和信息的统一体的生命观念。

（2）通过分析氨基酸与碱基关系及密码子表，基于地球上几乎所有的生物都共用一套遗传密码的事实，阐明生物界的统一性，认同当今生物可能有着共同的起源，为建立生物的进化观做铺垫。

（3）通过资料分析，举例说明基因控制生物性状的方式，并通过建构基因—性状—环境之间的复杂关系，形成建模意识，认同生物学中因果关系的复杂性，学习和研究生物学需要摒弃简单机械的线性决定论的思维模式，尝试对复杂事物进行多角度、多因素的分析，提升科学探究能力。

（4）通过了解"中心法则"的提出和修正过程，认同科学是不断发展的，人们对自然界的探究永无止境；通过对表观遗传外界影响因素的分析，认同合理膳食、睡眠、运动等健康生活方式的重要意义，认同科学发展对健康的指导意义。

2. 单元学习重难点

（1）单元学习重点：遗传信息的转录和翻译过程；中心法则；表观遗传的概念；

表观遗传的特点。

（2）单元学习难点：遗传信息的翻译过程；表观遗传的实质。

三、单元整体教学思路

本单元教学设计，以"教学评"一体化的教学设计理念为指导，基于课程标准、教材内容、学生学习情况制定单元学习目标，结合学业质量标准对核心素养的不同水平要求，设计评价任务和评价标准，以单元核心问题为铺垫，采取"情境创设、问题导学、任务驱动"的教学策略，创设真实的问题情境，提出指向高阶思维的问题，布置进阶性的任务，组织体验化和探究化的活动，帮助学生建构概念并发展核心素养。

利用单元大情境"我国科研人员利用基因编辑技术首次成功实施的地中海贫血基因治疗"贯穿整个单元教学，解决单元核心问题"为什么编辑基因能改变生物性状？"。

单元教学目标导向下的课时目标如图3-34所示。

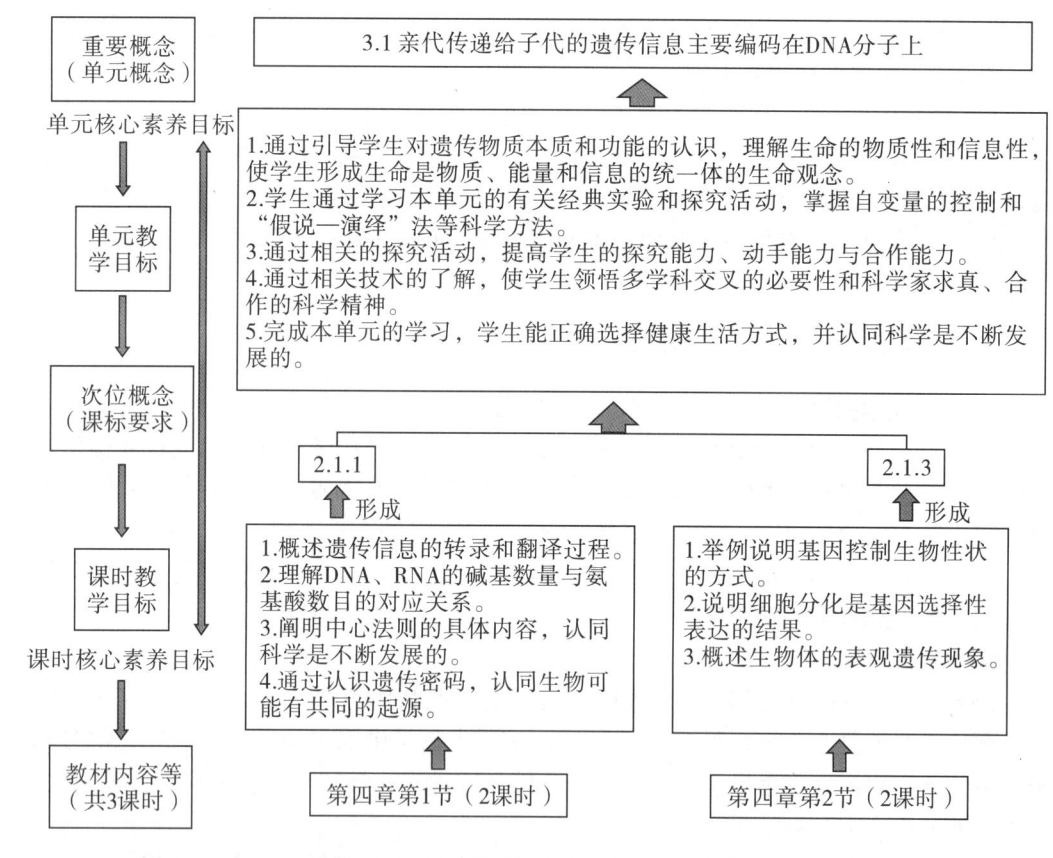

```
重要概念          ┌─────────────────────────────────────────────────┐
（单元概念）      │ 3.1 亲代传递给子代的遗传信息主要编码在DNA分子上  │
                 └─────────────────────────────────────────────────┘
                                          ↑
单元核心素养目标
     ↓          ┌─────────────────────────────────────────────────┐
                │ 1.通过引导学生对遗传物质本质和功能的认识，理解生命的物质性和信息性，│
                │   使学生形成生命是物质、能量和信息的统一体的生命观念。│
单元教             │ 2.学生通过学习本单元的有关经典实验和探究活动，掌握自变量的控制和│
学目标             │   "假说—演绎"法等科学方法。│
                │ 3.通过相关的探究活动，提高学生的探究能力、动手能力与合作能力。│
     ↓          │ 4.通过相关技术的了解，使学生领悟多学科交叉的必要性和科学家求真、合│
                │   作的科学精神。│
次位概念           │ 5.完成本单元的学习，学生能正确选择健康生活方式，并认同科学是不断发│
（课标要求）       │   展的。│
                └─────────────────────────────────────────────────┘
     ↓                       ↑                              ↑
                     ┌──────┐                      ┌──────┐
课时教学目标          │2.1.1 │                      │2.1.3 │
                     └──────┘                      └──────┘
                       ↑ 形成                        ↑ 形成
课时核心素养目标   ┌────────────────────┐    ┌────────────────────┐
                 │1.概述遗传信息的转录和│    │1.举例说明基因控制生物性状│
     ↓            │  翻译过程。          │    │  的方式。              │
                 │2.理解DNA、RNA的碱基数量│  │2.说明细胞分化是基因选择性│
                 │  与氨基酸数目的对应关系。│ │  表达的结果。          │
                 │3.阐明中心法则的具体内容，│ │3.概述生物体的表观遗传现象。│
教材内容等         │  认同科学是不断发展的。│  └────────────────────┘
（共3课时）        │4.通过认识遗传密码，认同│            ↑
                 │  生物可能有共同的起源。│
                 └────────────────────┘
                            ↑
                  ┌──────────────┐              ┌──────────────┐
                  │第四章第1节（2课时）│          │第四章第2节（2课时）│
                  └──────────────┘              └──────────────┘
```

图3-34 单元教学目标导向下的课时目标

第1节 基因指导蛋白质的合成

（一）教学内容分析

本节内容承接上章 DNA 复制、基因本质的学习，阐述基因如何发挥作用。本节主干知识是遗传信息的转录、翻译和遗传信息传递的中心法则，侧枝内容为 DNA 和 RNA 的结构、基本组成单位的比较；三种不同 RNA 的功能比较及遗传密码子的解读。前两个基础知识在《分子与细胞》中学生已经学过，在本节课中只做简单回顾和列表比较。后两个知识点虽然是新内容，但学生较易掌握，也不做过多拓展和加深。因此，本节教学的侧重点在于遗传信息的转录过程、翻译过程。

（二）学习者分析

高一下学期的学生已形成一定的生物学思维，具备一定的学科分析能力，应充分发挥学生的主体作用。上课时可以问题为导向，引导学生积极思考、步步深入。教学过程运用图文资料，培养学生提取信息、分析信息并运用信息解决问题的能力。通过表格、流程图等形式帮助学生进行归纳和总结。学生学完第 3 章"基因的本质"内容后，理解了 DNA 是生物的主要遗传物质，掌握了 DNA 分子的复制方式和碱基配对原则；懂得基因能控制生物的性状，蛋白质是生命活动的承担者，再结合必修 1 学过的蛋白质的形成过程、DNA 和 RNA 的基本组成单位等已有知识，就能较好理解转录和翻译过程，整体把握基因控制蛋白质的合成过程。当然，基因的转录和翻译过程的知识抽象，学生在学习过程中有一定难度，教师可综合运用启发式教学法、问题导学法、教材插图讲解法和动画演示法来化解难点。

（三）学习目标确定

（1）掌握 DNA、RNA 与基因表达的关系，树立生命是物质、能量和信息传递的统一生命观。

（2）掌握 DNA 复制、转录与翻译（蛋白质合成）的逻辑关系及遗传密码子的演绎推理过程。

（3）探究遗传密码的推定和破译过程，理解科学探究的原理。

（4）学会用生物学专业知识解析社会热点问题。

（四）学习重难点

（1）学习重点：遗传信息的转录和翻译过程；中心法则。

（2）学习难点：遗传信息的翻译过程。

（五）教学过程

环节一：创设情境，导入新课。

资料1：地中海贫血是全球分布最广、累及人群最多的一种患者体内血红蛋白异常单基因遗传性疾病，常见于广东、广西、海南和湖南等南方地区。我国科研人员利用基因编辑技术首次成功实施地中海贫血基因治疗，使患者血细胞内血红蛋白合成增多。

提出问题：
(1) 为什么编辑的是基因，得到的却是蛋白质？
(2) 基因编辑会使得患者体内血红蛋白含量改变，基因如何指导蛋白质的合成？

【设计意图】创设生活情境，通过问题激发学生的求知欲，从而引入本节内容。

环节二：

任务1：连接细胞核和细胞质的"桥梁"。

教师引导学生根据之前学习内容：基因通常是有遗传效应的DNA片段，而DNA主要位于细胞核中。蛋白质的合成场所是核糖体，其分布在细胞质中。提出问题：

在这个过程中充当中间物质的是什么？

任务2：阅读资料1、2，完成思考讨论。

为什么RNA适合作为DNA的信使？

资料1：1955年，布拉切特以洋葱根尖和变形虫为材料，用RNA酶分解细胞中的RNA，蛋白质的合成就停止。如果再加入酵母中提取的RNA，蛋白质又开始合成。

资料2：科学家用噬菌体侵染细菌，在培养基中添加含 ^{14}C 标记的尿嘧啶，培养一段时间后，把细菌裂解离心，分离出RNA与核糖体。分离出来的RNA有 ^{14}C 标记，将其分别与细菌的DNA和噬菌体的DNA杂交，发现RNA能与噬菌体DNA形成双链杂交分子。

结合已有知识，阅读教材第64～65页前两段，总结RNA适合作为DNA信使的原因？

阅读教材图4-3，找出RNA主要分为几类和各自的结构及功能。

展示3种RNA的结构示意图，介绍名称、功能。引导学生分析mRNA适合作为DNA信使的条件。

【设计意图】通过问题的步步深入，引导学生推理分析，形成结论。培养学生获取信息、分析问题、归纳总结的能力。

环节三：DNA的遗传信息怎样传递给RNA。

小组活动：阅读教材，结合教材图片，利用手里的材料，模拟所示片段的转录过程。

【活动1】结合教材图片，详细讲解转录过程。引导学生总结转录的模板、原料、产物、酶和碱基互补配对方式分别是什么。

【活动2】通过表格比较DNA的复制与转录，深入学习转录的时间、场所、特点、方向和意义。提问：转录成的RNA的碱基序列与DNA两条单链的碱基序列各有哪些异同？

【设计意图】通过完成相关任务，引导学生进行归纳总结，理清DNA的复制与转录过程。

环节四：转录得到的mRNA仍是碱基序列，而不是蛋白质，那么mRNA上的遗传信息如何传递到蛋白质上。

阅读教材，思考以下问题：

(1) mRNA上的碱基序列信息如何能变成蛋白质中氨基酸的种类、数目和排列顺序呢？如果 1 个碱基决定 1 个氨基酸，4 种碱基能决定多少种氨基酸？如果 2 个碱基决定一个氨基酸呢？如果 3 个碱基决定一个氨基酸呢？

介绍阅读密码子表的特点。练习：告知密码子查找对应的氨基酸，告知氨基酸查找对应的密码子。在练习使用密码子的过程中，引导学生分析、归纳密码子的特点。

（2）你认为密码子的简并对生物体的生存发展有什么意义？

（3）mRNA 进入细胞质后与核糖体结合，合成生产蛋白质的"生产线"，那么游离在细胞之中的氨基酸是如何运到合成蛋白质的"生产线"上的呢？

【设计意图】基于已知提出问题，回顾转录知识点，引入本课的学习。培养学生运用数学方法解决生物学问题的能力，培养学生思维的严谨性。

环节五：归纳总结本节课的概念。

介绍克里克提出的中心法则内容：遗传信息可以从 DNA 流向 DNA，即 DNA 的复制；也可以从 DNA 流向 RNA，进而流向蛋白质，即遗传信息的转录和翻译。提问：你能用流程图总结上述内容吗？介绍：随着研究的不断深入，科学家对中心法则作出了补充。少数生物（如一些 RNA 病毒）的遗传信息可以从 RNA 流向 RNA 以及从 RNA 流向 DNA。

总结：在遗传信息的流动过程中，DNA、RNA 是信息的载体，蛋白质是信息的表达产物，而 ATP 为信息的流动提供能量。

【设计意图】引导学生进行归纳总结，让学生认同科学是不断发展的，促进学生自主学习和合作学习能力提升。

（六）板书设计

$$
基因指导蛋白质的合成\begin{cases}遗传信息的转录\\遗传信息的翻译\\中心法则\end{cases}
$$

（七）教学反思

1. 拓展教材资源，创设探究情境

拓展基因表达的教学资源，以文献史料为材料，精简其中内容，为学生提供转录、翻译等过程的补充材料。补充技术的应用场景，如科学家可根据基因表达的过程，设计转基因生物，有助于学生理解科技发展的一体两面及知晓转基因技术背后的原理，也知晓转基因技术在生活实践中的应用。

2. 设置核心问题串，发展学生科学思维

教学中设计递进关系或平行关系的问题串，让学生深入思考，做到层层递进。通过完整的问题设计，引导学生进行深入的思考分析。问题驱动和资料阅读更有利于学生科学思维的发展。

（八）课后固学

以"基因指导蛋白质的合成"为核心完善思维导图。

第 2 节　基因表达与性状的关系

（一）教学内容分析

本节教学设计将从生物具体可见的遗传实例切入，通过分析其遗传特性与孟德尔经典遗传之间的不同之处，引发学生的认知冲突，以便引导学生深入到基因这一微观角度对该概念进行深度剖析，进而帮助学生真正理解"表观遗传"这一重要概念。对表观遗传和孟德尔经典遗传的深刻理解，将有助于学生更全面地分析和掌握基因与性状之间的复杂关系。因此，本节内容精心设计教学环节，借助生物学事实和情境，巧妙利用"假说—演绎"法和物理模型构建法，引导学生通过自主探究，深刻理解表观遗传，并学会运用发展的眼光看待生物与性状之间的复杂关系，从而培养学生的生物学学科核心素养。

（二）学习者分析

本节教学对象为高一学生，通过第二章和第三章的学习，在学习本节前，学生已经了解了"基因是什么"。学习了《分子与细胞》模块后，学生也已经认识到蛋白质是生命活动的主要承担者。通过第四章第一节的学习，学生对"基因、蛋白质、性状三者之间的关系"有了整体认识。高一的学生初步具备知识迁移的能力和自主学习的能力，对探究事物很好奇，但是探索过程缺乏科学的方法，结论的形成缺乏理性的、严谨的思考。

（三）学习目标确定

（1）举例说明基因控制生物性状的方式。
（2）说明细胞分化是基因选择性表达的结果。
（3）概述生物体的表观遗传现象。

（四）学习重难点

（1）学习重点：表观遗传的概念；表观遗传的特点。
（2）学习难点：表观遗传的实质。

（五）教学过程

环节一：创设真实情境，设置问题导入。

教师引导：通过之前的学习我们已经知道生物体的性状是由基因控制的，那么，被编辑的基因是如何控制性状的呢？我们通过几个实例进行不同角度的分析。

请同学们阅读教材所示材料，分析基因是如何控制生物性状的？

小组讨论分析总结。

【设计意图】展示本节课的学习目标，提出要探讨的问题：基因与性状的关系、基因表达与细胞分化的关系、生物体的表观遗传现象。

环节二：基因怎样通过蛋白质控制生物性状。

实例 1：根据所给资料分析豌豆皱粒产生的原因。

实例2：根据教材资料分析白化病个体产生的原因。

实例3：囊性纤维化是北美白种人中常见的一种遗传病，患者支气管被异常的黏液堵塞，常于幼年时死于肺部感染。病因：CFTR 基因缺失了 3 个碱基→CFTR 蛋白结构异常→CFTR 蛋白功能异常→患者支气管内黏液增多→黏液清除困难→细菌繁殖→肺部感染。

实例4：镰状细胞贫血的病因是控制血红蛋白形成的基因中一个碱基对变化→血红蛋白的结构发生变化→红细胞呈镰刀状→红细胞易破裂，患溶血性贫血。

提出问题：根据资料 3、4 能够得出什么结论？

实例5：图片展示来自同一个受精卵的细胞形态、功能各异，并展示不同类型细胞中 DNA 和 mRNA 的检测结果。

提出问题：

（1）这 3 种细胞中合成的蛋白质种类有什么差别？

（2）3 种细胞中的 DNA 都含有卵清蛋白基因、珠蛋白基因和胰岛素基因，但我们只检测到其中一种基因的 mRNA，这一事实说明了什么？

教师引导：根据以上资料我们了解了相同的基因在不同细胞中，表达情况不同。那么基因什么时候表达，在哪种细胞中表达，以及表达水平的高低，这些都是受到调控的，这种调控会直接影响性状。那么生物个体如何调控基因的表达呢？

资料1：柳穿鱼花形态结构的遗传现象。

提出问题：

（1）植株 A 和植株 B 的 Lcyc 基因相同，为什么花的形态结构不同呢？（拓展：DNA 甲基化与去甲基化内容）

（2）结合视频，DNA 甲基化为什么会抑制基因的表达呢？

构建物理模型，并回答相关问题：

（1）如果使用拉链和贴纸两种材料模拟 DNA 的甲基化，拉链可以代表什么，贴纸可以代表什么？

（2）如何模拟 DNA 分子的解旋？如何模拟 DNA 发生甲基化？

（3）通过模拟实验你能推测出甲基化修饰对基因的表达有影响吗？

资料2：小鼠毛色遗传。

提出问题：

（1）F1 小鼠为什么会表现出不同的毛色？

（2）资料 1 和资料 2 展示的遗传现象有什么共同点？

【设计意图】通过摆事实、讲证据，培养学生尊重事实和证据的探究精神，运用正确的逻辑分析，激发学生"崇尚真知，追求科学知识"的认知动机，培养学生基于事实和证据的分析综合能力。

环节三：表观遗传与生活的联系。

阅读教材P74"与生活的联系"。

阅读教材分析，从中心法则和表观遗传的角度，提出肺癌预防与治疗的有效措施。

【设计意图】通过将表观遗传学与生活联系起来，通过肺癌预防治疗措施引导学生关注健康的生活方式。

（六）板书设计

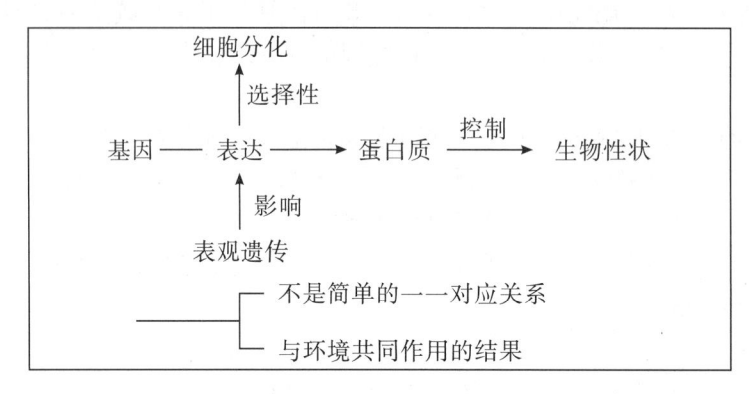

```
            细胞分化
              ↑
             选择性
              │
    基因 ── 表达 ──→ 蛋白质 ──控制──→ 生物性状
              ↑
             影响
              │
           表观遗传
              ┌── 不是简单的一一对应关系
              └── 与环境共同作用的结果
```

（七）教学反思

本课采用启发式、引导式教学，通过设置问题，引导学生运用旧知识对新知识进行层层剖析。符合新课标的理念，注重对学生分析、推理及探究能力的培养和联系实际生活。同时通过"生活中的不良习惯"能否遗传给后代，启发学生关注生命健康，承担社会责任。

（八）课后固学

以"基因表达与性状的关系"为核心画出思维导图。

单元教学课例评析：

本单元教学流程、教学内容安排合理，教学实施组织过程有序，教学评价具有可操作性。主要特点如下。

（1）以落实核心素养为宗旨，制定合理的教学目标。教师制定本单元教学目标、设计本单元的评价任务和评价标准时，不仅关注课程标准中的内容要求、教材内容、学生学习情况，还结合了学业质量标准对核心素养的不同水平要求，使教学目标定位具体、准确，使教学效果可视可测。

（2）采取"情境创设、问题导学、任务驱动"的教学策略，培养学生的高阶思维。在教学中，教师创设"基因编辑技术治疗地中海贫血"这一贴近学生真实生活的大情境贯穿单元教学，通过设置一层层有梯度的指向高阶思维的问题，布置进阶性的任务，组织体验化和探究化的活动，帮助学生建构基因表达的概念并发展核心素养。

（3）将"教学评一体化"和逆向教学设计结合应用到生物学课堂教学中。本单元以"教学评一体化"理念深化逆向教学设计理论，以逆向教学设计为"教学评一体化"的教学设计框架提供整体性参考，教学设计以预期的学生学习结果为起点，反向确定教学目标，紧扣教学目标设计评价任务，再创设包含评价在内的教学活动，在此过程中，不仅学生能更好地深度理解知识，监控自己的学习情况，而且教师能对学生学习结果所处的水平做出准确判断，并根据评价反馈及时调整教学过程。

第5单元 基因突变及其他变异

一、单元教学设计说明

依据普通《高中生物学课程标准（2017年版2020年修订）》，本单元教学内容对应大概念3：遗传信息控制生物性状，并代代相传；对应重要概念：3.3 由基因突变、染色体变异和基因重组引起的变异是可以遗传的；对应次要概念：3.3.1 概述碱基的替换、插入或缺失会引发基因中碱基序列的改变；3.3.2 阐明基因中碱基序列的改变有可能导致它所编码的蛋白质及相应的细胞功能发生变化，甚至带来致命的后果；3.3.3 描述细胞在某些化学物质、射线以及病毒的作用下，基因突变概率可能提高，而某些基因突变可能导致细胞分裂失控，甚至发生癌变；3.3.4 阐明进行有性生殖的生物在减数分裂过程中，染色体所发生的自由组合和交叉互换，会导致控制不同性状的基因重组，从而使子代出现变异；3.3.5 举例说明染色体结构和数量的变异都可能导致生物性状的改变甚至死亡；3.3.6 举例说明人类遗传病是可以检测和预防的。

生物的变异现象对于学生并不陌生，本章从基因发生变化的角度出发引入教学内容，旨在让学生从基因的水平上来理解生物的遗传与进化，在生物变异的过程中，生物的遗传物质是怎样发生改变的，在变异过程中，环境起到什么样的作用，是本单元深入探讨的问题。

本单元需达成的学科核心素养如下：

1. 生命观念

本章通过分析遗传物质在遗传中发生了哪些变异，最终导致了性状发生相应的改变，深化了生命的信息观。同时学生通过理解各种变异的意义，可以体会可遗传变异为生物进化提供原材料，从而逐步形成进化与适应观。

2. 科学思维

本章"思维训练"设置了"分析相关性"环节，引导学生分析生物学中的相关性，同时理解生物学中的因果关系的复杂性和概率性，有助于学生形成辩证的思维习惯。

3. 科学探究

本章的探究实践包括两大方面："低温诱导植物细胞染色体数目的变化"和"调查人群中的遗传病"。前者教材中没有给出实验结果和结论，可在教学中引导学生分析实验结果得出结论；后者在教学中引导学生设计探究方案，掌握某些遗传病的发病率和调查方法。

4. 社会责任

通过本章的学习，学生能了解生物的变异类型以及各种类型的遗传病，并且可以根据所学知识给需要的人进行简单的遗传咨询，同时宣传遗传病的检测和预防知识，关爱遗传病患者和癌症患者。

二、单元学习目标与重难点

1. 学习目标

课程标准的相关要求：基于证据，论证可遗传变异来自基因突变、基因重组和染色体变异；通过统计学和概率的相关知识，解释并预测种群内某一遗传性状的分布及变化；运用遗传和变异的观点，解释常规遗传学技术在现实生产生活中的应用。由此确定教学目标和重难点如下：

（1）能运用结构与功能相适应的观点阐释遗传与变异的物质和结构基础，知道基于遗传学原理的一些常规遗传学技术，并解释遗传学技术在现实生产生活中的应用。（生命观念）

（2）能基于事实和证据，采用归纳与概括、演绎与推理等思维，认识基因突变、基因重组和染色体变异的内涵，审视和探讨生产和生活中的变异实例。（科学思维）

（3）通过搜集和查阅相关资料、分析现象和结果等科学探究过程，分析可遗传变异对人类生产和生活的影响。（科学探究）

（4）在认识和了解人类遗传病的检测及其预防的基础上，养成健康文明的生活方式，形成珍爱生命的观念，具备维护自身和家庭健康的责任意识。（社会责任）

2. 学习重点

（1）阐明基因中碱基序列的改变有可能导致蛋白质及相应的细胞功能发生改变。

（2）阐明染色体所发生的自由组合和互换会导致控制不同性状的基因重组，从而使子代出现变异。

（3）举例说明染色体结构和数量的变异都可能导致生物性状的改变甚至死亡。

（4）举例说明人类遗传病是可以检测和预防的。

3. 学习难点

（1）癌变的实质。

（2）单倍体、二倍体和多倍体的辨析。

（3）人类遗传病的检测和预防。

三、单元整体教学思路

本单元内容较为抽象，主要分为第 1 节《基因突变和基因重组》、第 2 节《染色体变异》、第 3 节《人类遗传病》三部分，知识安排符合学生的认知规律。在本单元的教学中，创造条件让学生参与调查、观察和实验，如在"调查人群中的遗传病"中，学生学习小组通过设计方案，参与整个调查过程，在活动中落实核心素养。本单元共 3 个课时。

第 1 节 基因突变和基因重组。

本节内容主要以"基于情境创设，立足问题导向，聚焦概念学习，引导深度思维"

的思路展开教学，课堂教学以聚焦"基因突变"这一概念的感知、构建、完善、应用为主线，通过情境创设的方式给出习题或者问题串，引导学生对教材案例和补充的情境信息进行分析推理，让学生概括出本节课的重点即基因突变的本质和原因，并对本节课的难点即基因突变和基因重组的意义从适应与进化的角度展开分析思考。基因重组发生在减数分裂时期，在学习基因的自由组合定律和减数分裂时，学生已经有比较深入的理解，考虑到要完整介绍生物变异的类型和特点，在课堂上，通过充分利用教材"关于我国利用基因重组的原理培育金鱼新品种"的事实，让学生更加深入地理解基因重组的意义。

第2节 染色体变异。

本节以"感知染色体变异概念→染色体数目变异（辨析染色体组、单倍体、二倍体、多倍体）→染色体结构变异→本节总结"为主线展开教学。在课堂导入中充分运用教材问题探讨，引导学生思考问题，完成表格，有意识打破常规的定向思维，激发学生的认知冲突，培养学生的逆向思维，让学生初步感知染色体变异的概念。在染色体数目变异环节，通过让学生观看视频和图片，了解实例，并思考相关问题，在学习中建构和应用单倍体、二倍体、多倍体的概念。在染色体结构变异环节，组织学生阅读教材，分析模型，分析四种染色体结构变异类型，体会异同点，形成染色体结构变异的概念。在课堂的最后通过组织学生建构本节的概念图，形成对染色体变异的总体认识。

第3节 人类遗传病。

本节以"人群中蚕豆病的调查→遗传病的检测和预防→人类遗传病的类型→本节总结"为主线展开教学。具体设计如图3-35所示。

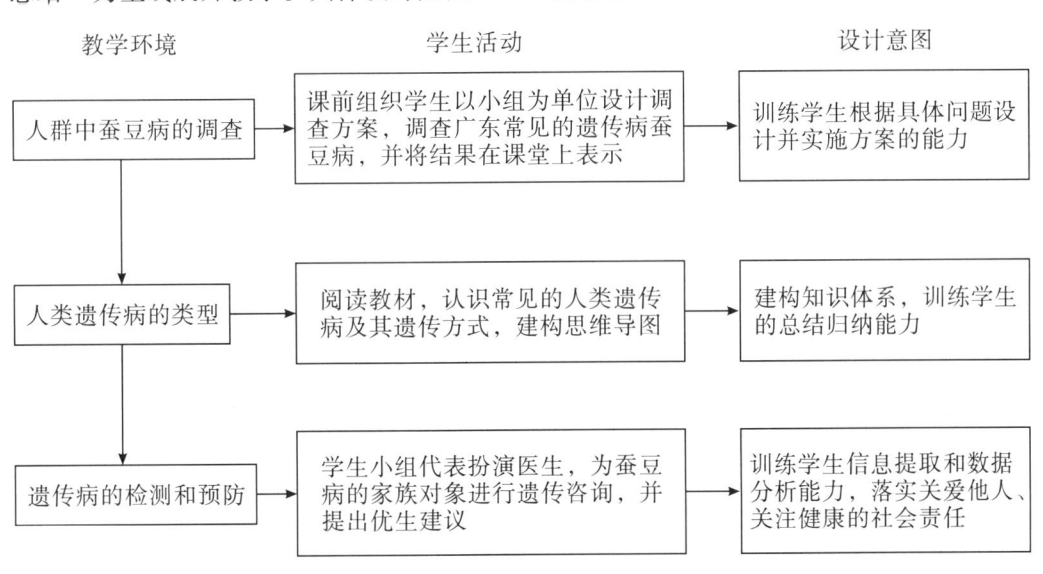

教学环境	学生活动	设计意图
人群中蚕豆病的调查	课前组织学生以小组为单位设计调查方案，调查广东常见的遗传病蚕豆病，并将结果在课堂上表示	训练学生根据具体问题设计并实施方案的能力
人类遗传病的类型	阅读教材，认识常见的人类遗传病及其遗传方式，建构思维导图	建构知识体系，训练学生的总结归纳能力
遗传病的检测和预防	学生小组代表扮演医生，为蚕豆病的家族对象进行遗传咨询，并提出优生建议	训练学生信息提取和数据分析能力，落实关爱他人、关注健康的社会责任

图3-35 人类遗传病课时设计流程图

四、单元教学评思路设计

本单元以"基于情境创设,立足问题导向、聚焦概念学习,引导深度思维"的思路展开教学。在学生学习基因突变、基因重组和染色体变异的过程中,教师通过引导学生建构相关概念,认识到可遗传变异来自基因突变、基因重组和染色体变异,并进一步了解常规技术在现实农业育种、人类遗传病的检测以及恶性肿瘤防治中的应用。

教学评思路如下:

1. 精问驱动深思

在本单元教学过程中,教师精心设置了以下问题帮助学生建构相关概念:从基因结构分析,镰状细胞贫血症的根本病因是什么?雄蜂由什么发育而来?为什么该细胞能发育成一只完整的雄蜂?蜂王和雄蜂的染色体有什么关系?遗传系谱图的规范书写需要注意什么地方?

2. 充分利用好教材资源,落实核心素养

本章章末习题第4题,虽然考查的内容是基因检测,但是背景材料涉及乳腺癌,这也是课后习题隐藏的社会责任功能,关注女性健康。因此在课堂上拓展下列素材:2020年女性乳腺癌已超过肺癌、成为全球癌症发病率第一的癌症,估计有230万新发病例(11.7%);同时为全球第五大癌症死亡原因,死亡人数达到68.5万人。在中国,乳腺癌的新发病例数位居第四位,仅次于肺癌、结直肠癌和胃癌。充分利用好教参、教材、教学三者,根据学生实际发挥各自最大的效益。

3. 注重概念的内涵和外延的理解

在本单元教学中特别是在染色体变异这一节,概念比较多,需引导学生对概念的内涵和外延进行深度把握,通过建构思维导图可以帮助学生深度理解染色体组、单倍体、二倍体、多倍体等概念。

第1节 基因突变和基因重组

(一)教学内容分析

本节内容在新课标中属于基因控制生物性状这一大概念下的重要概念。新教材将"基因突变"与原本在必修一第六章"细胞的生命历程"中的"细胞癌变"整合至同一节内容,向我们揭示了基因突变的原因、特点及意义,学生学习完本节内容可以进一步理解基因与性状的关系,也为第六章学习"生物的进化"打下基础,因此本节内容在教材中起着承上启下的作用。

(二)学习者分析

学生对基因的本质、基因与性状的关系有了基本的了解,也具备一定的信息获取能力和归纳概括能力,但对学生的模型建构能力和分析推理能力有待进一步加强。

(三)学习目标确定

(1)通过分析相关案例归纳概括出基因突变的本质和原因。

(2) 通过资料分析，分析基因突变的原因，阐明基因突变的意义。
(3) 阐明基因重组的意义。

（四）学习重难点

(1) 学习重点：基因突变的概念及特点。基因突变的本质、原因。
(2) 学习难点：基因突变和基因重组的意义。

（五）教学评活动设计

环节一：章首页分析。

教师活动：（创设情境）展示教材章首页条纹虎的图片，提出问题：条纹虎的产生是表观遗传还是遗传物质发生改变引起的？判断依据是什么？

学生活动：观看图片，小组同学相互讨论可能的情况。

评价活动：根据学生倾听教师讲课、倾听同学发言的人数和时长，评价学生的听课情况。评价等级：全神贯注、投入、一般。

【设计意图】激发认知冲突，引入新课。

环节二：基因突变概念的建构。

1. 基因突变的本质

教师活动：

情境一：镰状细胞贫血症。

问题1：患者的血红蛋白氨基酸序列发生什么变化？

问题2：从基因结构分析，镰状细胞贫血症的根本病因是什么？

问题3：基因碱基对发生增添、缺失，是否引起氨基酸序列改变从而影响生物性状？

学生活动：（完成学习任务一）自主阅读教材第80~81页和导学案中的素材，组内思考交流相关问题，从材料中获取信息，归纳概括出基因突变的本质，最后完成有关基因与性状关系的思维导图。

教师活动：

情境二：豌豆的成因（课本第71页）。

情境三：亨廷顿舞蹈症。

引导学生建构思维导图（教师提供关键词：基因、蛋白质、性状、基因结构、碱基等）。

学生活动：各小组学生对"基因突变不一定导致生物性状改变"的原因展开分组讨论，小组将演绎推理的过程向全班展示。

评价活动：根据互动行为出现的次数、对于达成教学目标是否有帮助来评价互动质量。评价等级：高频次高质量、高频次低质量、低频次高质量、低频次低质量。

【设计意图】通过提供三个真实情境和设置有效问题，驱动学生的深度思维，理解基因突变的方式：碱基替换、缺失、增添。在分析问题过程中锻炼学生的信息提取能力和总结归纳能力，完成概念的建构。

2. 基因突变的原因及特点

教师活动：布置任务"阅读教材第82页结肠癌发生的简化模型，从基因角度分析，结肠癌发生的原因是什么？"

补充材料一：致癌因子是导致癌症的重要因素，重度酗酒、辐射等会提高癌症的发病率。

材料二：耐药菌的产生过程。

材料三：HPV病毒致癌的过程以及适用于不同年龄段女性的HPV疫苗。

提出如下问题：

问题1：从基因角度分析，结肠癌发生的原因是什么？

问题2：有哪几种致癌因子可诱发结肠癌？它们分别属于什么因素？

问题3：综合分析三则材料，找出基因突变具有什么特点？

引导学生分析"问题探讨"，提出问题：航天育种一定能成功吗？

学生活动：学生阅读素材，分析谈论得出：易诱发基因突变并提高基因突变频率的因素：物理因素、化学因素和生物因素。综合分析材料，总结归纳基因突变具有普遍性、随机性、低频性。分析讨论得出基因突变具有不定向性。

评价活动：根据学生自主学习的次数、时间、参与人数、学习质量来评价学生学习的效果。评价等级：优秀、良好、合格。

【设计意图】通过情境创设和问题引导，让学生自行得出基因突变的原因。通过致癌因子这样简单易懂的概念将基因突变的原因化抽象为具体，完成对学生社会责任的培养，有助于学生践行健康文明的生活方式。

环节三：基因突变的意义。

教师活动：引导学生分析教材P85中的"拓展应用"，思考问题。

学生活动：结合已学知识分析镰状细胞贫血与疟疾的关系，初步感受进化与适应的关系。

评价活动：根据学生是否清楚预设的目标，以及对课程学习过程中情境问题（串）的回答情况评价预设目标的达成情况。评价等级：优秀、良好、合格、需要改进。

【设计意图】引导学生辩证地认识遗传与变异，基因突变与生物的利害关系，形成进化与适应观。

环节四：基因重组。

教师活动：播放"金鱼的产生"的视频，引导学生分析教材第84页"与社会的联系"中我国培育金鱼新品种的资料。

提出问题：

问题1：金鱼出现朝天眼和水泡眼这一对相对性状的根本原因是什么？

问题2：人们选择喜欢的金鱼品种进行人工杂交，杂交能否产生新的基因型或新的基因？

问题3：金鱼因为变异而形态各异、色彩斑斓，变异的根本来源是什么？

学生活动：学生观看视频，讨论分析并回答问题，得出结论。

评价活动：根据学生倾听教师讲课、倾听同学发言的人数和时长，评价学生的听课情况。评价等级：全神贯注、投入、一般。

【设计意图】通过实例分析，学生认识到基因突变产生的新基因与基因重组结合能获得具有多种优良性状的新品种。

体会基因突变和基因重组的意义，为进化与适应观的形成奠定基础。

环节五：应用概念。

教师活动：通过高考题的训练回归基础；通过科技文献资料的解读，结合教材，分析癌症与吸烟的相关性。引导学生进行小结；组织学生绘制本节的概念图。

学生活动：完成相关习题；绘制概念图，小组代表展示。

评价活动：根据学生倾听教师讲课、倾听同学发言的人数和时长，评价学生的听课情况。评价等级：全神贯注、投入、一般。

【设计意图】通过实例分析，学生认识到基因突变产生的新基因与基因重组结合能获得具有多种优良性状的新品种。通过该概念图的绘制形成本节课的知识体系。

（六）板书设计

```
第1节  基因突变和基因重组
一、基因突变
1. 基因突变的本质
2. 基因突变的原因和特点
二、基因重组
1. 基因重组的概念
2. 杂交育种 ┌ 原理：基因重组 ┌ 自由组合
           │                └ 互换
           │ 优点
           └ 局限性
```

（七）特色学习资源分析、技术手段应用说明

播放"金鱼的产生"的视频，引导学生分析教材，补充材料一：致癌因子是导致癌症的重要因素，重度酗酒、辐射等均提高癌症的发病率；材料二：耐药菌的产生过程。材料三：HPV 病毒致癌的过程等创设情境，指导教学。

（八）教学反思与改进

本节课在情境化教学模式下将素材分析和问题导向贯穿整节课，注重通过问题驱动学生深度思考，构建核心概念，将培养学生科学思维素养落到实处。创设的情境既有对教材原有材料的改编，又结合了生产生活实例。本节也有需改进的地方，如在落实社会责任方面，可借助本章章末习题第 4 题（涉及乳腺癌）引导学生关注女性健康话题，增强学生的社会责任意识。

第 2 节　染色体变异

（一）教学内容分析

课程标准对本节内容的要求为：举例说明染色体结构和数量的变异都可能导致生

物性状的改变甚至死亡。染色体变异是可遗传变异的一种来源，"染色体数目的变异"是重点内容，是学习多倍体育种和单倍体育种的基础。

（二）学习者分析

学生对染色体与基因的关系、基因突变的知识已有学习，对无籽西瓜、多倍体草莓也有一定认识，对图片、资料等直观材料较感兴趣，学习难点主要是对染色体组、单倍体、二倍体的概念及其相互联系和有关多倍体育种、单倍体育种知识的理解。

（三）学习目标确定

（1）说出染色体变异包括染色体数目的变异和染色体结构的变异。
（2）阐明二倍体、多倍体和单倍体的概念及其联系。
（3）染色体变异在生产实践中的应用。

（四）学习重难点

（1）学习重点：染色体数目的变异和染色体结构的变异。
（2）学习难点：二倍体、多倍体和单倍体的概念及其联系。

（五）教学评价活动设计

环节一：感知概念（染色体变异）。

教师活动：（创设问题情境，导入新课）引导学生完成教材问题探讨："马铃薯和香蕉的染色体数目表"，思考以下问题。

（1）为什么平时吃的香蕉是没有种子的？
（2）分析表中数据，你还能提出什么问题吗？

学生活动：学生讨论回答问题，根据前面所学减数分裂的知识，试着完成该表格。

评价活动：根据学生倾听教师讲课、倾听同学发言的人数和时长，评价学生的听课情况。评价等级：全神贯注、投入、一般。

【设计意图】通过问题探讨的表格数据分析，有意识打破常规的定向思维，激发学生的认知冲突，培养学生的逆向思维，让学生初步感知染色体变异的概念。

环节二：建构概念（染色体数目变异）。

教师活动：播放21三体综合征患者（先天性愚型）舟舟的视频，展示患者细胞内的染色体组成图片，引导学生从染色体数目的角度分析患者的出现染色体异常的原因。

通过引导学生分析染色体组成倍增减的特点，帮助学生建构染色体组概念。

展示雌果蝇体细胞的染色体组成图，引导学生并思考回答下列问题，在练习本上画出卵细胞的染色体图。

（1）果蝇体细胞中有几条染色体，几对同源染色体？
（2）卵细胞中有几条染色体？

引导学生判断一组染色体是否为染色体组，并以人的双手为例讲解，双手合并为5对同源染色体，分开为2个染色体组。

学生活动：①观看视频和图片，了解实例。②思考并回答问题；动手将卵细胞的染色体找出并画在练习本上。③学生总结卵细胞染色体组成特点，并归纳出染色体组概念。

评价活动：根据学生倾听教师讲课、倾听同学发言的人数和时长，评价学生的听课情况。评价等级：全神贯注、投入、一般。

【设计意图】通过让学生从染色体数目的角度分析患者的染色体异常，引出染色体数目变异的两种类型。

环节三：建构概念（单倍体、二倍体、多倍体）。

教师活动：展示蜜蜂繁殖过程图解，引导学生观察不同蜜蜂的染色体数目特点并回答下列问题：

雄蜂由什么发育而来？为什么该细胞能发育成一只完整的雄蜂？蜂王和雄蜂的染色体有什么关系？

点评：如何区分单倍体与二倍体、多倍体？多倍体和单倍体各有什么优点，有何应用？

学生活动：观看图片，通过比较蜂王和雄蜂的染色体差别，形成二倍体和单倍体的概念；归纳单倍体、二倍体、多倍体区别，总结多倍体、单倍体的特点。

评价活动：根据学生倾听教师讲课、倾听同学发言的人数和时长，评价学生的听课情况。评价等级：全神贯注、投入、一般。

【设计意图】通过对蜜蜂繁殖过程图的分析，归纳与概括、比较与推理，构建单倍体、二倍体、多倍体的概念。

环节四：应用概念（染色体变异）。

教师活动：提出问题：如何判断一个细胞内有几个染色体组呢？展示习题，学生观察下列图片，判断下列细胞含有的染色体组数。

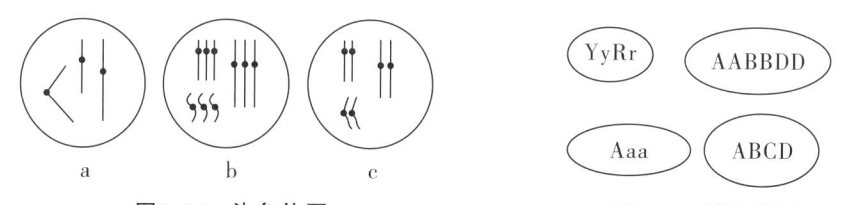

图3-36　染色体图　　　　图3-37　基因型图

师生共同总结判断规律：图形题，细胞内形态相同的染色体有几条，则含有几个染色体组；基因型题，控制同一性状的基因（同一英文字母不分大小写）有几个，就有几个染色体组。

学生活动：思考问题，完成习题。

评价活动：根据学生是否清楚预设的目标，以及对课程学习过程中情境问题（串）的回答情况评价预设目标的达成情况。评价等级：优秀、良好、合格、需要改进。

【设计意图】通过习题的练习，考查学生对染色体组概念的应用，让学生加深对概念的理解。

（六）板书设计

第 2 节　染色体变异
一、染色体数目变异
1. 个别染色体数目增减
2. 染色体组成倍地增减
3. 单倍体、二倍体、多倍体
二、染色体结构变异

（七）特色学习资源分析、技术手段应用说明

通过资料拓展分析、模型建构，学生在学习中巩固了知识，训练了思维。

（八）教学反思与改进

本节课的难点在于染色体的数目变异，涉及染色体组、二倍体、多倍体、单倍体等多个概念，学生较难理解，课堂上通过双手演示活动、蜜蜂繁殖、果蝇染色体模型的分析等途径，帮助学生建构相关概念，并及时通过相关习题检测学生的掌握情况。总体来看，本节课有效训练了学生的分析、比较、归纳等思维能力。

（九）评价活动设计（课前课中课后）

1. 准备

根据学生课前的资料搜集、汇报分享、小组互评的情况评价学生的学习准备情况。评价等级：达标、需要改进。

2. 倾听

根据学生倾听教师讲课、倾听同学发言的人数和时长，以及倾听时的辅助行为（笔记、回应等）评价学生的听课情况。评价等级：全神贯注、投入、一般。

3. 互动

根据互动行为出现的次数、对于达成教学目标是否有帮助来评价互动质量。评价等级：高频次高质量、高频次低质量、低频次高质量、低频次低质量。

4. 自主

根据学生自主学习的次数、时间、参与人数、学习质量等来评价学生学习的效果。评价等级：优秀、良好、合格。

5. 达成

根据学生是否清楚预设的目标，以及对课程学习过程中情境问题（串）的回答情况评价预设目标的达成情况。评价等级：优秀、良好、合格、需要改进。

第 3 节 人类遗传病

（一）教学内容分析

新课程标准对本节内容的要求是学生在学习本节内容后能举例说出人类常见遗传病的类型；开展人群中遗传病的调查活动；探讨遗传病的检测和预防，关爱遗传病患者。

（二）学习者分析

通过对必修二前几章的学习，学生在相关生活经验的基础上，完善了已有的知识框架。本章所讲的是由遗传物质改变而引起的人类疾病，遗传物质改变主要指基因突变和染色体变异，因此，本节内容是前两节内容的自然延伸，是从自然界普遍存在的基因变异和染色体变异现象，延伸到与人类自身关系更为密切的遗传病的产生和类型，从而让学生了解人类遗传病的检测和预防，渗透社会责任教育。

（三）学习目标确定

（1）通过蚕豆病的调查和分析，体会人类遗传病调查的思路和方法。

（2）利用小组的调查结果，通过对蚕豆病进行遗传分析，形成遗传病检测和预防的一般程序。

（3）通过对常见人类遗传病的实例分析，归纳人类遗传病的类型及遗传特点。

（四）学习重难点

（1）学习重点：人类常见遗传病的类型；遗传病的检测和预防方法；人类遗传病的调查活动的方法。

（2）学习难点：人类常见遗传病的类型及特点。

（五）教学评价活动设计

课前调查：

（1）利用假期安排各学习小组预习遗传病的调查方法，设计调查蚕豆病的方案。

（2）小组讨论修正完善调查方案。

（3）各小组利用周末进行蚕豆病的调查，整理调查结果，绘制该病患者的家族遗传系谱图。

【设计意图】通过调查，学生更容易理解遗传方式为何需要在家族系谱图中进行分析。让学生在具体情境下进行概念学习，印象更加深刻。

环节一：人群中蚕豆病的调查。

教师活动：

（1）创设情境：播放关于蚕豆病的视频，解释蚕豆病会给人们的生活带来一定的影响，我们需对该病进行研究。

（2）学习小组展示蚕豆病的调查过程和结果。

学生活动：观看视频，了解蚕豆病给生活带来的影响，体会遗传病研究的必要性。

学生分析对比某种遗传病发病率的计算和某种遗传病遗传方式的判断的区别。

评价活动：根据学生倾听教师讲课、倾听同学发言的人数和时长，评价学生的听课情况。评价等级：全神贯注、投入、一般。

【设计意图】让学生感受遗传病研究的必要性。培养学生方案设计、实施决策的能力。

环节二：人类遗传病的类型。

教师活动：列举几种常见的病。

问题1：让学生判断哪些是遗传病，哪些不是遗传病，理由是什么？

问题2：父母患病生下的小孩也患病，这是遗传病吗？

问题3：生下来没有表现出病症的就不是遗传病吗？

布置任务：阅读教材，找出遗传病的不同类型及遗传特点，汇成思维导图，由小组代表展示。

学生活动：学生思考回答问题，并思考判断依据：是根据性状来判断？还是思考遗传物质的变化？阅读教材，完成思维导图，小组展示，组间互评。

评价活动：根据学生自主学习的次数、时间、参与人数、学习质量来评价学生学习的效果。评价等级：优秀、良好、合格。

【设计意图】让学生理解先天性疾病不一定是遗传病，遗传病也不一定出生就立即表现，判断是否是遗传病并不是看生物的性状表现，而是要看遗传物质是否改变。

环节三：总结概括、拓展知识。

教师活动：在分析染色体异常遗传病的典例21三体综合征时，带领学生复习与回顾缺体、单体，根据课后习题，从减数分裂的角度推测21三体综合征形成的原因。播放21三体综合征治疗的视频。

学生活动：①思考完成拓展应用题中的"13与18三体以及XYY"类型题，总结归纳解题思路。②观看视频。

评价活动：根据学生自主学习的次数、时间、参与人数、学习质量等来评价学生学习的效果。评价等级：优秀、良好、合格。

【设计意图】加强对染色体异常遗传病病因的理解，进一步掌握基因与性状之间的关系。将优生优育的教育贯穿在课堂中，落实社会责任素养的培育。

（六）板书设计

第3节　人类遗传病
一、人群中蚕豆病的调查 1. 发病率 2. 遗传方式 二、检测与预防 遗传咨询→产前诊断→优生优育 三、人类遗传病的类型 1. 单基因 2. 多基因 3. 染色体异常

（七）教学反思与改进

部分学校对实验教学没有重视，调查人群中的遗传病这一实验在很多学校开设的概率并不高。课程标准中提到从生物学概念本身的特点来看，概念学习应当让学生在具体情境下进行。于是在本节课的设计上我将遗传病的调查这一知识点融入实践中进行，课前布置了学生对广东常见的蚕豆病进行调查，课后布置了学生在自己家族内，以左右手自然交叉，看看是哪一只手的大拇指在上和单眼皮、双眼皮等显隐性作为调查内容进行调查，画出遗传系谱图，需调查三代。这样的策略使学生更容易理解遗传方式为何需要在家族系谱图中分析。在教学中能通过实践获得的知识就不能空讲。

单元教学课例评析：

本单元核心概念多，如基因突变、基因重组染色体变异等，核心概念下又包括若干子概念，如染色体数目的变异和染色体结构的变异等。为了帮助学生建立、理解这些概念以及厘清建构这些概念之间的相互联系，教师以"基于情境创设，立足问题导向，聚焦概念学习，引导深度思维"为策略，以感知概念、建构概念、运用概念为主线展开教学，教学思路清晰，教学过程实施有序，主要有如下特点。

（1）利用图表进行染色体变异的教学。"染色体变异"一节概念多难点多，且较为抽象，在教学中教师充分利用图表很好地突破了这一难点。如通过相关示意图直观形象地说明染色体结构变异的类型以及带来的结果。

（2）引导学生自主探究人类遗传病。教学中教师融入遗传病的调查这一知识点，如课前布置学生对广东常见的蚕豆病进行调查，课后布置学生在自己家族内，对单双眼皮、拇指交叉情况等性状显隐性进行调查，要求学生调查三代，并绘制出遗传系谱图，这让学生在具体情境下对概念进行学习，主动巩固和运用概念，让深度学习真正发生。

（3）指导学生绘制概念图。建立概念与概念之间，以及概念与相关知识间的相互联系，是学习的重要方法，如在《基因突变和基因重组》这一节教师引导学生对所学内容绘制成概念图，能有效地呈现学生的思考过程及知识的关联，有助于学生将这节课零散的概念集中起来，在分析、比较各个概念之间的联系和区别的过程中，学生对概念的理解更加清晰、明确。

选择性必修 1

第 1 单元　人体的内环境与稳态

一、单元教学设计说明

内环境概念的提出及其发展，使人们认识到机体各部分在功能上是相互协调的，对于从整体和系统的角度理解机体的调节机制有重要意义。本单元作为本册教材的开篇章节，使学生认识内环境稳态的意义，建立内环境稳态的整体观，为深入学习机体稳态的神经、体液和免疫调节等后续章节奠定基础。

本章涉及的重要概念是：

1.1　内环境为机体细胞提供适宜的生存环境，机体细胞通过内环境与外界环境进行物质交换。

1.2　内环境的变化会引发机体的自动调节，以维持内环境的稳态。

在本单元教学中，应帮助学生在理解内环境稳态与机体生命活动相互关系的基础上，形成稳态与平衡观、局部与整体观；运用归纳、演绎等科学思维方法，分析机体细胞与外界环境的物质交换过程，阐述内环境稳态调节的内涵，论证内环境稳态与机体稳态的辩证关系；开展相关调查、实验等科学探究活动，如构建细胞通过内环境与外界环境进行物质交换的模型、调查剧烈呕吐引起机体酸碱平衡紊乱的类型和机制等，阐述所得结果的理论和实践意义，提升科学思维和科学探究能力；主动关注公共卫生和健康问题，如严重雾霾天气、科学锻炼身体与机体维持内环境稳定能力的关系等，应用稳态平衡的相关理论知识指导日常保健活动、评价生活方案、制定并宣传健康生活计划。

二、单元学习目标与重点难点

1. 单元学习目标

（1）在理解内环境稳态与机体生命活动相互关系的基础上，形成稳态与平衡观、局部与整体观等生命观念，并能用来认识身体健康的本质，指导日常保健活动。

（2）基于内环境中某因素相对稳定的调节过程，能运用归纳、演绎等科学思维方法，采用图示、模型等方式，分析机体细胞如何通过内环境与外界环境进行物质交换，阐释内环境稳态调节的内涵，论证内环境稳态与机体稳态的辩证关系。

（3）针对内环境稳态需要多系统协调活动来维持等现象，能选用相应的材料和用具，通过调查、实验等科学探究活动，观测某器官、系统功能改变时内环境稳态的变化，阐述所得结果的理论和实践意义。

（4）主动关注公众卫生和健康问题，能运用稳态平衡理论和系统分析的方法，评估人们的生活方案，制定并向大众宣传健康生活计划。

2. 单元学习重难点

（1）基于内环境稳态与机体稳态的相互关系，运用局部与整体观、稳态与平衡观等生命观念分析和解决个体健康和公共卫生问题。

（2）在构建细胞通过内环境与外界环境进行物质交换的模型、观察血浆对 pH 的调节作用、讨论呕吐引起机体酸碱平衡紊乱等科学探究活动的过程中，用稳态平衡理论和系统分析的方法，评估人们的生活方案，制订健康生活计划。

三、单元整体教学思路

本单元内容分为 2 节，分别是细胞生活的环境和内环境的稳态。第 1 节主要围绕内环境的概念，内环境与细胞、外界环境的相互关系展开叙述；第 2 节主要围绕内环境稳态展开叙述。第 1 节内容是第 2 节的知识基础，第 2 节内容是第 1 节知识的具体深化。这种编排不仅符合概念、知识之间的逻辑性，而且符合学生的认知规律，有利于学生构建完整合理的知识体系。

无论是内环境概念还是稳态概念都比较抽象，学生理解起来有难度。本章教材力求紧密联系学生的生活经验和学习经验，提供丰富活动和直观图片，帮助学生在构建概念的过程中，领悟科学探究方法、提升科学思维能力，建立生命的系统观、稳态与平衡观。例如，常规体检血液生化检测结果的分析、"分析内环境稳态失调的实例""调查体温的日变化规律" 都与生活实际联系紧密；以内环境中某成分为例讨论各系统是如何协同维持其相对稳定的，探究 "模拟生物体维持 pH 的稳定"，用示意图表示内环境与外界环境物质交换的关系等都有利于提升学生的思维能力；"血浆、组织液、淋巴液之间的关系示意图""内环境稳态与消化、呼吸、循环、泌尿系统的功能联系示意图" 将抽象内容直观化，利于学生理解掌握相关知识，认识人体是一个开放的、动态平衡的有机统一整体，进而建立生命的系统观。

本单元的内容结构如图 3 - 38 所示。

图3-38 单元内容结构

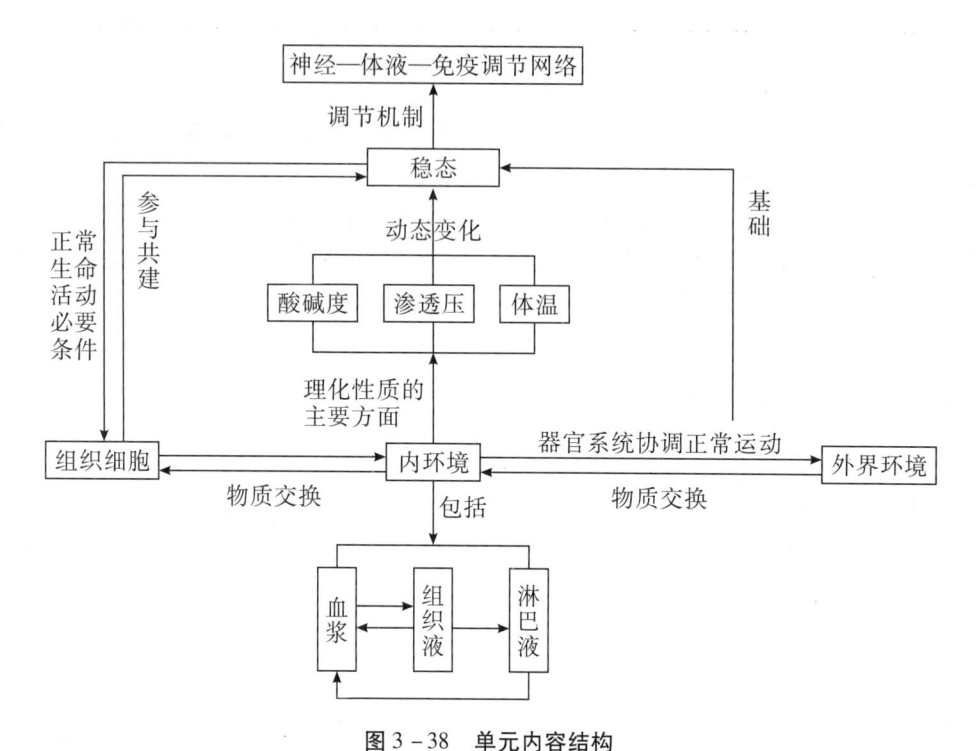

单元教学目标导向下的课时目标如图3-39所示。

图3-39 单元教学目标导向下的课时目标

第1节 细胞生活的环境（第1课时）

（一）教学内容分析

课标对本节课的内容要求是"说明血浆、组织液和淋巴等细胞外液共同构成高等动物细胞赖以生存的内环境；阐明机体细胞生活在内环境中，通过内环境与外界环境进行物质交换，同时也参与内环境的形成和维持；简述机体通过呼吸、消化、循环和泌尿等系统参与内、外环境间的物质交换"。课标的"教学提示"中针对本节内容提出应开展下列活动"观看血液分层实验的视频，讨论血细胞与血浆的关系；用概念图教学法揭示内环境与外界环境的物质交换的关系等"。从以上要求来看，本节课侧重于让学生依据已有的生活经验和知识，分析、归纳并阐释内环境为机体细胞提供适宜的生存环境并与外界环境进行物质交换，加强对内环境稳态的理解。教材内容包括"细胞外液构成机体的内环境""机体细胞参与内环境的形成与维持""机体细胞通过内环境与外界环境进行物质交换""内、外环境间的物质交换需要多个系统协调活动"。"内环境稳态"概念的构建有助于学生理解生命活动的本质，用系统分析的思想和方法，认识生命系统与环境的关系。同时也为后续阐述"通过神经、体液和免疫调节来维持机体稳态"奠定基础。

（二）学习者分析

学生在初中阶段已经知道草履虫、变形虫属于单细胞动物，生活在富含有机物的无污染淡水环境中。已经学习过营养物质的消化和吸收，人体与外界气体交换的过程，血液的组成，血液循环的过程、意义，尿液的形成和排出等方面的基本知识，观察过血液分层实验。在"分子与细胞"模块中学习了动物细胞的结构、新陈代谢等生命活动，这些都为本章学习打下了知识基础。但由于学生学习初中知识时年龄较小，人体生理知识内容比较抽象，给学生理解相关内容造成很大困难，死记硬背者不在少数。几年后，能够记住的相关知识就很少了。另外，内环境概念比较抽象，高中学生理解、掌握也不容易，这些都给教学带来一定的难度。基于以上情况，教师在教学中应该让学生尽可能联系初中所学相关内容，并充分利用多媒体教学手段将微观、抽象的生理知识进行形象化、直观化展示。通过实验探究，让学生利用构建模型，如绘制概念图等方式，加深对内环境和外界环境关系的理解。

（三）学习目标确定

依据课标的要求，确定本节课的教学目标如下：

（1）通过对血液分层现象实验的观察、分析、讨论，能基于证据和事实，认识血液的组成。

（2）通过构建概念图，能运用发散性思维方法，认识体液的组成及相互关系。

（3）用系统学观点，认识细胞通过内环境与外界环境进行物质交换需要多个系统共同配合。

（四）学习重难点

（1）内环境的组成。

（2）内环境组成成分之间的关系。

（五）教学过程

环节一：创设情境，导入新课。

创设情境：展示视频"显微镜下的世界——一滴水中的草履虫与变形虫"。

问题1：草履虫和变形虫是如何完成生命活动的？

问题2：人是多细胞生物，请从细胞生活的角度分析两者的区别？

引入新课：同学们初中时认识过血细胞，本节课我们就来探究血细胞生活的环境。

【设计意图】借助学生熟悉的单细胞生物导入，激发学生兴趣，同时也创设问题情境，学生带着问题进入新课学习。

环节二：实验探究：观察血液的分层现象。

目的要求：观察血液的颜色变化及分层现象，认识血液的组成，分析血细胞与血浆的关系。

材料器具：健康的家禽，医用碘伏（或体积分数为75%的酒精）、质量分数为5%的柠檬酸钠溶液，20 mL一次性无菌注射器、试管、试管架、棉签。

活动程序：

（1）取2支试管，标记为A和B，在A试管内加入1 mL质量分数为5%的柠檬酸钠溶液。

（2）用一次性无菌注射器从家禽的翼下静脉内抽取20 mL血液。取下注射器针头，将10 mL血液慢慢注入A试管内，并轻轻振荡几次。再将剩余的10 mL血液慢慢注入B试管内。

（3）静置试管，注意观察现象。

安全警示：一次性采血过多或短期内重复采血，会影响实验动物的健康甚至导致其死亡，请根据实验动物的实际状况采集适量的血液。

（4）引导学生回忆初中学习的有关血液方面的知识。

分析讨论：

（1）静置一段时间后，2支试管内的血液分别出现了什么现象？A试管出现该现象的原因是什么？

（2）你认为血液由哪几部分组成？各部分之间有怎样的关系？

（3）科学家曾经对人体血浆和海水的成分做过对比，经分析发现：两者之中水分都占到总质量的90%以上，血浆中Na^+、K^+、Ca^{2+}和Cl^-的离子浓度与海水中这几种离子的浓度接近。从生物进化的角度，你对此有何猜想？引课：人体内除了血细胞还有其他种类的细胞，它们生存的液体环境是哪些？

【设计意图】利用实验探究让学生亲身经历实验过程，并基于事实和证据进行严谨的推理分析，得出实验结论。帮助学生理解血细胞为什么离不开血浆，并为后续学习内容做好铺垫。

环节三：探究活动：构建血浆、组织液和淋巴液相互关系的概念图。

为每组学生准备 7 张 5 cm×10 cm 的卡片、一张 A3 纸、双面胶、记号笔。

问题 1：为什么说细胞外液是细胞直接生活的环境？

问题 2：血浆、组织液、淋巴液之间有什么内在联系？

问题 3：为什么说全身的细胞外液是一个有机的整体？

【设计意图】通过对事实的抽象和概括，帮助学生理解生物学概念，并理清多个概念直接的联系，从而绘制完成概念图。

（六）板书设计

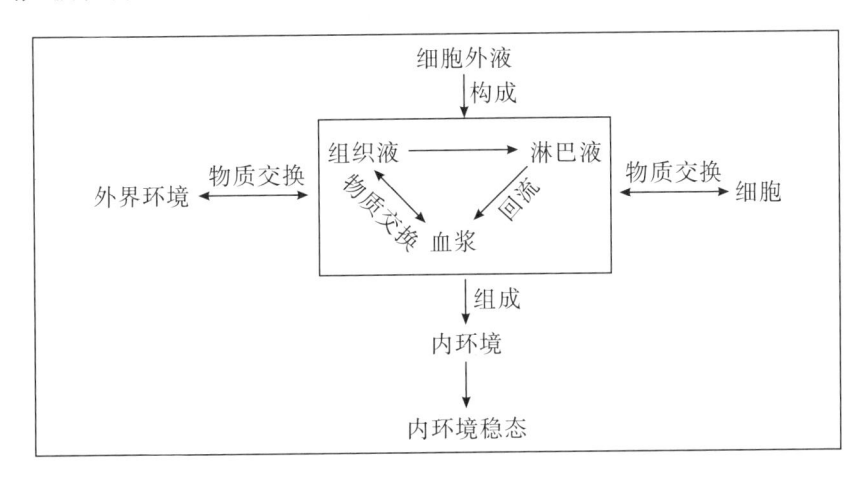

```
                    细胞外液
                      ↓构成
                 ┌─────────────────┐
                 │  组织液 ─→ 淋巴液  │
   外界环境 ←物质交换→│ 物    ↓回流     │←物质交换→ 细胞
                 │ 质交换  血浆     │
                 └─────────────────┘
                      ↓组成
                    内环境
                      ↓
                   内环境稳态
```

（七）课后固学

将台盼蓝染色液注入家兔的血管，过一段时间后，取家兔的不同器官制作切片观察，发现肝、肾、肾上腺、淋巴结等被染成蓝色，但是脑、肺和骨骼肌等未被染色。这一现象说明，毛细血管的通透性在不同器官中有很大差异。请回答下列问题：

（1）在毛细血管通透性不同的器官内，组织液中的哪些成分可能会有差别？哪些理化性质应该相同？

（2）在毛细血管通透性不同的器官内，组织液与血浆之间的物质交换方式会有何差别？

（3）用结构与功能相适应的观点，分析不同器官内毛细血管通透性不同的功能意义。

（4）如果想使某种药物能顺利进入脑组织以治疗脑内疾病，设计该药物时应注意什么问题？对于不宜进入脑组织的药物，设计时应注意什么？

第1节 细胞生活的环境（第2课时）

（一）教学思路

细胞外液的成分 —— 阅读课本思考讨论"血浆化学组成表"，将相关物质进行分类并找出血浆的主要组成物质，对比分析血浆与组织液、淋巴组成的异同

细胞外液的理化性 —— 阅读课本并观察分析红细胞在不同盐溶液下的形态和功能，并通过分析生活实例，归纳出内环境的三个主要理化性质

内环境是细胞与外界物质交换的媒介 —— 通过视频，小组讨论并构建内环境与外界环境进行物质交换的过程并表达出来，将此过程中涉及到的相关系统及器官也表达出来

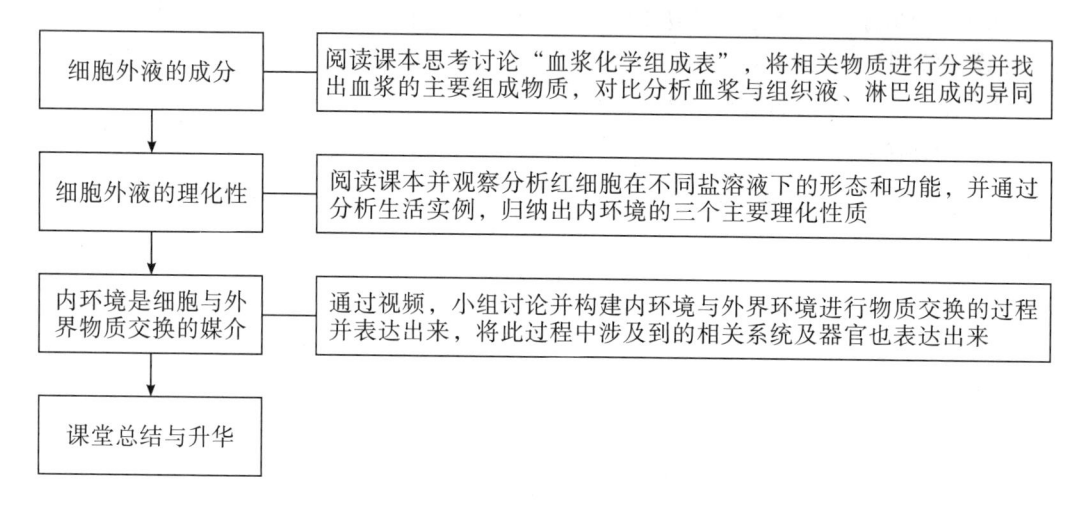

课堂总结与升华

图 3-40 教学思路

（二）学习目标确定

依据课标的要求，确定本节课的教学目标如下。

（1）描述内环境的温度、渗透压及酸碱度三个主要理化性质。

（2）说明细胞通过内环境与外界环境进行物质交换，以及与物质交换直接有关的系统。

（三）学习重难点

（1）内环境的理化性质。

（2）内环境是机体细胞与外界环境进行物质交换的媒介。

（四）教学过程

环节一：细胞外液的成分。

展示血浆化学组成表。

师生小结：组织液、淋巴的成分与血浆大体相同，但并非完全相同，血浆中的蛋白质含量较多，淋巴和组织液中蛋白质的含量较少。概括地说，细胞外液是一种盐溶液，类似于海水。这在一定程度上反映生命起源于海洋。

引导学生总结出内环境成分的判断方法。

【设计意图】培养学生分析表格、获取信息的能力。通过分析表格资料会更好地突破学习重点，进而加深对各学科间相互关系的认识。培养学生动手解决问题及归纳总结的能力，同时提高学生再深入学习的兴趣。

环节二：细胞外液的理化性质。

展示红细胞在不同溶液浓度下的形态与功能图。

细胞外液理化性质的三个主要方面：

渗透压：指溶液中溶质微粒对水的吸引力，渗透压大小取决于溶质微粒的数目（即浓度）。

温度：一般维持在 37 ℃左右。

酸碱度：血浆 pH = 7.35～7.45，由 H_2CO_3/HCO_3^-、$H_2PO_4^-/HPO_4^{2-}$ 等缓冲对来维持 pH 的稳定。

组织水肿的原因：血浆渗透压下降或组织液渗透压升高而导致水分过多地进入组织液。

问题1：生理盐水的浓度是多少？为什么医院里给病人输液时必须使用生理盐水？

问题2：我们人体每天都会食用酸性或碱性食物，体内的 pH 值会如何变化呢？为什么？

问题3：在生活中，冬天的时候，外界环境的温度是比较低的，但我们呼出的气体却是暖的，为什么呢？

【设计意图】内环境的理化性质比较抽象，难理解，通过实验现象分析，联系生活现象等讨论活动化抽象为形象更好地突破学习重难点问题。在此过程中提高学生观察、交流与讨论、合作实践及归纳总结的能力。体现了学生为主体，教师为主导的模式，通过对生活现象的认知来构建知识体系，让学生体会到生活处处存在生物学知识，激发学生学习生物的兴趣。

环节三：内环境是细胞与外界环境进行物质交换的媒介。

观看人体完成生命活动时，各器官系统配合完成体内细胞与外界环境进行物质交换的视频，构建内环境与外界环境交互的模型。根据学生构建表达出来的关系图进行引导补充。

师生共同分析并总结出内环境是细胞与外界进行物质交换的媒介，在内环境与外界环境的物质交换过程中，需要体内各个器官、系统的参与，同时，细胞核内环境之间也相互影响、相互作用，细胞不仅依赖于内环境，也参与了内环境的形成和维持。

【设计意图】通过对事实的归纳和概括，帮助学生理解生物学概念，并理清多个概念之间的联系，从而绘制概念图。

（五）板书设计

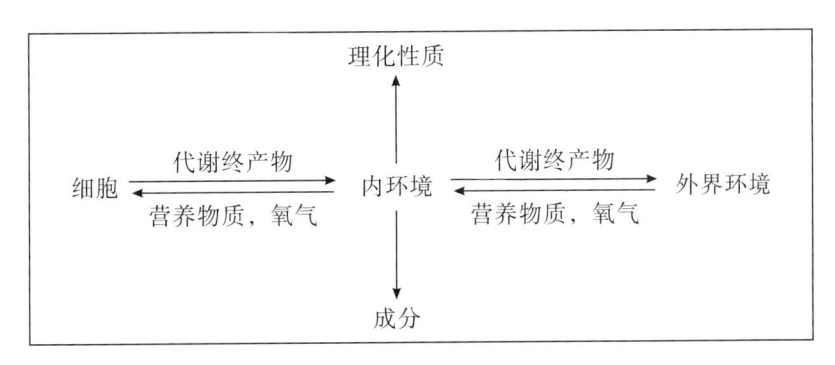

（六）课后固学

为了解运动时机体对酸碱平衡的调节，研究人员测定了 15 名女子自行车运动员运动前与运动后的血乳酸浓度和血浆 pH。运动前的血乳酸浓度为 1.37 mmol/L ± 0.51 mmol/L，血浆 pH 为 7.42 ± 0.02；在全力快蹬功率车 60 s 后的血乳酸浓度为 12.96 mmol/L ± 1.51 mmol/L，血浆 pH 为 7.13 ± 0.07。休息一段时间后，血浆 pH 又恢复到运动前的水平。请回答下列问题：

（1）阐述运动后血浆 pH 降低的原因。

（2）以缓冲对 HCO_3^-/H_2CO_3 为例，说明血浆中的缓冲物质对 pH 稳定的作用及其局限性。

（3）阐述呼吸系统在调节内环境 pH 稳定中的作用，分析通气不足和通气过度时，机体酸碱平衡将可能发生什么变化。

（4）请利用局部与整体相统一、功能与结构相适应等观念，说明 HCO_3^-/H_2CO_3 是人体血浆内最重要的缓冲对。

（七）教学反思

在实际教学的过程中发现学生能积极参与学习、专心致志、探究问题的兴趣浓厚并持久，整体课堂气氛很好；通过师生交互、生生互动，学生基本做到了自主、合作和探究性学习，很好地完成了本节课的三维教学目标。当然在教学的过程中也发现了一些问题，如本节课容量大、概念多，时间上不易控制；在联系初中生物学知识时，不少学生早已遗忘；等等。

对于新课程标准下的课堂我还有以下几点反思：

（1）科学地提供丰富的学习资源，营造宽松、民主、平等、互动的环境；有效地组织、引导、激励学生开展探究性学习，才能有效地帮助学生达成学习目标。

（2）在重点和关键之处设问的针对性要强、过渡要自然，不少知识点可从现实生活现象导入，这样才能贴近生活，激发了学生的学习兴趣。

（3）老师的语言流畅精练、板书简要，运用教学媒体恰当，对提高课堂的效率非常重要。

总之教学的目标是要构建一个师生关系和谐，优质高效的新课标理念下的新课堂！

第 2 节　内环境的稳态

（一）教学内容分析

本节主题是稳态概念，它建立在上一节内环境概念的基础上。教材内容安排遵循从宏观体验到微观认知的学习规律以及由现象到本质的学科规律：由真实问题情境引发探讨内环境动态变化，通过模拟探究让学生体验 pH 稳定，由此建立内环境稳态的概念；通过引导学生温故知新，形成对稳态调节机制的一般认识；通过实例分析等，说明内环境稳态的重要意义。这样的安排有利于充分调动学生学习积极性，促进概念形成和思维发展。

教学思路如图 3-41 所示。

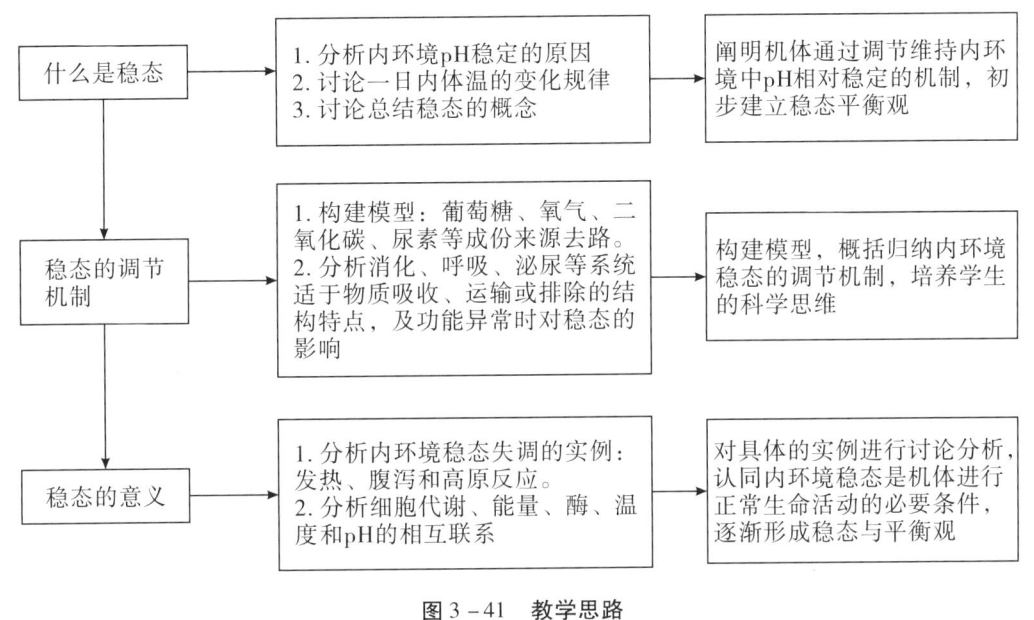

```
┌─────────┐    ┌──────────────────────┐    ┌──────────────────────┐
│什么是稳态│───▶│1. 分析内环境pH稳定的原因│───▶│阐明机体通过调节维持内环│
└─────────┘    │2. 讨论一日内体温的变化规律│    │境中pH相对稳定的机制，初│
               │3. 讨论总结稳态的概念   │    │步建立稳态平衡观       │
               └──────────────────────┘    └──────────────────────┘

┌─────────┐    ┌──────────────────────┐    ┌──────────────────────┐
│稳态的调节│───▶│1. 构建模型：葡萄糖、氧气、二│───▶│构建模型，概括归纳内环境│
│机制      │    │氧化碳、尿素等成份来源去路。│    │稳态的调节机制，培养学生│
└─────────┘    │2. 分析消化、呼吸、泌尿等系统│    │的科学思维             │
               │适于物质吸收、运输或排除的结│    │                      │
               │构特点，及功能异常时对稳态的│    │                      │
               │影响                   │    │                      │
               └──────────────────────┘    └──────────────────────┘

┌─────────┐    ┌──────────────────────┐    ┌──────────────────────┐
│稳态的意义│───▶│1. 分析内环境稳态失调的实例：│───▶│对具体的实例进行讨论分析，│
└─────────┘    │发热、腹泻和高原反应     │    │认同内环境稳态是机体进行│
               │2. 分析细胞代谢、能量、酶、温│    │正常生命活动的必要条件，│
               │度和pH的相互联系        │    │逐渐形成稳态与平衡观    │
               └──────────────────────┘    └──────────────────────┘
```

图 3-41　教学思路

（二）学习者分析

学生在第 1 节中已经系统掌握了内环境的组成成分，内环境与细胞、外界环境三者之间的关系。那么，内环境有哪些理化性质？内环境的成分和理化性质是否会发生较大变化？这些问题会引起学生较大的探究欲望。渗透压是内环境一个重要的理化性质，也是生物学的一个主要概念，学生理解起来有一定困难。为突破这一知识重点，教师在教学过程中，可以让学生联系《分子与细胞》中的"渗透作用"，以及化学学科学到的溶液浓度的相关知识，再结合教材阐述，明确渗透压概念，为内环境稳态这一重要概念做好铺垫。

学生通过本节内容的学习，可以树立结构与功能观、物质与能量观、稳态与平衡观等生命观念，培养归纳与概括、演绎与推理的科学思维品质。

（三）学习目标确定

依据课标的要求，确定本节课的教学目标如下。

（1）进行生物体维持 pH 稳定的模拟探究活动，并尝试阐明稳态的含义及调节机制。

（2）通过内环境稳态失调实例的分析，理解人体维持稳态的调节能力是有一定限度的，及内环境稳态对正常生命活动的重要意义，同时增强自我保健意识，养成健康生活方式。

（3）简述稳态概念的发展，认同生命系统具有不同层次，且普遍存在稳态。

（四）学习重难点

（1）内环境稳态及其调节机制。

(2) 内环境稳态的调节机制。

(五) 教学过程

环节一：实例分析得出稳态概念。

创设情境：图片展示"酸碱体质理论"提出问题：该理论是科学还是骗局？

展示"模拟生物体维持 pH 稳定"的实验结果。

问题1：根据实验结果你可以得出什么结论？

问题2：尝试对机体维持 pH 稳定的机制进行解释同时引导学生对"酸碱体质理论"进行评判。

展示学生课前作业：家庭成员一日体温变化调查表及曲线图。

问题3：你能得出人体体温变化有哪些规律？

问题4：你能否根据以上讨论及自己的理解概括出稳态的主要含义？

总结内环境稳态的概念。解释教材第7页的问题探讨。

【设计意图】通过"模拟生物体维持 pH 的稳定"实验及课外调查活动"家庭成员体温日变化规律"能够使学生更好地领悟科学方法的重要性，培养学生的科学思维，让学生学会用科学方法辨别真伪。

环节二：构建模型，概括稳态的调节机制。

构建"内环境与外界环境的物质交换"模型图。

问题1：哪些系统参与了该过程，有哪些适应性结构。

问题2：如果这些系统功能出现障碍，能否对内环境造成影响？请选择你熟悉的例子进行说明。

组织学生阅读教材第10页上半页内容，并回答以下问题：

问题3：科学家对内环境稳态调节机制的认知经历了哪些阶段并逐步完善的？

问题4：目前普遍接受的内环境稳态的调节机制是什么？

【设计意图】通过构建模型及阅读活动，认识稳态调节的建立过程，培养科学思维及科学精神。

环节三：联系实际，总结稳态的意义。

组织学生思考教材第10页思考讨论，进行讨论分析活动。

问题1：你还能说出哪些其他稳态失调的实例吗？教材中列出的三种情况说明了什么？

问题2：为什么血液的生化指标能反映机体健康状况？

引导学生分析内环境稳态与细胞代谢的关系。

问题3：举例说出细胞代谢和能量的关系。

问题4：血糖浓度和 O_2 含量对细胞代谢有什么影响？

问题5：温度和 pH 对细胞代谢有什么影响？

总结：内环境稳态的意义。

【设计意图】充分利用学生的生活经验，启发学生将理论知识与实际生活联系起来。

（六）板书设计

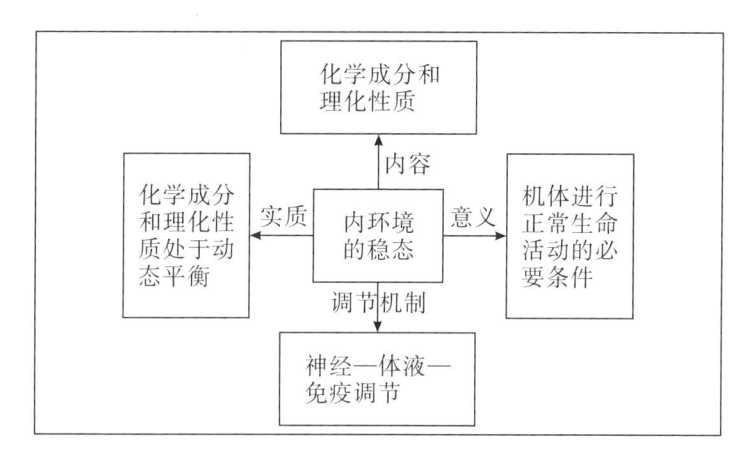

```
         化学成分和
         理化性质
              ↑
              │内容
  化学成分      │         机体进行
  和理化性  ←实质─ 内环境 ─意义→  正常生命
  质处于动          的稳态         活动的必
  态平衡            │              要条件
                    │调节机制
                    ↓
              神经—体液—
              免疫调节
```

（七）课后固学

在进行大强度有氧运动时，机体代谢水平提高，耗氧量增加，CO_2产生增多，机体产热量增加。同时，机体通过各种调节机制，使呼吸增强、心跳加快、体表血管舒张、汗液分泌增加。

请回答下列问题：

（1）分别说明运动中呼吸增强、心跳加快、体表血管舒张、汗液分泌增加等，对维持内环境稳态的意义。

（2）根据运动中机体生理功能的变化阐述机体稳态和内环境稳态的相互关系。

（3）运动中汗液分泌有利于散发热量。但是，汗液大量分泌可使机体失水过多，导致血浆容量减小、血液黏度增加、尿量减少等，也会对机体产生不利影响。试提出解决该矛盾的方案。

（八）教学反思

本节课的学习重难点是稳态的概念，而内环境的动态变化、理化性质等内容相对抽象。为丰富学生对内环境稳态的感性认识，教师从生活实际出发，设置问题引导学生展开讨论、探究等活动。并通过知识迁移，分析解决实际问题，增强学生自我保健并关爱他人的意识。本节课特点如下：

（1）基于"问题解决"的教学模式。

本节课的核心内容：内环境稳态的概念。为让学生更好地理解抽象化的内容。教师从"酸碱体质理论"入手，抛出问题引导学生思考，该理论是科学还是伪理论。然后引出实验"模拟生物体内维持 pH 的稳定"。学生通过分析血浆 pH 变化的实验得出机体维持 pH 的机制。然后带领大家对"酸碱体质理论"进行评判。又根据学生和家人一天体温变化总结特点进一步理解内环境的稳态。通过问题："内环境是如何维持稳态的呢？"让学生尝试解释稳态的调节机制。最后通过问题串的形式让学生理解内环境稳态的意义。

（2）联系生活实际，引导学生关注相关健康问题。

从"模拟生物体维持 pH 的稳定"和"测量学生和家人一天体温变化"的真实体

验，到发热、腹泻、高原反应等生活实例，帮助学生理解内环境稳态的概念、调节机制及稳态的意义，并引导学生关注健康问题，养成自我保健的意识。

（3）培养学生批判性思维，突出科学思维。

引导学生对"酸碱体质理论"进行评判，使课堂讨论更具思辨性和深刻性，培养学生的批判性思维。在关于内环境稳态的机制部分，通过构建模型、阅读活动及思考讨论等，帮助学生认识稳态调节的建立过程，培养科学思维及科学精神。

单元教学课例评析：

人体的内环境与稳态，作为本册教材的开篇章节，对学生认识机体各部分在功能上是相互协调的，从整体和系统的角度理解机体的调节机制有重要意义。真实的任务情境是发展学生的核心素养的重要载体。在本单元教学中，教师几乎每一章节都创设一些对应着学生日常生活或生产中的真实情境展开教学。如：发热、腹泻和高原反应，家庭成员体温日变化规律等。围绕真实的任务情境，设置有深度的学习问题，是发展学生生物学学科核心素养的重要驱动力。在本单元课堂教学每一个环节中，教师还注重围绕中心探究主题设置一系列环环相扣的问题串，引导学生思考、讨论，这种方式不仅可以帮助学生回顾并梳理旧知，又可以使学生经历生物学知识产生的过程，找到知识之间的联系，让学生自主寻找并深入理解核心概念，以此锻炼学生思维的发散性、灵活性，提高思维品质，将知识转化为能力，达到学科知识的获得与核心素养的落实双丰收。

第 2 单元　神经调节

一、单元教学设计说明

本单元安排了 5 节内容，分别讲述神经调节的结构基础，神经调节的基本方式，神经冲动的产生和传导，神经系统的分级调节以及人脑的高级功能。对于本单元课程标准的相关要求包含 1 个重要概念，其下包含 6 个次位概念，6 个次位概念共同支撑本单元重要概念，对应教材 5 个小节。单元整体教学具有从"是什么"到"为什么是"、从宏观到微观、从具体到抽象的认知逻辑。从神经调节的结构基础—基本方式—过程—特点思路对稳态调节的重要调控方式——神经调节进行由浅到深进行剖析。《稳态与调节》模块概念如下：

概念1　生命个体的结构与功能相适应，各结构协调统一，共同完成复杂的生命活动，并通过一定的机制保持稳态。

1.3　神经系统能够感知机体内、外环境的变化，并作出反应调控各器官、系统的活动，实现机体稳态。

1.3.1　概述神经调节的基本方式是反射（可分为条件反射和非条件反射），其结构基础是反射弧。（第2节）

1.3.2 神经细胞膜内外在静息状态具有电位差，受到外界刺激后形成动作电位，并沿神经纤维传导。（第3节第1课时）

1.3.3 神经冲动在突触处传递通常通过化学传递方式完成。（第3节第2课时）

1.3.4 位于脊髓的低级神经中枢和脑中相应的高级神经中枢相互联系、相互协调，共同调控器官和系统的活动，维持机体的稳态。（第4节）

1.3.5 中枢神经系统通过自主神经来调节内脏的活动。（第1节）

1.3.6 语言活动和条件反射是由大脑皮层控制的高级神经活动。（第5节）

二、单元学习目标与重点难点

1. 单元学习目标

（1）通过事实证据分析，概述神经系统的组成和各部分的功能及特点，形成结构与功能观、系统观；通过分析反射实例，归纳反射的概念和反射弧的组成，说明位于脊髓的低级神经中枢和脑中相应的高级神经中枢之间的联系，阐明条件反射形成和消退的机理，不断深化结构与功能观、稳态与平衡观，培养科学思维能力。

（2）通过分析缩手反射、排尿反射，阐明中枢神经系统是机体控制中心，能够运用分级调节原理分析相关疾病的原因，深化稳态与平衡观，培养系统思维，崇尚健康，养成良好的生活习惯。

（3）结合物理、化学知识分析科学史相关经典实验，阐明兴奋的产生及其在神经纤维上传导的机理；能用结构与功能观和稳态与平衡观从微观水平上认识兴奋的产生与传导，基于对神经系统是一个信息网络的理解，初步形成信息观，能基于事实和证据采用科学思维方法揭示生物学规律；通过"推断假说和预期"训练逻辑推理的严密性。关注滥用兴奋剂和吸食毒品的危害，并能够向他人宣传，拒绝毒品。

（4）阐明语言活动、条件反射和情绪是由大脑皮层控制的高级神经活动，认同学习和记忆的规律，并能够运用这些规律提高学习效率，调整自己的情绪，积极、健康地生活，从而培养科学探究能力，认同并采纳健康文明的生活方式，增强生命观念和社会责任感。

2. 单元学习重难点

（1）单元学习重点：神经系统的基本结构；神经元的结构与功能；反射弧的概念与反射弧的组成；条件反射的形成及意义；兴奋在神经纤维上的产生及传导机制；突触传递的过程及特点；神经系统分级调节的特点；人脑的高级功能。

（2）单元学习难点：交感神经与副交感神经的作用特点；条件反射的形成；神经冲动的产生与传导；自主神经系统的特点；人类大脑皮层言语区的功能区分。

三、单元整体教学思路

设置贯穿整个单元的情境：以2019年世界杯中国女排夺冠历程为单元情境引入神经调节单元学习，体会生命体中的神经系统，感悟顽强拼搏、团结奋进的力量，增强民族自信。

本单元的内容结构如图 3-42 所示。

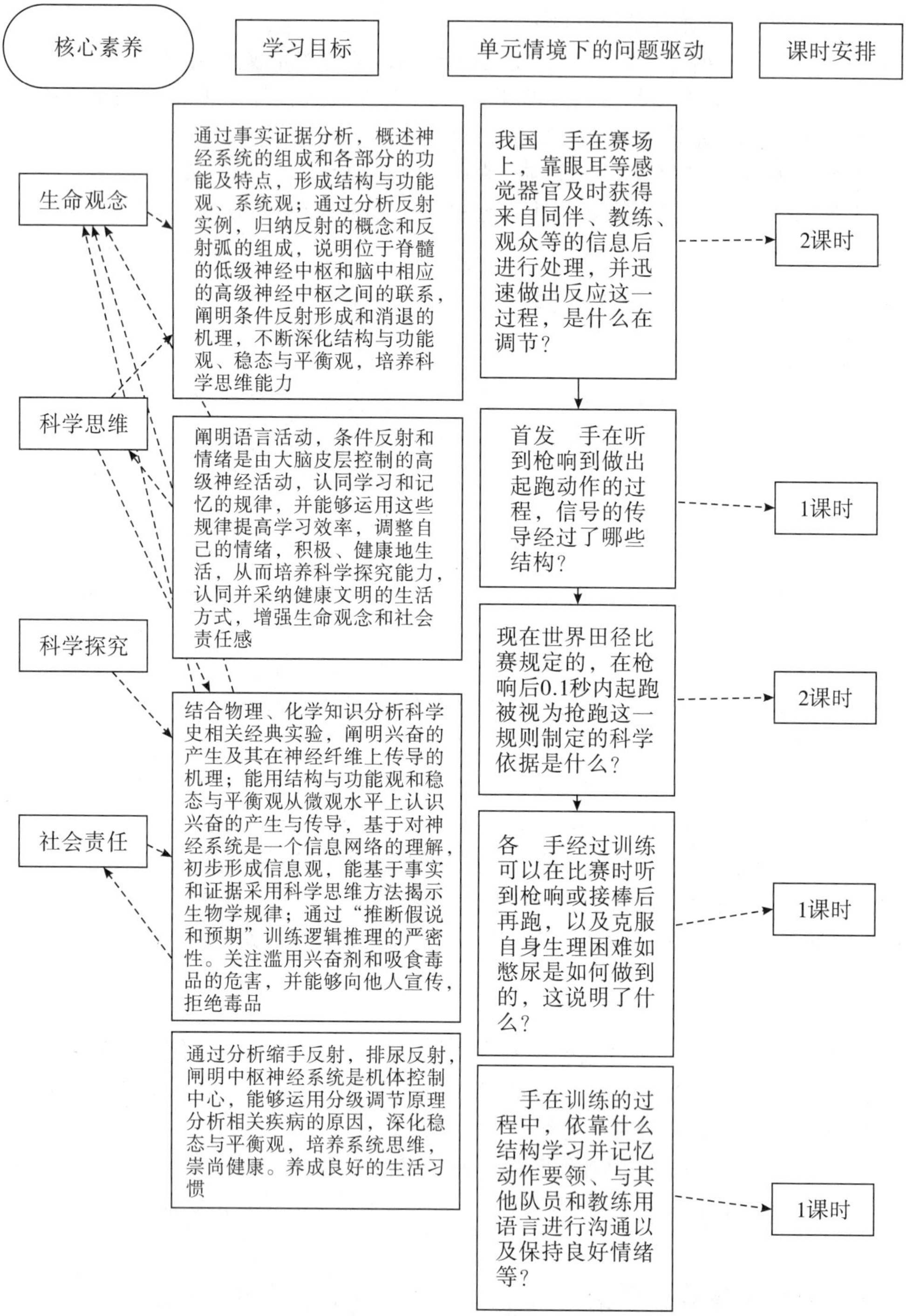

```
核心素养        学习目标            单元情境下的问题驱动        课时安排
```

生命观念 —— 通过事实证据分析，概述神经系统的组成和各部分的功能及特点，形成结构与功能观、系统观；通过分析反射实例，归纳反射的概念和反射弧的组成，说明位于脊髓的低级神经中枢和脑中相应的高级神经中枢之间的联系，阐明条件反射形成和消退的机理，不断深化结构与功能观、稳态与平衡观，培养科学思维能力

科学思维 —— 阐明语言活动，条件反射和情绪是由大脑皮层控制的高级神经活动，认同学习和记忆的规律，并能够运用这些规律提高学习效率，调整自己的情绪，积极、健康地生活，从而培养科学探究能力，认同并采纳健康文明的生活方式，增强生命观念和社会责任感

科学探究 —— 结合物理、化学知识分析科学史相关经典实验，阐明兴奋的产生及其在神经纤维上传导的机理；能用结构与功能观和稳态与平衡观从微观水平上认识兴奋的产生与传导，基于对神经系统是一个信息网络的理解，初步形成信息观，能基于事实和证据采用科学思维方法揭示生物学规律；通过"推断假说和预期"训练逻辑推理的严密性。关注滥用兴奋剂和吸食毒品的危害，并能够向他人宣传，拒绝毒品

社会责任 —— 通过分析缩手反射，排尿反射，阐明中枢神经系统是机体控制中心，能够运用分级调节原理分析相关疾病的原因，深化稳态与平衡观，培养系统思维，崇尚健康。养成良好的生活习惯

单元情境下的问题驱动：
- 我国 手在赛场上，靠眼耳等感觉器官及时获得来自同伴、教练、观众等的信息后进行处理，并迅速做出反应这一过程，是什么在调节？ —— 2课时
- 首发 手在听到枪响到做出起跑动作的过程，信号的传导经过了哪些结构？ —— 1课时
- 现在世界田径比赛规定的，在枪响后0.1秒内起跑被视为抢跑这一规则制定的科学依据是什么？ —— 2课时
- 各 手经过训练可以在比赛时听到枪响或接棒后再跑，以及克服自身生理困难如憋尿是如何做到的，这说明了什么？ —— 1课时
- 手在训练的过程中，依靠什么结构学习并记忆动作要领、与其他队员和教练用语言进行沟通以及保持良好情绪等？ —— 1课时

图 3-42 本单元的内容结构

从情境中抽提出 5 个生物学问题：
（1）我国选手在赛场上，靠眼耳等感觉器官及时获得来自同伴、教练、观众等的

信息后进行处理，并迅速做出反应这一过程，是什么在调节？

（2）首发选手在听到枪响到做出起跑动作的过程，信号的传导经过了哪些结构？

（3）现在世界田径比赛规定的，在枪响后0.1秒内起跑被视为抢跑这一规则制定的科学依据是什么？

（4）各选手经过训练可以在比赛时听到枪响或接棒后再跑，以及克服自身生理困难如憋尿是如何做到的，这说明了什么？

（5）选手在训练的过程中，依靠什么结构学习并记忆动作要领、与其他队员和教练用语言进行沟通以及保持良好情绪等？

单元教学目标导向下的课时目标如图3-43所示。

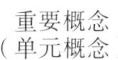

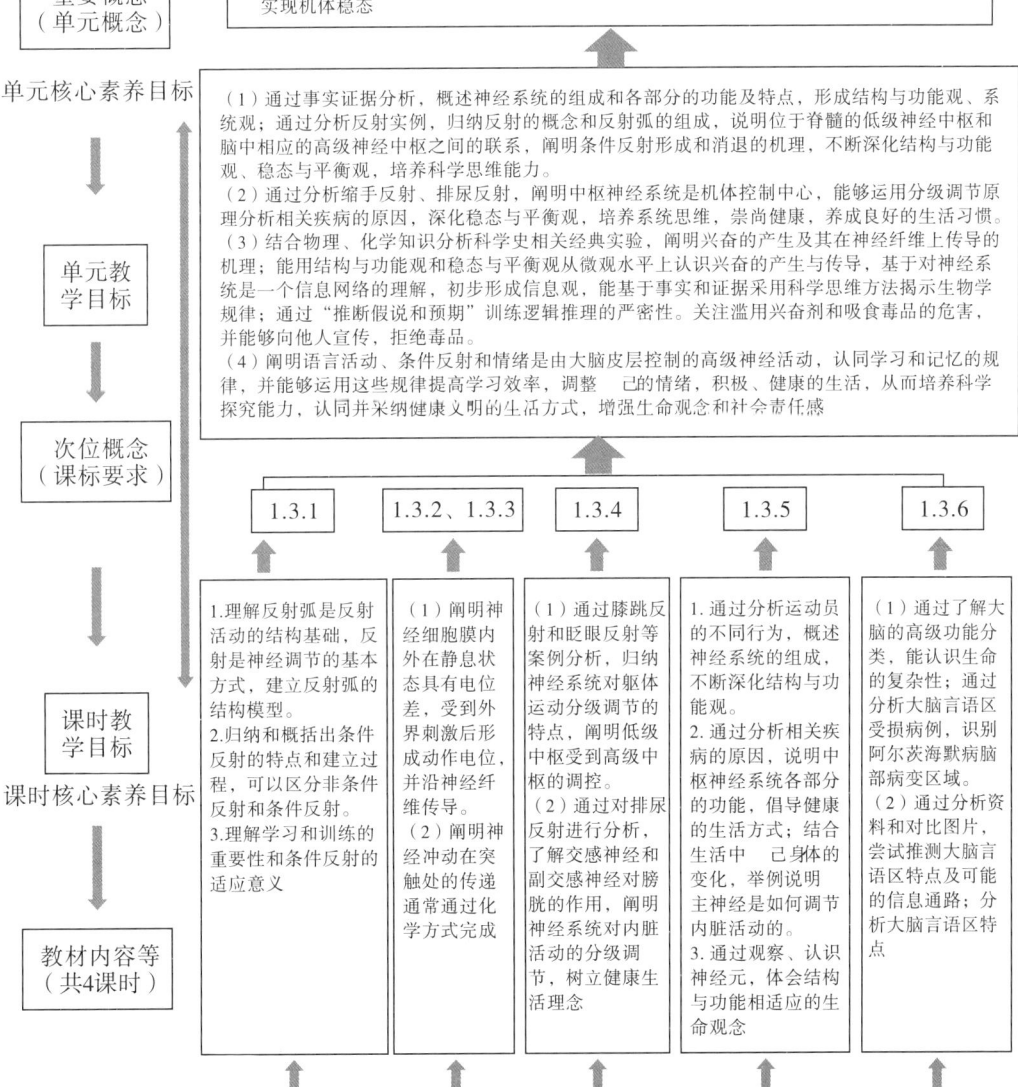

图3-43 单元教学目标导向下的课时目标

第 1 节　神经调节的结构基础

（一）教学内容分析

本节课是本章的第一节，教材是按照由宏观到微观的结构层次编排的，本节教材先介绍神经系统的基本结构，然后再介绍组成神经系统的细胞。学生通过本节课对神经系统有初步的认识，为之后的神经调节的学习打下基础，同时本节课内容与生活中的现象密切联系，可以让学生在了解神经系统结构的同时对其功能有初步的认识，不断渗透结构和功能观，并且对相关病人的关注也可以提高学生的社会责任意识。

（二）学习者分析

学生在初中已经学过中枢神经系统、周围神经系统、自主神经系统以及神经元等知识，具有一定认知基础。但学生仍对概念存在混淆的现象。本节课涉及中枢神经系统、周围神经系统、自主神经系统的结构及功能，既是本节课的教学重点又是教学难点，其内容抽象复杂，学生在教学中因已学知识容易松懈，因此在课堂上需要教师发挥学生的主观能动性，通过真实情境下的问题解决逐步深入突破重难点，并引导学生树立健康生活理念。

（三）学习目标确定

（1）通过分析运动员的不同行为，概述神经系统的组成，不断深化结构与功能观。

（2）通过分析相关疾病的原因，说明中枢神经系统各部分的功能，倡导健康的生活方式；结合生活中自己身体的变化，举例说明自主神经是如何调节内脏活动的。

（3）通过观察、认识神经元，体会结构与功能相适应的生命观念。

（四）学习重难点

（1）学习重点：神经系统的基本结构；神经元的结构与功能。

（2）学习难点：交感与副交感神经的作用特点。

（五）教学过程

环节一：情境导入，引入课题。

播放视频：《2019 年世界杯中国女排夺冠历程》提出问题：

问题1：女排队员是如何及时获得来自排球、队友、对手、教练等的信息？

问题2：获得信息后，是如何经过自身处理并作出准确迅速的反应呢？

教师引导提出本节课核心问题：

一套精密的系统才能这样无时无刻对信息进行获取、处理的反应，以人类为代表的高等动物神经系统需要怎样的结构基础呢？

【设计意图】创设生活情境，通过问题激发学生的求知欲，从而引入本节内容。

环节二：认识神经系统的组成。

任务一：分析神经系统的基本结构。

足球运动员们在赛场上可以协调配合，运动员们的神经系统是怎样的呢？请认真阅读教材第 16~18 页，结合图 2-1，运用概念：神经系统、中枢神经系统、脑、脊髓、外周神经系统、自主神经系统、传入神经、感觉神经、传出神经、运动神经、躯体运动神经、内脏运动神经、交感神经、副交感神经构建关系图。

任务二：限时自主构建神经系统基本结构的概念图。

教师结合图例，具体介绍中枢神经系统、周围神经系统各部分结构。

提供资料，让学生进一步认识中枢神经系统各部分的功能。

（1）喝醉酒的人会胡言乱语，走路不稳。

（2）切除了小脑的狗行动时步子不协调，走路时腿抬得很高，步子迈得很大；姿势不协调，行动笨拙。

（3）给出不同脑血栓病人半身不遂、口齿不清、意识模糊的实例。

（4）植物人只有基本的呼吸、心跳等体征，大脑皮层严重受损，但是脑干通常完好。

（5）颈椎骨折的病人高位截瘫，颈部以下部位不能活动。

设疑：足球比赛中，你若与运动员一样，奋不顾身、腾空救球时，心跳会加快，呼吸急促。你可以控制自己的跑跳，却不能控制自己的心跳，这是为什么呢？

【设计意图】通过连续设问，帮助学生掌握并辨析神经系统的基础结构。并通过生活实例引出自主神经系统，帮助学生在形成概念的同时提升归纳能力。

环节三：了解自主神经系统及其作用特点。

教师利用教材 P18 中"思考·讨论"提供的情境，思考、讨论以下问题：

（1）运动员上场前，感到有些紧张，心跳加快，呼吸急促；下场后又逐渐恢复平稳。比较这两种不同状况下生理活动变化的特点，你能发现什么规律？

（2）介绍神经元和神经胶质细胞，提供资料和图片，观察神经元细胞体和两种突起等。拓展思考：有些神经元的轴突很长，并且树突很多，这有什么意义？

【设计意图】紧扣情境导入主题，引导学生比较分析躯体运动的随意性和支配内脏活动的不随意性，总结自主神经系统不受意识支配的特点，初步构建自主神经系统的概念。教师讲解神经胶质细胞的具体功能案例，引导学生提炼神经胶质细胞的功能及其与神经元、神经系统之间的关系，深化神经系统的结构层次。

（六）板书设计

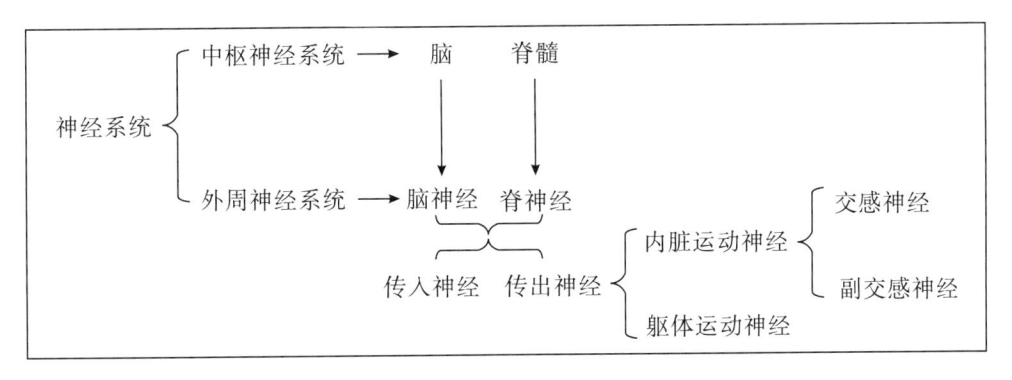

（七）教学反思

（1）本节内容以思维导图的形式归纳总结教学内容，使学生能够清楚地知道神经系统的结构层次，理清交感神经与副交感神经、躯体运动神经与内脏运动神经、中枢神经系统与外周神经系统、神经元和神经胶质细胞等概念及概念之间的关系，培养学生的归纳与概括能力、模型与建模能力、演绎与推理能力，在一定程度上增强学生对所学内容的记忆，提高学习效率。

（2）让学生在分析熟悉的生活情境中找到理论依据，相对轻松的理解了自主神经系统的功能及作用特点。学生在分析临床病例的过程中习得相关知识，理解科学的发展，在人类神经系统疾病诊断和治疗中的重大意义，增强了学生关爱健康、珍爱生命的社会责任感。

（八）课后固学

以"神经系统的基本结构"为核心完善思维导图。

第 2 节　神经调节的基本方式

（一）教学内容分析

本节教材实际上是初中所学内容的深化，其教学内容有两个：分别是反射与反射弧的概念及条件反射与非条件反射的比较与分析。本节问题探讨的情境生活化，手被尖刺扎了一下，迅速缩回，并意识到疼和被扎，引领学生思考。对先避开可能带来伤害的刺激才产生感觉的现象以及意义的探讨，引领学生进一步建立适应观，从进化与适应的视角去思考分析生命现象。

（二）学习者分析

本节的授课对象是高一学生，在初中阶段，与第 1 节类似，本节内容学生在初中大多已学过，反射的概念、反射弧的结构，以及条件反射与非条件反射的区别在初中教材中都有涉及。本节教材实际上是初中所学内容的深化，给出了兴奋的概念，将初中教材中所说的简单反射与复杂反射明确为非条件反射与条件反射，进一步揭示了条件反射的意义。

（三）学习目标确定

（1）通过观察分析生活中常见的反射活动，理解反射弧是反射活动的结构基础，反射是神经调节的基本方式，建立反射弧的结构模型。

（2）归纳和概括出条件反射的特点和建立过程，可以区分非条件反射和条件反射。

（3）根据神经反射的原理和条件反射的建立过程，理解学习和训练的重要性和条件反射的适应意义，应用其原理提高学习效率、调节情绪，享受健康生活。

（四）学习重难点

（1）学习重点：概述人体神经调节的基本方式。

（2）学习难点：反射弧的结构组成；条件反射的建立和消退。

（五）教学过程

环节一：创设真实情境，设置问题导入。

延续 2019 年世界杯中国女排夺冠历程提出问题

（1）女排队员在看到排球过网到做出接球动作的过程中，信号的传导经过了哪些结构？

观察缩手反射和膝跳反射示意图，回答问题；信号传导的路径上有哪些身体结构？

布置学习任务一：通过对上述三个生活实例的分析，对其中的共同点进行归纳与概括，回答问题：

（1）神经调节的基本方式是什么？

（2）完成上述调节的结构基础是什么？

【设计意图】通过归纳和概括生活中常见的反射活动，理解反射是神经调节的基本方式。通过抽象建模，认识反射的结构基础是反射弧，形成结构和功能相适应、部分和整体相联系的生命观念。

环节二：非条件反射与条件反射。

深入挖掘生活中的反射活动的例子，并进行分类，让学生意识到反射活动有些是与生俱来的，而有些是需要后天建立的。

实例 1：眨眼反射；膝跳反射；新生儿吸吮反射；缩手反射；猴子骑车。

实例 2：《世说新语·假谲》。魏武行役，失汲道，军皆渴，乃令曰："前有大梅林，饶子，甘酸，可以解渴。"士卒闻之，口皆出水，乘此得及前源。

教师展示 2 个实例，引导学生分析、思考上述反射活动并将其分类，说出分类依据。

小结：

（1）非条件反射：出生后无须训练就具有的反射。

（2）条件反射：出生后在生活过程中通过学习和训练逐渐形成的反射。

【设计意图】引导学生结合实际情境，利用已有的知识，理解条件反射与非条件反射的概念和特点。

环节三：生物大分子进出细胞的方式——胞吞、胞吐。

学生已经知道，小分子、离子可以通过主动运输和被动运输进出细胞。接下来教师提问：会不会有生物大分子也需要进出细胞？让学生举例说明。

学生阅读教材图 2-5 "条件反射的建立过程示例"。

教师用多媒体投影巴甫洛夫的经典实验来说明经典条件反射的建立过程和消退过程。并提问：

食物刺激引起狗分泌唾液是否属于反射活动？铃声刺激引起狗分泌唾液，是否属于反射活动？这两种反射活动有何不同？

巴甫洛夫在训练过程中，是如何将铃声刺激和食物刺激联系起来的？

条件反射的建立是否是永久的？若不是永久的，在什么样的条件下会消退？举一反三。

学生分组讨论上述问题的答案，随后请学生回答，教师逐一点评。

通过对条件反射与非条件反射的分析，引导学生分析：
（1）比较非条件反射与条件反射，并指出条件反射意义。
（2）条件反射的建立和消退机制对于学生的学习具有怎样的启发意义呢？

【设计意图】通过对生活实例的分析，引导学生分析条件反射与非条件反射，设置问题串使学生在层层分析中认同条件反射是在非条件反射的基础上，通过学习和训练而建立的，需要大脑皮层的参与。

环节四：列表总结条件反射与非条件反射。

表 3-15　条件反射与非条件反射对比

类型	条件反射	非条件反射
形成过程		
刺激		
形成数量		
神经中枢		
神经联系		
意义		
联系		

【设计意图】让学生通过回忆已学知识，比较条件反射与非条件反射，深入理解两者特点及联系。

（六）板书设计

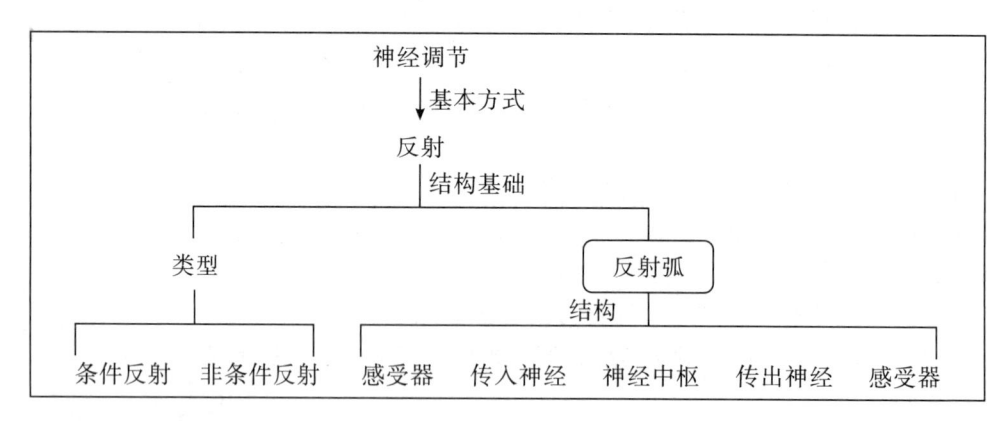

```
            神经调节
              ↓ 基本方式
            反射
              | 结构基础
    ┌─────────┴─────────┐
   类型                反射弧
    |                   | 结构
 ┌──┴──┐    ┌──────┬────┼────┬──────┐
条件反射 非条件反射 感受器 传入神经 神经中枢 传出神经 感受器
```

（七）教学反思

本节课从学生熟悉的生活实例入手，通过教师抛出的层层深入的问题串，通过学生自主探究性学习、合作建构概念等环节，逐步解决问题，最后构建知识网络，符合学生认知发展规律，契合此年龄段学生认知的最近发展区，有利于学生基于理解的深度学习，培养学生高阶思维能力，渗透珍爱生命的社会责任感。

（八）课后固学

以"神经调节的基本方式"为核心画出思维导图。

第3节 神经冲动的产生和传导

（一）教学内容分析

这节内容主要是在"神经调节的结构基础和反射"基础上学习"兴奋在神经元之间的传导""兴奋在神经元之间的传递"和"滥用兴奋剂、吸食毒品的危害"。本课主要剖析"兴奋的传递"，包括传递过程、传递特点、传递方式等主要内容。本节是研究动物和人体的神经系统的调节原理，揭示高等生物个体生命活动规律，在整个教材中处于相当重要的地位。

通过分析静息状态与受刺激的情况下，电表测得电位的变化，引导学生要通过现象看本质。通过教材对突触结构和突触信号传递过程图解的分析，让学生了解传递过程、传递方式及单行传递特点，培养学生析图能力。再从兴奋剂、毒品对神经系统作用原理，剖析其对人体、家庭、社会的危害，号召学生珍爱生命，落实社会责任感。

（二）学习者分析

学生在初中学习了反射、反射弧等基础知识，这为"兴奋的传递"内容的学习奠定了基础。但本节内容较为抽象复杂，涉及微观的生命活动动态过程，学生初步接触，认知水平有限，对理解复杂的突触结构和传递过程有一定难度。因此，本课时基于生物学核心素养理论，采用情境教学法，将这一知识领域与科技前沿、社会热点密切相关，教师有效结合多媒体和板书，引导学生联系大量社会生活实际问题，从而培养学生的社会责任感。

（三）学习目标确定

（1）阐明神经细胞膜内外在静息状态具有电位差，受到外界刺激后形成动作电位，并沿神经纤维传导。

（2）阐明神经冲动在突触处的传递通常通过化学方式完成。

（四）学习重难点

（1）学习重点：兴奋在神经纤维上的传导过程、突触的结构和兴奋在突触上的传递过程。

（2）学习难点：兴奋在神经纤维上的传导特点、兴奋在神经元之间的传递特点的理解。

（五）教学过程

环节一：问题探讨，新课导入。

问题探讨：短跑赛场上，发令枪一响，运动员会像离弦的箭一样冲出，现在世界短跑比赛规则规定，在枪响后0.1s内起跑被视为抢跑。提出问题：

（1）从运动员听到枪响到作出起跑的反应，信号的传导经过了哪些结构？

(2) 短跑比赛规则中关于"抢跑"规定的科学依据是什么？

(3) 运动员听到信号后神经产生兴奋，兴奋的传导经过了一系列的结构；那么，兴奋在反射弧中是以什么形式以及如何传导的？

过渡：展示生物电实验：人体内的活细胞或组织都存在复杂的电活动，这种电活动称为生物电现象。生物电是由细胞膜两侧的电位差或电位差的变化引起的。

展示资料：

资料1：意大利生理学家伽尔瓦尼在1791年的论文中宣称动物的组织可以产生生物电。后来他们设计了"无金属收缩实验"，刺激蛙的坐骨神经可以导致蛙腓肠肌收缩，这一过程中，没有涉及任何金属，出色地证明了生物电的存在。

资料2：1820年电流计应用于生物电研究。在蛙神经外侧连接两个电极。随后，刺激蛙神经一侧，并在刺激的同时记录电流表的电流大小和方向。

展示实验：将电流计的两极置于蛙的坐骨神经上的不同位点，受到刺激后电流表的指针发生了怎样的变化呢？

得出结论：兴奋是以电信号的形式沿着神经纤维传导的，这种电信号也叫作神经冲动。

提出问题：

兴奋在神经纤维上产生和传导的机理是什么呢？

【**设计意图**】创设生活情境，通过问题激发学生的求知欲，从而引入本节内容。引导从实验分析开始，通过静息状态与受到刺激的情况下电表测得电位的变化，得出神经系统中传导的兴奋本质上是电信号的结论，训练学生从实验现象中得出结论的理性思维。

环节二：兴奋在神经纤维上的传导。

展示资料：

资料1：神经细胞内外部分离子浓度（见表3-16）。

表3-16

细胞类型	细胞内浓度（mmol/L）		细胞外浓度（mmol/L）	
	Na^+		K^+	
枪乌贼神经元轴突	50	400	460	10
蛙神经元	15	120	120	1.5
哺乳动物肌肉细胞	10	140	150	4

资料2：将枪乌贼巨神经纤维神经膜外的钠离子全部移去，神经轴突将无法兴奋，若增加了钠离子浓度，神经轴突兴奋性增强。

学生通过对两个资料的分析得出结论：兴奋的产生与膜两侧的离子流动有关。

自主阅读教材P28，思考并解决以下问题：

(1) 神经细胞 Na^+、K^+ 分布有什么特点？静息时膜内外离子浓度差形成的原因是什么？

(2) 静息时神经纤维膜内和膜外的电位是怎样的？
(3) 接受刺激时，兴奋部位膜内外发生了什么变化？为什么会出现这种变化呢？
(4) 兴奋在神经纤维上是怎样传导的？

配合细胞膜的结构图，讲解静息电位和动作电位产生的离子基础，以及静息电位恢复的离子基础。

设疑：是什么原因维持了细胞内高钾离子、细胞外高钠离子的状态？

【设计意图】通过连续设问，帮助学生掌握并辨析兴奋的产生，通过布置探究任务：神经冲动在神经纤维上的传导方向。引导学生在学习完科学史后，重点思考神经冲动在神经纤维上的传导方向，进一步深化学生在科学史学习中理解的知识认知层次。

环节三：理解兴奋在神经纤维上的传导的机理。

教师通过PPT展示霍奇金和赫胥黎的实验：提出问题：是什么原因导致出现"内负外正"的静息电位和"内正外负"的动作电位呢？

自主阅读教材P28前三段文字和图2-7，思考以下4个问题：
(1) 静息电位的形成原因。
(2) 动作电位的形成原因。
(3) 动作电位之后又是如何恢复成静息电位的？
(4) 恢复成静息电位说明什么问题？

教师展示膜上两种通道蛋白：钠离子通道蛋白、钾离子通道蛋白。引导学生结合两种通道蛋白分析：
(1) 兴奋在神经纤维上的传导——静息电位的特点。
(2) 兴奋在神经纤维上的传导——动作电位的产生及特点。
(3) 在兴奋传导过程中膜内外电流方向一致吗？
与兴奋传导方向有什么关系呢？

在分析完静息电位与动作电位的产生后，引导学生思考：神经细胞每兴奋一次，会有部分Na^+内流和部分K^+外流，长此以往，神经细胞膜内高K^+、膜外高Na^+的状态将不复存在。这个问题如何解决？

教师展示细胞膜上的钠钾泵结构示意图，并展示科学史：丹麦生理学家斯科等人发现，钠钾泵是一种钠钾依赖的ATP酶，能分解ATP释放能量，将膜外的K^+运进细胞，同时将膜内的Na^+运出细胞。细胞内K^+浓度高，细胞外Na^+浓度高，正是由钠钾泵维持的。

【设计意图】通过对细胞膜两侧钠离子和钾离子浓度的数据进行分析，得知兴奋的产生与膜两侧的离子流动有关。结合细胞膜上相应结构分析静息电位、动作电位的生理学机制，学生根据分析绘制膜两侧电位变化的示意图，再通过小组活动，加深对静息电位、动作电位的理解。

环节四：探究兴奋在突触处的传递形式。

展示某一反射弧。设问：完成一次反射一般需经过多个神经元，上节课已经理解了神经冲动在某一神经纤维上的传导过程，那么信号在神经元之间如何传递？

资料1：有研究者提出一个问题："当神经系统控制心脏活动时，在神经元与心肌细胞之间传递的信号是化学信号还是电信号呢？"为了回答这一问题，科学家进行了如下实验。取两只蛙的心脏（A和B，保持活性）置于成分相同的营养液中，A有某副交感神经支配，B没有该神经支配；刺激该神经，A心脏的跳动减慢；从A心脏的营养液中取一些液体注入B心脏的营养液中，B心脏跳动也减慢。

引导学生得出结论：该神经释放一种化学物质，这种物质可以使心跳变慢。

资料2：1914年，英国生物学家亨利·戴尔在研究麦角菌时发现，从麦角菌中分离出的一种物质出现了类似副交感神经的作用，推测刺激副交感神经可能会产生类似这种物质的递质。后来戴尔分析该物质，发现其化学本质是乙酰胆碱。1929年，戴尔在动物体内找到了含量极低的乙酰胆碱。1932年，戴尔通过实验证明副交感神经的兴奋末梢都能释放这种递质。

引导学生得出结论：化学物质是乙酰胆碱。

资料3：20世纪50年代，瑞典生理学家乌鲁夫·奥伊勒发现一种神经递质（乙酰胆碱）是在神经末梢内的一种小颗粒（突触小泡）内贮存。通过电子显微镜观察到突触是由突触前膜、突触后膜、突触间隙3部分组成。

引导学生得出结论：①突触由突触前膜、突触后膜、突触间隙3部分组成；②神经递质储存在突触小泡内。

资料4：1951年，英国科学家巴纳德·卡兹等研究者利用细胞内记录法，发现当神经冲动来临时，乙酰胆碱以一定数量为单位从突触小泡中释放到突触间隙，并扩散到突触后膜处，与突触后膜上的受体结合并产生小电位。这种小电位不能传播，当小电位增大到一定水平时（阈值），可在突触后膜上引起一个动作电位，从而实现了从电信号到化学信号、再从化学信号到电信号的转变。

引导学生得出结论：神经递质从突触前膜释放，作用于突触后膜。

通过对以上资料的分析，学生自主阅读教材P29，思考并解决以下问题：

(1) 请简述突触的组成、类型、结构。
(2) 兴奋是如何在突触处完成传递？需要借助哪类物质来实现？请简述。
(3) 兴奋在神经元之间的信号传递也是双向的吗？如果不是请简述原因。
(4) 兴奋在神经纤维上的传导速度与神经元之间的信号传递速度一样吗？

【设计意图】通过问题串层层理清了突触处兴奋传递过程中的关键问题，解决本节课的难点。在教师的引导下，学生进行思考，深化对突触处兴奋传递过程的理解。联系上一课时内容，对兴奋沿神经纤维的传递和兴奋在突触的传递进行辨析。

环节五：滥用兴奋剂、吸食毒品的危害。

教师展示突触结构，通过突触结构分析兴奋剂、毒品作用机理。

教师展示可卡因上瘾机制图，分析服用可卡因为什么会使人上瘾。

通过引导学生分析常见毒品，谈一谈你还知道哪些毒品。如果有人劝你吸食毒品，你会以怎样的方式拒绝？

展示《中华人民共和国禁毒法》的相关内容和我国在禁毒领域所取得的成就。

【设计意图】使学生从心底认同吸食毒品的危害，远离毒品的同时，做好宣传工作，提升社会责任感。

（六）板书设计

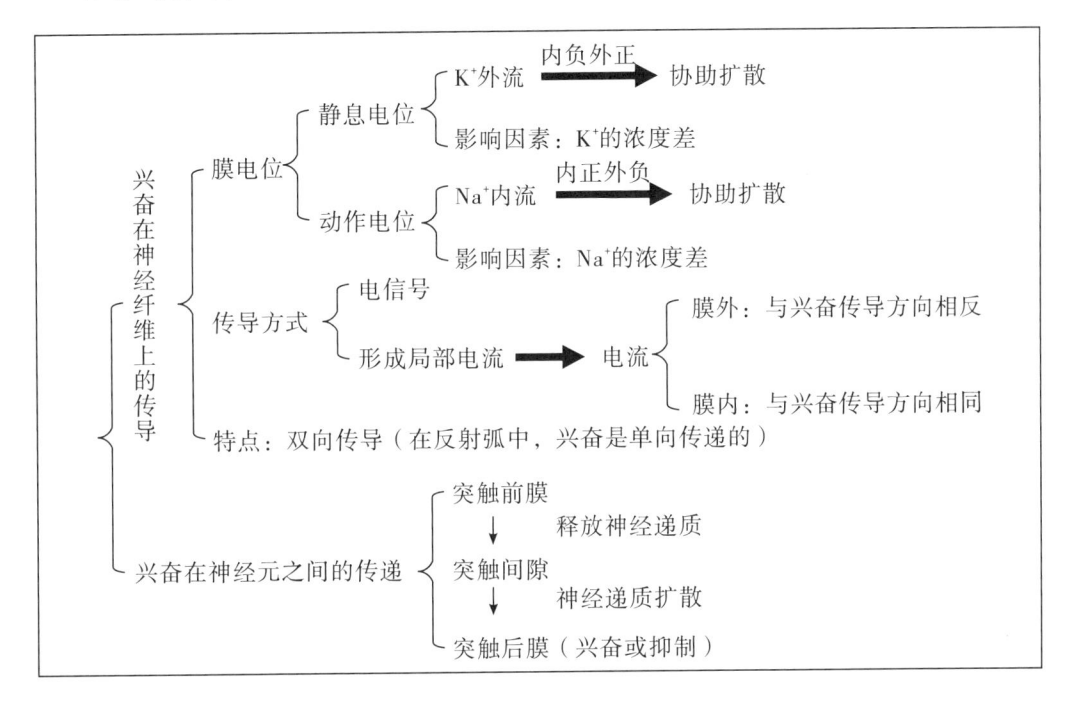

```
                    ┌─ 静息电位 ─┬─ K⁺外流 ──内负外正──→ 协助扩散
          ┌─ 膜电位 ─┤            └─ 影响因素：K⁺的浓度差
          │         └─ 动作电位 ─┬─ Na⁺内流 ──内正外负──→ 协助扩散
兴奋在神经 │                      └─ 影响因素：Na⁺的浓度差
纤维上的 ─┤                ┌─ 电信号                    ┌─ 膜外：与兴奋传导方向相反
传导      ├─ 传导方式 ─────┤                            │
          │                └─ 形成局部电流 ──→ 电流 ───┤
          │                                              └─ 膜内：与兴奋传导方向相同
          └─ 特点：双向传导（在反射弧中，兴奋是单向传递的）

                              ┌─ 突触前膜
                              │     ↓     释放神经递质
兴奋在神经元之间的传递 ───────┤  突触间隙
                              │     ↓     神经递质扩散
                              └─ 突触后膜（兴奋或抑制）
```

（七）教学反思

第 1 课时的教学内容较抽象，学生难以理解。通过动画展示兴奋产生的离子基础，形象直观，便于学生理解。将知识还原到科学史的研究背景中去习得。介绍科学家的研究成果，让学生亲历科学探究的历程，感悟科学探究的思路和精神。第 2 课时的教学在认识了突触的结构的基础上，分析了突触处兴奋传递的过程，体现了结构与功能观，并从信息的角度分析了突触处兴奋传递的过程，有助于学生形成信息观。在分析突触处兴奋传递的过程的基础上，分析滥用兴奋剂和吸食毒品的危害，有助于学生理解毒品作用的机制，便于形成远离毒品的社会责任感。学生在自己总结突触传递过程并就过程提出疑问的过程中，培养了归纳、总结、勇于设疑的批判性思维。学生在课下搜集关于兴奋剂和毒品资料的过程中，获得了知识，关注了社会和健康。教学方式灵活，课堂效率提高。具体表现：一是让学生用类比推理的方法学习动物细胞吸水与失水的原理，此处理方法能及时反馈学生的学习效果；二是列表格比较自由扩散与协助扩散的区别，促进学生自主学习和合作学习能力提升。

（八）课后固学

以"神经冲动的产生和传导"为核心完善思维导图。

第 4 节 神经系统的分级调节

（一）教学内容分析

新课程标准对本节内容的要求是"分析位于脊髓的低级神经中枢和脑中相应的高

级神经中枢相互联系、相互协调，共同调控器官和系统的活动，维持机体的稳态"。学习本节内容之前，学生已经学习了神经调节的基础和基本方式，知道神经冲动是如何产生和传导的，对神经系统有了深入了解，知道神经系统对维持生命活动具有重要意义。本节内容让学生从躯体运动和内脏活动两方面认识神经系统的分级调节，将前面学过的神经系统的相关知识与本节内容结合起来，增进学生对神经系统认识。因此本节内容需要回顾前面学过的相关内容，同时联系学生生活经验，使学生在具体情境中思考问题，深入了解神经系统对人体的调节，为后续学习体液调节和免疫调节打下基础，形成神经—体液—免疫调节概念。

（二）学习者分析

本节课的授课对象是高二学生，通过本单元前面章节内容的学习，学生对神经调节的基础和基本方式及神经冲动的产生和传导有了大致认识，但对神经系统如何进行人体的调节还较为陌生。同时前面学过的神经系统的知识还较为零散，没有进行有效整合，学生还未建立起对神经系统调节躯体运动和内脏活动的深入认识。因此，本节内容对学生认识神经系统如何调节人体和后续学习免疫调节、体液调节具有十分重要的意义，同时学生生活中有着许多未曾关注的神经调节的经验，因此在学习本节内容时教师需要引导学生思考常见的生物学现象，分析生活中神经系统分级调节的具体事例，使学生将学过的神经系统的知识运用起来，同时结合生活实际进行思考，增进对神经系统的理解和认识，合理使用多媒体设备展示神经系统调节躯体运动和内脏活动的结构或模型，帮助学生理解本节内容。

（三）学习目标确定

（1）通过膝跳反射和眨眼反射等案例分析，归纳神经系统对躯体运动分级调节的特点，阐明低级中枢受到高级中枢的调控。

（2）通过对排尿反射进行分析，了解交感神经和副交感神经对膀胱的作用，阐明神经系统对内脏活动的分级调节，建立健康生活理念。

（四）学习重难点

（1）学习重点：神经系统分级调节的特点和意义。

（2）学习难点：神经系统分级调节的特点和意义。

（五）教学过程

环节一：新课导入。

教材第 33 页问题探讨引入：

学生思考：

（1）为什么眼前有东西飞来时，眼睛会不受控制地眨一下？

（2）为什么有些人可以练成长时间不眨眼呢？这说明了什么？

在学生回答的基础上，教师进一步设疑：类似的实例在日常生活中还有哪些？

根据实例分析，教师总结：

躯体的运动，如膝跳反射、缩手反射等，不仅受到脊髓的控制，也受到大脑的调节。

教师设疑：

（1）大脑中的神经中枢是如何控制躯体运动的呢？功能的实现离不开结构，引导学生学习大脑的结构。

（2）明确大脑皮层的结构之后，引导学生学习大脑皮层是如何调控躯体运动的。

请学生阅读教材 34 页思考与讨论中的资料 1，并思考相关问题，分析大脑皮层与躯体运动的关系。

（1）躯体各部分的运动调控在大脑皮层有没有对应的特定区域？

（2）如果有，它们的位置关系有什么特点？

（3）大脑皮层运动代表区范围的大小，是与躯体中相应部位的大小相关还是与躯体运动的精细程度相关？

师生总结神经系统对躯体运动的分级调节过程，构建概念图。

【设计意图】创设生活情境，通过问题激发学生的求知欲，从而引入本节内容。回顾先前学过的内容，将新学的内容和前面的内容建立联系，由易到难使学生思考问题。

环节二：大脑的结构与躯体运动。

资料1：一位老人突然出现脸部、手臂及腿部麻木等症状，随后上下肢都不能运动。后经医生检查，发现他的脊髓、脊神经等正常，四肢也都没有任何损伤，但是脑部有血管阻塞，使得大脑某区出现了损伤。这类现象称为脑卒中，在我国非常普遍。

提出问题：在资料 1 中老人的上肢、下肢和脊髓都没有受伤，为什么不能运动呢？这说明大脑与脊髓之间有什么关系？

资料2：加拿大医生彭菲尔德（1891—1976）对癫痫病人实施电刺激治疗时发现，刺激人的躯体感觉皮层时，病人会感觉到对侧躯体特定部位受到了触摸；刺激运动皮层时则会引起对侧躯体特定部位发生运动。在每一个这样的定位点旁边画上对应的躯体。展示大脑皮层第一运动区与躯体各部分关系示意图。

提出问题：

（1）躯体各部位的运动调控在大脑皮层有没有对应的区域？如果有，它们的位置关系有什么特点？

（2）大脑皮层运动代表区范围的大小，是与躯体中相应部位的大小相关还是与躯体运动的精细程度相关？

请同学们根据以下情况利用概念图表示调控的途径。

通常情况下，成年人的手指不小心碰到针刺会不自主地收缩，而在医院采指尖血时却可以不收缩。

当一位同学在你面前挥一下手，你会不自觉地眨眼；而经过训练的人，却能做到不为所动。眨眼反射如何受大脑皮层的调控，用概念图表示调控的途径。

【设计意图】通过层层深入的问题串，利用所学知识分析现实问题，培养学生的推理、判断能力，让学生体会生物学知识在生活中的应用，激发学生的学习兴趣。

环节三：大脑皮层与内脏活动的关系。

资料1：尿液的形成。带领学生回顾尿液的形成和排出。

资料2：分析成人的排尿控制。

资料3：对比婴儿和成人的排尿，找出婴儿和成人排尿的区别。

资料4：拓展：麻醉穿刺后用导尿管。

利用概念图（见图3-44）展示排尿反射的分级调节。

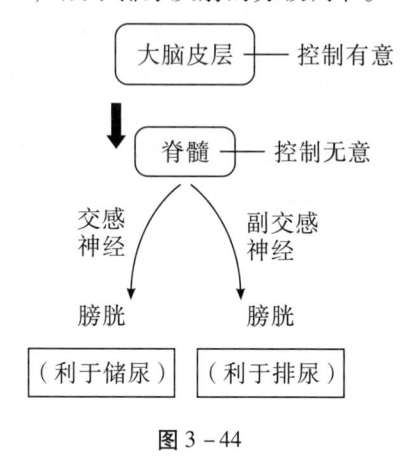

```
            ┌─大脑皮层─┐── 控制有意
                 ↓
            ┌─ 脊髓 ─┐── 控制无意
           ↙         ↘
        交感         副交感
        神经         神经
         ↓           ↓
        膀胱         膀胱
      (利于储尿)   (利于排尿)
```

图3-44

展示打排球时，神经系统对内脏活动的调节。

教师提问：女排运动员在赛场上，心跳呼吸速度不断发生变化，其中只有交感神经或副交感神经单一控制吗？为什么？在女排运动员调节心跳和呼吸时，大脑皮层有没有参与对心肺活动的调控？请说出你的理由。

【设计意图】紧扣情境导入主题，尝试从神经调节的角度看待现实生活中的生物学现象并分析问题。

（六）板书设计

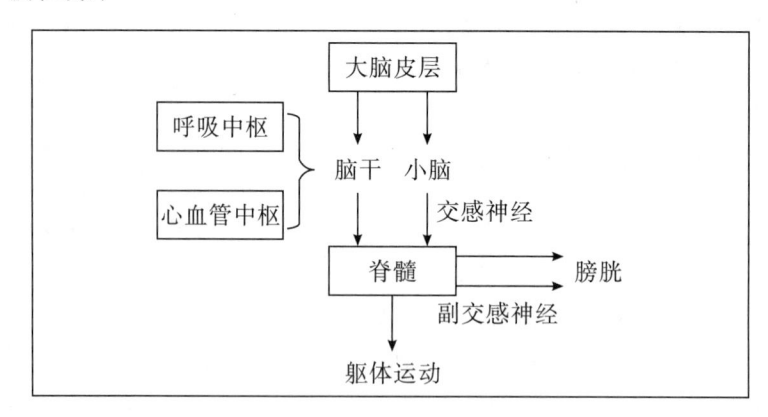

```
     呼吸中枢 ┐       大脑皮层
              │       ↓    ↓
              ├─→   脑干  小脑
     心血管中枢┘              ↓ 交感神经
                       脊髓 ──────→ 膀胱
                        ↓   副交感神经
                      躯体运动
```

（七）教学反思

（1）基于真实情境的问题设置，引导学生理解重要概念。

（2）利用探讨式教学，引导学生进行分析、讨论、归纳和总结，充分发挥了学生的主动性和提高了教学的有效性，增强了对学生科学思维的训练。

（3）本节课教学中以缩手反射、排尿反射等为例，引导学生分析和理解神经中枢对躯体运动和内脏活动的分析调节，紧密联系了生活实际，激发了学生的兴趣。学生积极参与到资料分析与讨论中，把已有的知识整合、内化和运用，发展了科学思维能力。丰富的实例分析，引导学生认识到大脑在个体发育中不断发展完善，鼓励学生主动提升个人修养，为担当更多的社会责任打好基础。

（八）课后固学

以"神经系统的分级调节"为核心完善思维导图。

第5节 人脑的高级功能

（一）教学内容分析

在上一节提到大脑可以控制机体的反射活动后，本节介绍了人脑大脑皮层的语言、学习、记忆、情绪等方面的高级功能。问题探讨选择的情境是阿尔茨海默病，可以说明人脑具有的一些高级功能，也有助于学生形成关爱老年人的意识。本节将语言功能作为重点介绍教材，通过资料使学生了解人类大脑皮层言语区的分布与特点。教材介绍了记忆的过程以及记忆与学习的关系，有助于学生从脑科学的角度理解正确的记忆与学习的方法。此外，教材还侧重使学生明确，情绪对学习、生活的影响，在面对负面情绪时，应该采取策略与措施，倡导健康的生活方式。

（二）学习者分析

本节是在上一节提到大脑可以控制机体的反射活动后，介绍了人脑大脑皮层的高级功能，学生对大脑的结构已有了清晰地认识。学生正处于学习阶段，对学习记忆有着深刻的体会，学习记忆密不可分。学生面临着紧张的学习，有时会出现精神压力大、情绪变化明显的状况，而且未来的生活和工作也难免出现各种精神压力。学生学习调节情绪相关的知识，对学习和生活都大有裨益。

（三）学习目标确定

（1）通过了解大脑的高级功能分类，能认识生命的复杂性；通过分析大脑言语区受损病例，识别阿尔茨海默病脑部病变区域。

（2）通过分析资料和对比图片，尝试推测大脑言语区特点及可能的信息通路；分析大脑言语区特点。

（3）理性解释阿尔茨海默病，关注并关爱阿尔茨海默病患者。

（四）学习重难点

（1）学习重点：语言、记忆与学习、情绪等人脑的高级功能。

（2）学习难点：人类大脑皮层言语区的功能区分。

（五）教学过程

环节一：新课导入。

资料1：阿尔茨海默病是老年人常见的一种疾病，该病主要表现为患者逐渐丧失记忆和语言功能、计算和推理等思维能力受损（如迷路）、情绪不稳定。研究发现，该病是由患者大脑内某些特定区域的神经元大量死亡造成的。提出问题：

（1）上述资料可以说明人的大脑有哪些区别于脊髓的高级功能？

(2) 人的大脑有哪些区别于动物大脑的高级功能？

【设计意图】创设生活情境，通过问题激发学生的求知欲，从而引入本节内容。

环节二：探究大脑皮层言语区的功能特点。

资料1：一位患者能听懂别人说话，能用面部表情和手势同别人交流思想，可是说话非常困难。患者与讲话有关的肌肉和发声器官完全正常，病人死后经解剖学检查发现，他的大脑左半球额叶后部S区发生病变（见图3-45）。

提出问题：根据该患者的症状请推测S区的具体功能是什么。

资料2：一位患者能主动说话，听觉也正常，但他听不懂别人说话，连自己的话也听不懂。患者死后，研究者发现他的大脑左半球的颞叶H区有病变。结合大脑言语区分析各区域功能。

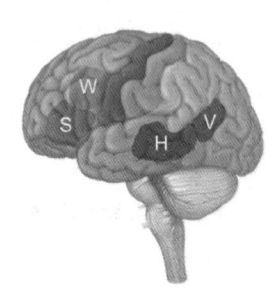

图3-45

提出问题：

(1) 根据该患者的症状请推测H区的具体功能是什么。

(2) W区与S区接近躯体的运动中枢，V区接近视觉中枢，H区接近听觉中枢，这样的分布能给你什么联想？

【设计意图】通过实例与对应问题串，分析语言的脑功能定位，明确大脑皮层的语言中枢特点，帮助学生在形成概念的同时提升归纳能力。

环节三：分析学习和记忆、情绪的产生。

教师结合日常学习提出问题：结合生活实际分析学习类型多样，不同情境中记忆的使用。

(1) 大脑除语言高级功能外还与学习记忆有关，学习过程中老师经常强调动用多种器官有什么道理？

(2) 短时记忆如何变为长时记忆？学习和记忆规律对你有何启示？

教师引导学生阅读教材分析：患者情绪不稳定，对比脑部结构差异，讲解从产生消极情绪到形成抑郁症的过程。

提出问题：有哪些可缓解消极情绪的方法？

分析抗抑郁药作用机理。

资料3：5-羟色胺是一种能在脑内产生愉悦情绪的神经递质，抑郁症患者突触间隙的5-羟色胺浓度水平较低。

提出问题：尝试表述5-羟色胺再摄取抑制剂的作用原理。

【设计意图】联系生活实际，有助于生命观念的核心素养养成。联系社会热点，引起讨论、共鸣。

(六) 板书设计

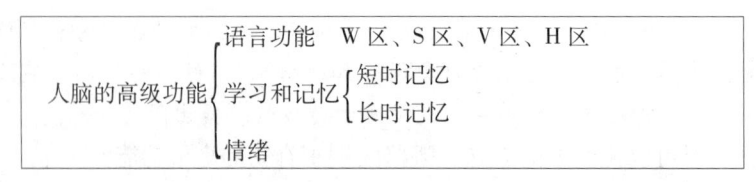

人脑的高级功能 { 语言功能 W区、S区、V区、H区
                学习和记忆 { 短时记忆
                            长时记忆
                情绪 }

(七) 教学反思

本节课以阿尔兹海默症的公益广告引入新课，让学生在情境当中落实关爱老人、关注健康的社会责任。在分析言语区的功能时，特别强调了通过测定脑部血流量的科学方法，来探究脑部特定区域的功能，让学生明确教学不是单纯地介绍知识，而是通过科学研究得出知识。在记忆的模块，先介绍记忆的过程和分类，以及记忆的生物学基础，从而便于学生探讨学习和记忆的规律和对日常生活的启示。

(八) 课后固学

以"人脑的高级功能"为核心完善思维导图。

单元教学课例评析：

本单元的教学，教学目标设置合理，围绕教学目标的达成，教师展开了形式多样而富有成效的教学活动，实现了对学生深度学习的有效引导。本单元教学具有以下特点。

(1) 注重情境创设，增强教学效果。教师以"2019年世界杯中国女排夺冠历程"为情境引入本单元的学习，引发学生对神经系统的结构相关问题的讨论，极大地调动了学生的学习热情。同时，女排夺冠历程很好地激发了学生顽强拼搏、团结奋进的精神。在单元教学中，教师以排球运动为主线设计情境，并以这一情境贯穿课堂始终。在第一节课"认识神经系统的组成"和"了解自主神经系统及其作用特点"这两个环节，教师以大情境为主，逐层创设其他生活小情境，基于问题与活动，让学生在情境中建构相应的概念模型。学生在思考、讨论、推理、概括中，一步步理解神经调节的相关概念，并理清概念之间的联系。在发展核心素养的同时，重视概念教学，但又不只是让学生记住概念，而忽略了能力、态度等共同构成素养的因素。第二节课在课堂导入环节教师延续2019年世界杯中国女排夺冠历程提出问题，使学生在学习上形成系统观和连续性。第三节和第四节课教师在以大情境为主的前提下，补充了不少生理、信息、问题等小情境，使学生的学习过程有了亲身的体验，教学效果显著。

(2) 重视模型建构，培养科学思维。本单元概念较多且较为抽象，概念的内涵和外延经高中教材"扁平化"处理后，其释义和阐述都简洁而深奥，以高中生现有的生物学知识，难以直接突破概念的瓶颈，深度理解概念的内涵与联系。课堂上，教师重视模型建构，将这些抽象的概念与现实生活联系起来，让学生触碰到概念的实质，如课堂上教师通过让学生自主建构"神经系统基本结构"概念模型活动、每一节课后都布置学生完善以某个知识点为核心的思维导图等课后作业，让学生在学习、建构、反思、修正中将本单元课内容搭建成知识网络，构建神经调节的总概念模型，有效地解决了因概念多而散乱导致学生难以掌握的问题。在概念教学中，融入情境教学、建模等教学方法，不仅让学生掌握了本节知识，而且还潜移默化地渗透了对学生科学思维的培养。

第 3 单元　体液调节

一、单元教学设计说明

本单元内容与必修 1 模块细胞的分子组成、细胞膜的功能、物质出入细胞的方式等内容具有密切联系。同时，体液调节与内环境稳态、神经调节和免疫调节等是构建"生命个体的结构与功能相适应，各结构协调统一共同完成复杂的生命活动，并通过一定的调节机制保持稳态"这一大概念的重要内容。

本单元通过"健康中国 2023"的国家政策设置情境主线，以下几个主要问题贯穿整个单元：激素如何被发现？激素来源和调节过程是怎样的？这些激素的调节有哪些共同的特点？动物体和人体是如何在千变万化的环境中通过机体内各器官之间相互协调，共同维持机体稳态的？

通过问题解决过程，不断强化和发展学生的结构与功能观、稳态与平衡观等生命观念，认同"健康中国 2023"的国家政策。

二、单元学习目标与重难点

1. 单元学习目标

（1）通过认识体液调节的物质基础、结构基础，分析体液调节的机制，领会人体的内分泌系统是一个统一的整体，发展系统观，认同结构与功能观及内环境维持稳态的生命观念。

（2）通过对不同激素调节生命活动过程的分析，构建分级调节和反馈调节机制，发展归纳与概括、模型与建模、批判性思维等科学思维方法。

（3）运用科学方法分析和研究内分泌腺的功能和激素的生理作用，掌握研究动物激素的实验方法，发展动手操作、分析现象解决问题的能力和逻辑思维，综合提升科学研究核心素养。

（4）通过科学分析大脖子病、呆小症、糖尿病、热射病等疾病产生的原因，了解预防和治疗的方案，认同国家的政策，提升社会责任感。

2. 单元学习重难点

（1）单元学习重点：运用科学方法分析和研究内分泌腺的功能和激素的生理作用，掌握研究动物激素的实验方法，分析不同激素调节生命活动的过程，构建分级调节和反馈调节机制。

（2）单元学习难点：通过对不同激素调节生命活动过程的分析，构建分级调节和反馈调节机制，发展归纳与概括、模型与建模、批判性思维等科学思维方法。

三、单元整体教学思路

本单元聚焦重要概念"内分泌系统产生的多种类型的激素，通过体液传送而发挥调节作用，实现机体稳态"。该概念是在"质膜能控制物质进出，并参与细胞间的信息交流""内环境为机体细胞提供适宜的生存环境，机体细胞通过内环境与外界环境进行物质交换"和"神经系统能够及时感知机体内、外环境的变化，并做出反应调控器官、系统的活动，实现机体稳态"这3个重要概念的基础上形成的，这4个概念共同支撑大概念"生命个体的结构与功能相适应，各结构协调统一共同完成复杂的生命活动，并通过一定的调节机制保持稳态"的构建。本单元通过分析资料、设计实验、建立模型等活动让学生了解与激素调节相关的科学事实，建立次位概念，根据次位概念的建立形成重要概念。具体单元课时安排及课时之间的关联如图3-46所示。

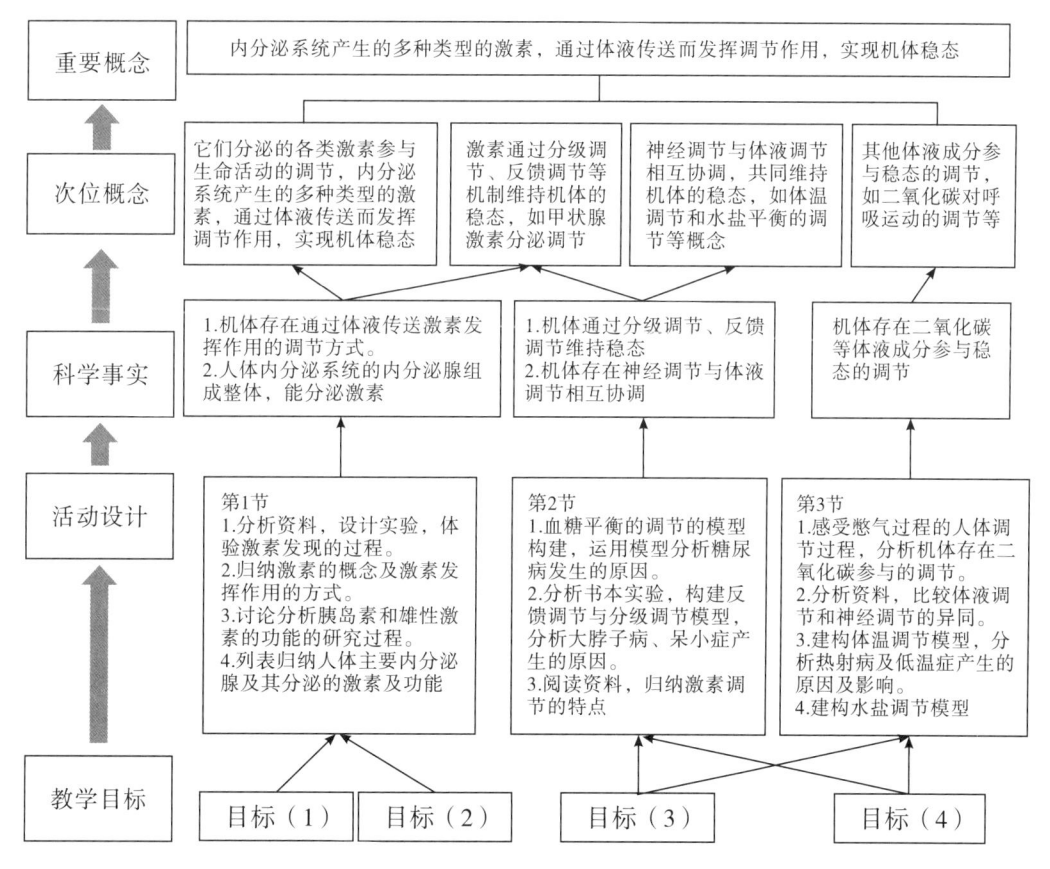

图3-46 单元课时安排及课时之间的关联

第1节 激素和内分泌系统

（一）教学内容分析

本课时的次位概念为"人体内分泌系统主要由内分泌腺组成，包括垂体、甲状腺、胸腺、肾上腺、胰岛和性腺等多种腺体，它们分泌的各类激素参与生命活动的调节"，该概念的构建需要以下基本概念或证据的支持：①除了神经调节，机体还存在着一个通过化学物质的传递来调节生命活动的方式。②内分泌系统通过分泌激素发挥调节作用，具体有参与内环境稳态的调节、代谢活动的调节、生长发育过程的调节。③激素会随体液运输自动寻觅靶细胞，靶细胞带有与激素分子特异性结合的受体。

（二）学习者分析

经过前面两个单元的学习，学生已经构建了"内环境为机体细胞提供适宜的生存环境，机体细胞通过内环境与外界环境进行物质交换"和"神经系统能够及时感知机体内、外环境的变化，并做出反应调控各器官、系统的活动，实现机体稳态"这两个重要概念，初步掌握了模型与建模的科学思维方法。本单元涉及大量的实验研究方法和研究案例，学生可以通过了解科学家的探究方法发展科学探究能力，发展尊重事实和证据、敢于质疑和批判的科学思维方法，理解健康生活方式对维持人体内环境稳态、预防疾病的意义。

（三）学习目标确定

（1）通过认识体液调节的物质基础、结构基础，分析体液调节的机制，领会人体的内分泌系统是一个统一的整体，发展系统观，认同结构与功能观及内环境维持稳态的生命观念。

（2）运用科学方法分析和研究内分泌腺的功能和激素的生理作用，掌握研究动物激素的实验方法，发展动手操作、分析现象解决问题的能力和逻辑思维能力，综合提升科学探究核心素养。初步用模型构建的方式表达激素调节的过程。

（3）通过新生儿先天性甲状腺功能减退症（CH）等疾病分析，增强理论联系实际的意识，提升社会责任感。

（四）学习重难点

运用科学方法分析和研究内分泌腺的功能和激素的生理作用，掌握研究动物激素的实验方法，发展动手操作、分析现象并解决问题的能力和逻辑思维能力，综合提升科学探究核心素养。初步用模型构建的方式表达激素调节的过程。

（五）教学评价活动设计

环节一：新课导入。

在广东，新生的宝宝大多会在出生后 3～7 天时采集足跟血进行新生儿疾病筛查，筛查的病种包括苯丙酮尿症（PKU）、先天性甲状腺功能减退症（CH）等。当发现宝宝的筛查结果显示：先天性甲状腺功能减退症（CH）"初筛结果可疑"时该怎么办？

该病是什么原因导致的？有什么表现？怎么诊断、治疗呢？

提出问题：甲状腺激素是什么？什么是激素？促胰液素是如何被发现的呢？

【设计意图】了解激素调节的重要性，能回顾初中所学甲状腺激素的功能及其作用，激发学生探寻激素中微观世界的兴趣。同时了解我国"健康中国 2030"的相关政策。

环节二：促胰液素的发现过程的分析。

驱动问题：促胰液素是如何被发现的？

子问题1：激素发现过程有什么启示？

【任务1】分析资料，设计实验，探究激素发现的过程。

【资料】1850 年，克劳德·伯尔纳发现酸性食糜进入小肠会引起胰液分泌。1894 年，俄国巴甫洛夫实验室的生理学家道林斯基再一次发现：酸性食糜对小肠的刺激最终导致了胰腺分泌胰液。

（1）分析酸性的刺激是如何从小肠传递到胰腺的？可能原因是什么？设计实验验证假设并分析。

（2）若胰液的分泌既不是盐酸的直接刺激，也不是神经调节的结果，那究竟是什么在调节呢？

（3）斯塔林和贝里斯的假设可能是盐酸刺激小肠产生了某种物质，这种物质再通过血液运输，作用于胰腺，请设计实验方案验证以上假设。

学生提出了两种假设：①可能是盐酸刺激了小肠中的感受器，经由反射弧引起胰腺分泌胰液。②盐酸被小肠吸收后，经由血液循环直接刺激胰腺分泌胰液。根据资料分析，发现假设①和假设②都不成立，得出可能是盐酸刺激小肠产生了某种物质，这种物质再通过血液运输，作用于胰腺。

继续设计实验验证斯塔林和贝里斯的假设。如果是物质就可以提取出来，学生继续设计实验，小肠黏膜加稀盐酸磨碎制成提取液注射狗静脉。

【小结】促胰液素的发现及评价离不开科学家的相关贡献。

子问题2：什么是激素？激素由什么器官分泌？激素作用的一般方式有哪些？

【任务2】根据促胰液素的发现过程，归纳激素的概念及激素发挥作用的方式。

（1）促胰液素的发现说明，除神经调节外，机体内还存在着一种通过化学物质调节生命活动的方式，这类化学物质被称为"激素"。什么是激素？

（2）绘制表格对比内分泌腺和外分泌腺。

（3）阅读教科书第46页，思考激素作用的一般方式并构建模型。

学生归纳：促胰液素分泌器官（小肠黏膜），作用部位（胰腺），其生理作用（促进胰液分泌）；运输方式（血液）。

激素作用模型：刺激→内分泌腺→分泌激素→体液→靶细胞靶器官发生变化。

【设计意图】深入分析和讨论促胰液素的发现过程，掌握促胰液素的功能和特点，说出激素调节和神经调节存在本质区别，了解研究激素调节的基本实验方法。同时，理性评价科学家当时的实验结论，引导学生认同批判性思维的重要性，形成不迷信权威、敢于大胆探索新问题的科学精神。从现象出发，渗透结构和功能观，培养学生的归纳总结能力,通过文字描述,学会用构建和文字的方式初步构建激素调节的一般模型,培养学生归纳总结的科学思维。

环节三:激素研究的方法。

【过渡】自从促胰液素被发现,世界上就掀起了一个寻找激素的热潮。但激素的分泌悄无声息,它们直接进入血液周游全身难以收集和分离。糖尿病在早年是一旦患上就只能进行饥饿治疗等待生命结束,班廷无意中找到一些灵感,在胰岛中可能会有一种治疗糖尿病的物质,他是如何寻找的呢?激素又是如何确定它的分泌部位的呢?如何确定它的调节作用呢?

子问题3:激素研究的方法有哪些?

【任务3】阅读课本,探究胰岛素和雄性激素的功能是如何研究的,研究方法有哪些?

(1) 1921年,班廷和贝斯特的实验能得出什么结论?

(2) 为什么班廷之前的科学家制备的胰腺提取物难以降低血糖?

(3) 班廷是如何证实胰岛素是由胰腺中的胰岛分泌的呢?

(4) 根据公鸡摘除睾丸,雄性性征消失,睾丸重新移植,雄性性征恢复的现象进行分泌雄激素的研究,根据以上实例,你能归纳出一种研究内分泌腺及其分泌激素功能的方法吗?

(5) 具体分析以上两个实例中哪些实验用到了"减法原理"或"加法原理"。

【提示】从控制自变量角度分析,与常态比较,人为增加某种影响因素的称为"加法原理";与常态比较,人为减少某种影响因素的称为"减法原理"。

【归纳】研究内分泌腺及其分泌激素功能的基本思路。

【设计意图】根据胰岛素的化学本质和胰腺分泌液的成分,科学分析实验结果,培养学生的科学思维和科学探究能力。

子问题4:人体主要的内分泌腺有哪些?主要分泌什么激素及激素功能是什么?

【任务4】分析人体的内分泌腺及其分泌的主要激素。

《"健康中国2030"规划纲要》提出了行动任务,其中到2022年和2030年,5岁以下儿童生长迟缓率分别低于7%和5%。生长迟缓可能受到什么因素影响?如何排除是激素失调引起的?如果是激素失调引起的应该怎么治疗?哪些激素可以口服?哪些激素只能注射?人体有哪些激素?其功能如何?

(2) 结合教材图3-1,列表归纳人体主要内分泌腺及其分泌的激素及功能。

各种内分泌腺(细胞)分散存在,无直接联系,为什么说它们构成了一个系统?

引导学生回顾初中的激素失调的病例,结合激素的治疗方案,探索激素的化学本质。分泌系统是机体整体功能的重要调节系统。各种内分泌腺间具有复杂的功能联系,共同调节机体活动,包括维持内环境稳定和能量代谢、调控生长发育和生殖等,各种内分泌腺间具有复杂的功能联系,共同调节机体活动。

【设计意图】结合图示能准确说出内分泌腺及其激素的名称,由图观察到甲状腺垂体及下丘脑的直接关系,建立内分泌是一个系统的观念。认同激素调节失调会引起疾病,建立稳态和调节观、物质与平衡观。运用所学知识分析国家制定政策的原理,认同社会主义制度的优越性。

（六）板书设计

激素和内分泌系统
1. 促胰液素的发现
2. 激素的研究方法：加法原理和减法原理
3. 激素的分泌的结构基础——内分泌腺和激素功能

（七）教学反思与改进

本课时的亮点主要体现在三个方面：一是创设真实情境，激发学生的积极性和主动性，用国家相关政策导入，引发学生思考：新生儿脚底血为什么能筛查代谢性疾病？真实的情境激发了学生的学习兴趣，提升了课堂的有效性。二是运用"假说—演绎"法，让学生重走科学发现之路。学生运用"假说—演绎"法分析、体验促胰液素的发现过程，感悟科学的特征和科学精神，尝试体验科学研究的一般过程。三是有效实施小组合作学习。以小组为单位开展课堂探究和评价活动，不仅可以让学生的科学探究能力在思维碰撞中得到提升，也能进一步提高学生合作学习、交流表达的能力。

（八）学后巩固

完成思维导图，调查"健康中国 2030"中关于糖尿病等内分泌性疾病的预防、诊断、治疗方案，撰写一份推广方案，制作宣传海报。

第 2 节　激素调节的过程

（一）教学内容分析

本课时的概念为"人体内分泌系统主要由内分泌腺组成，包括垂体、甲状腺、胸腺、肾上腺、胰岛和性腺等多种腺体，它们分泌的各类激素参与生命活动的调节"，该概念的构建需要以下基本概念或证据的支持：①除了神经调节，机体还存在着一个通过化学物质的传递来调节生命活动的方式。②内分泌系统通过分泌激素发挥调节作用，具体有参与内环境稳态的调节、代谢活动的调节、生长发育过程的调节。③激素会随体液运输自动寻觅靶细胞，靶细胞带有与激素分子特异性结合的受体。

（二）学习者分析

学生学习了内分泌系统的组成，初中也学过激素分泌失调而引起的疾病，第一节课的调查对糖尿病有一定了解，健康生活这个国家政策的引入有利于学生渗透爱国教育，发展学生的科学思维。

（三）学习目标确定

（1）探讨正常人糖类的消耗和能量供应，认同血糖变化通过来源和去路变化维持，能够用示意图明确血糖的来源与去路。

（2）分析健康人的血糖变化，构建血糖平衡的模型，剖析糖尿病发生的原因及影响，利用模型能够阐述机体如何通过胰岛素和胰高血糖素的作用维持血糖平衡，并能从系统的稳态和反馈调节角度阐明意义。

（3）通过分析实验，构建甲状腺激素的反馈调节与分级调节模型，运用模型分析大脖子病的发病原理，用类比法归纳出下丘脑—垂体—腺体轴的调节模型，用模型解决其他社会生活问题。

（4）说出激素调节的特点，结合其他信息分子的调节，归纳出其他信息分子调节的共同点，培养归纳和总结的思维能力。

（四）学习重难点

（1）学习重点：分析健康人的血糖变化，构建血糖平衡的模型。

（2）学习难点：利用模型能够阐述机体如何通过胰岛素和胰高血糖素的作用维持血糖平衡，并能从系统的稳态和反馈调节角度阐明意义。

（五）教学过程

环节一：创设真实情境，设置问题导入。

学生分享关于健康中国的调查：清远糖尿病的发病情况等调查结果，播放《健康中国我行动》的视频，了解夏季保持血糖血脂稳定、不吃生冷食物以及防寒的重要性，引入新课。

学生以图文形式分享糖尿病前期的发病率达50%，日趋年轻化。

【设计意图】培养学生的表达能力，用自己调查的真实数据，引起学生关注日常生活，激起兴趣。

环节二：血糖平衡的调节的模型构建。

子问题1：血糖的平衡是怎样维持的？

【任务1】探究血糖平衡的调节机制。

根据同学们的调查结果，血糖平衡是人体进行正常生命活动的前提，阅读教材并思考，小组讨论关于血糖问题：

（1）什么是血糖？正常的血糖浓度是多少？

（2）观察书本血糖的来源去路图，哪条途径是血糖的主要来源去路？为什么？

（3）思考为什么肌糖原不能转化为血糖？（资料：糖原分解时不能直接产生葡萄糖，而是葡萄糖－6磷酸，葡萄糖－6－磷酸通过葡萄糖－6－磷酸酶才能转变为葡萄糖，进而释放进血液。）

（4）请解释，为什么多吃少运动，容易发胖？对于减肥，你有什么好的建议？

学生讨论问题，得出血糖的主要来源是食物消化吸收，主要去路是进入组织细胞被氧化分解，为生命活动供能。根据资料分析出肝糖原和肌糖原与血糖的转化关系，联系生活解释肥胖的原因。

【设计意图】了解血糖的概念和血糖的来源去路，建立血糖平衡的稳态观念，思考生活方式和饮食习惯对血糖平衡的影响，认同不良生活习惯会导致血糖消耗减少，多余的血糖会合成糖原，转化为甘油三酯，所以容易发胖，引起学生的关注。

【任务2】思考以下问题，小组合作构建血糖平衡的概念模型。

(1) 机体通过一些特定的激素来调节血糖的代谢速率，其中最主要的是胰岛素和胰高血糖素。结合来源和去路图，分析促进或抑制了哪些过程？

(2) 合作讨论，正常情况下血糖平衡如何调节？尝试构建血糖平衡调节模式图并归纳激素调节的一般过程。

(3) 人体血糖浓度变化时，下丘脑某一区域神经元放电也会有变化，完善血糖平衡的调节机制模型。

(4) 胰岛素是唯一能够降低血糖浓度的激素，糖皮质激素、肾上腺素、甲状腺激素等通过调节有机物的代谢或影响胰岛素的分泌和作用，直接或间接地提高血糖浓度。激素之间的相互作用有什么特点？

(5) 反馈调节指在本系统中，系统本身的工作效果，反过来又作为信息调节该系统的工作。请分析血统调节中反馈调节的过程有哪些？

学生小组讨论，建构并展示模型（见图 3-47），根据问题修正模型，分析模型，得出反馈调节的概念，了解反馈调节是生命系统中非常普遍的调节机制，对于维持稳态具有重要意义。

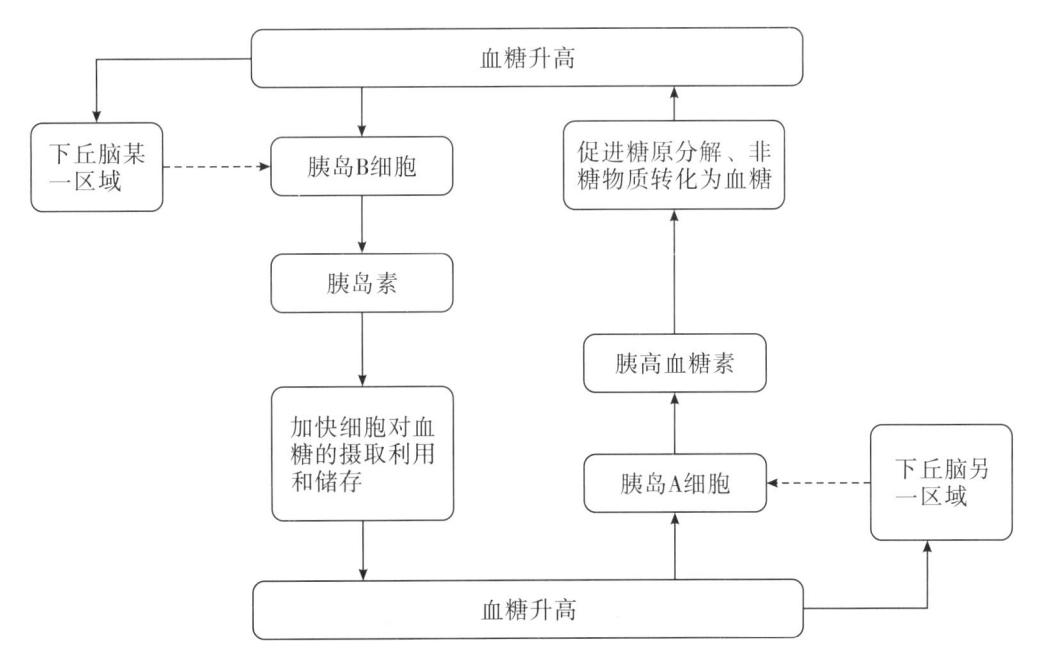

图 3-47 血糖调节的模型

【设计意图】模式图的构建和完善，利于养成归纳与概括的逻辑思维，分析模型利于培养科学思维。

【任务3】糖尿病发生的原因。

某同学的妈妈已经确诊为糖尿病，为了更好配合医生治疗，请帮该同学梳理糖尿病类型、产生症状的原因及治疗原理。

(1) 她的妈妈检验结果表示体内胰岛素的浓度高于正常范围，属于哪一类型糖尿病？

（2）有多饮多尿，多食和体重减少的症状，请分析她体重减轻的原因。

（3）一定要每天注射胰岛素吗？饮食过多而不节制，营养过剩，体力活动过少，从而造成肥胖等是糖尿病的诱因之一，那么日常生活中我们如何有效防治糖尿病？

（4）分析胰岛素作用机理的模式图和胰岛素的受体，了解胰岛素作用的本质。

提示：胰岛素如何运输到靶细胞？如何调节细胞代谢？影响胰岛 B 细胞分泌的因素有哪些？

学生思考回答，胰岛素通过体液运输，与细胞膜上的受体结合，通过影响靶细胞的活动对生命活动进行调节。胰岛素、胰高血糖素作为信号分子，将信息传给相应的靶细胞，通过影响靶细胞的活动对生命活动进行调节。

【设计意图】运用模型解释糖尿病的发生机理。

环节三：甲状腺激素的分级调节和反馈调节。

子问题2：激素的分级调节是如何实现的？

内环境稳态是人体维持正常生命活动的必要条件，当人体处于寒冷环境时，甲状腺激素、促甲状腺激素、促甲状腺激素释放激素的含量会发生怎样的变化？

【任务4】分析书本实验，构建反馈调节与分级调节模型。

（1）两个实验的目的是什么？哪组实验使用了加法原理和减法原理？实验结论是什么？

（2）结合实验分析，在甲状腺激素分泌过程中，下丘脑、垂体、甲状腺之间有何关系？构建甲状腺激素分泌的分级调节和反馈调节模型并交流和完善。

（3）分级调节和反馈调节的概念。分级调节的意义是什么？

（4）分析地方性甲状腺肿产生的原因。

（5）结合所学内容，构建人体内性激素、肾上腺皮质激素分泌的调节模型，尝试解释因服用过多避孕药导致不孕的机理。

学生根据实例，理解并说出分级调节的概念，迁移运用分级调节和反馈调节的过程解释甲状腺肿产生的原因：碘—甲状腺激素减少—对下丘脑和垂体抑制的负反馈作用下降—TRH 和 TSH 上升—TSH 持续刺激甲状腺—甲状腺增生而肿大，举一反三，根据分解调节的特点，用类比法推理出其他腺体的分级调节模型，形成总框架。

【小结】神经系统通过下丘脑控制内分泌系统，下丘脑通过激素作用于垂体。下丘脑、垂体和相应腺体之间通过分级调节和反馈调节相互影响，维持内环境的稳态。

【设计意图】学以致用，运用分级调节模型说出甲状腺肿大的原因，通过阅读、分析教科书中的内容，直观感受到人体复杂的内分泌系统，从系统观的角度理解了激素的分级调节机制。

分级调节的模型如图 3-48 所示。

环节四：激素调节的特点。

子问题3：激素调节有什么特点？

【任务5】阅读资料，归纳激素调节的特点。

1. 通过体液进行运输。

2. 作用于靶器官、靶细胞，这是通过与靶细胞上的特异性受体相互识别，并发生

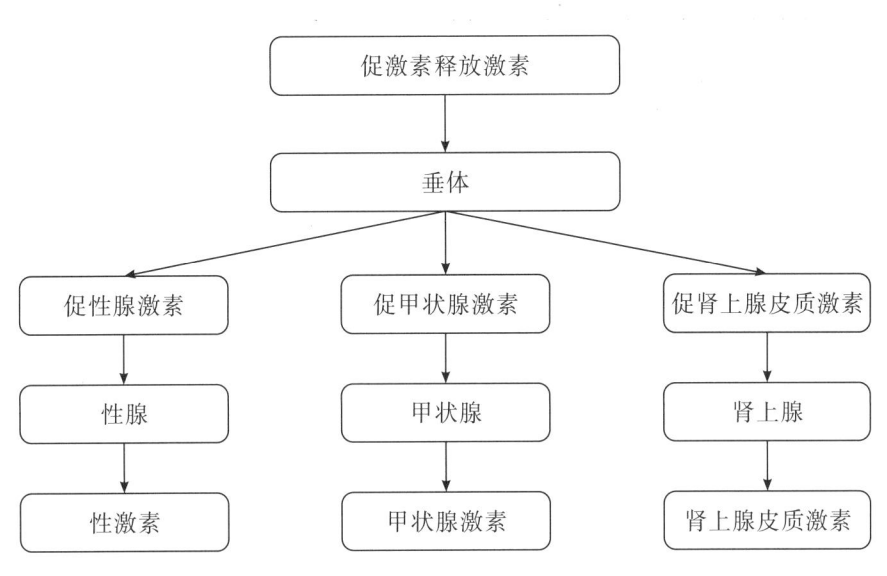

```
          促激素释放激素
                ↓
               垂体
        ↙       ↓       ↘
   促性腺激素  促甲状腺激素  促肾上腺皮质激素
      ↓         ↓            ↓
     性腺      甲状腺         肾上腺
      ↓         ↓            ↓
     性激素    甲状腺激素    肾上腺皮质激素
```

图 3-48 分级调节的模型

特异性结合。

3. 作为信使传递信息，起作用后就失活了。

4. 微量和高效。

【小结】激素种类多、量极微，既不组成细胞结构，又不提供能量，也不起催化作用，而是随体液到达靶细胞，使其原有的生理活动发生变化。

【设计意图】引导学生阅读归纳知识，培养学生归纳和分析的科学思维。

(六) 板书设计

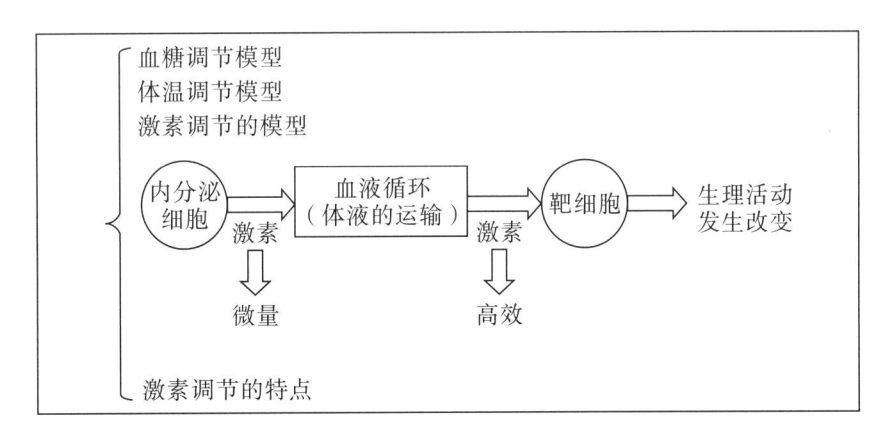

```
    ┌ 血糖调节模型
    │ 体温调节模型
    │ 激素调节的模型
    │   ┌──────┐  激素  ┌──────────┐  激素  ┌──────┐    生理活动
    │   │内分泌│──────→│血液循环  │──────→│靶细胞│──→ 发生改变
    │   │ 细胞 │        │(体液的运输)│      └──────┘
    │   └──────┘        └──────────┘
    │        ↓                   ↓
    │       微量                 高效
    └ 激素调节的特点
```

(七) 教学反思

本课时的亮点表现在以下几个方面：一是基于单元情境，以诊疗糖尿病患者和实验分析为主线，通过探究、总结等形式解决问题。二是通过问题引导让学生构建血糖平衡调节模型，发展了科学思维。学生通过对模型的分析巩固了反馈调节的内容。三是注重生物科学与现实生活的联系，渗透社会责任。学生通过尝试解决生活中的问题，了解激素在个体生长、发育、繁殖过程中的重要作用；认识到要维持内环境稳态，在日常生活中就要注意健康饮食、积极运动，养成良好的作息习惯，发展了生物学学科核心素养。

（八）课后固学

（1）以"激素调节的过程"为核心完善思维导图。

（2）糖尿病是影响健康的慢性疾病，要在 2030 年达到全民健康素养水平大幅提升，健康生活方式基本普及，居民主要健康影响因素得到有效控制，因重大慢性病导致的过早死亡率明显降低的目标，根据高中生健康的生活方式，结合所在学校的作息和饮食等调查，给学校写一份预防师生糖尿病发生率的建议书。

第 3 节　神经调节与体液调节的关系

（一）教学内容分析

本节内容是对"神经调节"和"体液调节"的总结与应用，通过生活实例阐明神经调节和体液调节的关系。与本课时内容对应的课标要求是："举例说出神经调节与体液调节相互协调共同维持机体的稳态"。本节课通过分析实例，使学生理解神经调节与体液调节相互协调的机制，进一步深化稳态与平衡观、结构与功能观；并通过"失温症"和"热射病"的医学科普，认同健康中国的国家政策，提升学生的社会责任意识。

本课时的概念为"神经调节与体液调节相互协调共同维持机体的稳态，如体温调节和盐平衡的调节等"，该概念构建需要以下基本概念或证据的支持：①体液调节与神经调节的特点不同但两者紧密联系。②神经调节和体液调节共同维持体温的恒定，当环境变化时，能够运用稳态调节模型分析和解释机体如何适应环境。（生命观念、科学思维）③运用神经—体液调节在维持稳态方面的重要作用判断和解释生活、学习或实践情境中的相关问题。（生命观念、科学思维）④说出体温调节、水和无机盐平衡的调节的主要过程，说明体液调节和神经调节的关系，阐述通过神经—体液调节维持机体各种生命活动。

（二）学习者分析

学生第一、第二节已经学习了激素调节的结构基础和血糖调节、反馈调节和分级调节方式，对模型建构有了一定的基础，第二章也学习了神经调节的过程，本节是前面内容的总结和归纳，要建立神经调节和激素调节的联系，且需要学生运用所学知识解决生活问题。

（三）学习目标确定

基于课标、教材和学生实际，本节课的教学目标确定如下。

（1）通过憋气活动感受二氧化碳调节过程，归纳体液调节的概念，对比神经调节的特点，能区分神经调节与体液调节的过程。

（2）通过资料分析，明确产热与散热平衡关系，提炼体温调节的结构基础，进而自主构建体温调节的概念模型，概括神经调节和体液调节的相互协调关系，深化稳态与平衡观。

（3）了解"失温"和"热射病"等相关疾病的病因、治疗和预防等知识，学以致用指导健康生活。

（4）能够运用生物学的知识和方法，积极参与社会议题"黄河石林马拉松事件""云南哀牢山地质人员失联"的讨论，作出理性解释和判断，辨别伪科学，提升社会责任素养。

（四）学习重难点

（1）学习重点：通过资料分析，明确产热与散热的平衡关系，提炼体温调节的结构基础，进而自主构建体温调节的概念模型，概括神经调节和体液调节的相互协调关系，深化稳态与平衡观。

（2）学习难点：能够运用生物学的知识和方法，积极参与社会议题"黄河石林马拉松事件""云南哀牢山地质人员失联"的讨论，作出理性解释和判断，辨别伪科学，提升社会责任素养。

（五）教学过程

环节一：创设真实情境，设置问题导入。

2019 年，我国出台《健康中国行动（2019—2030 年）》，报告中提出合理膳食行动，鼓励全社会减盐、减油、减糖，据调查显示，我国居民人均每日食盐摄入量为 10.5 g、食用油摄入量为 42.1 g、添加糖摄入量约 30 g，均高于世界卫生组织推荐摄入量。血钠、血脂、血糖的调节是否只有激素调节？体液中调节生命活动的化学物质是否只有激素？

驱动问题：体液调节与神经调节的关系如何？

让学生憋气 30 秒，询问学生感受，引出二氧化碳调节呼吸运动。

资料：动脉血中一定水平的二氧化碳与维持呼吸和呼吸中枢兴奋性有关。2% 呼吸加深；4% 呼吸频率增快，肺通气量可增加 1 倍以上；7% 肺通气量不能相应增加，动脉血二氧化碳陡升，呼吸中枢等活动受抑制而出现呼吸困难、头痛甚至昏迷。

提出问题：二氧化碳调节呼吸运动，其运输途径是什么？还有什么物质能起调节作用？除了激素、二氧化碳，还有哪些物质可以调节生命活动？它们都通过什么途径运输？通过实例给出体液调节的定义。

学生配合老师完成小游戏，憋气后感到呼吸加快加深。回答出二氧化碳通过体液进行运输，回忆之前所学的激素调节相关内容。通过实例理解体液调节相关概念，对其特点与作用效果进行理解。

【设计意图】 通过游戏，为给出体液调节的概念做铺垫。提高学生学习兴趣，使其对体液调节产生好奇。

环节二：体液调节与神经调节的比较。

子问题 1：体液调节和神经调节的特点是什么？

【任务 1】 体液调节与神经调节比较。

资料 1：某人右手碰到仙人掌，右手立刻缩回，随后很快恢复到正常。

资料 2：饭后血糖调节的过程。

（1）体液调节为什么反应缓慢，作用范围广泛呢？
（2）神经调节为什么反应迅速，作用范围准确却局限呢？
（3）体液调节和神经调节，在调节生命活动时是各行其道、互不相干的吗？
（4）再次展示二氧化碳调节呼吸运动的过程，提问过程中存在哪些调节方式？带领学生对二者进行特点区分，列表对比神经调节与体液调节。

学生结合实例辨析体液调节与激素调节的关系，讲解体液因子的作用对象与调节结果，阐述相关特点。

【设计意图】让学生理解前一节中激素调节与体液调节的关系，使学生为后续比较体液调节和神经调节做铺垫。

子问题2：人体体温有何特点？机体如何调节以维持体温恒定？

我们在出现先兆中暑时一定要及时加以干预，否则症状可能持续恶化，如发展至重度中暑热射病、热痉挛等。什么是热射病？正常情况下人体体温如何维持稳定？

【任务2】构建体温平衡的调节模型。

（1）使用卡片制作产热和散热天平物理模型，分析产热器官和产热方式，散热的器官和方式。

（2）在体温调节过程中，神经系统发挥了重要作用，人体的温度感受器如何分布？神经中枢位于哪里？效应器有哪些？有哪些激素参与体温调节？（补充：神经生理学家曾以定向刺激法和局部毁损法证明下丘脑前部为散热中枢，后外侧部为产热中枢。）

（3）构建寒冷环境下进行体温调节的概念模型。

（4）类比寒冷条件下的概念模型，让学生描述炎热条件下体温调节的相关过程。补充完善概念图，提出问题：分析该调节过程组成，反射弧是什么，哪些是体液调节？

（5）继续思考：为什么医生等婴儿哭闹停止时再量体温？"发热时盖上被子捂一捂，多出点汗退烧快"这句话对吗？

（6）体液调节体温的能力是无限的吗？如果长时间停留在寒冷或者炎热的环境中，会怎么样？分析"黄河石林马拉松遇难"和"云南哀牢山地质人员失联"事件。

（7）某同学体温偏高，医生安排她做了血液检查。如果白细胞增多，那么该同学感染细菌的可能性更大；如果白细胞基本不变，感染病毒的可能性更大。依据血检报告单可知，该同学发烧的病因可能是病毒性感染。该同学体温上升至38.8℃时，应该如何实施急救？

学生通过小组合作构建体温调节的模型，通过互评纠正和补充，在具体实例中明确体温调节过程和区分体液调节和神经调节，用所学知识解决生活中常见的现象。

【设计意图】设置探究活动梯度，逐步完善体温调节过程，培养学生的合作意识，提高学生的动手能力，让学生自主建构模型，理解体温恒定的意义。社会热点中获取关键信息，从环境和物资缺乏两个角度分析体温失调的原因，理解不同环境中机体产热和散热的关系。让学生感悟生命的神奇，体会健康生活的重要性。

环节三：水盐平衡的调节。

子问题3：水盐平衡是如何调节的？

【任务3】构建水盐调节模型。

《健康中国行动（2019—2030年）》报告中提出：长期重盐饮食会引起皮肤老化、高血压、心血管疾病、肝肾疾病、脑卒中、呼吸道炎症、肥胖等多种疾病，还会增加患胃癌和骨质疏松的风险。

（1）吃的食物太咸了，总是口渴想喝水，而且上厕所的次数也减少了，为什么？请你结合第一章中的渗透压知识解释一下出现这种现象的原因？并构建出水盐平衡调节模型（用箭头和相应的文字表示）。

（结合以下问题构建：①抗利尿激素的分泌部位、释放部位、靶器官和功能。②当吃得过咸或饮水不足时，有什么感觉？这种感觉是在哪里产生的？该感觉产生后，人有什么行为？结果如何？）

（2）构建水盐平衡调节模型，补充和完善模型（见图3-49）。

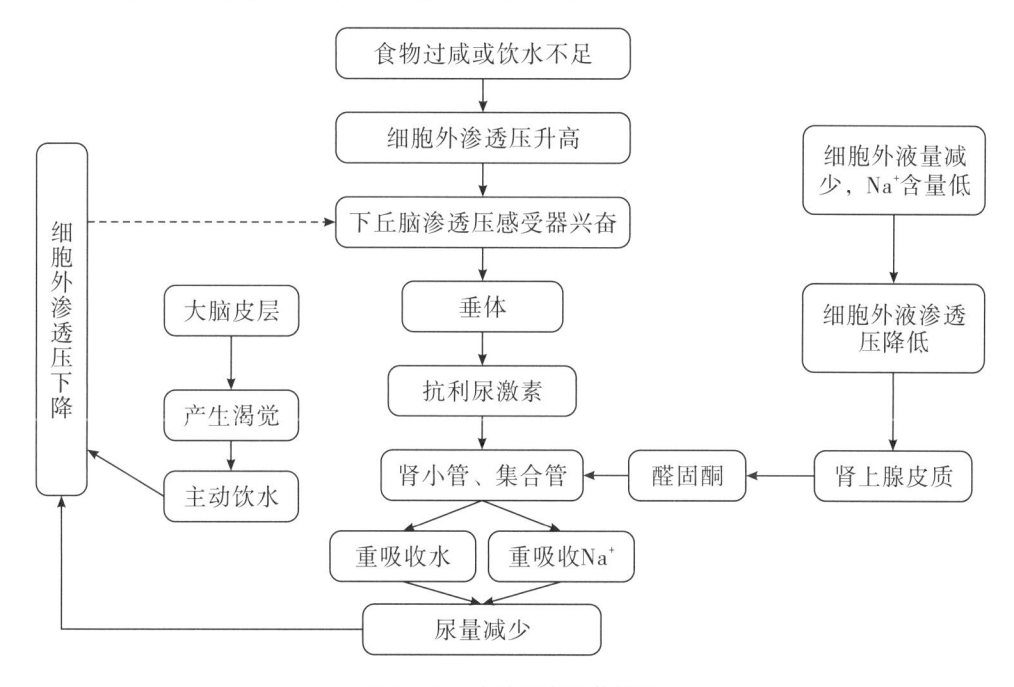

图 3-49 水盐平衡调节模型

学生了解盐的重要性，尝试构建水盐平衡调节模型，对构建的模型进行补充和完善。

【设计意图】通过分析具体实例中的调节构建模型，进一步了解神经—体液共同调节维持稳态的生命现象，培养科学思维。也让学生了解我国健康政策，健康生活习惯对健康的影响，并培养学生的社会责任感。

子问题4：体液调节和神经调节是如何协调的？

【任务4】举例说明体液调节和神经调节的例协调。

在人体内环境稳态的维持过程中，神经调节和体液调节共同发挥着重要作用，其中神经调节起主导作用，联系神经系统和内分泌系统的枢纽是下丘脑。下丘脑在生命活动调节过程中具有哪些作用？请举例说明。

【总结】

（1）不少内分泌腺直接或间接地受中枢神经系统的调节。

(2) 内分泌腺分泌的激素也可以影响神经系统的发育和功能。

学生归纳出下丘脑的功能，了解体液调节和神经调节是相互协调的。

【设计意图】这个内容是本单元的深化和总结，有利于学生建立系统观念。

（六）板书设计

> 1. 体液调节与神经调节的比较
> 2. 体温调节
> 3. 水盐调节

（七）教学反思

（1）本课的教育理论是基于模型建构的教学设计，采用启发式、引导式教学，适当设置问题，符合新课标的理念，注重对学生分析、推理及探究能力的培养和让学生学会联系实际生活。

（2）教学中设置大量的"失温"和"热射病"等相关疾病的病因、治疗和预防等分析，学以致用指导健康生活。积极参与社会议题"黄河石林马拉松事件""云南哀牢山地质人员失联"的讨论，作出理性解释和判断，辨别伪科学，提升社会责任素养。

（八）课后固学

我国出台健康中国（2019—2030年）合理膳食的行动计划，讨论：如何通过运动和膳食的调整，使我国公民在延长寿命的同时，提高生活质量？我们应该怎样向周围的人宣传健康知识？

单元教学课例评析：

本单元的教学以"糖尿病患者的诊疗和实验分析"为主线展开，以科学史的实验证据为基础构建"体液调节"的概念图。教学目标明确，教学过程流畅，主要特点如下。

（1）基于单元情境展开概念教学，落实核心素养。教学中教师以"糖尿病患者的诊疗和实验分析"为大情境，以新生儿疾病筛查、《健康中国行动报告》、热射病、化验单分析等生活化信息为小情境激活学生原有知识状态，不仅能促进学生对知识的理解和迁移，提高学生解决问题的能力，还有利于形成关注生命健康的观念。同时教师以体液调节概念形成的科学史为素材，引导学生认识体液调节概念，认识到科学研究要在不断质疑与坚持中前行，让学生在主动学习中构建概念，培养学生的科学思维和科学探究素养。

（2）通过课堂拓展应用概念，形成社会责任。教学中教师通过课后布置学生向周围的人宣传健康知识、给学校写一份预防师生糖尿病发生的建议书等拓展作业，引导学生利用所学知识解决现实生活问题，体现了以学生为中心和生活化的课程理念，实现了学生对学科核心概念的内化，让学生认识到维持内环境稳态的重要性，在日常生活中注意健康饮食、积极运动，养成良好的作息习惯，在教学中促进科学探究和科学思维等核心素养的形成与发展。

第4单元　植物生命活动的调节

一、单元教学设计说明

本单元教学内容对应的重要概念有：1.6 植物生命活动受到多种因素的调节，其中最重要的是植物激素的调节；1.6.1 概述科学家经过不断的探索，发现了植物生长素，并揭示了它在调节植物生长时表现出两重性，既能促进生长，也能抑制生长；1.6.2 举例说明几种主要植物激素的作用，这些激素可通过协同、拮抗等方式共同实现对植物生命活动的调节；1.6.3 举例说明生长素、细胞分裂素、赤霉素、脱落酸和乙烯等植物激素及其类似物在生产上得到了广泛应用；1.6.4 概述其他因素参与植物生命活动的调节，如光、重力和温度等。根据课标重要概念和次位概念的内容要求，确定单元学习目标和每一节内容的学习目标。

二、单元学习目标与重点难点

1. 单元学习目标

（1）概述植物生长素的发现过程及主要结论，说明生长素在调节植物生长中所表现出的两重性。

（2）举例说明生长素、细胞分裂素、赤霉素、脱落酸和乙烯等植物激素的主要作用。

（3）举例说明不同植物激素间的协同和拮抗作用关系，揭示植物正常的生命活动是多种激素相互协调、共同调节的结果。

（4）举例说明植物激素在实践中的应用。概述光、重力和温度等因素对植物生长发育的调节作用及在生产实践中的应用。

2. 单元学习重难点

（1）单元学习重点：生长素在调节植物生长中所表现出的两重性；植物正常的生命活动是多种激素相互协调的结果；环境因素对植物生长发育的调节作用。

（2）单元学习难点：生长素在调节植物生长中所表现出的两重性。

三、单元整体教学思路

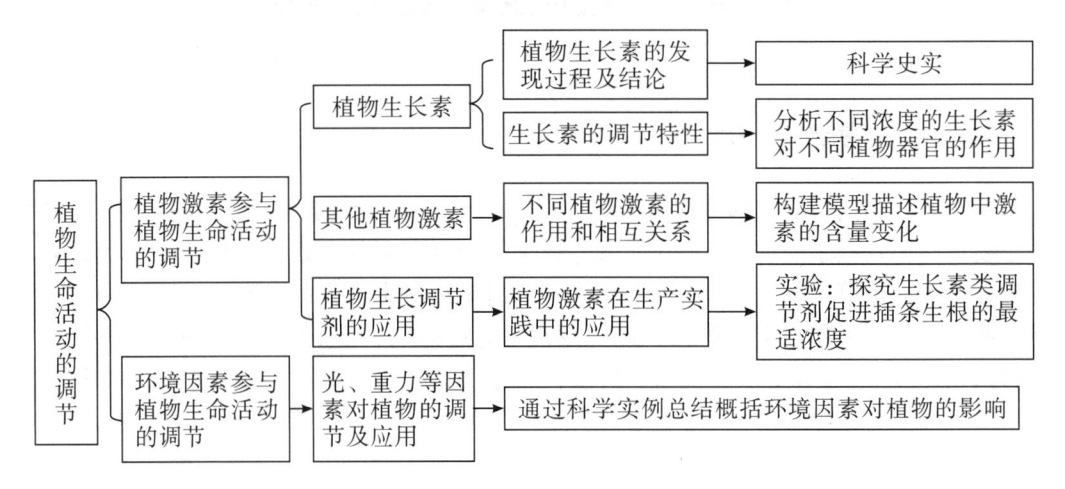

图 3-50　单元整体教学思路

第 1 节　植物生长素（第 1 课时）

（一）教学内容分析

本节内容建立在前 4 章的基础之上，从动物生命活动的调节到植物生命活动的调节进行学习。并依照时间顺序，梳理了生长素的发现过程。课标对本节的学习内容指出，需构建的次位概念是"概述科学家经过不断的探索，发现了植物生长素，并揭示了它在调节植物生长时表现出两重性，既能促进生长，也能抑制生长"。

（二）学习者分析

学习到此处的学生，已经了解了动物生命活动的调节过程，对植物的调节机制尚不清楚。可以引导学生对植物生命活动的调节机制提出猜测，且此时的学生已经具备较好的实验探究能力，具备相应的知识和能力背景使学生易于理解相关科学史的探究过程。

（三）学习目标确定

（1）概述生长素的发现过程及结论。

（2）阐明植物生长素在植物生长发育中的作用，说明生长素在调节植物生长中表现出的两重性。

（3）认同科学的发展是一个曲折向上的过程，科学家为此付出了艰辛的努力。

（四）学习重难点

（1）学习重点：生长素的发现过程及结论；生长素在植物生长发育中的作用。

（2）学习难点：生长素在植物生长发育中的作用。

（五）教学过程

环节一：新课导入。

激素作用的概念深深植根于植物学的历史中，可以追溯到 250 多年以前。1758 年法国科学家首次提出一个植物器官对另一个植物器官可以施加影响。提问：对此你能提出哪些你感兴趣的有价值的问题呢？

【设计意图】创设科学史情境，激发学生好奇心，引导学生提出本节课的核心问题：这种影响究竟是什么，它是怎样被发现的？

环节二：呈现达尔文实验的图片，引导学生分析实验。

教师提问一：达尔文实验的自变量、因变量、无关变量、实验结果分别是什么？（提供回答模板：对比 1 组和 2 组…，发现…）

教师提问二：①推测植物的什么部位"看到"了光？哪几组实验可以证明？②总结达尔文的假说演绎的过程和实验结论。③根据达尔文得出的实验结论，你能进一步提出什么问题？

小结：达尔文得出实验结论，胚芽鞘的尖端受到单侧光刺激后，向下面的伸长区传递了某种"影响"，造成伸长区背光面比向光面生长快，因而使胚芽鞘出现向光性弯曲。

【设计意图】突破学习重点——生长素的发现过程。引导学生分析实验，体会科学探究的过程。

环节三：呈现詹森的实验图片，学生进行实验分析。

教师提问：①詹森的假设是什么？②他是如何进行实验的？③他得出了什么结论？④从设计对照的角度出发，你还可以怎样进一步改进詹森的实验？

小结：詹森得出实验结论，胚芽鞘尖端产生的"影响"可以透过琼脂片传递给下部。

【设计意图】引导学生分析实验，体会实验设计的对照思维。

环节四：呈现拜尔的实验图片，学生进行实验分析。

教师提问：①拜尔的科学假设是什么？②他是如何进行实验的？③他得出了什么结论？④对比詹森和拜尔的实验，两者的实验设计有什么不同，对实验结果有什么影响？

小结：拜尔得出实验结论，胚芽鞘的弯曲生长，是因为尖端产生的"影响"在其下部分布不均匀造成了胚芽鞘的弯曲生长。

【设计意图】引导学生分析实验，体会"影响"引起弯曲生长的原因。

环节五：呈现温特的发现，学生进行实验分析。

教师提问：①温特的科学假设是什么？②他是如何进行实验的？③他得出了什么结论？④从设计对照的角度出发，你还可以怎样进一步改进温特的实验？（光照/云母板）

小结：温特得出实验结论，胚芽鞘的弯曲生长确实是由一种化学物质引起的，温特把这种物质命名为生长素。

【设计意图】引导学生分析实验现象，概括胚芽鞘弯曲的原因。

环节六：呈现资料生长素的化学本质的发现，概括植物向光性的原因。

教师提问：根据科学史资料，总结植物向光性产生的原因。

小结：植物的向光性是由生长素分布不均匀造成的，单侧光照射后，胚芽鞘的背光侧生长素含量多于向光侧，因而引起两侧的生长不均匀，从而造成弯曲生长。

【设计意图】引导学生对提供的科学史进行总结概括，分析得出胚芽鞘弯曲的原因。

（六）板书设计

5.1.1　生长素的发现过程

一、科学史

1. 达尔文实验

结论：单侧光→向下面的伸长区传递"影响"→伸长区背光面比向光面生长快→向光性弯曲。

2. 詹森实验

结论：胚芽鞘尖端产生的"影响"可以透过琼脂片传递给下部。

3. 拜尔实验

结论：尖端产生的"影响"在下部分布不均匀造成了胚芽鞘的弯曲生长。

4. 温特实验

结论：胚芽鞘的弯曲生长确实是由一种化学物质引起的。

（七）教学反思

（1）深入挖掘科学史实，在分析科学史过程中培养学生的科学思维和科学探究精神。

（2）教学时设置有难度梯度的问题，层层递进，引导学生深入思考。

（八）课后固学

梳理科学史中科学家的实验过程和实验结论。

第 2 课时

（一）教学过程

环节一：新课导入。

呈现第一课时中科学家的探索过程和植物的各器官，学生推测生长素的产生部位和作用部位。

教师提问：通过以上实验，写出生长素的产生部位、作用部位，并分析植物产生向光弯曲的原因。

【设计意图】让学生总结生长素的合成和分布。

环节二：生长素的运输。

呈现科学事实（见图 3-51），让学生推测生长素的运输方式。

注：箭头指向形态学上端。

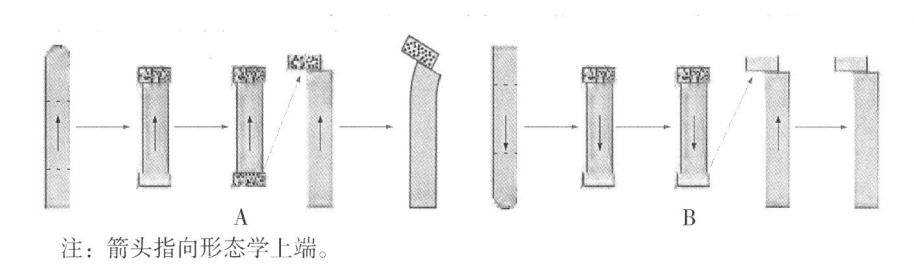

图 3-51

教师提问：①由实验过程和结果，归纳生长素的运输方式。②总结生长素的运输方式。

【设计意图】让学生分析总结得出生长素的运输方式。

环节三：生长素的生理作用。

呈现科学事实（见图 3-52、图 3-53），让学生总结生长素的作用。

图 3-52   图 3-53

教师提问：①达尔文的实验说明生长素有什么作用？②植物组织培养的说明生长素有什么作用？③歪西瓜切开后发现果肉凹陷处的种子发育不良，由此说明生长素有什么作用？④对比生长素浓度适宜的烟草和生长素浓度过高的烟草，推测生长素浓度和植物生长的关系？⑤分析不同浓度的生长素对不同植物器官的作用。

【设计意图】让学生通过实例总结生长素的作用。

环节四：建构概念。

呈现动物激素的概念，学生类比写出植物激素的概念并比较两者之间的异同点。

教师提问一：类比动物激素，写出植物激素的概念。

【设计意图】让学生总结植物激素的概念。

（二）板书设计

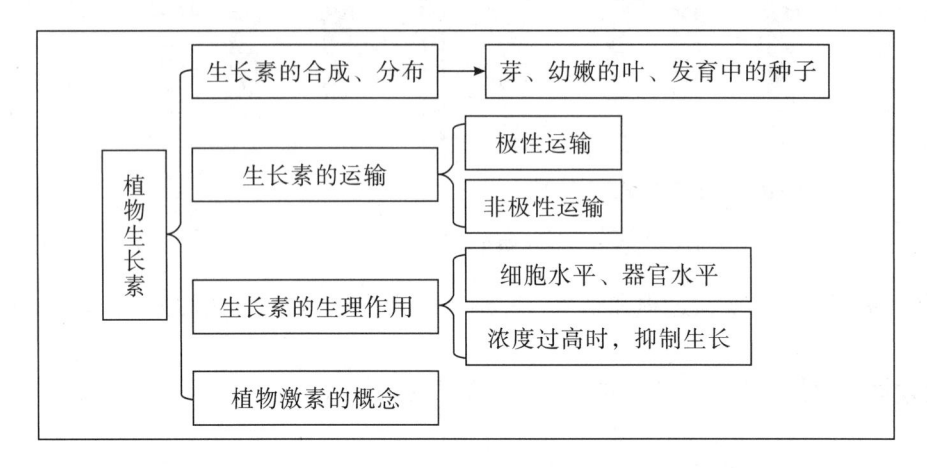

```
                    ┌─ 生长素的合成、分布 ──→ 芽、幼嫩的叶、发育中的种子
                    │
            植      │                         ┌─ 极性运输
            物      ├─ 生长素的运输 ─────────┤
            生      │                         └─ 非极性运输
            长      │
            素      │                         ┌─ 细胞水平、器官水平
                    ├─ 生长素的生理作用 ─────┤
                    │                         └─ 浓度过高时，抑制生长
                    │
                    └─ 植物激素的概念
```

（三）教学反思

（1）教学中搭建已有知识和新知之间的桥梁，提供材料让学生分析，并结合科学史相关内容，使学生在此过程中总结生长素的作用和特点。

（2）教学中渗透结构功能观，让学生根据生长素的功能推测生长素的合成部位。

（四）课后固学

呈现资料，让学生分析原因。

资料1：在农业生产中，为了便于采收和获得更高产量，果农每年都需要对果树进行适当的修剪。结合本节内容，分析果农修剪果树的科学依据。

资料2：三碘苯甲酸（TIBA）能阻碍生长素在体内的运输，抑制植物的顶端生长，促进侧芽的分化和生长。人们发现喷洒TIBA可以防止大豆倒伏，让学生解释其原因。

第2节　其他植物激素

（一）教学内容分析

本节内容建立在第一节的基础之上，第一节已经梳理了生长素的发现过程，其后引入其他植物激素。课标对于本节的学习内容指出，需构建的次位概念是"举例说明几种主要植物激素，这些激素可通过协同、拮抗等方式共同实现对植物生命活动的调节"。

（二）学习者分析

学习到此处的学生，已经熟悉了植物激素的一种——生长素的产生、作用部位、作用特性，自然会产生好奇，其他植物激素有何作用、相互之间有何联系。此外，高二的学生已经具备了良好的建模和分析能力，能够对所呈现材料进行分析并得出结论。

（三）学习目标确定

（1）通过实例，分析归纳其他植物激素的作用和植物激素之间的相互作用。

（2）运用模型建构的方法，阐明多种植物激素共同调节植物的生命活动。

（四）学习重难点

（1）学习重点：其他植物激素的作用和相互关系。
（2）学习难点：多种植物激素共同调节生命活动。

（五）教学过程

环节一：新课导入。

呈现木瓜催熟柿子的实例，提问：对此你能提出哪些你感兴趣的有价值的问题？

提出本节课的核心问题：木瓜为什么能够催熟柿子？还有哪些植物激素在植物的生长发育中起到重要作用？

【设计意图】 引入其他植物激素

环节二：乙烯的作用。

呈现木瓜催熟的实例和学生提供的催熟水果的生活经验。呈现生长素和乙烯相互作用的资料。

资料1：生长素水平较高时可促进ACC（乙烯的前体物质）合成酶的活性，促进ACC的合成进而促进乙烯的生成。实验表明，外源施加IAA可导致多个ACC合成酶基因的转录水平提高，使乙烯的产量提高，而乙烯的含量升高则会抑制生长素合成。若要阻断IAA诱导的乙烯合成，可施加蛋白质合成抑制剂。

教师提问：①催熟水果是什么植物激素在起作用？②植物的哪些部位可以合成乙烯？③乙烯有什么作用？④根据资料1，分析生长素和乙烯有什么关系？

【设计意图】 学生总结乙烯的产生部位、主要作用，并说明其和生长素的关系。

环节三：赤霉素的发现和作用。

呈现感染赤霉菌的水稻照片，学生提出猜想：是赤霉菌本身让水稻患恶苗病吗，还是赤霉菌分泌的物质让水稻患恶苗病。

教师提问：①推测使水稻患恶苗病的究竟是微生物还是微生物产生的某种物质？②如何设计实验来区分？③该物质使水稻疯长，根据植物激素的概念可以判断该物质是植物激素吗？④回顾所学，说说要证明引起某种生理现象的是结构还是物质的实验操作有哪些？（可选）

呈现资料：赤霉素喷施植物、处理马铃薯块茎、处理芹菜胡萝卜、添加植物组织培养基、对生长素水平的影响的资料。

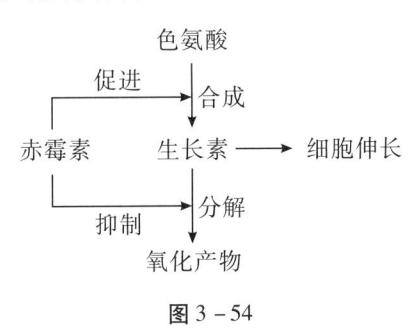

图 3-54

教师提问：①喷施赤霉素的植物，说明该激素的作用是什么？②用赤霉素处理马铃薯块茎，其作用是什么？③用赤霉素处理芹菜或胡萝卜，其作用是什么？④添加赤霉素的植物组织培养有什么变化，赤霉素的作用是什么？⑤根据赤霉素的作用，推测赤霉素的合成在植物的哪些部位。⑥从分子水平分析赤霉素对生长素的影响及两者的作用关系。⑦尝试设计实验，区分激素合成缺陷和不敏感突变体（可选）。

【设计意图】学生总结赤霉素的产生部位、主要作用，并说明其和生长素的关系。

环节四：细胞分裂素的作用。

呈现资料：能够促进植物生长发育的激素除了生长素和赤霉素之外，还有细胞分裂素。

资料1：ABP是生长素的受体蛋白，在生长素足量的情况下，ABP过表达，使生长素的作用增强。在ABP过量表达的烟草叶片中，细胞核比率是野生型的2倍。在实验条件下，离体的植物细胞在只有生长素（IAA）、没有细胞分裂素（CTK）的条件下，会形成大量多核细胞。在存在细胞分裂素的条件下，生长素才能促进细胞分裂。

资料2：生长素可使植物形成顶端优势现象，若施加细胞分裂素，则可促进侧芽发育，形成侧枝，打破顶端优势。

资料3：烟草的组织培养中生长素和细胞分裂素的作用示意图（图略）。

教师提问：①资料1和2分别说明细胞分裂素有什么作用？②根据资料1推测生长素和细胞分裂素有什么关系，两者在促进细胞分裂方面有什么不同？③资料2说明细胞分裂素和生长素在顶端优势方面有什么关系？④资料3说明细胞分裂素有何作用？它和生长素有何关系？⑤总结细胞分裂素和生长素的关系。⑥总结细胞分裂素的作用和合成部位。

【设计意图】学生总结细胞分裂素的产生部位、主要作用，并说明和生长素的关系。

环节五：脱落酸的作用。

资料：①脱落酸促进脱落的效果可因乙烯的作用得到加强。②脱落酸可抑制胎萌现象。③脱落酸作为抗逆激素，可促进气孔关闭。④脱落酸抑制细胞分裂。

教师提问：①根据以上资料，分析脱落酸的作用。②判断脱落酸与其他植物激素的关系。③总结脱落酸的合成部位和作用部位。

【设计意图】学生总结脱落酸的产生部位、主要作用，并说明其和其他植物激素的关系。

环节六：建构模型。

资料1：教师呈现草莓果实中乙烯含量的变化曲线、猕猴桃果实成熟过程中多种激素的变化曲线（图略）。

教师提问：①根据以上资料，描述乙烯在草莓果实发育和成熟过程中的变化。②描述其他植物激素如脱落酸在草莓果实成熟中的含量变化。③描述多种植物激素在猕猴桃果实中的含量变化。

资料2：某种植物生长过程中不同植物激素的相对浓度变化（图略）。

教师提问：①根据以上资料，描述植物的各时期激素含量的变化。②描述在某个特定时期，其他植物激素之间相协同或相拮抗的作用关系。③总结植物的生命活动是多种激素共同调节的，而非一种激素的单独作用。

【设计意图】学生建构在某一植物器官中一种植物激素含量变化的模型、某一植物器官中多种植物激素含量变化的模型、植物一生中多种植物激素的含量变化模型，从而理解概念植物激素可通过协同、拮抗等方式共同实现对植物的调节。

（六）板书设计

5.2 其他植物激素

一、其他植物激素的种类和作用
1. 乙烯合成和作用：
2. 赤霉素合成和作用：
3. 细胞分裂素的合成和作用：
4. 脱落酸的合成和作用：
二、植物激素间的相互作用
1. 乙烯、生长素
2. 赤霉素、生长素、脱落酸
3. 细胞分裂素、生长素
4. 脱落酸、乙烯、细胞分裂素

（七）教学反思

（1）学生在总结各植物激素的作用过程中，对所呈现的资料可以进行适当的取舍。

（2）教学中强调生命的信息观，引导学生总结植物生命活动的调节是一系列激素共同作用的结果。

（八）课后固学

以"植物激素"为核心构建思维导图。

第3节 植物生长调节剂的应用

（一）教学内容分析

本节内容建立在前两节的基础之上，在介绍植物激素之后，对植物激素在生产实践中的应用进一步说明。课标对本节课的学习内容指出，需构建的次位概念是"举例说明生长素、细胞分裂素、赤霉素、脱落酸和乙烯等植物激素及其类似物在生产上得到了广泛应用"。

（二）学习者分析

在学习完植物激素的基本知识后，学生能够将所学和日常生活经验联系起来，产生问题"植物激素有什么应用价值"。高二的学生也已经具备辩证思维，在了解相关植物生长调节剂的应用后能够做到辩证看待技术进步在生产实践中的优缺点。

（三）学习目标确定

（1）通过实例总结，阐明多种植物生长调节剂在生产中应用广泛。

（2）设计实验探究促进扦插枝条生根的最适植物生长调节剂的浓度。

（四）学习重难点

（1）学习重点：植物生长调节剂在生产中应用广泛；探究促进扦插枝条生根的最适植物生长调节剂的浓度。

（2）学习难点：探究促进扦插枝条生根的最适植物生长调节剂的浓度。

（五）教学过程

环节一：新课导入。

呈现玫瑰葡萄使用赤霉素类物质的实例，提问：对此你能提出哪些你感兴趣的有价值的问题？

【设计意图】提出本节课的核心问题：植物激素及植物生长调节剂在生活中的应用。

环节二：植物生长调节剂的概念。

呈现玫瑰葡萄的实例，回顾激素的作用特点。

教师提问：①植物激素具有什么特点？②人工合成的化学物质是否为植物激素？两者之间有何区别呢？③总结生长调节剂的概念。

【设计意图】使学生理解植物生长调节剂的概念。

环节三：植物生长调节剂在生产上的应用。

呈现资料，学生进行分析。

资料1：促进细胞分裂、生长，促进植物生长发育的植物生长调节剂。比如：赤霉素、6—苄氨基腺嘌呤、糠氨基嘌呤、苄氨基嘌呤和氯吡脲等。

资料2：对植物茎端亚顶端分生细胞或初生分生细胞的细胞分裂有抑制作用的人工合成有机物，却对叶、花和果实的形成没有影响。比如：矮壮素、B9、助壮素、多效唑等。

资料3：抑制顶端分生组织生长、使其细胞的核酸和蛋白质合成受阻、细胞分裂慢、导致植物丧失顶端优势、植物形态发生很大变化的植物生长调节剂。比如：三碘苯甲酸、整形素等。

资料4：阅读两篇科研论文《植物生长调节剂的应用展望》《浅谈植物生长调节剂的应用》。

教师提问：①植物生长调节剂在生产中主要应用于哪些方面？②植物生长调节剂在生产应用方面有哪些优点？③花生秧苗生长过旺会影响其产量，结合资料，提出生产建议，解决该问题。

【设计意图】使学生体会植物生长调节剂在生产实践中的应用。

环节四：探究生长素类调节剂促进插条生根的最适宜浓度。

假如现在要解决的问题是促进扦插枝条生根，可选择植物生长调节剂，如何使植物生长调节剂达到最佳效果呢？

实验一：找到促进插条生根的适宜浓度范围。

提出问题：什么浓度范围内的生长素类调节剂可以较好地促进插条生根？请设计

实验找到这个浓度范围。

教师提问：①本实验的自变量和因变量有哪些？如何控制无关变量？②实验材料植物插条如何选择，怎样处理？③实验使用的生长素类调节剂溶液应如何配制？④因变量的观测指标有哪些？⑤实验结果应该怎样进行分析，其中浓度为0的点代表什么含义？⑥根据实验结果，找到适宜生根的浓度范围是多少？⑦这个浓度范围是否为最适宜浓度？如果并不是，如何找到最适宜浓度？

实验二：在适合的浓度范围内，找到促进插条生根的最适宜浓度。

提出问题：在前一个实验的基础上，找到促进插条生根的最适宜浓度。

教师提问：①本次实验中自变量的范围是什么？②根据你设计的浓度梯度，能否找到最佳浓度？③如果不能，该如何设计实验找到最适宜浓度？④概括预实验的概念。

结论和应用：使用生长素类调节剂促进生根时，要考虑哪些因素？

【设计意图】学生设计实验探究促进扦插枝条生根的最适植物生长调节剂的浓度。

（六）板书设计

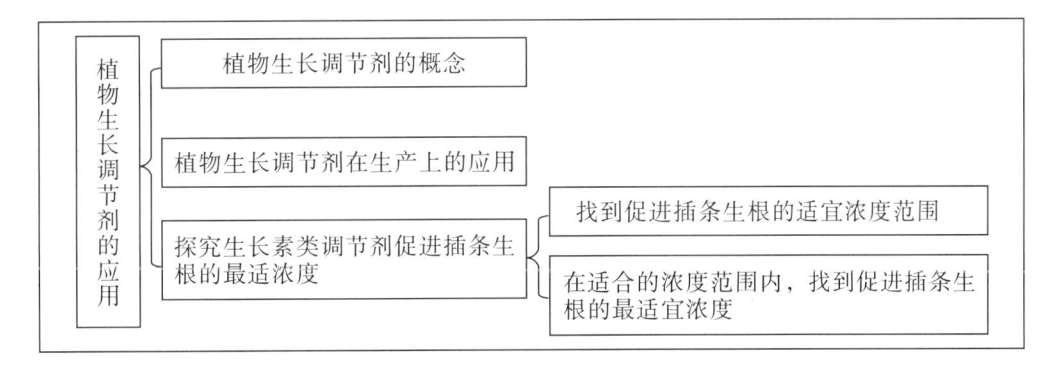

```
植物生长调节剂的应用 ─┬─ 植物生长调节剂的概念
                   ├─ 植物生长调节剂在生产上的应用
                   └─ 探究生长素类调节剂促进插条生根的最适浓度 ─┬─ 找到促进插条生根的适宜浓度范围
                                                          └─ 在适合的浓度范围内，找到促进插条生根的最适宜浓度
```

（七）教学反思

（1）在举例说明植物生长调节剂在生产实践中的应用时，可以增加其他补充材料，如科研论文、新闻报道等。并提出生产中的一些问题，由学生分析可以使用何种植物生长调节剂，使学生将所学应用于实践。

（2）"探究生长素类调节剂促进插条生根的最适宜浓度"最好由实验探究小组提前进行实验，在课堂上分享实验结果，使学生获得直观感性的体验。

（八）课后固学

完成"探究生长素类调节剂促进插条生根的最适宜浓度"的实验报告。

第4节　环境因素参与调节植物的生命活动

（一）教学内容分析

本节内容是对前三节内容的延伸补充，在介绍植物激素对植物生命活动的调节之后，对其他环境因素对植物生命活动的调节作进一步说明。课标对本节课的学习内容指出，需构建的次位概念是"概述其他因素参与植物生命活动的调节，如光、重力和温度"。

（二）学习者分析

学生在必修一其实已经初步了解了环境因素光照对植物生命活动光合作用的影响，在之前的几节课也了解了植物激素的调节。综合之前的知识，学生具备了探究环境因素对植物调节的基础知识。高二的学生也具备了逻辑推理和分析能力，能够对呈现的资料进行分析。

（三）学习目标确定

（1）通过实例，概述影响植物生长发育的环境因素，如光照、温度、重力等。
（2）归纳调控植物生长发育的因素，理解多种因素共同调节植物生命活动。
（3）理解植物对环境的响应是为了适应环境，并解释生产中的现象。

（四）学习重难点

（1）学习重点：环境因素会影响植物生长发育。
（2）学习难点：多种因素共同调节植物生命活动。

（五）教学过程

环节一：新课导入。

韭菜和韭黄为同一种植物，但两者形态不同，造成两者区别的因素是什么？

【设计意图】 引出本节课的核心问题，什么因素影响了韭菜的形态？还有哪些因素会影响植物的生长发育？

环节二：光照对植物生长发育的调节。

呈现教材"思考·讨论"资料三则和资料4。

资料4：科学家为探究短日照植物菊花的感受光部位，进行了如下实验（见图3－55），实验开始前去掉菊花顶芽附近的叶片。

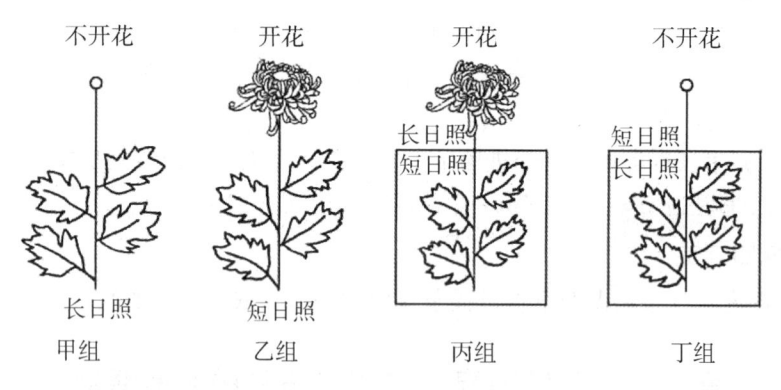

图3－55

教师提问：①从必修一所学的知识分析，光是怎样影响植物的生命活动的？②在资料1中，需光才萌发的种子是需要光照提供能量吗？如果不是，光在其中起到什么作用？③分析资料2，光照对植物形态有哪些影响？④分析资料3，影响开花的环境因素是什么？⑤结合资料3、4，分析短日照植物菊花的感受光部位是哪一部分。⑥说明光作为信号，调控植物生长发育的全过程，再举出生活中其他常见的例子。⑦说明紫外光能够抑制植物的生长，分析高山上的植物比平原同样的植物更矮小的原因，以及如何将这一点应用于生产实践。(可选)

【设计意图】学生通过分析资料，构建概念光照可以调节植物的生长发育的概念。

环节三：光照影响植物发育的机理。

提供光敏色素的发现史资料。

资料1：1918年，科学家发现光照可能是影响植物生长行为的环境因素。

资料2：1937年，科学家用不同波长的光照射种子，发现红光能够促进种子的萌发，而远红光抑制种子萌发。

资料3：1952年，科学家发现用红光和远红光交替处理植物种子，种子是否萌发取决于最后一次接受的光处理，即红光促进种子萌发，而随后的远红光处理消除了红光对种子萌发的诱导；反之亦然。由此提出，植物中应该存在一种色素，可以吸收红光和远红光并能够可逆地控制植物的发育。

资料4：1959年，科学家对黄化玉米幼苗提取液进行试验，发现提取液经红光照射后，红光的吸收减少而远红光的吸收增加；照射远红光后，远红光的吸收减少而红光的吸收增加。交替照射后，这种吸收光谱可以多次可逆变化。证明了预期的光谱可逆性。将植物组织磨碎并煮沸后，则不再有这种可逆变化，证明该色素应该是一种蛋白质。1960年4月，科学家分离出了这种蛋白质，给它命名为光敏色素。

教师提问：①综合以上资料，植物是如何"看见"光的呢？②结合课本资料相关信息，分析植物体内是否只有光敏色素。如果不是，还有哪些色素？③结合课本，阐述光敏色素如何对光作出反应。④查找资料，讲述关于光敏色素在生产实践中的应用有哪些。

【设计意图】学生分析资料，进一步深入了解光照影响植物生命活动的机理。

环节四：参与调节植物生命活动的其他环境因素。

呈现课本资料1、2和补充资料3。

资料3：冬小麦必须在冬天的低温环境中经历5天以上才能开花。我国农民创造了"闷麦法"可用于在春天补种冬小麦。

教师提问：①资料1说明温度对植物有何影响？②从能量供应的角度分析，低温春化作用对植物生存有什么意义？③列举一些其他温度调控植物生命活动的实例。④阅读课本材料，阐述植物是如何感受重力的。⑤设计实验探究植物根向地性的感受部位在根冠。

【设计意图】学生分析资料，构建多种环境因素参与调节植物的生命活动的概念。

环节五：其他环境因素对植物生长发育的整体调控，构建植物生长发育调控的模型。

教师提问：①分析影响植物生长发育的内因和外因分别是什么？②在一个植物细胞内部，如何传递发育信息？③在细胞与细胞之间，如何传递发育信息？④在植物与环境之间，如何传递信息？⑤总结植物发育的整体调控。

【设计意图】从宏观和微观角度分析环境因素对植物生命活动的影响，使学生建立信息观，深入理解生命是信息、能量和物质的统一整体。

（六）板书设计

> 5.4 环境因素参与调节植物的生命活动
> 一、光照对植物生长发育的调节
> 二、温度对植物生长发育的调节
> 三、重力对植物生长发育的调节

（七）教学反思

（1）讨论光照对植物生命活动的调节时，补充不同教材的内容使学生充分认识到光照调节的机制，提高学生的科学思维。

（2）要求学生从信息的角度阐述植物生命活动的调节，并与动物生命活动的调节过程进行对比，加深理解。

（八）课后固学

完成"植物生命活动的调节"思维导图。

单元教学课例评析：

本单元教学设计以"情景创设""问题驱动"和"探究引领"的形式引导学生梳理生长素发现历程中的研究思路，探究植物激素及环境因素对植物生命活动的调节作用。以构建概念和提升学生生物学科素养为目标，营造了探究和合作的氛围，从宏观和微观角度分析环境因素对植物生命活动的影响，使学生建立信息观，深入理解生命是信息、能量和物质的统一整体。主要特点如下。

（1）创设情境，注重实验过程与概念学习的融合。教学过程中，教师通过创设科学史情境，激发学生好奇心，引导学生提出植物激素发现的核心问题，同时深入挖掘科学史实，在分析科学史过程中结合实验过程的分析，培养学生的科学思维和科学探究精神。在不断探讨中学生主动理解设计对照实验的意义，通过分析科学史中各组实验的各种变量，理解实验目的，提高学生的科学思维。

（2）将教材内容与网络资源相结合，激发学生主动学习。在单元教学中，教师在教材资料的基础上，通过网络查询，为学生补充了"光照影响植物发育的机理""光敏色素的发现史""闷麦法"等丰富的学习资源，不仅拓展了学生视野，还激发了学生主动学习的兴趣，较好地突破本单元的重难点。学生结合资料，分析总结基因、基因表达产物、环境之间存在着复杂的相互作用，从而认同生命的复杂性，认识到生命活动的有序进行离不开基因（遗传信息）的调控。

选择性必修 2

第 1 单元　种群及其动态

一、单元教学设计说明

本单元内容选自新教材选择性必修 2，对应的概念如下：

大概念 2　生态系统中的各种成分相互影响，共同实现系统的物质循环、能量流动和信息传递，生态系统通过自我调节保持相对稳定的状态。

重要概念 2.1　不同种群的生物在长期适应环境和彼此相互适应的过程中形成动态的生物群落。

次位概念 2.1.1　列举种群具有种群密度、出生率和死亡率、迁入率和迁出率、年龄结构、性别比例等特征。

次位概念 2.1.2　尝试建立数学模型解释种群的数量变动。

次位概念 2.1.3　举例说明阳光、温度和水等非生物因素以及不同物种之间的相互作用都会影响生物的种群特征。

本单元与学生生活的环境息息相关，涉及相关生态问题，在倡导生态文明的时代背景下显得尤为重要。因此，在教学时选取学生熟知的广东省华南虎为单元情境，通过调查实验、探究实验等活动带领学生学习种群相关知识，培养学生比较、分析、归纳的科学思维，强化系统观、整体观、稳态与平衡观等生命观念，提高学生进行自主探究的科学探究水平。此外，还可加强学生对本地生态系统的了解，在增强学生保护环境意识的同时，引导学生用所学知识解决实际问题，切实地提高社会责任感。

二、单元学习目标与重难点

1. 单元学习目标

（1）通过探究实验掌握调查种群密度的方法，列举种群数量特征并说明"出生率和死亡率、迁入率和迁出率、年龄结构和性别比例"这几个种群数量特征与种群密度之间的关系。

（2）通过探究小球藻种群数量的变化这一实验，尝试运用数学模型表征种群数量变化的规律，阐明环境容纳量原理在实践中的应用。

（3）分析和解释影响种群数量变化规律的因素，并将种群研究应用于相关实践活动中。

2. 单元学习重难点

（1）种群的数量特征及调查种群密度的方法。

（2）两种种群数量增长曲线（"J"形和"S"形）的变化规律及影响因素。

（3）血细胞计数板的使用。

（4）非生物因素和生物因素对种群数量变化的影响。

三、单元整体教学思路

本单元创设了广东省韶关华南虎繁育基地这一单元情境，运用调查实验（调查生物园中某种双子叶植物的种群密度）、模型构建（构建种群数量特征关系的概念模型图和构建种群数量增长曲线的数学模型图）、探究实验（培养液中小球藻种群数量的变化）等手段展开对华南虎种群数量特征、数量变化及影响数量变化因素的探讨，同时引导学生关注生态系统，保护濒危动物，运用所学解决生态问题。

本单元的内容结构如图3-56所示。

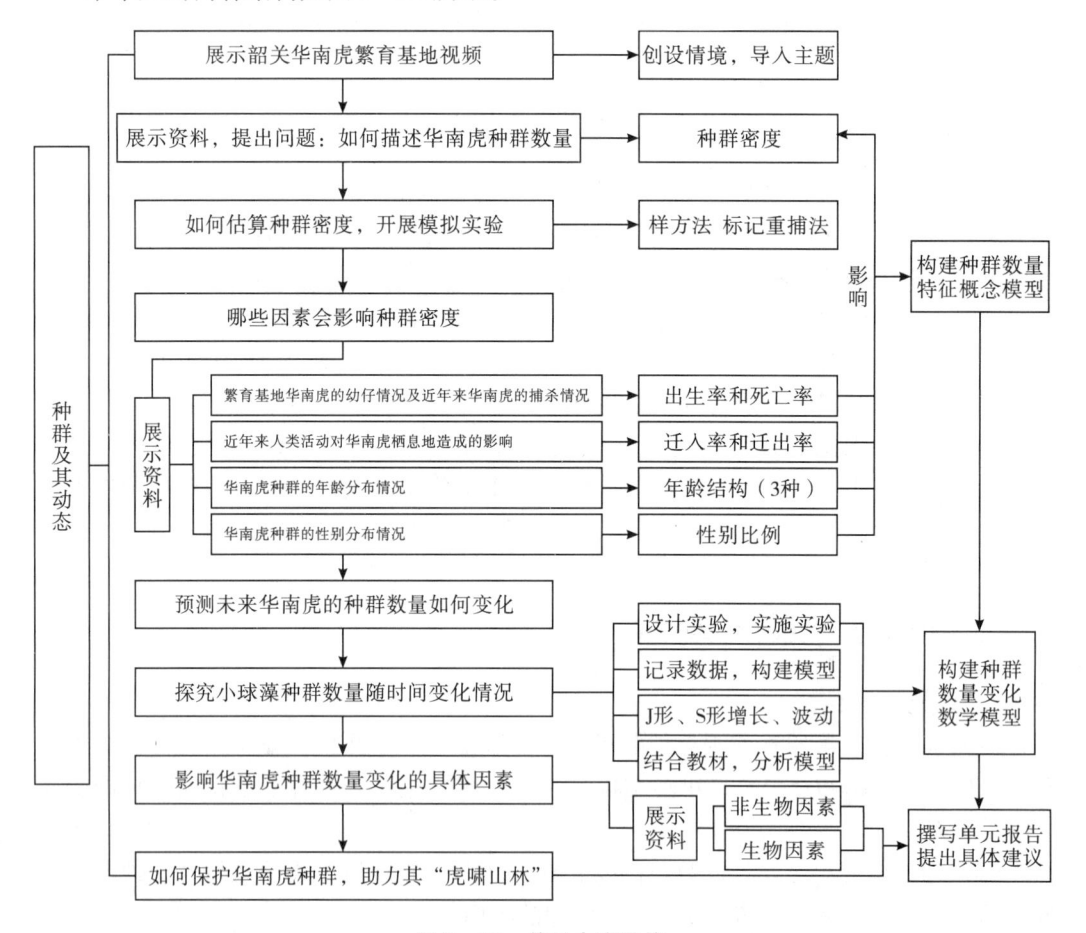

图3-56 单元内容结构

单元教学目标导向下的课时目标如图 3-57 所示。

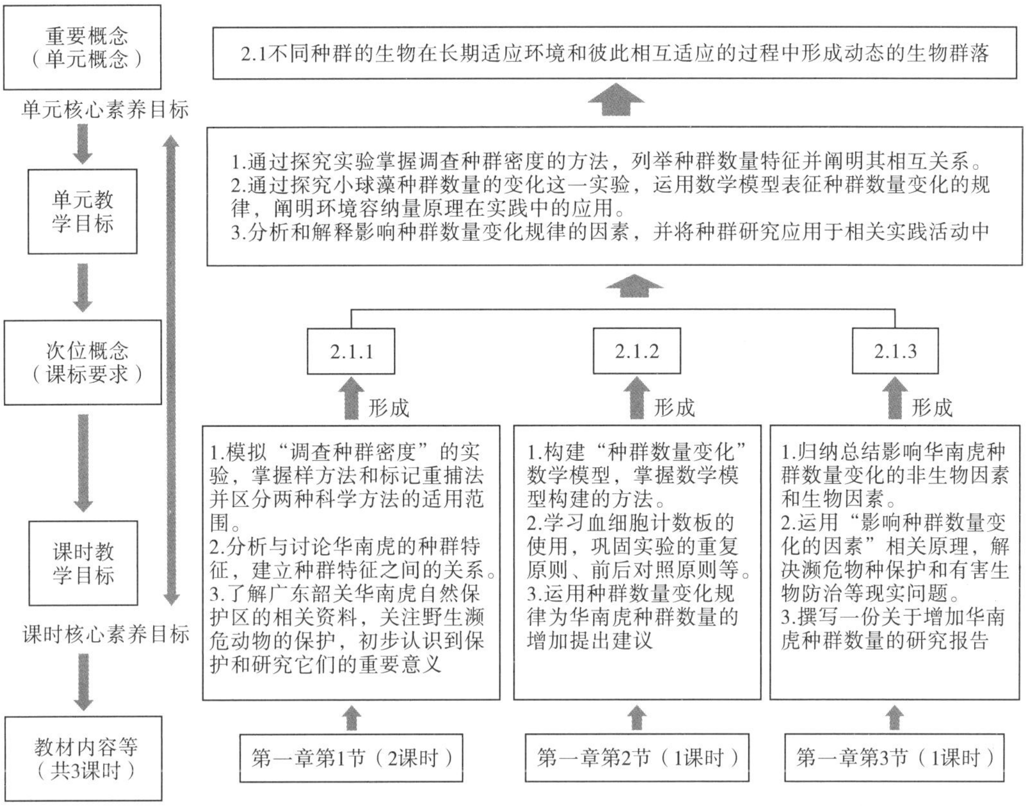

```
重要概念
(单元概念)          2.1 不同种群的生物在长期适应环境和彼此相互适应的过程中形成动态的生物群落
    ↓
单元核心素养目标
    ↓              1.通过探究实验掌握调查种群密度的方法，列举种群数量特征并阐明其相互关系。
单元教             2.通过探究小球藻种群数量的变化这一实验，运用数学模型表征种群数量变化的规
学目标              律，阐明环境容纳量原理在实践中的应用。
    ↓              3.分析和解释影响种群数量变化规律的因素，并将种群研究应用于相关实践活动中
次位概念
(课标要求)         2.1.1          2.1.2          2.1.3
    ↓            形成            形成            形成
课时教    1.模拟"调查种群密度"的实   1.构建"种群数量变化"   1.归纳总结影响华南虎种
学目标    验，掌握样方法和标记重捕法   数学模型，掌握数学模    群数量变化的非生物因素
    ↓    并区分两种科学方法的适用范   型构建的方法。        和生物因素。
课时核心   围。                   2.学习血细胞计数板的   2.运用"影响种群数量变
素养目标  2.分析与讨论华南虎的种群特   使用，巩固实验的重复    化的因素"相关原理，解
    ↓    征，建立种群特征之间的关系。  原则、前后对照原则等。   决濒危物种保护和有害生
         3.了解广东韶关华南虎自然保   3.运用种群数量变化规   物防治等现实问题。
教材内容等  护区的相关资料，关注野生濒  律为华南虎种群数量的   3.撰写一份关于增加华南
(共3课时) 危动物的保护，初步认识到保   增加提出建议          虎种群数量的研究报告
         护和研究它们的重要意义

         第一章第1节(2课时)    第一章第2节(1课时)    第一章第3节(1课时)
```

图 3-57 单元教学目标导向下的课时目标

第 1 节 种群的数量特征

（一）教学内容分析

必修一第一章学生已经学习过种群的概念，对种群有了初步的认识。本节内容利用"广东省华南虎的繁育"这一学生熟知的情境导入并贯穿整节。通过模拟实验、调查研究突破运用样方法调查种群密度的教学重难点，采用资料分析、问题驱动等方式引导学生总结其他数量特征并逐步构建它们之间的关系。这些核心内容的学习可培养学生比较、分析、归纳的科学思维，强化系统观、整体观、稳态与平衡观等生命观念，同时，使学生认同基础研究的重要意义，增强学生保护生态环境的社会责任意识。

（二）学习者分析

学生在必修一第一章中已经学习过种群的概念，对种群是什么有了初步的认识。因此，在本节课中帮助学生快速回忆和判断即可。近年来各地有报道过华南虎的野外踪迹，学生对华南虎的事迹有所耳闻，尤其对省内的华南虎繁育基地会更加熟悉，选择"广东省韶关基地的华南虎繁育"这一情境贴近学生的生活，可增加学生的亲切感、

223

认同感、责任感。学生在学习种群密度的调查时因不能整体、系统地感知生态系统而无法准确地理解样方法和标记重捕法的内涵，可通过模拟实验和课后实地调查相结合的方式帮助学生解决这一难点，这符合学生的兴趣和发展水平，能够较好地培养学生的科学探究能力、科学思维和生命观念等学科核心素养。

（三）学习目标确定

（1）通过模拟"调查种群密度"的实验，使学生掌握样方法和标记重捕法，并区分两种科学方法的适用范围。

（2）通过华南虎相关资料的分析与讨论，列举出种群具有的其他4个重要特征，并尝试建立5个特征之间的关系。

（3）通过了解广东韶关华南虎自然保护区的相关资料，引导学生关注野生濒危动物的保护，初步认识到保护和研究它们的重要意义，树立正确的社会价值观。

（四）学习重难点

（1）学习重点：模拟调查种群密度的方法；种群的数量特征。

（2）学习难点：模拟调查种群密度的方法；课后调查草地中某双子叶植物的种群密度；构建种群数量特征之间关系的模型图。

（五）教学过程

情境导入：播放韶关华南虎自然保护区繁殖中心相关视频。

提出问题：扩大华南虎种群数量对于保护华南虎有重要意义，近年来华南虎为何濒临灭绝呢？未来华南虎的种群数量会如何变化呢？采取什么措施使其种群增长呢？

【设计意图】以广东省的华南虎事例进行导入以提出可探究的核心问题，可引起学生的共鸣，激发学生的学习兴趣。

环节一：种群数量最基本的特征——种群密度。

华南虎的数量较少，建立国家公园保护华南虎，可增加其种群数量。

【教学活动】提出问题：回忆什么是种群？判断以下几种描述是否是种群：学校池塘中的所有鱼；生物园中的所有甜豌豆；集市上所有的鲤鱼。

【学生活动】准确总结出种群概念：一定区域内生活的同种生物全部个体所组成的集合就是种群。

【设计意图】通过例子判断是否属于种群来引导学生准确描述种群的概念。

【教学活动】展示资料：20世纪50年代，经过调查我国野外华南虎还有几千余头，70年代以来，科学家通过调查始终未发现华南虎活体从而判断其很可能已经野外灭绝。

展示资料：一般来说，一只野生华南虎的生存空间至少需要70平方千米的森林，森林里还必须生存有约200只梅花鹿、300只羚羊和150只野猪作为其食物。

提出问题：这体现华南虎的种群数量有何特征？

【学生活动】种群密度。通过华南虎的种群密度可直观感受到华南虎的种群数量的多寡。种群密度是最基本的种群数量特征。

【教学活动】提出问题：所有生物的种群数量都能获得一个准确的数值吗？举例说明。

【学生活动】不能，比如生物园中杂草的数量；公园里昆虫的数量等。

【小结】对于难以逐个计数的生物可采用估算法，常用的估算法有样方法和标记重捕法。

【设计意图】通过资料引出种群数量最基本的特征——种群密度，并引申出种群密度的调查方法。

环节二：种群密度的调查方法。

【教学活动】布置任务：阅读教材第 2 页，进行模拟样方法实验：用 A4 纸代表样地，A4 纸上分布的小黑点代表调查的生物，探究小黑点代表的种群密度。（A4 纸上的小黑点有两种分布方式，可分两种组别进行模拟实验）。

【学生活动】阅读教材；小组讨论交流。

【教学活动】提出问题：如何选取样方（样方多大；多少样方）？取样时应注意什么（样方边上的黑点是否计算）？最后如何处理数据？

【学生活动】小组讨论交流。

【教学活动】介绍样方边线上的计数规则。

【学生活动】展示各小组计算结果，分析各组产生差距的原因。

【教学活动】思考问题：根据取样方法分析样方法适用于对什么类型的生物估算种群数量？

【学生活动】样方法适用于植物、活动能力较弱的动物。

【设计意图】根据种群分布特点引出常用的取样方法：五点取样法和等距取样法，使学生明白两种方法的适用情况，并通过结果的分析对比来巩固样方法注意要点。

【教学活动】思考问题：对于鼠、鸟类、鹿、羊等动物适用于样方法吗？如何调查其种群密度？

【学生活动】回答问题：标记重捕法。

【教学活动】思考问题：池塘中，第一次捕获鲫鱼 106 条，做上标记后放回；第二次捕获鲫鱼 91 条，其中有标本的为 25 条。由此估算该池塘中共有鲫鱼多少条？（来自课后拓展应用）。

【学生活动】总结出标记重捕法公式。N（某地域某生物种群数量）/M（第一次捕获的某生物数量）= n（第二次捕获的某生物数量）/m（第二次捕获带标记的数量）。

【教学活动】提出问题：根据标记重捕法公式，思考哪些因素会影响估算结果的准确性？如何避免？

【设计意图】通过实例让学生先感受标记重捕法的操作，并推导其计算公式；引导学生根据公式寻找影响种群数量的因素，进而总结如何避免估值的不准确性。

【教学活动】思考问题：样方法与标记重捕法的本质特点有何相似之处？

【学生活动】回答问题：都是通过局部来推测整体。

【设计意图】使同学们认识到以局部推测整体的方法，提升学生思维认知。

【小结】样方法和标记重捕法可估算种群密度。

环节三：种群的其他数量特征。

225

【思考问题】种群密度是最基本的种群数量特征,哪些因素会影响到种群密度呢?

【教学活动】资料展示:视频中讲述,2008年广东省成立韶关华南虎繁育研究基地,在基地团队的悉心呵护下,一对华南虎3胎产下4只华南虎;基地的华南虎仅13只,全国圈养的华南虎也仅有约250只。而老鼠一年生数胎,每胎产多只,幼鼠2~3个月后便性成熟。资料展示:在20世纪50年代初,我国野生华南虎估计有几千头,由于人类的围捕猎杀,至20世纪七八十年代,华南虎的数量仅约三四十只。这说明什么?出生率和死亡率如何影响种群密度?

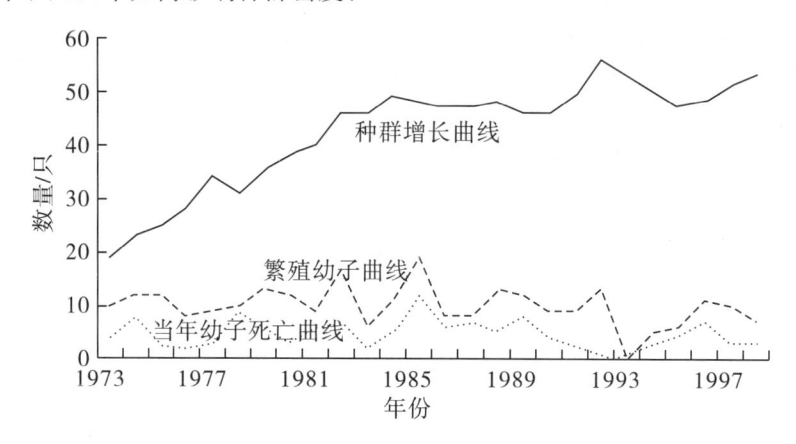

图 3-58 圈养华南虎种群增长状况

【学生活动】回答问题:华南虎的出生率较低,鼠的出生率较高;在20世纪的一段时间内,人类捕杀使得华南虎的死亡率较高。出生率和死亡率会直接影响种群密度。

【设计意图】通过华南虎和鼠的出生数据对比使学生直观地感受出生率对种群密度的影响,认识人类活动对华南虎种群数量的巨大影响,从而引出出生率和死亡率这一数量特征。

【小结】出生率和死亡率直接决定种群密度。

【教学活动】资料展示:20世纪50年代起,人口增长迅速,人类随即开始了大面积的林木砍伐并猎杀华南虎的主要食物,如有蹄类动物,这致使华南虎的生活空间急剧缩小,食物大量减少。为何成立国家公园可助力华南虎"虎啸山林"?这说明华南虎的种群数量受什么影响?

【学生活动】回答问题:迁出被破坏的栖息地,改善当地环境,建设适于华南虎生存的良好家园,促进更多华南虎的迁入,减少迁出。迁入率和迁出率会影响种群数量。

【小结】迁入率和迁出率直接决定种群密度。

【设计意图】引导学生总结迁入和迁出对种群密度的影响,同时,认识到我国在保护生物多样性方面所作出的具体努力措施。

【教学活动】提出问题:如果你是国家公园的负责人,你还会关注华南虎的哪些数量特征以提高种群数量?

【教学活动】资料展示:

表 3-17　1998 年华南虎圈养种群的年龄分布

单位：只

年龄	雄虎数量	雌虎数量	总数
0~3	10	7	17
4~7	12	4	16
8~11	5	5	10
12~14	3	2	5
15~17	1	2	3
18~19	0	2	2

（3 岁及以下为幼龄虎，4~14 岁为育龄虎，15 岁及以上为高龄虎）

【学生活动】回答问题：年龄组成、性别比例。

【教学活动】提出问题：你认为这些华南虎的年龄组成良好吗？对未来华南虎的种群数量有何影响？

【学生活动】回答问题：良好，育龄虎约为 58%，幼龄虎 32%，高龄虎仅为 9%，年龄结构为增长型，未来华南虎种群数量将会增加。

【教学活动】提出问题：若育龄虎约为 34%，幼龄虎 34%，高龄虎仅为 32%，年龄结构为什么类型？若育龄虎约 33%，幼龄虎 28%，高龄虎仅为 39%，年龄结构为什么类型？总结年龄组成的类型有哪些？

【学生活动】回答问题：年龄结构为稳定型，其幼年个体、成年个体和老年个体数目相当；年龄结构为衰退型，其幼年个体较少，老年个体较多；年龄组成的类型有增长型、稳定型、衰退型。

【教学活动】提出问题：年龄结构为增长型的种群数量一定会增长吗？表中华南虎的性别比例是否合适？

【学生活动】回答问题：不合适，雄虎：雌虎为 1.4 : 1。

【小结】性别比例影响出生率，进而影响种群密度。

【设计意图】通过相关资料分析影响种群密度的其他数量特征并总结其对种群密度的影响，为接下来构建种群数量特征关系图做铺垫。

【教学活动】总结出种群的数量特征并构建种群数量特征的关系图。

【学生活动】种群密度、出生率和死亡率、迁入率和迁出率、年龄组成、性别比例。关系图略。

【设计意图】通过构建种群数量特征的关系使学生从整体上把握种群的数量特征。

（六）板书设计

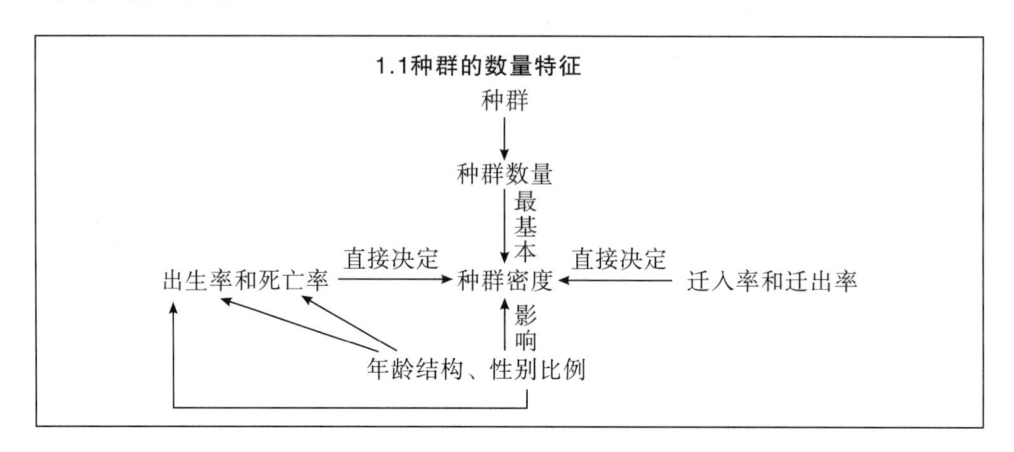

```
                    1.1 种群的数量特征
                         种群
                          ↓
                        种群数量
                         最↓基本
    直接决定              本            直接决定
出生率和死亡率 ──────→ 种群密度 ←────── 迁入率和迁出率
         ↑            影↑
         │            响│
         └──── 年龄结构、性别比例
```

（七）教学反思

本节课符合新课程标准对于情境化的要求，设置相关问题使情境连续化，做到了"一境到底"。但要求学生实地进行调查植物的种群密度仍有一些现实困难，对学生能力的培养还有一定的局限性。

（八）课后固学

课后小组合作完成"调查草地中双子叶植物的种群密度"探究实验；搜集华南虎现状资料，分析华南虎现今的数量特征，预测华南虎种群数量的变化。

第2节　种群的数量变化

（一）教学内容分析

本节内容主要分为三部分：一是建构种群数量增长模型的方法；二是种群数量的变化情况，包括种群的 J 形增长、种群的 S 形增长、种群数量的波动；三是探究培养液中酵母菌种群数量的变化。重难点内容是种群增长模型的 2 种情况。探究酵母菌种群数量的变化是一项很有价值意义的探究活动，能将前两部分内容涵盖其中。此外，由于酵母菌在培养时需要活化，属于异养生物，需配置有机培养基进行培养，并且利用显微镜观察时不能区分死活细胞，而小球藻是自养生物，可用无机培养基培养，且能够根据颜色进行区分，因此，可将酵母菌更换为小球藻来开展探究种群数量变化的实验。综上，利用探究小球藻种群数量变化的实践活动作为教学主线，让学生在实验研究的基础上学习数学模型建构的步骤，建构不同培养条件下小球藻种群的 J 形增长、S 形增长情况，这能够极大地增强学生自主探究能力，提高学生收集、整理、分析数据的能力，培养学科核心素养。

（二）学习者分析

学生具有一定的数学基础，能够根据相关数据构建出数学模型，且通过高一生物的学习，对小球藻的代谢类型比较清晰，能够进行小球藻的培养。通过自主探究活动且在探究过程中建构知识的方法可激发学生的兴趣，调动学习积极性，符合学生发展需求。但在对小球藻进行计数时需利用血球计数板，血球计数板的使用对学生而言是难点，需着重介绍其使用方法。另外，构建种群数量增长曲线后引导学生进行曲线分析，连接相关理论。

（三）学习目标确定

（1）利用小球藻为对象建构"种群数量变化"数学模型，掌握数学模型构建的方法，进而能够运用数学模型解释、预测华南虎种群数量的变化。

（2）通过探究不同条件下培养液中小球藻种群数量的变化等活动，尝试构建小球藻种群增长数学模型（J形、S形曲线），并理解J型增长曲线和S型增长曲线的变化规律，推测影响小球藻种群增长的因素。

（3）通过探究不同条件下培养液中小球藻种群数量的变化，学习血细胞计数板的使用，巩固实验的重复原则、前后对照原则等。

（4）通过华南虎种群变化等资料引导学生运用种群数量变化规律为华南虎种群数量的增加提出建议，关注人类活动对于动植物种群数量变化产生的影响，增强社会责任感。

（四）学习重难点

（1）学习重点：建构种群J形、S形增长曲线；掌握建构种群增长曲线的数学方法。

（2）学习难点：建构种群增长的数学模型；血球计数板的使用。

（五）教学过程

近年来国家大力保护华南虎，将其从濒危边缘拯救回来，相信有朝一日会实现"虎啸山林"。

【教学活动】提出问题：放归山林后华南虎的种群数量将会如何增长呢？

【设计意图】引导学生对华南虎种群的数量产生担忧，促进学生对本节核心问题进行思考。

环节一：血球计数板的学习。

以小球藻为例探究小球藻种群数量随时间的变化情况。

【教学活动】布置课前任务：查阅相关资料，确定小球藻的培养条件和培养基类型是什么？

【学生活动】小球藻属于绿藻门，为自养生物，可用BG-11培养基在光下进行培养。

【设计意图】引导学生根据问题查阅、收集资料，了解实验研究对象，为接下来的实验方案做铺垫。

【教学活动】根据实验目的，确定实验的自变量、因变量和无关变量。

【学生活动】自变量是时间，因变量是小球藻的种群数量，无关变量有培养液的体积、小球藻的接种量、培养温度、光源强度、取样计数时间等。

【教学活动】根据相关变量设计实验表格，记录7天内小球藻种群数量的变化情况。

【学生活动】设计表格，并讨论交流，修正表格（见表 3-18）。

表 3-18

培养时间 小球数量/个	第 0 天	第 1 天	第 2 天	第 3 天	第 4 天	第 5 天	第 6 天	第 7 天
第一次取样								
第二次取样								
第三次取样								
平均值								

【设计意图】通过设计实验表格，加深学生对于对照原则、平行重复原则的认识。

【教学活动】经过一段时间的培养，培养液的营养、空间会不会不足？如果想让小球藻数量较快增长，你会怎么做？

【学生活动】定期更换培养液，在第 3、第 5 天更换培养液。

【教学活动】整个实验的自变量是什么？

【学生活动】培养时间、营养条件。

【设计意图】增加实验自变量，训练学生探究多自变量一因变量实验的能力，也为后续构建种群数量变化模型做好铺垫。

【教学活动】对小球藻的计数适用于样方法或者标记重捕法吗？联系样方法和标记重捕法的共同之处。

【学生活动】不适用，小球藻单个个体肉眼不可见。检测局部推测整体，对于小球藻可计数一部分培养液再推算全部培养液中的小球藻数量。

【设计意图】指引学生看到样方法、标记重捕法与抽样检测法的相通之处，认识到调查方法在宏观、微观领域的应用。

【教学活动】阅读教材 11 页，如何进行抽样检测，借助什么工具？总结所需的材料用具主要有哪些？（介绍血细胞计数板的使用）

【学生活动】提出疑问，互相讨论。小球藻、锥形瓶、滴管、显微镜、血细胞计数板、BG-11 培养基等。

【教学活动】根据以上分析，设计实验探究方案，包括实验目的、实验材料用具、实验步骤、记录实验的表格等。

【学生活动】完成实验探究方案的设计。按照探究方案课后实施实验，连续 7 天每天同一时间进行取样计数，记录实验数据。

【设计意图】引导学生完成实验设计方案，提高归纳总结、整理信息的能力。

环节二：种群数量增长的 J 形曲线、S 形曲线。

【教学活动】发布任务：各组根据 7 天测得的数据，绘制出小球藻种群数量增长曲线。

【学生活动】建构数学模型。

【教学活动】展示学生构建的小球藻种群数量增长曲线。

【学生活动】各组进行讨论交流，观察构建的模型有何异同，对不足之处进行修正。

【设计意图】引导学生运用测量数据进行建模，强化建模思维，增强学生处理数据的能力。

【教学活动】资料展示：分析自然界种群增长的实例。野兔和环颈雉两个种群的增长情况有什么共同点？野兔和环颈雉种群数量的增长曲线与哪组绘制的小球藻种群数量增长曲线相似？种群出现这种增长的原因是什么？

【学生活动】种群数量均增长迅猛且有无限增长的趋势；A组；食物充足，空间充裕，缺少天敌，没有竞争物种。

【设计意图】通过学生构建的定期更换培养液的小球藻种群数量增长模型和自然界中的小球藻种群数量增长模型两个实例，寻找这些曲线共同点，归纳总结出J形增长曲线，生成J形曲线数学模型，在增强学生建模能力的过程中形成概念。

【小结】在理想条件下（食物充足、空间充裕、缺少天敌、没有竞争物种等），以时间为横坐标，种群数量为纵坐标画曲线，曲线则大致呈"J"形。

【教学活动】思考问题：上述几个实例中，种群增长的J形曲线趋势能否一直持续下去？为什么？

【学生活动】回答问题：不能。没有更换培养液的小球藻种群增长曲线不呈"J"形。

【教学活动】思考问题：生态学家高斯曾经做过培养大草履虫的实验，参见教材第9页。比较大草履虫的种群增长曲线和B组小球藻的种群增长曲线有何相似之处？

【学生活动】种群在刚开始的几天内持续增长，后面趋于稳定。

【小结】种群经过一段时间的增长后，数量趋于稳定，增长曲线呈"S"形，这种类型的种群增长成为"S"形增长。

【教学活动】提出问题："S"形曲线最后趋于稳定，如大草履虫的数量维持在375左右，这个数值代表什么含义？曲线的斜率为增长速率，观察"S"形曲线，发现斜率有什么变化？这说明种群的增长有何变化？当种群增长速率最大时，所对应的种群数量是多少？

【学生活动】环境容纳量，该环境条件下所能维持的种群最大数量，即K值。先增加后降低。种群先快速增长后增长缓慢，直到增长速度为0，种群趋于稳定。2/K。

【设计意图】增强归纳、总结能力，通过分析小球藻和大草履虫的增长形成"S"形增长概念。结合实例，通过问题驱动学生思考S形曲线的形成原因、变化趋势内涵及各参数含义。

【小结】造成"J"形、"S"形差异的原因：资源、空间的限制，随着种群数量的增多，种群对资源、空间的竞争逐渐激烈，有限的资源、空间容纳不了越来越多的数量，导致出生率下降，死亡率在上升。

【教学活动】提出问题：同一种群的K值是不是固定不变的呢？说明原因。

资料展示：同野生大熊猫类似，华南虎栖息地遭到破坏后，作为其食物的羚羊、野猪、梅花鹿等都在减少，活动范围由原来的约320万平方千米急剧缩减到了约20万平方千米。

【学生活动】回答问题：华南虎的栖息地遭到破坏后，食物减少，活动范围缩小，K值降低。

【教学活动】提出问题：从这个角度看，我们可以采取哪些措施以增加华南虎的K值？

【学生活动】回答问题：建立自然保护区、国家公园，改善栖息地，扩大其适宜生存的范围，增加华南虎的食物类型，助力其回归森林。

【设计意图】引导学生思考研究种群数量变化的意义，培养学生利用生物学知识解决实际问题的能力。

环节三：种群数量变化的波动。

许多有害动物通过在达到2/K之前进行干预取得了良好成效，那么为何蝗灾难以根除？

【教学活动】资料展示：飞蝗和沙漠蝗是世界上最具危险性的害虫。2020年一场大范围的沙漠蝗蝗灾席卷了西非、东非、西亚以及南亚的20多个国家，是25年来最严重的沙漠蝗蝗灾，仅1 km^{2}的蝗群就可容纳8000万只成年蝗虫，1 d的食物消耗量相当于3.5万人，直接威胁到该地区1 190万人的粮食供应。

提出问题：结合教材10、12页，说明种群数量曲线还有什么变化？

【学生活动】回答问题：有些种群数量并不一直稳定在K值左右，存在波动。

【设计意图】通过蝗灾案例使学生了解种群数量的波动情况，基于给定的事实和证据，说明K值的变化，同时认识我国生态学家在根除蝗灾方面的巨大贡献。

【教学活动】资料展示：20世纪人们"谈虎色变"，华南虎遭到人类的大肆捕杀导致其数量骤减，短短二十年，从几千头降至几十头，直至野外灭绝，仅剩动物园的几十头。现存的约250头华南虎是动物园的华南虎繁殖而来。

提出问题：为什么近些年来人工繁育华南虎，其数量还是增长较慢？

【学生活动】回答问题：华南虎繁殖成活率低，种类较少导致近亲繁殖，人工繁殖华南虎的技术不够，抚育幼崽的程度不够等等。

【教学活动】提出问题：除了建立自然保护区等措施，还可以采取哪些措施保护华南虎？

【学生活动】讨论思考，课后交流。

【设计意图】引导学生结合前面的分析和资料找出华南虎种群增长较慢的原因，进而运用所学知识和科学术语提出具体建议，解决实际问题。

（六）板书设计

1.2　种群的数量变化

（1）血球计数板的使用

（2）种群数量变化：构建小球藻J形、S形种群数量增长曲线

（3）种群数量波动

（七）教学反思

利用探究小球藻种群数量变化的实践活动作为教学主线，让学生在实验研究的基础上学习数学模型建构的步骤，建构种群增长模型，这能够极大地增强学生自主探究能力，提高学生收集、整理、分析数据的能力，培养学科核心素养。但是单元情境是保护华南虎、助力其种群增长，本应对华南虎的种群数量进行分析，但华南虎不易繁殖、幼体成活率低，网上缺乏足够的数据，因此无法帮助学生分析其已有数量的增长变化，仅能预测其未来的变化趋势。

（八）课后固学

思考并完成教材第 10 页"环境容纳量与现实生活"；思考采取哪些措施保护华南虎。

第 3 节　影响种群数量变化的因素

（一）教学内容分析

本节内容旨在探讨为什么种群数量会发生变化，影响种群数量变化的非生物因素和生物因素有哪些，属于探讨"原因"类内容，在内容上承接前两节内容，在逻辑上也具有递进性和顺延性，学习本节内容有利于训练学生在生态学领域的科学思维并加强科学探究能力，为后续的群落、生态系统等生态学内容学习作铺垫。学习本节还可帮助学生形成稳态与平衡观等生态学观念，基于生态学观念，阐释种群中的失衡现象，解决生产生活中的实际问题，同时渗透社会责任感。

（二）学习者分析

在知识方面，经过前两节的学习，学生已经掌握了种群数量特征和种群数量变化规律等内容，且必修一二对种群的知识均有涉及，通过相关资料不难分析出影响种群数量变化因素；在科学思维上，经过高一的思维训练，高二学生的抽象思维和逻辑思维已经得到了一定程度的提升，这有助于帮助学生理解影响种群数量变化的各个因素及其相互关系，进而构建影响种群数量变化因素的概念体系。

（三）学习目标确定

（1）通过资料分析和讨论各种因素对华南虎种群数量变化的影响，归纳总结影响华南虎种群数量变化的非生物因素和生物因素，使学生理解循环因果关系，培养归纳总结、获取信息等科学思维和生命观念。

（2）尝试运用"影响种群数量变化的因素"相关原理，解决濒危物种保护和有害生物防治等现实问题，渗透应维护生物多样性的社会责任感。

（3）阅读相关文献或书籍，结合本章内容，撰写一份关于增加广东韶关华南虎种群数量的研究报告并提出具体策略。

（四）学习重难点

（1）学习重点：归纳总结影响种群数量变化的非生物因素和生物因素，以及这些因素是如何影响种群数量特征的。

（2）学习难点：影响种群数量变化的因素如何影响种群数量特征从而影响种群数量；撰写一份关于增加广东韶关华南虎种群数量的研究报告。

（五）教学过程

环节一：分析影响华南虎种群数量变化的非生物因素。

种群的出生率和死亡率、迁入率和迁出率等特征直接决定种群密度。凡是影响种群重要特征的因素，都会影响种群的数量变化。我们来探讨这些因素如何影响种群的数量变化。

【教学活动】资料展示：19世纪80年代，在华南虎故乡的某些地区，大约20万平方千米范围内，总数约为30~40头。

提出问题：

（1）华南虎的分布有什么特点？

（2）在此种情况下，你会采取哪些措施来促进华南虎种群数量增长？

（3）在实施这些措施时，想象一下会受到什么因素影响？

（4）华南虎在热带雨林和常绿阔叶林中能很好地生存。这体现了什么非生物因素影响华南虎的种群？

（5）分析教材第13页"思考·讨论"，结合教材第14页，试列举出影响华南虎种群数量的其他非生物因素。

【学生活动】回答问题：

（1）（开放性问题）分布范围较为分散，数量较少。

（2）建立自然保护区、人工繁育。

（3）地理因素，交通运输。

（4）温度，温度较高的地理环境会有热带雨林和常绿阔叶林，因此华南虎生活在华南一带，如上表中的广东、广西等地。

（5）阳光、水等非生物因素。

【设计意图】通过具体数据让学生感受到华南虎的濒危状况，同时引起共鸣，思考如何促进其种群增长，提升科学思维，增强社会责任感。

【总结】影响种群数量的非生物因素有地理位置、阳光、温度、水等，可以通过影响种群的出生率和死亡率等来影响种群数量。

环节二：分析影响华南虎种群数量变化的生物因素。

过渡：除了光、温度、水、地理等非生物因素影响华南虎的种群数量，华南虎生活的环境中还有生物因素，很多生物会与华南虎争夺阳光、水、食物等资源，且华南虎的生活空间要求较高，一只华南虎需要70平方千米的生存空间，其也会对其他生物的生存造成影响。生物因素是如何影响华南虎的种群数量的呢？生物之间有何关系？

【教学活动】资料展示：一般来说，一只野生华南虎的生存空间至少需要70平方千米的森林，森林里还必须生存有约200只梅花鹿、300只羚羊和150只野猪作为其食物。20世纪50年代起，人口增长迅速，随即开始了大面积的山林开荒与对华南虎的主要食物如有蹄类动物加以毫无节制的猎杀，华南虎的生活空间急剧缩小，食物大量减少。

提出问题：由资料可知影响华南虎种群数量变化的因素是什么？华南虎与梅花鹿、羚羊、野猪之间的关系是什么？

【学生活动】回答问题：食物因素，人类活动使华南虎的食物减少。华南虎与梅花鹿、羚羊、野猪之间是捕食关系。

【教学活动】提出问题：观看15页思考与讨论"猞猁与雪兔"的例子，捕食曲线有何特点？猞猁和雪兔的数量变动哪个是因、哪个是果？

【学生活动】猞猁捕食雪兔，猞猁的数量随雪兔的数量增加而增加，当猞猁数量增加时，会捕食更多的雪兔致使雪兔数量较少，猞猁数量因被捕食者雪兔的减少而减少，接着，雪兔数量因捕食者的较少而增加，随后猞猁的种群数量又再次增加，如此循环往复。猞猁和雪兔的数量变动互为因果。

【设计意图】引导学生从具体事例中分析问题、解决问题，增强总结归纳能力、获取信息能力，形成稳态与平衡观，培养学科生命观念和科学思维。

【教学活动】补充知识：20世纪50年代起华南虎的食物大量减少，加之管理不当，种群数量急剧下降，濒临灭绝。1979年，林业部将华南虎确定为国家一级保护动物，并明文禁止猎杀华南虎；1989年，《中华人民共和国野生动物保护法》颁布，华南虎被列为国家一级重点保护动物；1996年，联合国发布《濒危野生动植物国际公约》，将华南虎列为第一号濒危物种，位列世界十大濒危物种之首，曾经的"森林之王"沦为了如今的"濒危保护动物"。

【学生活动】了解国家对华南虎的数量减少情况而采取的措施。

【设计意图】通过了解相关法律法规，学生认识到保护华南虎的重要性，形成保护生物多样性的意识，增强社会责任感。

【教学活动】资料展示：1999年10月广州动物园10岁龄雌性华南虎出现精神萎靡、肌肉震颤、怕冷流涕、水肿瘀血、撕咬四肢等症状，园区立即对病虎血常规、生化指标进行测定，同时镜检发现有伊氏锥虫虫体，被诊断为伊氏锥虫病。伊氏锥虫是锥虫科锥虫属微生物，虫体寄生于宿主的血液、淋巴液和脑脊液中，繁殖等生命活动需在宿主体内进行。资料展示：20世纪70年代末、80年代初上海动物园发生了猫瘟热，其多发于幼年华南虎，是由猫细小病毒引起的流行病。在1996年底上海动物园暴发了犬瘟热，在园华南虎无一幸免感染了犬瘟热病毒。病毒无细胞结构，其繁殖需在宿主细胞内进行。

提出问题：由以上资料可知华南虎与伊氏锥虫、病毒之间的关系是什么？

【学生活动】寄生，伊氏锥虫、病毒寄生在华南虎体内中，仅对自身生命活动有利，对华南虎的生存十分不利。若对病虎不加以治疗，会影响华南虎的健康状况，不利于种群数量的增长。

【过渡】除上述因素外，试举例说明还有哪些生物因素会影响华南虎的种群数量变化。

【教学活动】资料展示：观看14页思考与讨论大小草履虫的例子，影响它们种群数量变化的因素是什么？

【学生活动】种间竞争。
【小结】影响种群数量的非生物因素有捕食、种间竞争、寄生、共生等。
环节三：探讨种群研究的应用。
【教学活动】资料展示：教材 16 页的内容。
【学生活动】分析资料，回答问题。
【小结】种群研究的应用：濒危动物保护、指导渔业捕捞、有害生物防治等。

（六）板书设计

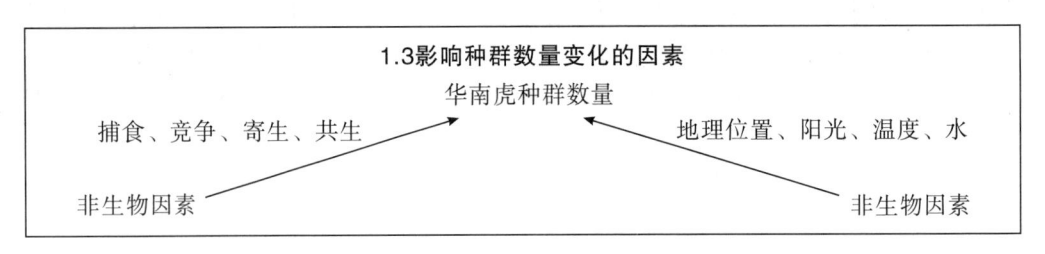

```
                        1.3影响种群数量变化的因素
                             华南虎种群数量
     捕食、竞争、寄生、共生 →              ← 地理位置、阳光、温度、水

         非生物因素                                   非生物因素
```

（七）教学反思

利用华南虎事例的相关资料展开对真实问题的探究，设置层层递进的问题促进学生思考，有助于学生提出针对性建议。但还需要精简问题的设置，使主线更加凸显与明确。

（八）课后固学

撰写一份助力华南虎"虎啸山林"的报告，从种群相关理论的角度出发提出促进华南虎种群数量增长的具体策略。

单元教学课例评析：

本单元设计利用广东华南虎种群作为情境，贯穿整个单元，让学生在思考和体验中生成概念。本单元的特点如下：

（1）一境贯穿，真实情境激发学习兴趣。教师将本单元的学习任务设定在真实的问题情境中，使学生在完成任务的过程中内化知识，发展核心素养。单元围绕着广东华南虎这一学生熟悉的真实情境展开探究，根据保护前后广东华南虎种群密度的变化，让学生分析出种群密度的概念、影响种群密度及种群数量变化的因素，引导学生关注华南虎。

（2）注重问题解决，强化社会责任感的培养。高中生物学核心素养中，社会责任感指的是基于生物学的认识，参与个人与社会事务的讨论，做出理性解释和判断，尝试解决生产生活中的生物学问题的担当和能力。本单元围绕广东华南虎设置了多个问题：如何调查濒危物种广东华南虎的种群数量？如何扩大华南虎种群数量？放归山林后华南虎的种群数量将会如何增长？通过这些问题的解决，学生能够认同保护华南虎的重要性，形成保护生物多样性的意识，增强社会责任感。

（3）重视学生参与，在科学探究中培养科学思维。在调查小球藻种群数量变化的过程中，实验前引导学生自行查阅资料、收集资料，了解实验研究对象，确定小球藻的培养条件和培养基类型；实验过程学生根据变量控制原则设计实验，还训练学生探究多自变量对因变量的影响，收集数据后引导学生绘制出小球藻种群数量增长曲线。学生既参与完整的科学探究过程，也在分析变量过程中锻炼科学思维。

这样的设计让学生在现实生活的背景中学习生物学，运用所学原理和方法解决实际问题，使学生感受到学习的意义和价值。

第 2 单元　群落及其演替

一、单元教学设计说明

本单元内容对应课标选择性必修课程的大概念 2 "生态系统中的各种成分相互影响，共同实现系统的物质循环、能量流动和信息传递，生态系统通过自我调节保持相对稳定的状态"下的重要概念 2.1 "不同种群的生物在长期适应环境和彼此相互适应的过程中形成动态的生物群落"中的次位概念 2.1.4 "描述群落具有垂直结构和水平结构等特征，并可随时间而改变"。2.1.5 "阐明一个群落替代另一个群落的演替过程，包括初生演替和次生演替两种类型"。2.1.6 "分析不同群落中的生物具有与该群落环境相适应的形态结构、生理特征和分布特点"。教学提示中指出：①研究土壤中动物类群的丰富度；②尝试分析当地自然群落中某种生物的生态位。学业要求指出学生应"举例说明不同类型群落的结构、特征及演替规律（生命观念）"。

本章从不同的视角研究群落，安排了三节内容。首先从系统视角研究群落，明确将群落作为一个整体进行分析，突出了系统思维，也体现了生命的系统观。在介绍空间结构时关于植物分层现象的内容鲜明地体现了结构与功能观。"研究土壤中小动物类群的丰富度""分析当地自然群落中某种生物的生态位"等活动锻炼了学生在真实情境中分析解决问题的能力。介绍四大家鱼的混养和立体农业时展现了我国先民的智慧，增强了民族自豪感。然后从生物的适应性看待群落，阐明了每种生物都有与群落环境相适应的形态结构、生理特征和分布特点，体现了稳态与平衡观、进化与适应观，"不同森林群落中植物对环境的适应性"的"思考·讨论"活动和"如果没有人工干预，农田生物群落能长期保持农田的特征吗？"的习题，锻炼了学生在情境中运用分析、比较判断、归纳等方法来解决问题、得出结论的科学思维能力。最后从群落的发展变化看待群落，教材从正反两个方面阐述人类活动对群落演替的影响，并重点突出我国在人工治沙、退耕还林还草还湖等方面取得的生态建设成就，既可以让学生正确看待人与自然的关系，增强保护环境的意识，还能培育学生的爱国情怀。充分联系生产生活，融入了社会责任教育。本章教学设计充分利用教材资源，通过不同视角，按照学生的认知路径组织教学，学习围绕核心问题，充分结合实例，利用思维训练、探究实践、思考讨论等活动，在解决问题的过程中建构概念，并通过应用拓展、练习检验和评价学习效果，巩固所学知识。

二、单元学习目标与重难点

1. 单元学习目标

（1）从系统视角结合实例分析和进行思考讨论、探究实践、思维训练等活动，运用结构与功能观、进化与适应观阐明群落的结构特征，认同群落的整体性，并可随时间而改变。

（2）通过实例运用进化与适应观分析不同群落中的生物具有与该群落环境相适应的形态结构、生理特征和分布特点。

（3）运用结构与功能观、进化与适应观阐明初生演替和次生演替的过程。

（4）运用相关知识方法，解释生产实践中的现象和问题（如养殖、退耕还草等），正确审视社会热点问题并尝试给出科学可行的解决方案（如人为捕杀捕食者、外来物种入侵等），养成保护环境、维护生态平衡的行为习惯，发展真实情境下的问题解决能力。

2. 单元学习重难点

（1）学习重点：群落的结构特征。生物对环境的适应性特征。群落演替的类型和过程。

（2）学习难点：群落的种间关系、结构特点和生态位。群落中生物的适应性及发展变化规律。

3. 单元整体教学思路

单元教学目标导向下的课时目标如图3-59所示。

```
┌─────────────┐
│ 重要概念    │         2.1 不同种群的生物在长期适应环境和彼此相互适应的过程中形成动态的生
│（单元概念） │         物群落
└─────────────┘                                      ▲
单元核心素养目标                                     │
      │         ┌──────────────────────────────────────────────────────────────┐
      │         │ 1. 从系统视角结合实例分析和进行思考讨论、探究实践、思维训练等活动，运 │
      ▼         │ 用结构与功能观、进化与适应观阐明群落的结构特征，认同群落的整体性，并 │
┌─────────────┐ │ 可随时间而改变。                                             │
│ 单元教学    │ │ 2. 通过实例运用进化与适应观分析不同群落中的生物具有与该群落环境相适应 │
│ 目标        │ │ 的形态结构、生理特征和分布特点。                             │
└─────────────┘ │ 3. 运用结构与功能观、进化与适应观阐明初生演替和次生演替的过程。   │
      │         │ 4. 运用相关知识方法，解释生产实践中的现象和问题（如养殖、退耕还草等），│
      │         │ 正确审视社会热点问题并尝试给出科学可行的解决方案（如人为捕杀捕食者、 │
      │         │ 外来物种入侵等），养成保护环境、维护生态平衡的行为习惯，发展真实情境 │
      ▼         │ 下的问题解决能力                                             │
┌─────────────┐ └──────────────────────────────────────────────────────────────┘
│ 次位概念    │              ▲                  ▲                  ▲
│（课标要求） │            2.1.4              2.1.6              2.1.5
└─────────────┘              ▲                  ▲                  ▲
      │         ┌──────────────┐ ┌──────────────┐ ┌──────────────┐
      │         │1.认识群落的概念，│ │1.思考三江源地区的│ │1.分析比较裸岩与│
      │         │举例说明群落水平 │ │恢复措施，认识群落│ │弃耕农田的演替过│
      │         │研究的问题，初步认│ │类型划分的依据。 │ │程，运用结构与功│
      │         │同整体视角和系统 │ │2.分析三种主要的陆│ │能观、进化与适应│
      ▼         │观。             │ │地群落中生物的适应│ │观阐明群落演替的│
┌─────────────┐ │2.结合实例分析群落│ │特征，阐明不同群落│ │概念、过程和规律。│
│ 课时教学    │ │的物种组成和种间 │ │中的生物具有与该群│ │2.探讨人类活动对│
│ 目标        │ │关系对群落的影响，│ │落环境相适应的形态│ │群落演替的不同影│
└─────────────┘ │阐明群落通过复杂 │ │结构、生理特征。 │ │响，认同可持续发│
课时核心素养目标│的种间关系形成动态│ │（生命观念）     │ │展观。           │
      │         │变化的有机整体， │ │3.分析影响群落分布│ │                 │
      │         │各物种占据了不同 │ │类型的  素，阐释三│ │                 │
      │         │的空间，并具有季节│ │江源退牧还草的依据│ │                 │
      │         │性差异。         │ │                 │ │                 │
      │         │3.分析崇明东滩不同│ │                 │ │                 │
      │         │鸟类的生态位、四 │ │                 │ │                 │
      │         │大家鱼的混养和青鱼│ │                 │ │                 │
      │         │与河蟹的分开养殖 │ │                 │ │                 │
      │         │，理解群落中每种生│ │                 │ │                 │
      ▼         │物都占据相对稳定 │ │                 │ │                 │
┌─────────────┐ │的生态位，认同生态│ │                 │ │                 │
│ 教材内容等  │ │位的形成是协同进 │ │                 │ │                 │
│（共4课时） │ │化的结果。       │ │                 │ │                 │
└─────────────┘ │4.尝试运用取样调查│ │                 │ │                 │
                │的方法研究土壤中 │ │                 │ │                 │
                │小动物类群的丰富度│ │                 │ │                 │
                │。               │ │                 │ │                 │
                │5.运用所学知识分析│ │                 │ │                 │
                │思维训练和拓展应 │ │                 │ │                 │
                │用中的问题并提出科│ │                 │ │                 │
                │学可行的建议     │ │                 │ │                 │
                └──────────────┘ └──────────────┘ └──────────────┘
                 第二章第1节（2课时）  第二章第2节（1课时）  第二章第3节（1课时）
```

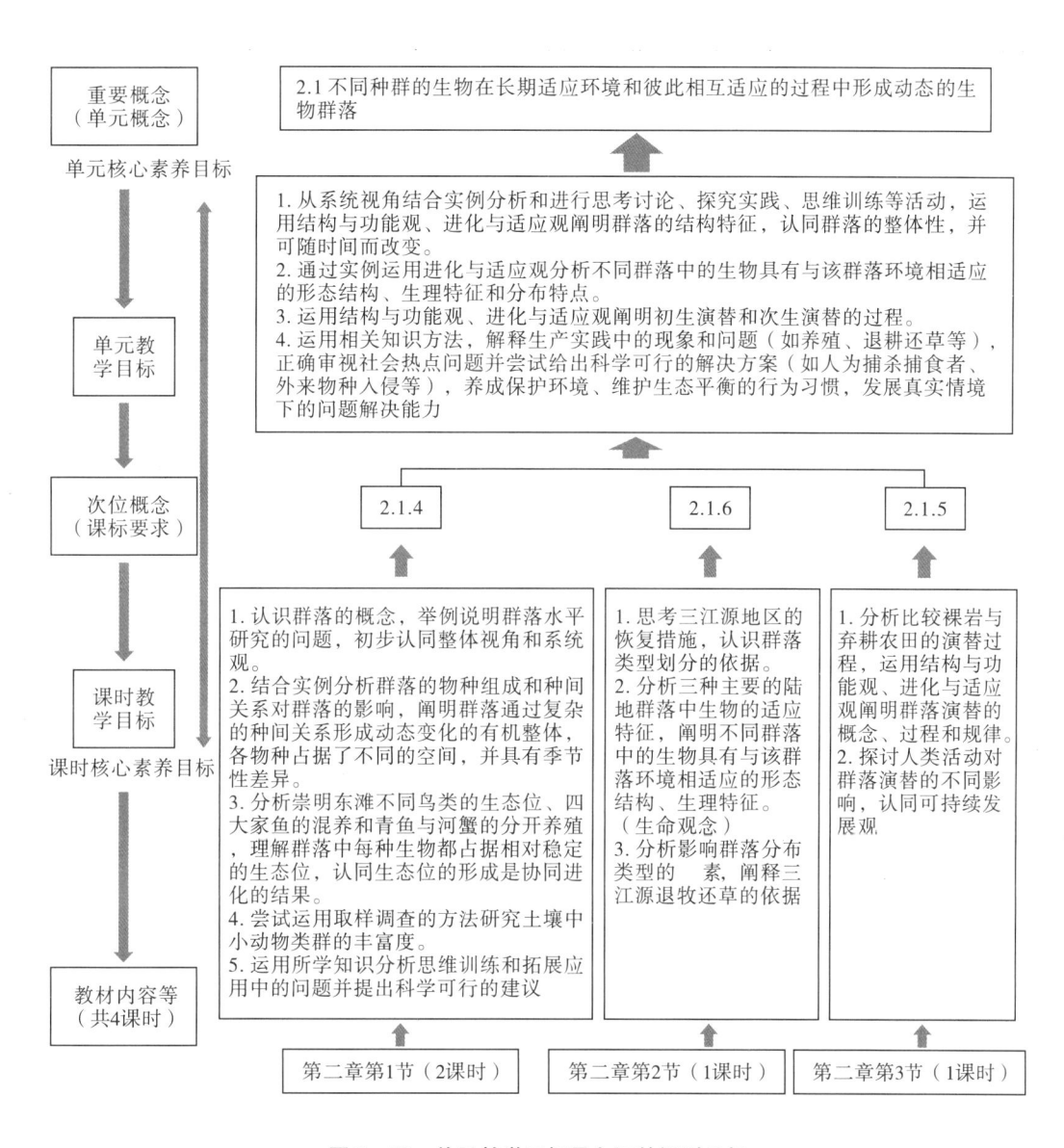

图 3-59 单元教学目标导向下的课时目标

第1节 群落的结构

（一）教学内容分析

本节课内容对应课标中选择性必修课程的大概念2"生态系统中的各种成分相互影响，共同实现系统的物质循环、能量流动和信息传递，生态系统通过自我调节保持相对稳定的状态"下的重要概念2.1"不同种群的生物在长期适应环境和彼此相互适应的过程中形成动态的生物群落"中的次位概念2.1.4"描述群落具有垂直结构和水平结构等特征，并可随时间而改变"，学业要求指出学生应"举例说明不同类型群落的结构

（生命观念）"，学业质量水平 4 的要求为："能运用结构与功能观阐释生物体组成结构和功能之间的关系""在新的问题情境中，能以生命观念为指导，解释生命现象，探究生命活动的规律""能基于事实和证据，采用归纳与概括、演绎与推理、模型与建模等方法，以恰当的形式阐释生物与环境等相关概念的内涵""在面对生产、生活中与生物学相关的新问题情境时，能熟练运用科学思维方法展开探讨、审视或论证""能够针对日常生活和生产中的真实情境，提出清晰的、有价值的、可探究的生命科学问题，查阅相关资料、设计并实施恰当可行的方案，运用多种方法如实记录，创造性地运用数学方法分析实验结果""在生物学的探究过程中起组织和引领作用，运用科学术语精确阐明实验结果，善于沟通，开展有效的合作""养成保护环境、维护生态平衡的行为习惯"，可见对于核心素养的四个维度都达到了水平 4 的要求。

  教学提示中指出应开展：①研究土壤中动物类群的丰富度；②尝试分析当地自然群落中某种生物的生态位。群落和种群是不同层次的生命系统，本节先通过"问题探讨"引导学生将稻田中的所有生物作为一个整体来研究，把研究层次从种群上升到群落，体现了生命的系统观，同时也突出了系统思维。再通过"科学方法"栏目让学生认识到不同的视角有不同的研究问题。要研究群落首先要了解群落中包含哪些物种以及彼此间怎样形成联系。由于彼此间存在相互作用，群落内的各个种群并非杂乱无章而是分别占据不同的空间，体现了结构与功能观，同时也表现出季节性的差异，每个物种在群落中都有独特的地位和作用，占据了一定的生态位。为了帮助学生按照上述路径理解"群落的结构"这一主题，教材呈现了我国南北地区不同森林群落的对比，并安排了实操性极强的探究实践活动，介绍了群落的动态变化，在"思考讨论"中引导学生分析种间关系对群落的影响，生态位的概念较为抽象，教材提供了真实的情境材料，引导学生分析自然群落中生物的生态位以加深理解，并在与社会的联系中对群落的结构和生态位的分化举例予以说明，同时展示先民智慧，增强文化自信。最后的思维训练要求学生应用整体视角和系统观分析问题，对学习效果进行评价。课后练习也有诸多真实的情境素材能够检验本节课的学习效果。

（二）学习者分析

  通过对前面知识的学习，学生已经对种群水平研究的重点问题有了较为系统的认识，而群落由不同的种群组成，这为本节学习群落奠定了基础。学生对本节的诸多学习内容具备经验常识，对稻田、森林、草原、荒漠等群落类型，竞争、寄生、捕食等种间关系，候鸟迁飞、陆地动物迁徙、过度放牧和季节变化等引起的群落外貌和结构的变化等有较为丰富的感性认识，但对于提到的部分物种，如红尾鸲、鹟、青脚鹬等缺乏感性认识，需要教师结合图片或者视频进行介绍。总体来说，学生对群落的认识依然停留在感性认识层次，与课标所要求的核心概念的掌握层次仍然存在较大差距，需要利用教材中提供的大量图文资料，营造出"群落就在身边"的氛围，激发学习兴趣，使用能够联系学生实际生活的事例，引导学生在分析、探究问题的过程中理解概念和掌握规律。通过溯因推理分析网络因果关系对科学思维有一定要求，"研究土壤中小动物类群的丰富度"需要具备很高的科学探究能力，学生很可能会遇到较大困难，需要给予详细的指导并通过精心设计的问题引导学生逐步深入。生态位是十分抽象的概念，应利用好崇明东滩的鸟类资料，引导学生从多个维度进行分析、感悟、建构。

（三）学习目标确定

（1）认识群落的概念，举例说明群落水平研究的问题，初步认同整体视角和系统观。

（2）结合实例分析群落的物种组成和种间关系对群落的影响，阐明群落通过复杂的种间关系形成动态变化的有机整体，各物种占据了不同的空间，并具有季节性差异。

（3）分析崇明东滩不同鸟类的生态位、四大家鱼的混养和青鱼与河蟹的分开养殖，理解群落中每种生物都占据相对稳定的生态位，认同生态位的形成是协同进化的结果。

（4）尝试运用取样调查的方法研究土壤中小动物类群的丰富度。

（5）运用所学知识分析思维训练和拓展应用中的问题并提出科学可行的建议。

（四）学习重难点

（1）学习重点：群落的概念与群落水平研究的问题。群落的物种组成与种间关系。群落的空间结构。生态位。

（2）学习难点：群落的种间关系、结构特征和生态位。运用取样调查的方法研究土壤中小动物类群的丰富度。

（五）教学过程

环节一：结合情境认识群落的概念，认同整体性视角，明确群落水平研究的问题。

（1）上一章我们学习了种群这个生命系统，请大家回忆我们当时研究了哪些维度的问题？

（2）第2章我们进入群落的学习，什么是群落呢？来看问题探讨（教材P22）：稻田里有哪些生物种群？提高河蟹的种群密度，稻田中其他动物种群会发生怎样的变化？

（3）总结：某个特定的时间点稻田中存在许多种群，把稻田中全部生物作为一个生命系统研究，我们可以给这个生命系统一个名字——群落，因此群落关注的是所有生物，它的边界范围是哪里呢？（稻田是一定的区域，只强调区域行吗？冬天与夏天？今年和明年？）尝试归纳群落的概念。

（4）种群只有一个种，我们关注它的数量特征和变化规律。群落水平在你看来应该关注哪些核心问题？（从概念看群落有很多种群，具体有哪些？谁占优势？彼此间毫不相干？是否杂乱无章地分布？随着时间如何发展变化？）

【设计意图】复习种群的知识，结合情境认识群落，尝试归纳群落的概念，认同视角的重要性，关注群落水平研究的问题。

环节二：比较不同群落的物种组成，掌握土壤中小动物类群丰富度的调查方法。

（1）稻田群落、新疆北部针叶林群落、福建武夷山常绿阔叶林群落，你认为造成三种景观差异的主要原因是什么？

总结：区别不同群落的重要特征、决定群落性质最重要的因素是——物种组成。

（2）观察我国由北方寒带到海南热带的群落景观和不同植被类型对应的物种数，应用不完全归纳法，从物种数目上你能得出什么规律？

总结：一个群落的物种数目，称为物种丰富度。越靠近热带地区，单位面积内物种越丰富。

（3）如何调查群落内物种的丰富度？自主阅读教材第30~31页，尝试回答：依据什么选取调查方法？如何进行记录？怎样制作采集工具并采集？诱虫器的原理是什么？你能够提出哪些探究问题？

（4）每个群落都包含很多物种，但我们却总爱以部分类群的名字来称呼，如针叶林、阔叶林，这是为什么呢？（仅仅数量多行吗？武夷山阔叶林中蕨类狗脊、芒萁也多）

总结：在群落中，有些物种不仅仅数量很多，它们对群落中其他物种的影响也很大，这表明它们占据了什么地位？——优势种。还有一些物种虽然在群落中比较常见，但对其他物种影响不大，它们就不占优势（常见种），如武夷山的狗脊、芒萁。

（5）羊草是中国内蒙古东部和东北西部天然草场上占据显著优势的重要牧草，放牧强度加大后糙隐子草占优势，过度放牧后碱蓬占优势，原来占优势的物种甚至从群落中消失。由此可见该群落的物种组成（哪怕是优势种）有什么特点？从生态平衡角度你认为畜牧业应当注意什么问题？

【设计意图】结合实例分析认同物种组成是决定群落性质最重要的因素，掌握土壤中小动物类群丰富度的调查方法，结合实例分析，认同优势种处在动态变化中，并增强保护生态平衡的意识。

环节三：从多维度描述种间关系，结合实例分析种间关系对群落的影响。

群落内的物种都生活在同一区域，彼此间存在怎样的关系？我们已经学习过大小草履虫的竞争和设立对雪兔的捕食，还存在哪些种间关系？阅读教材第24页，尝试从能量流向和数量变化的维度对种间关系进行描述。

教材第25页资料1中红尾鸲的和鸲的种间竞争对两个种群的分布有何影响？资料2说明捕食和种间竞争在群落中是怎样相互联系的？

回答情境问题：提高河蟹的种群密度，稻田中其他动物种群会发生怎样的变化？

练习检测：教材第29页概念检测2，拓展应用1。

复杂的种间关系使得群落具有一定空间结构并呈现不同外貌。

【设计意图】理解种间关系的特征，认同群落是通过复杂种间关系形成的整体，运用所学知识解决真实情境中的问题，评价学习效果。

第2课时

环节四：举例说明群落空间结构和季节性变化，并分析成因。

根据假设，引导学生设计实验思路，并提问：

（1）群落中的生物因复杂的种间关系而相互联系，他们在群落内的分布有何特点？稻田中有整齐的水稻、高矮不齐的杂草、在植物上攀爬的河蟹、水中有羽摇蚊的幼虫、有底栖的田螺、泥土中还有蚯蚓，可见它们具有怎样的分布特点？

（2）这使得群落形成了一定的空间结构：垂直结构和水平结构。先看垂直结构，展示图片（森林、湖泊、植物地下部分），有何特点？陆生、水生成因是什么？如果是地下部分，又受何种因素影响呢？

（3）展示动物的分层现象，你认为动物为何也出现分层现象？好处是什么？

（4）再看水平结构。展示放牧草原和山地森林草地图片，能看出怎样的分布特点（说出感受）？什么原因所致？

（5）群落的空间结构并非一成不变，最明显的变化往往体现在季节性差异上。你能否举例说明群落的季节性变化？结合身边群落和看过的"人与自然""动物世界"等节目，分析造成季节性变化的主要原因是什么。

【设计意图】运用结构与功能观分析群落的结构特征。

环节五：分析崇明东滩不同鸟类的生态位，解释农业养殖问题，评价社会热点议题。

（1）群落中各物种都占据一定空间和资源，起的作用及与其他物种的关系也有不同，每个物种在自己的群落中都有自己的地位和作用——生态位，它的范围包含哪些？分析动物和植物的生态位从哪些维度入手比较好？

（2）分析自然群落中某种生物的生态位（教材第28页）。

①这4种鸟选择觅食生境的策略有哪些异同？哪一种鸟觅食生境的范围更宽？

②如果两种鸟的觅食生境一样生态位就完全一样吗？

③任选一种鸟，分析它的食性。从觅食的角度分析与它有竞争关系的鸟类有哪些？

④任选一种鸟，从觅食生境、种间关系等多个方面综合描述这种鸟类的生态位。

（3）小结：由此可见每种生物都占据相对稳定的生态位，这有何意义？从进化角度思考其成因是什么？思考分析：我国先民将四大家鱼混养以提高经济效益的依据是什么？为何不会将河蟹与食性和它相似的青鱼混养？由此可见不同物种要在一定区域中很好地共存，必须具备什么条件？

（4）思维训练：第29页。请你根据所学内容尝试溯因推理。

（5）应用拓展3，请从群落中物种之间的相互关系，以及这种关系是如何形成等角度，分析群落中存在捕食者的生态意义以及正确的做法。

【设计意图】引导学生结合实例分析某种生物的生态位，理解生态位的概念，运用所学知识解释生产实践中的问题，锻炼学生科学思维，培养解决问题的能力，增强文化自信，点评社会热点议题并提出科学可行的方案，渗透社会责任感。

（六）板书设计

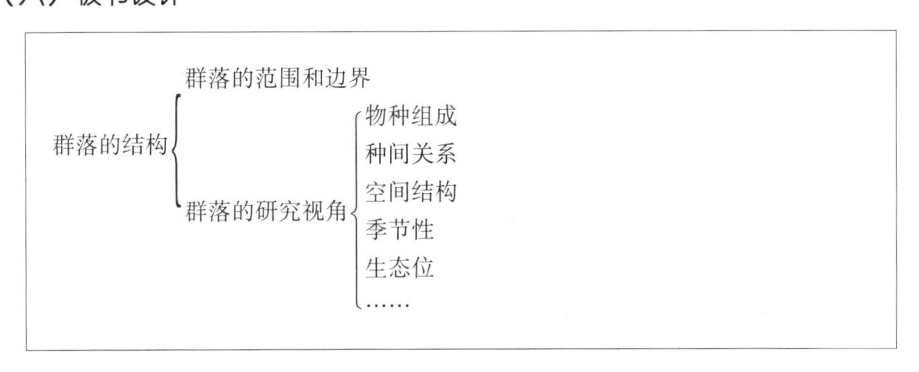

```
                    ┌ 群落的范围和边界
                    │              ┌ 物种组成
群落的结构          │              │ 种间关系
                    │              │ 空间结构
                    └ 群落的研究视角┤ 季节性
                                   │ 生态位
                                   └ ……
```

（七）教学反思

本节课围绕真实的问题情境展开，首先对比种群的研究侧重点，让学生认识群落

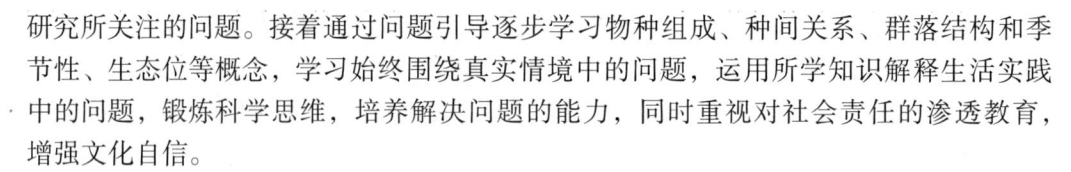

研究所关注的问题。接着通过问题引导逐步学习物种组成、种间关系、群落结构和季节性、生态位等概念，学习始终围绕真实情境中的问题，运用所学知识解释生活实践中的问题，锻炼科学思维，培养解决问题的能力，同时重视对社会责任的渗透教育，增强文化自信。

（八）课后固学

教材第 29 页拓展应用。

第 2 节　群落的主要类型

（一）教学内容分析

本节内容对应课标中选择性必修课程的大概念 2 "生态系统中的各种成分相互影响，共同实现系统的物质循环、能量流动和信息传递，生态系统通过自我调节保持相对稳定的状态"下的重要概念 2.1 "不同种群的生物在长期适应环境和彼此相互适应的过程中形成动态的生物群落"中的次位概念 2.1.6 "分析不同群落中的生物具有与该群落环境相适应的形态结构、生理特征和分布特点"。学业要求指出学生应"举例说明不同类型群落的特征（生命观念）"，学业质量水平 3 中指出"运用进化与适应观举例说明生物的多样性和统一性，以及与环境的关系；养成保护环境、维护生态平衡的行为习惯"，可见本节内容要求学生达到学业质量水平 3。

本节是新加入的内容，从生物的适应性视角对群落进行研究，通过学习群落的特征、分布影响因素、群落生物对环境和不同种生物的适应来阐明生物的适应性特征，为学生进一步理解生物群落的演替本质是生物之间相互适应，生物适应环境的结果做好铺垫。本节内容安排体现了结构与功能观、稳态与平衡观、进化与适应观、系统观等生命观念，要求学生具有一定的分析综合能力、归纳总结能力。本模块中所涉及的生态、环境问题与实际生活联系密切。教学提示中指出"教师应通过引导学生开展有关的实验、调查和搜集资料等活动，特别是了解当地生态系统、保护当地环境的活动，提高环境保护意识。"本节课以"三江源的三大陆地群落"为主线进行学习，帮助学生理解生物的适应性，进而理解群落是一定时空条件下不同物种的天然群聚。一旦群落的形成有客观规律的概念，就容易引导学生形成人与自然和谐相处的社会责任感，发挥生物学的育人价值。

（二）学习者分析

学生上节课已经学习通过系统视角将群落作为一个整体进行研究，从内部结构角度学习了群落的物种组成（物种丰富度、种间关系）、空间结构、季节性、生态位等概念，这些内容是理解生物适应性的基础。学生对陆地生物群落的部分类型和生物的特征等事实性知识有一定的主观经验，从熟悉的经验入手也更能激发求知欲，但要得出群落形成时生物之间、生物与环境之间相互适应和影响的结果则需要问题情境引导，也需要学生具备分析比较、归纳概括的能力，可能会有一定的难度。从知识学习到形成人与自然和谐相处的社会责任感，都需要教师的有效引导。

（三）学习目标确定

(1) 思考三江源地区的恢复措施，认识群落类型划分的依据。

(2) 分析三种主要的陆地群落中生物的适应特征，阐明不同群落中的生物具有与该群落环境相适应的形态结构、生理特征。

(3) 分析影响群落分布类型的因素，阐释三江源退牧还草的依据。

（四）学习重难点

(1) 学习重点：陆地生物群落的主要类型及其主要特征。

(2) 学习难点：群落中生物的适应性。

（五）教学过程

环节一：思考三江源地区退牧还草的措施，了解群落类型划分的依据。

三江源有森林、草原和草原退化的荒漠，问题探讨：

(1) 不同类型群落的划分依据是什么？

(2) 三江源地区为什么不在退化的草地上植树造林呢？

【设计意图】借助图文资料，让学生感受不同群落的外貌差异，尝试进行初步概括，为后续分析它们的区别、影响因素和生物适应性建立联系。与学生的前概念"治理沙漠就是植树造林"形成认知冲突。用情境问题统摄学习内容。

环节二：认识三江源地区三大主要的陆地群落的外貌、物种组成，举例说明生物具有与该群落环境相适应的形态结构、生理特征。

(1) 荒漠具有怎样的外貌特征？令你印象深刻的有哪些物种？

(2) 荒漠中的生物如何适应环境？列表展示荒漠中动植物的形态结构、生理特征，引导学生从缺水、温差大的气候特点角度分析其适应性意义？（结构与功能观，进化与适应观）

(3) 阅读教材第 34 页，自主总结草原生物群落和森林生物群落的外貌、物种组成、生物特征，溯因推理，阐明适应性意义。（草原：缺水、缺少庇护；森林：群落复杂，潮湿，竞争阳光？结合生态位分析阐明森林中的不同植物是如何彼此协调、共同生活在一起的？）

(4) 通过上述分析，你认为自然群落在陆地上分布的主要限制因素是什么？结合地理常识总结自然群落的分布规律。

(5) 假如将森林中攀缘生活的动物种群与草原上善于奔跑的动物种群对调，对这些种群来说有什么影响？

(6) 总结：由此可以看出不同群落中的生物具有与该群落环境相适应的形态结构、生理特征和分布特点。

【设计意图】运用生态位分化的知识举例说明群落内部不仅是生物与环境间的适应，也存在生物与生物间的适应。

环节三：分析影响群落分布类型的因素。

(1) 展示天山博格达峰群落的垂直地带分布，提问：这是由何种因素导致的？（分析从山脚温带到山顶寒带、从荒漠到森林的影响因素。）

245

(2) 结合自然群落分布规律和天山的群落分布特点，思考影响群落分布的主要因素是什么？

(3) 每一类群落又可细分为具体的群落类型，例如在不同的森林类型中，生物适应环境的特点完全相同吗？阅读教材第36页"思考·讨论"，根据列表比较热带雨林和落叶阔叶林的气候特点、外貌特征、群落内阳光、通风条件，思考并回答林下植物如何适应各自群落的内部环境？

(4) 总结：由上述分析可见群落内部生物与环境、生物与生物都存在相互影响、相互适应。有人说群落是一定时空条件下不同物种的天然群聚，你怎么看待这句话？

(5) 回答情境问题：三江源地区为什么不在退化的草地上植树造林呢？——群落的形成是有客观规律的，人类活动应顺应自然界的客观规律。

【设计意图】培养学生分析问题、总结归纳的能力，渗透进化与适应观，锻炼科学思维，通过讨论三江源的恢复措施培养学生社会责任感。

环节四：应用拓展。

农田中的生物形成人工生物群落：为什么说它是群落？它与森林、草原等自然生物群落有哪些不同？如果没有人工干预，农田生物群落能长期保持农田的特征吗？

【设计意图】复习所学内容，锻炼科学思维。

（六）板书设计

群落的主要类型 { 三类陆地群落 / 影响群落分布的主要原因 / 不同森林群落中植物对环境的适应 / 其他群落类型……

（七）教学反思

本节课通过一个情境问题贯穿整个学习过程，学习过程紧密围绕问题开展。三种主要的陆地群落类型均围绕生物在此群落中面临的主要矛盾和如何解决主要矛盾来开展，从而让学生通过思考、辨析而深刻体会生物对群落的适应性，落实课程标准的素养要求。从生态位角度阐明森林中不同植物的共存及分析不同森林群落中植物的适应性特征能够充分调动学生参与学习，锻炼科学思维，进而形成生命观念。

（八）课后固学

描述校园群落中某种生物的适应性特征。

第3节 群落的演替

（一）教学内容分析

本节内容对应课标选择性必修课程的大概念2"生态系统中的各种成分相互影响，共同实现系统的物质循环、能量流动和信息传递，生态系统通过自我调节保持相对稳定的状态"下的重要概念2.1"不同种群的生物在长期适应环境和彼此相互适应的过程中形成动态的生物群落"中的次位概念2.1.5"阐明一个群落替代另一个群落的演替过程,包括初生演替和次生演替两种类型",学业要求指出学生应"举例说明不同类型群落的演替规律(生命观念)"。

生物具有适应环境的特征,正是长期的适应使得群落表现出不同方向的演替,体现了稳态与平衡观、进化与适应观,以及这些生命观念之间的联系,以群落为整体来研究,也体现了生命的系统观。教材内容也融入科学思维的训练,"思考·讨论"活动创设了多个不同情境,以问题驱动学生学习,如分析群落的演替以及人类活动对群落演替的影响,引导学生在情境中运用分析、比较判断、归纳等方法来解决问题、得出结论。教材最后着重介绍了我国的"退耕还林、还草、还湖"政策,以及取得的建设成就,并重点介绍了我国近年来启动的多项生态文明建设工程。这既可以让学生理解国家的有关政策及其意义,培养爱国情怀,也能使他们进一步树立尊重自然、保护自然的观念。

本节内容是学习后续章节的基础,如"人类活动对群落演替的影响"又是学习第3章中"生态系统的稳定性",以及第4章中"人类活动对生态环境的影响"的基础。本节内容与必修2《遗传与进化》联系紧密,"协同进化及生物多样性的形成"等内容是理解群落中生物的适应性、群落的形成和演替的基础。

(二)学习者分析

在第2节"群落的主要类型"中学生分析了不同类型的群落中生物的适应性,了解了生物具有与环境相适应的形态、结构和生理特征,有了对生物适应性了解的基础,再学习群落的演替,更有利于学生理解群落的演替是内因和外因相互作用的结果,本质是生物之间相互适应、生物适应环境的结果。对次生演替,特别是弃耕农田上发生的演替,农村学生会有不少感性认识可供利用。初生演替学生比较陌生,需要教师用问题引导学生思考,阐明"演"是动态的变化,"替"是优势取代,逐步引导学生抽象出演替的概念。

(三)学习目标确定

(1)分析比较裸岩与弃耕农田的演替过程,运用结构与功能观、进化与适应观阐明群落演替的概念、过程和规律。

(2)探讨人类活动对群落演替的不同影响,认同可持续发展观。

(四)学习重难点

(1)学习重点:群落演替的概念、过程和规律。人类活动对群落演替的影响。

(2)学习难点:运用结构与功能观、进化与适应观阐明群落演替的概念、过程和规律。

(五)教学过程

关键问题:伴随时空的转变,生物群落会怎样发展变化?

环节一:了解实例,感知群落演替的概念。

从1883年喀拉喀托火山喷发到1934年间,此地的动植物是如何变化的?(经历了多少年？）介绍群落演替的概念：随着时间的推移，一个群落被另一个群落代替的过程，叫作群落演替。

【设计意图】根据喀拉喀托火山从喷发到1934年不断发展变化的实例，感知群落演替的概念，感知时间的长短。

环节二：分析实例，建构群落演替的概念。

具体来说，在火山喷发后的裸岩上，群落是如何一步步发展变化的？

展示火山口附近群落类型的科研数据，提出问题一：根据表格信息你可否推断裸岩上植物群落演替依次经历哪些阶段？

任务1：分析裸岩上群落的发展变化。

让学生阅读教材中演替示意图2-12，展示地衣和苔藓的形态差异，展示地衣的简介。提出引导问题串（渗透结构与功能观、进化与适应观）：

光裸的岩地上首先定居的生物为什么是地衣呢？地衣被苔藓取代了吗，为什么？地衣阶段之后能直接跳过苔藓阶段，发展为草本植物阶段吗，为何？在森林阶段，群落中还能找到地衣、苔藓、草本植物和灌木吗？随着植物的发展变化，群落中的其他生物是否也会发生变化？从进化的角度看，无机环境的变化和群落演替有什么联系？

【设计意图】突破学习难点——运用结构与功能观、进化与适应观阐明群落演替的过程。

环节三：分析比较，完善（并深化）群落演替的概念。

（1）展示科研数据，提出引导问题一：①发生在弃耕农田上的演替依次经历哪些阶段？②由草本阶段演替为灌木阶段时，新出现的生物从何而来？

（2）提出问题二：裸岩上的演替与弃耕农田上的演替有何异同？

任务2：列表归纳发生在裸岩上和弃耕农田上的演替的异同。（列表比较两者在起始条件、阶段、演替速度等方面的不同点以及演替方向的相同点。）

（3）提出问题三：演替都会发展为森林吗？一个群落最终演替到什么阶段，主要受哪些因素的影响？

任务3：分析人类活动影响群落演替的实例。（从速度和方向维度）

引导问题：人类活动对群落演替的影响都是不良的吗？

展示塞罕坝机械林场的成就，教师呈现《退耕还林条例》的部分内容，让学生尝试举例再进行回答。

【设计意图】通过分析两者的本质区别来建构初生演替与次生演替的概念。说明退耕还林等政策的重要意义，介绍群落演替规律的实际应用，引导学生增强生态意识，认同"绿水青山就是金山银山"的观点。

环节四：结合练习，应用群落演替的概念

（1）为什么有的地方还林，有的地方还草呢？

（2）教材第44页拓展应用1。

（3）搜集资料，撰写以"警惕外来物种入侵"为主题的科普文章。

【设计意图】应用所学解决问题，检验教学效果。

(六) 板书设计

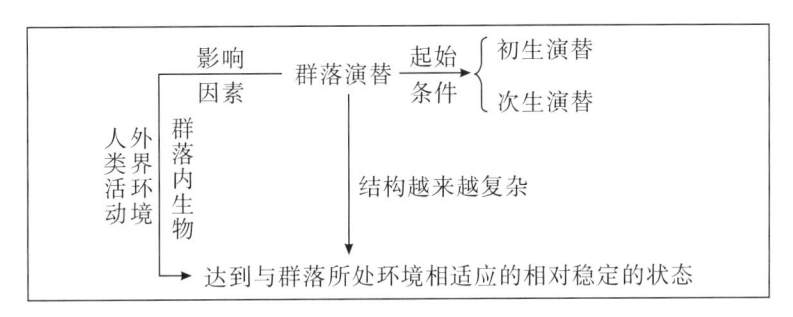

```
           影响      起始 ┌ 初生演替
           因素 → 群落演替 条件 └ 次生演替
人 外  群
类 界  落
活 环  内      → 结构越来越复杂
动 境  生
       物
           → 达到与群落所处环境相适应的相对稳定的状态
```

(七) 教学反思

课程围绕真实的问题情境展开，用环环相扣的问题引导学习过程的深入，帮助学生思维节节攀升。让学生用所学的知识分析农田等生活中的实际问题，并展示我国生态工程的重点成就，渗透社会责任教育。

(八) 课后固学

查阅资料，收集你所在的地区自然群落的发展变化资料，试分析发展变化的原因。

单元教学课例评析：

本单元三节课的教学设计和课堂实施是基于重要概念建立的，有助于培养学生的科学思维和解决问题的能力，提高教学质量。

（1）多角度设问，注重生命观念的培养。教师利用一系列问题引导学生思考，加强学生对概念本质的学习。在分析自然群落中某种生物的生态位时，先引导学生分析4种鸟选择觅食生境的策略异同，再从觅食的角度、觅食生境、种间关系等多个方面综合描述鸟类的生态位，最后引导学生从进化角度思考生态位成因是什么？这些问题不仅涉及了具体的生态位概念的内涵和外延，而且让学生明白群落中各种生物是相互联系组成的系统、生态位形成是自然选择的结果，培养学生的系统观和进化观念。

（2）善于运用比较方法，发展学生的科学思维。比较是通过对照和辨别，认识事物性质的异同。在科学研究中，比较是对两种或两种以上有联系的事物加以对照，从而确定他们的相似程度和关系，是科学认识的重要方法之一。本单元结合情境比较种群和群落的概念，明确群落水平研究的问题；比较不同群落的物种组成，掌握土壤中小动物类群丰富度的调查方法；比较三江源地区三大主要的陆地群落的外貌、物种组成，分析自然群落分布规律和天山的群落分布特点、影响群落分布的主要因素，比较裸岩上的演替与弃耕农田上的演替的异同，思考影响两种演替的因素及人类活动对演替的影响。通过比较，帮助学生发现各种生物现象的区别和联系，这对于发展学生的科学思维非常重要，有助于学生形成清晰的知识网络。

第3单元　生态系统及其稳定性

一、单元教学设计说明

本单元内容选自新教材选择性必修2，对应的概念如下：

大概念2　生态系统中的各种成分相互影响，共同实现系统的物质循环、能量流动和信息传递，生态系统通过自我调节保持相对稳定的状态。

重要概念2.2　生物群落与非生物的环境因素相互作用形成多样化的生态系统，完成物质循环、能量流动和信息传递。

次位概念2.2.1　阐明生态系统由生产者、消费者和分解者等生物因素以及阳光、空气、水等非生物因素组成，各组分紧密联系使生态系统成为具有一定结构和功能的统一体。

次位概念2.2.2　讨论某一生态系统中生产者和消费者通过食物链和食物网联系在一起形成复杂的营养结构。

次位概念2.2.3　分析生态系统中的物质在生物群落与无机环境之间不断循环、能量在生物群落中单向流动并逐级递减的规律。

次位概念2.2.4　举例说明利用物质循环和能量流动规律，人们能够更加科学、有效地利用生态系统中的资源。

次位概念2.2.5　解释生态金字塔表征了食物网各营养级之间在个体数量、生物量和能量方面的关系。

次位概念2.2.6　阐明某些有害物质会通过食物链不断地富集的现象。

次位概念2.2.7　举例说出生态系统中物理、化学和行为信息的传递对生命活动的正常进行、生物种群的繁衍和种间关系的调节起着重要作用。

次位概念2.2.8　分析特定生态系统的生物与非生物因素决定其营养结构。

重要概念2.3　生态系统通过自我调节作用抵御和消除一定限度的外来干扰，保持或恢复自身结构和功能的相对稳定。

次位概念2.3.1　解释生态系统具有保持或恢复自身结构和功能相对稳定，并维持动态平衡的能力。

次位概念2.3.2　举例说明生态系统的稳定性会受到自然或人为因素的影响，如气候变化、自然事件、人类活动或外来物种入侵等。

次位概念2.3.3　阐明生态系统在受到一定限度的外来干扰时，能够通过自我调节维持稳定。

本单元设计以学生熟知的生物园生态系统为单元情境，以南岭国家公园为辅助情境，在单元教学中，引导学生开展相关调查和搜集资料等活动，通过构建概念模型学习生态系统的结构、物质循环、能量流动、信息传递等，再运用模型或实验解释相关生态现象，解决实际问题，提出合理化建议。本单元活动可加强学生物质与能量观、结构与功能观、生态观、系统观、平衡观、信息观等生命观念，培养逻辑推理、归纳演绎、建构模型等科学思维，增强团队合作、探究实践的科学探究精神，强化尊重自然规律、建设生态文明的社会责任意识。

二、单元学习目标与重难点

1. 单元学习目标

（1）通过分析校园生物园真实生态系统的营养结构和组成成分、能量流动及碳元素循环，建构生态系统的结构模型、能量流动模型和物质循环模型；利用相关资料帮助学生建立生态系统中信息传递的过程。

（2）结合模型定量地分析赛达伯格湖的能量流动数据，概述能量流动的特点；分析相关实例，归纳信息传递的种类、对生态系统稳定的维持作用和对农业生产的作用。

（3）从"结构与功能观"角度，理解生态系统的营养结构对能量流动和物质循环的支持作用，从"物质与能量观"角度总结物质循环与能量流动之间的区别与联系。

（4）引导学生利用生态系统理论开展探究活动，关注生态问题，从结构与功能观、物质与能量观、稳态与平衡观出发，对校园生物园生态系统提出优化建议。

2. 单元学习重难点

（1）学习重点：阐明生态系统的营养结构及组成成分关系，分析生态系统中包括物质循环、能量流动和信息传递在内的基本功能。

（2）学习难点：运用结构分析法、模型构建法分析生态系统的结构和功能；根据生态系统所学知识就提高校园生态系统的稳定性提出可操作性建议并整理形成研究报告。

三、单元整体教学思路

本单元内容结构如图 3-60 所示。

```
单元主题：生态系统及其稳定性
           │
单元情境：生态文明建设是我国发展的重要方面，研究生态系统的运行规律有助于我国生态文明社会
的建设。以校园内生物园生态系统为例，研究其结构与功能，并为校园生物园建设提出专业化建议
           │
  ┌────────┬────────┬────────┬────────┐
生态系统的结构  生态系统的能量流动  生态系统的物质循环  生态系统的信息传递
  2课时        2课时         2课时         1课时
```

生态系统的结构（2课时）
活动1：调查生物园生态系统生物种类
活动2：构建生物园生态系统结构模型
1）构建生物园生物之间的食物关系图并分析各组分
2）修正、完善形成生态系统的结构模型

生态系统的能量流动（2课时）
活动1：分析生物园中豌豆、昆虫的能量来源与去路
活动2：构建出生物园的能量流动模型
活动3：分析生态系统各营养级间生物量、数量、能量关系，构建生态金字塔
活动4：思考如何提高生物园能量利用率

生态系统的物质循环（2课时）
活动1：分析生物园的二氧化碳分子去路，构建碳循环模型
活动2：结合DDT、铅中毒资料，阐述生物富集的成因与防治措施
活动3：阐明物质循环与能量流动的关系
活动4：探究生物园微生物的分解作用

生态系统的信息传递（1课时）
活动1：举例说明生物园中的信息传递事例
活动2：分析蜜蜂圆圈舞和摆尾舞及其他实例，总结信息传递的类型和过程。
活动3：分析信息传递在生态系统中的作用及在农业生产中的应用。
活动4：在生物园开展实践活动与验证昆虫之间是否存在化学信息的传递

↓ 1课时

生态系统的稳定性 → 单元辅助情景：南岭国家公园生态系统的保护与恢复

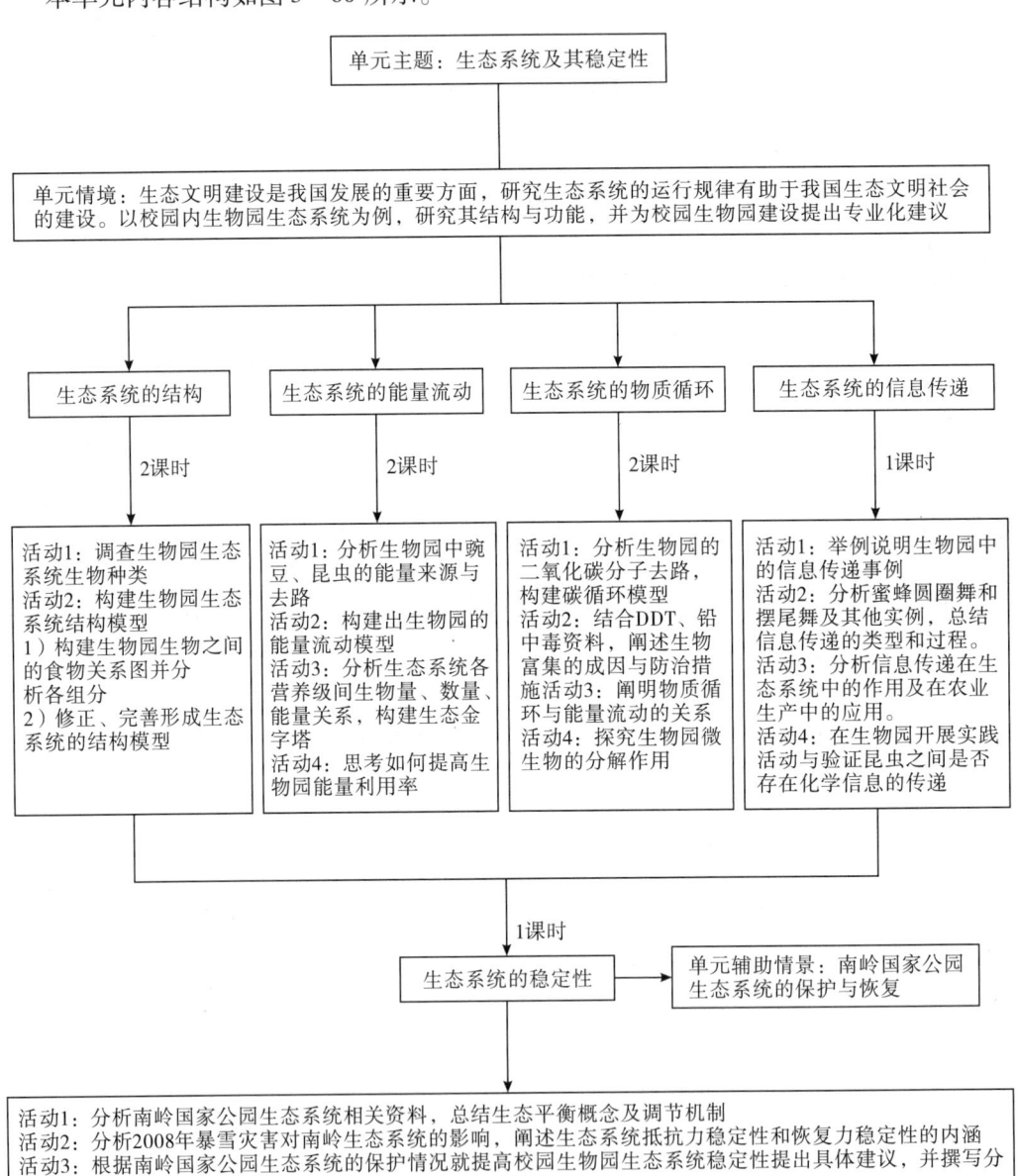

活动1：分析南岭国家公园生态系统相关资料，总结生态平衡概念及调节机制
活动2：分析2008年暴雪灾害对南岭生态系统的影响，阐述生态系统抵抗力稳定性和恢复力稳定性的内涵
活动3：根据南岭国家公园生态系统的保护情况就提高校园生物园生态系统稳定性提出具体建议，并撰写分析报告

图 3-60 单元内容结构

单元教学目标导向下的课时目标如图 3-61 所示。

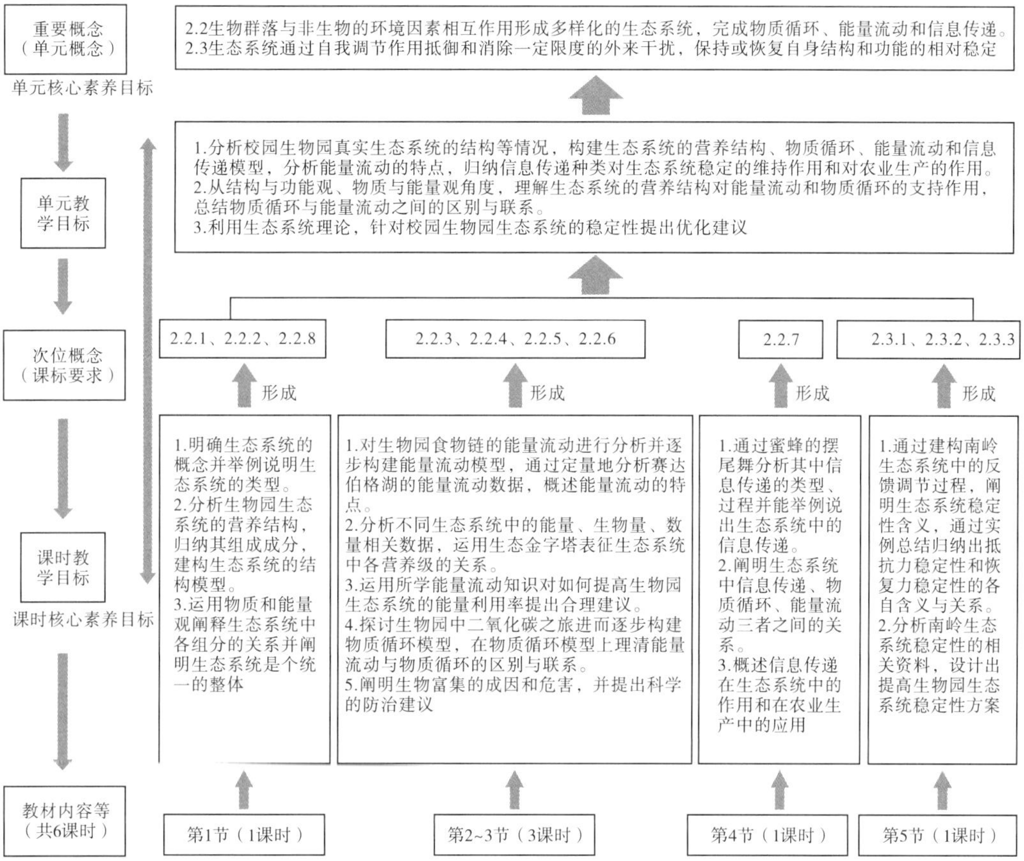

重要概念（单元概念） 单元核心素养目标	2.2 生物群落与非生物的环境因素相互作用形成多样化的生态系统，完成物质循环、能量流动和信息传递。 2.3 生态系统通过自我调节作用抵御和消除一定限度的外来干扰，保持或恢复自身结构和功能的相对稳定
单元教学目标	1. 分析校园生物园真实生态系统的结构等情况，构建生态系统的营养结构、物质循环、能量流动和信息传递模型，分析能量流动的特点，归纳信息传递种类对生态系统稳定的维持作用和对农业生产的作用。 2. 从结构与功能观、物质与能量观角度，理解生态系统的营养结构对能量流动和物质循环的支持作用，总结物质循环与能量流动之间的区别与联系。 3. 利用生态系统理论，针对校园生物园生态系统的稳定性提出优化建议
次位概念（课标要求）	2.2.1、2.2.2、2.2.8 2.2.3、2.2.4、2.2.5、2.2.6 2.2.7 2.3.1、2.3.2、2.3.3
课时教学目标 课时核心素养目标	1. 明确生态系统的概念并举例说明生态系统的类型。 2. 分析生物园生态系统的营养结构，归纳其组成成分，建构生态系统的结构模型。 3. 运用物质和能量观阐释生态系统中各组分的关系并阐明生态系统是个统一的整体 1. 对生物园食物链的能量流动进行分析并逐步构建能量流动模型，通过定量地分析赛达伯格湖的能量流动数据，概述能量流动的特点。 2. 分析不同生态系统中的能量、生物量、数量相关数据，运用生态金字塔表征生态系统中各营养级的关系。 3. 运用所学能量流动知识对如何提高生物园生态系统的能量利用率提出合理建议。 4. 探讨生物园中二氧化碳之旅进而逐步构建物质循环模型，在物质循环模型上理清能量流动与物质循环的区别与联系。 5. 阐明生物富集的成因和危害，并提出科学的防治建议 1. 通过蜜蜂的摆尾舞分析其中信息传递的类型、过程并能举例说出生态系统中的信息传递。 2. 阐明生态系统中信息传递、物质循环、能量流动三者之间的关系。 3. 概述信息传递在生态系统中的作用和在农业生产中的应用 1. 通过建构南岭生态系统中的反馈调节过程，阐明生态系统稳定性含义，通过实例总结归纳出抵抗力稳定性和恢复力稳定性的各自含义与关系。 2. 分析南岭生态系统稳定性的相关资料，设计出提高生物园生态系统稳定性方案
教材内容等（共6课时）	第1节（1课时） 第2~3节（3课时） 第4节（1课时） 第5节（1课时）

图 3-61 单元教学目标导向下的课时目标

第 1 节 生态系统的结构

（一）教学内容分析

学习必修一生命系统的结构层次时曾提到生态系统，本书前两章又以种群、群落相关知识为基础，因此本节内容可进一步从整体上认识生态系统。本节为生态系统这一章的基础，涉及较多概念，需明确各种概念并着重学习生态系统的组成成分和营养结构，为后续学习生态系统的物质循环、能量流动、信息传递和生态系统的稳定性做铺垫。在学习重难点内容时，可运用概念模型构建的方法，加强学生概念模型建构的能力，发展学生结构与功能观、物质与能量观、生态与系统观等，在建构的过程中培养科学思维、生命观念、社会责任。

（二）学习者分析

学生前面学习了种群、群落的相关知识，为本节内容的学习打下了基础，另外学生在初中生物学课程学习过生态系统及其类型，对生态系统概念及类型有了一定的认知,但对生态系统的结构比较陌生,尤其对各组分之间的关系的学习有一定困难。因此,课前设置调查任务有助于调动学生的已知,激发学生学习兴趣,在课前调查任务的基础上再分析建构生态系统的结构模型符合学生思维的最近发展区。

(三)学习目标确定

(1) 通过调查报告分析明确什么是生态系统并举例说明生态系统的类型。

(2) 通过分析生物园生态系统的营养结构,归纳其组成成分,建构生态系统的结构模型。

(3) 运用物质与能量观,阐释生态系统中各组分的关系并阐明生态系统是个统一的整体。

(四)学习重难点

学习重点:分析生物园生态系统的营养结构,归纳其组成成分,建构生态系统的结构模型。

学习难点:建构生态系统的结构模型。

(五)教学过程

情境:学校生物园生态系统生存了许多生物,我们要对其进行科学管理使其具备良好的观赏性并获得品质较高的农产品。

提出问题:我们应如何科学管理学校生物园生态系统?

【课前任务】调查学校生物园生态系统中包含的生物种类,并思考他们之间的生物关系。如表3-19所示:

表3-19 生物园生态系统生物种类调查表

生物种类	与其他生物之间的关系

【设计意图】引导同学们关注身边熟悉的生态系统。

环节一:生态系统的范围、类型。

【教学活动】展示学生调查报告结果。

【学生活动】总结生物园的生物种类。

【设计意图】增强学生的实地调查实践的能力,激发学生对于生态系统的探究兴趣。

【教学活动】提出问题:豌豆根系会给土壤带来怎样的变化?豌豆与根瘤菌有何关系?豌豆与其他生物分别是什么关系?

【学生活动】回答问题:豌豆根吸收土壤中的水和无机盐,使土壤中的水和无机盐减少;豌豆根呼吸作用增加土壤中二氧化碳的含量。豌豆与根瘤菌为共生关系,豌豆为根瘤菌提供营养，根瘤菌帮助豌豆固氮，将氮气转化为根可吸收的硝酸根离子。豌豆与玉米、芫荽为竞争关系，与蚜虫为捕食关系。

【教学活动】经过以上分析可知，生物园的生物之间有联系，生物与环境之间也会相互作用，称为一个生态系统，请你总结生态系统的概念。

【学生活动】在一定范围内，由生物群落与它的非生物环境相互作用而形成的统一整体。

【设计意图】总结生态系统的概念，锻炼学生的归纳概括能力、表述能力。

【教学活动】播放视频：开展国家公园体制试点（源自学习强国）。除了校园的生物园生态系统，还有其他的生态系统，都有哪些类型的生态系统？

【学生活动】观看视频，并回答问题：森林生态系统、草原生态系统、湿地生态系统、荒漠生态系统、冻原生态系统等。

【教学活动】提出问题：从校园生物园到国家的壮美河山，这些生态系统的范围有大有小，最大的生态系统是什么？

【学生活动】回答问题：生物圈。

【设计意图】通过视频宏观感知生态系统的类型并总结归纳，认识到生态系统的研究范围可大可小，同时感受我国大好河山的魅力，增强民族自豪感和社会责任感。

环节二：生态系统的结构（其一：组成成分）。

【教学活动】布置任务：请分析生物园生态系统中各种生物之间的食物关系，并画出食物链，小组相互讨论比较。（概念提示：食物链指在生态系统各生物之间，通过一系列的取食和被取食关系，不断传递着生产者所固定的能量而形成的单向的营养关系。）

【学生活动】完成任务：玉米—鼠—猫、玉米—昆虫—鸟、豌豆—昆虫—鸟、杂草—昆虫—蛙—蛇……

【教学活动】布置任务：整合食物链，完善形成食物网。

【学生活动】完成任务：

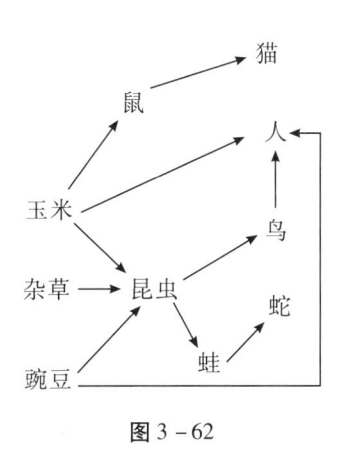

图 3-62

【设计意图】引导学生画出生态系统中的各种食物链、整合形成食物网并分析生态系统的其他成分，进而逐步建构出生物园生态系统的结构模型图，培养学生的建模能力。

【教学活动】提出问题：食物链之外还有什么生物组分？还有什么非生物组分？

【学生活动】回答问题：微生物、无机环境。

【教学活动】布置任务：根据生态系统中各种生物的营养方式进行归类（即各种生物如何获得物质和能量）。

【学生活动】完成任务：自养生物、异养生物，植物为自养生物，通过光合作用固定太阳能，生产有机物；动物和微生物为异养生物，动物通过捕食获得有机物中的能量，微生物通过分解动植物残体、动物的排遗物来获取有机物中的能量。

【教学活动】思考问题：结合以上内容，思考生态系统中各种生物对生态系统的贡献，并对它们进行命名？展示资料：研究表明，如果植物的有机物直接被分解，大概需要一年的时间才能被循环利用。动物可以直接或间接地以植物为食，进入动物体内的食物被分解为二氧化碳、尿液等物质并释放能量，分解出的物质可以被植物吸收利用。一些绿色开花植物产生的果实或种子带有钩刺或黏液，可以钩挂或黏附在动物的皮毛上，大部分靠动物传粉的植物都会提供花蜜或花粉作为"回报"。

【学生活动】回答问题：生产者、消费者、分解者；没有生产者，便无法从无机环境中获取太阳能并将其转化为化学能，生产者是生态系统的基石；消费者可加快生态系统的物质循环，并能帮助植物传播花粉和种子；分解者能将动植物残体和动物的排遗物分解成无机物。

【设计意图】通过对相关问题的思考，学生逐步理清生态系统中的组成成分及作用并能用专业术语表述问题答案。

【小结】生产者、消费者和分解者三者紧密联系，密不可分。

【教学活动】布置任务：请用文字和箭头构建出生态系统组成成分的结构图。

【学生活动】构建模型（见图3-63）：

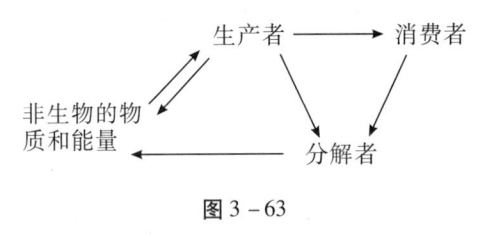

图3-63

【教学活动】布置任务：根据你所构建的生物园生态系统中食物链消费者的食性，消费者又可以分为哪些种类？根据消费者的种类及与其他组分关系再完善模型。

【学生活动】完善模型（见图3-64）：

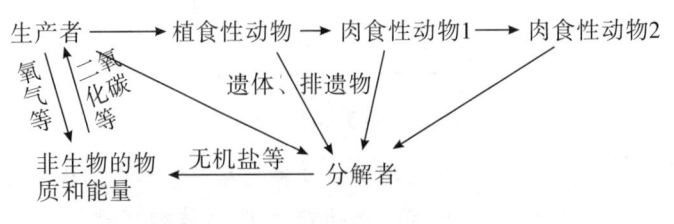

图3-64

【设计意图】通过思考问题逐步构建模型、完善模型。

环节三：生态系统的结构（其二：营养结构）。

【教学活动】思考问题：如何研究食物链上生物之间的捕食关系？

资料展示：胃容物分析、食物残留物分析是研究生物之间营养关系的非常重要的研究方法。

表 3-20　部分生物消化道内食物组成

生物种类	消化道内食物组成
鱼甲	鱼乙、河虾
河虾	水蚤、小球藻
鱼乙	水蚤、河虾
水蚤	小球藻

【设计意图】学习科学的研究方法，培养学生科学思维。

【教学活动】提出问题：通过研究生物的食物关系我们得以构建食物链，从中可知不同生物在食物链中的位置不同，我们把生物在食物链中的位置称为营养级，因生产者处于最初的位置，故叫作第一营养级，那么消费者呢？

【学生活动】回答问题：初级消费者为第二营养级、次级消费者为第三营养级、三级消费者为第四营养级、四级消费者为第五营养级。

【设计意图】引导学生辨别食物链上的营养级，为后续学习能量流动的特点做铺垫。

【教学活动】提出问题：生物的营养级固定吗？根据食物链举例说明

【学生活动】回答问题：不固定，同一种生物在不同食物链中位置不同，可能占有不同营养级，如鸟在"玉米—鸟—人"食物链中为第二营养级，在"杂草—昆虫—鸟—人"食物链中为第三营养级。

【设计意图】使学生认识到某种生物在生态系统中的位置，加强结构与功能观。

【教学活动】提出过渡问题：为什么食物链上一般不超过 5 个营养级？

【教学活动】展示南岭国家公园生态系统图片，提出问题：哪个生态系统更加稳定？布置课后任务：在一个具有复杂营养结构的生态系统中，一般不会由于一种生物的消亡而导致整个生态系统的崩溃。就如何提高学校生物园生态系统的稳定性提出具体建议。

【设计意图】帮助学生建立理论指导实践的意识，培养学生用所学知识解决实际问题的能力。

（六）板书设计

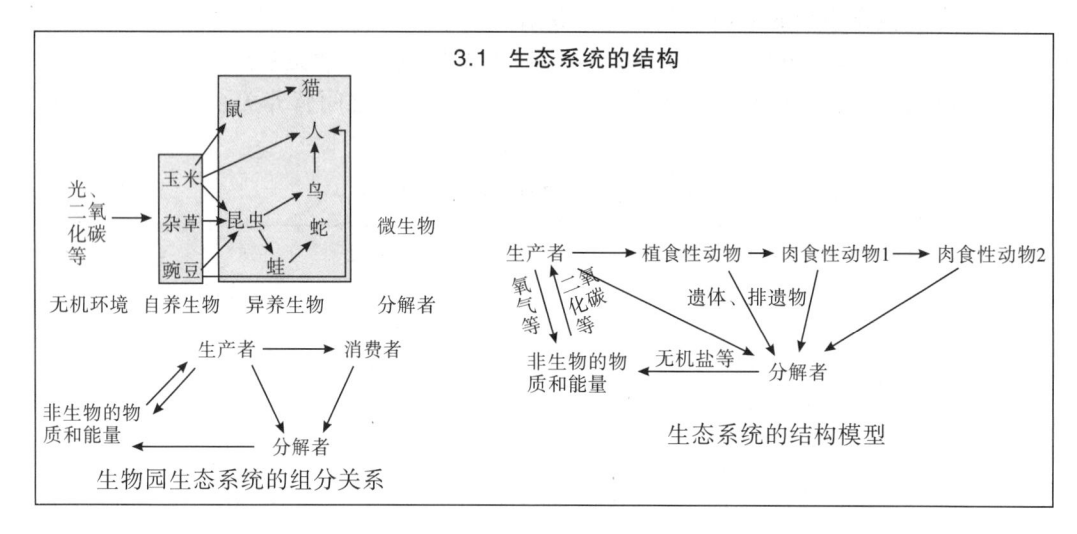

```
3.1 生态系统的结构
```

（生物园生态系统的组分关系图 与 生态系统的结构模型图）

（七）教学反思

课前让学生对校园生物园生态系统开展调查，并撰写调查报告，在课上进行分析交流，根据学生调查报告内容开展具体教学，建构模型，通过问题和任务驱动逐步形成生态系统结构模型，符合概念的建构过程。但课中关于对营养级的学习缺乏引导，直接告诉学生什么是营养级，而没有在学习过程中生成知识。

（八）课后固学

（1）完成教材课后习题。
（2）阅读课后资料：黄石公园灭狼与引狼入园的启示。

第2节 生态系统的能量流动

（一）教学内容分析

本节课内容较为抽象，强调从整体的角度思考问题和开展研究，与必修一光合作用、呼吸作用有一定联系，又能很好地与生产结合起来，可很好地强化学生的生命观念，提升科学思维，培养社会责任感。

（二）学习者分析

学生对宏观的生态系统中营养级间的能量流动不易把握，但学生学习过光合作用、呼吸作用等代谢知识，可借助学生的基础，从生物园中的一条食物链出发，分析个体的能量来源与去向，再引导学生类比到种群、营养级，进而构建出完善的能量流动模型。

（三）学习目标确定

（1）通过对生物园整条食物链的能量流动分析逐步构建能量流动模型。
（2）通过定量地分析赛达伯格湖的能量流动数据，概述能量流动的特点。

(3) 分析不同生态系统中的能量、生物量、数量相关数据，学会用生态金字塔表征生态系统中各营养级的关系。

(4) 运用所学能量流动知识对如何提高生物园生态系统的能量利用率提出合理建议，使学生认识到研究能量流动的实践意义，培养学生学以致用的意识。

（四）学习重难点

学习重点：生态系统的能量流动过程。

学习难点：生态系统的能量流动过程；明确生物园生态系统的能量流动情况并对如何提高生物园生态系统的能量利用率提出合理建议。

（五）教学过程

环节一：能量流动的概念。

【教学活动】提出过渡问题：为什么食物链上一般不超过5个营养级？

【学生活动】回答问题：每个营养级上的生物都要进行生长、发育、繁殖等，下一个营养级获得的营养在减少，营养级太高，可能获得的营养不足以支撑其生长、发育、繁殖等。

【设计意图】引导学生利用生态系统的营养结构知识从宏观的角度思考此问题，为接下来能量流动的学习作铺垫。

【教学活动】提出问题：根据上节课构建的模型图，回忆生产者的作用是什么？

【学生活动】回答问题：生态系统的基石，可以通过光合作用固定太阳能，将其转化为化学能并储存在有机物中。

【教学活动】小结：生态系统中的能量通过生产者输入、传递、转化。

生物之间存在捕食关系，能量从一种生物到另一种生物，存在能量的传递。同时，有机物经过呼吸作用被分解释放能量，其中一部分能量以热能的形式散失。根据以上资料用一句话来总结能量的特点。

【学生活动】小结：输入、传递、转化、散失。

【小结】生态系统中能量的输入、传递、转化和散失的过程，称为生态系统的能量流动。

【设计意图】通过已学知识对问题进行剖析、总结，在问题答案中生成能量流动的概念并引出教学主题——能量流动。

环节二：能量流动的过程。

【教学活动】提出问题：以生物园生态系统中"豌豆—昆虫—蛙—蛇"食物链为例，分析豌豆、昆虫、蛙、蛇这四者的能量流动，即获得能量的途径是什么？能量流经豌豆、昆虫、蛙、蛇的去向都有哪些？

【学生活动】回答问题：豌豆的能量来自光能；昆虫、蛙、蛇的能量分别来自豌豆、昆虫、蛙；能量的去向：呼吸作用散失、被捕食者捕食等。

【教学活动】布置任务：构建豌豆的能量来源（输入）与去路（传递、转化、散失）模型图。提示问题：豌豆的遗体中含有能量吗？这些能量去向哪里？

【学生活动】分析讨论：豌豆的能量来自太阳光，通过呼吸作用散失，光能转化为自身的化学能（用于自身生长发育繁殖），被昆虫捕食可将能量传递给昆虫。豌豆的遗体中也含有能量，遗体会被分解者分解。如图 3-65 所示。

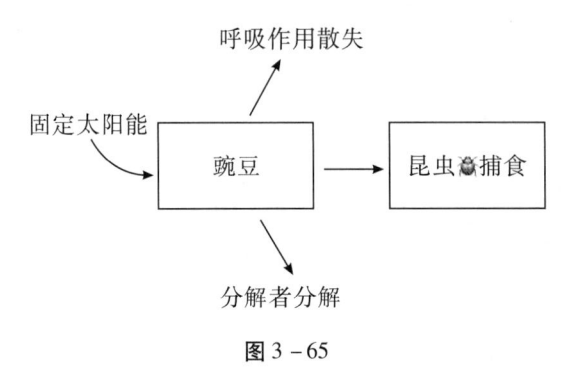

图 3-65

【设计意图】通过上述分析，学生采用归纳与概括、模型构建的方法表示出豌豆的能量来源与去路图解。

【教学活动】布置任务：分析昆虫的能量来源（输入）与去路（传递、转化、散失），构建昆虫能量来源与去路简图。

【学生活动】分析讨论：昆虫取食豌豆获得能量，通过呼吸作用散失，被蛙捕食可将能量传递给蛙，遗体和排遗物被分解者利用。如图 3-66 所示。

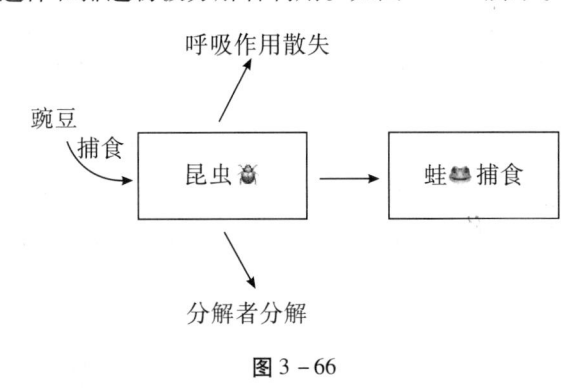

图 3-66

【教学活动】提出问题：昆虫获得的能量目的是什么？昆虫取食豌豆的摄入量全部被同化了吗？与粪便量有什么关系？用于自身生长发育繁殖的能量与同化量、呼吸作用散失、被蛙捕食量又有什么关系？

【学生活动】回答问题：用于自身生长、发育、繁殖。昆虫的粪便量并没有被昆虫同化利用，故昆虫的摄入量－粪便量＝昆虫的同化量。昆虫的同化量一部分因呼吸作用散失，剩下的用于自身生长发育繁殖，昆虫在生命历程中，可能被蛙捕食，能量流入蛙（下一个营养级），也会死亡，遗体残骸会被分解者分解。

【教学活动】布置任务：根据以上问题修正昆虫的能量流动模型。

【学生活动】修正模型（见图3-67）：

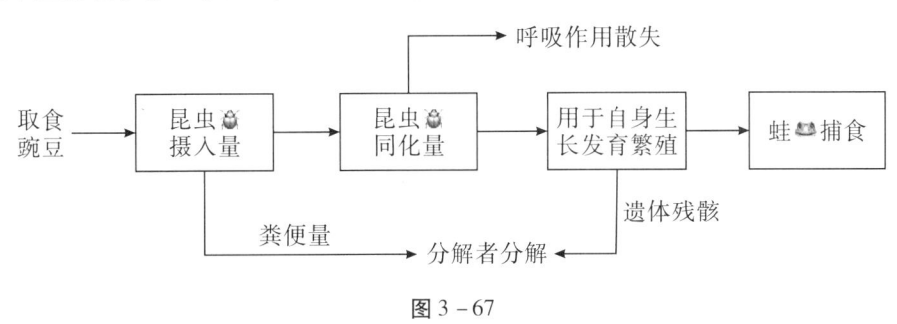

图3-67

【设计意图】通过上述分析，学生采用归纳与概括、模型构建的方法表示出昆虫的能量来源与去路图解，并能用科学思维思考具体问题并审视上述模型，修正构建的昆虫能量流动模型。

【教学活动】布置任务：根据食物关系构建从豌豆到昆虫的能量流动模型。

【学生活动】整合模型（见图3-68）：

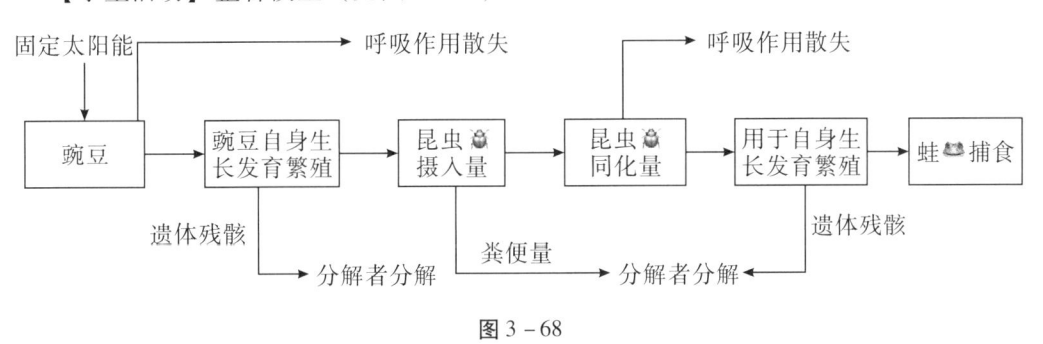

图3-68

【教学活动】布置任务：请补充完整食物链后面有关蛙、蛇的能量流动。

【学生活动】整合模型：图略

【设计意图】整合能量流动模型，完善生物园生态系统整条食物链的能量流动，初步对生物园生态系统的能量流动建立整体认识。

【教学活动】提出问题：生态系统中存在各种个体、种群，食物网中又存在不同营养级，在研究能量流动时，应该以什么为单位进行研究？

【学生活动】回答问题：不宜研究个体，个体太多，差异太大；若研究种群，同一个营养级上有许多种群，种群又占据不同的营养级，情况复杂。以营养级为单位研究较为适宜。

【教学活动】布置任务：根据能量流经各营养级的研究思路，修正能量流动模型。

【学生活动】修正模型（见图3-69）：

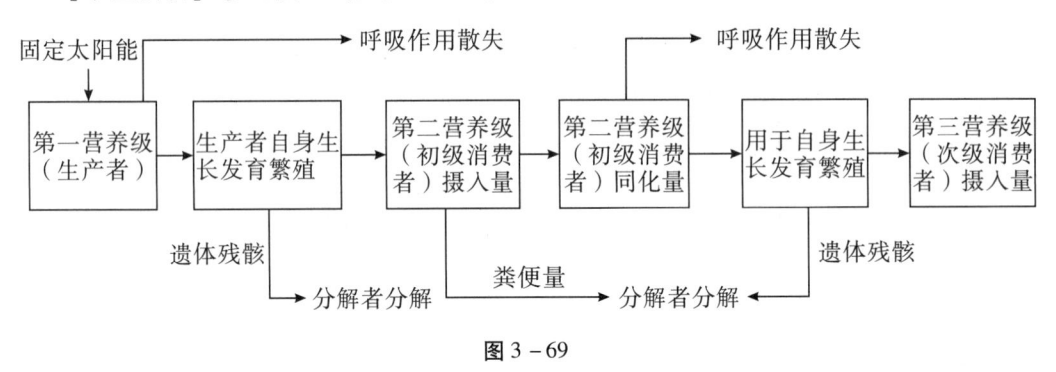

图3-69

【教学活动】提出问题：流经每一营养级的能量有哪些去向？用图表示。

【学生活动】回答问题：呼吸作用散失、用于自身生长发育繁殖（被分解者利用、流入下一营养级）。如图3-70所示：

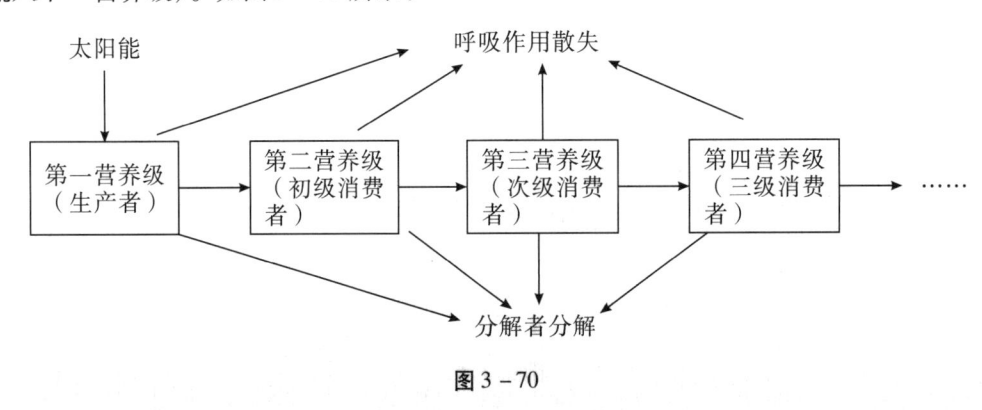

图3-70

【教学活动】补充知识：若考虑一段时间内，则能量还有未被利用的部分。

【教学活动】思考问题：你认为昆虫的能量会流回豌豆内吗？流经某生态系统的能量能否再回到这个生态系统中来？为什么？

【学生活动】回答问题：不能，由能量流动模型可知，能量流动是单向的。

【教学活动】总结：太阳能是生态系统所需能量的最终来源，它通过生产者进入生态系统，流经各级消费者，各种生物散失到环境中的能量不能再为其他生物所利用。

【教师活动】提出问题：生态系统中的能量流动和转化是否遵循能量守恒定律？为什么？可参考赛达伯格湖的能量数据。

【设计意图】循序渐进、由简入深，从生物园的能量流动入手，不断修正、完善，逐步构建生态系统的能量流动模型。

环节三：能量流动的特点

【教学活动】布置任务：设计表格，整理赛达伯格湖的能量流动数据，体现流入和流出某一营养级的能量数据。

【学生活动】设计表格（见表3-21）：

表 3-21

营养级	第一营养级（生产者）	第二营养级（植物性动物）	第三营养级（肉食性动物）
流入量			
流出至下一营养级			
呼吸作用散失			
流向分解者			
未被利用			
流出占流入百分比			

【教学活动】提出问题：生态系统中的能量流动和转化是否遵循能量守恒定律？为什么？

【学生活动】回答问题：遵循。能量不能凭空产生、消失，通过统计赛达伯格湖的能量数据发现，流入生态系统的总能量与呼吸作用散失、储存在生态系统中的能量之和相等。

【教学活动】布置任务：计算"流出"第一营养级的能量占"流入"该营养级能量的百分比；计算"流出"第二营养级的能量占"流入"该营养级能量的百分比。

【学生活动】完成表格（见表 3-22）：

表 3-22

营养级	第一营养级（生产者）	第二营养级（植物性动物）	第三营养级（肉食性动物）
流入量	464.4	62.8	12.6
流出至下一营养级	62.8	12.6	
呼吸作用散失	96.3	18.8	7.5
流向分解者 12.5	2.1	微量	
未被利用	293	29.3	5.0
流出占流入百分比	13.5%	20.1%	

【教学活动】"流出"第二营养级的能量占"流入"该营养级能量的百分比称为能量传递效率。由计算可知能量传递效率为 10%～20%。

【教学活动】提出问题：某一营养级的能量不会全部流入下一营养级，结合上节课能量流动模型，随着营养级的增加，能量沿食物链流动时有何特点？

【学生活动】回答问题：能量沿食物链流动的过程是逐渐减少的，即逐级递减。

【教学活动】提出问题：总结能量流动具有什么特点？

【学生活动】回答问题：单向流动、逐级递减。

【设计意图】通过设计任务驱动学生定量地去分析赛达伯格湖的能量流动，计算能量传递效率，总结能量流动的特点，培养学生定量分析问题的能力，培养科学思维。

【解决问题】问题探讨：鲁滨孙应该如何选择求生策略？布置任务：根据食物关系绘制出这两种策略的简图，根据两种策略的食物关系和能量流动特点计算两种策略鲁滨孙分别获得的能量（假设策略2中用一半玉米去喂鸡，按20%的能量传递效率计算）。

【学生活动】完成任务（见图3-71）：

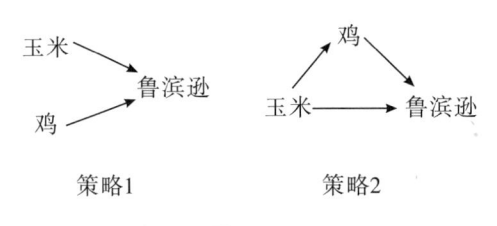

玉米→鲁滨逊
鸡→鲁滨逊
策略1

鸡
玉米→鲁滨逊
策略2

图3-71

策略1：4 kg；策略2：2.8 kg。

【设计意图】回扣开头问题，首尾呼应，应用所学能量流动的知识阐释相关问题；引导学生运用所学解决情境中的问题，并作出合理的决策。

环节四：生态金字塔和研究能量流动的实践意义

【教学活动】布置任务：为了更形象地表示各营养级之间能量变化的关系，可将各营养级所固定的总能量值的多少绘制成图。一片草地生态系统中，单位时间内第一营养级所同化的能量为100 000 kJ·m^{-2}·a^{-1}，各营养级之间的能量传递效率为10%，利用以上数据构建模型。

【学生活动】构建模型（见图3-72）：

第四营养级 100 kJ m^{-2} a^{-1}
第三营养级 1 000 kJ m^{-2} a^{-1}
第二营养级 10 000 kJ m^{-2} a^{-1}
第一营养级 100 000 kJ m^{-2} a^{-1}

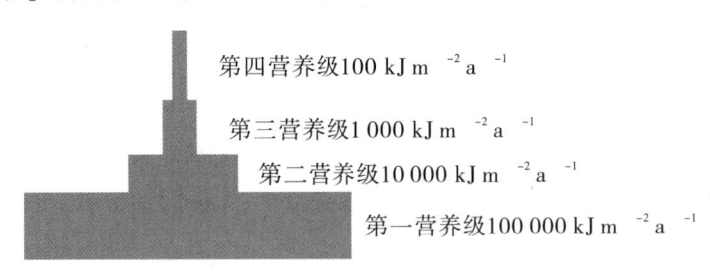

图3-72

【教学活动】小结：图形形成一个金字塔形，故称为能量金字塔。

【教学活动】回扣先前问题：为什么食物链上的营养级一般不超过5个？

【学生活动】回答问题：能量流动具有单向流动、逐级递减的趋势，能量传递效率一般为10%~20%，超过第五营养级后可获得的能量很少，已经不足以完成生物的各项生命活动。

【教学活动】提出问题：能否出现上宽下窄的能量金字塔，为什么？

【学生活动】回答问题：不能，能量流动的特点：单向流动，逐级递减。

【教学活动】布置任务：生物量是指生物在某一特定时刻，单位面积或单位体积内实际存在的有机物质的鲜重或干重总量，常以干重表示。如在某浅水生态系统中，第一至四营养级的干重分别为 809 g/m^2、37 g/m^2、11 g/m^2、1.5 g/m^2，利用以上数据构建模型。

【学生活动】构建模型（见图 3-73）：

第四营养级 1.5g/m^2
第三营养级 11g/m^2
第二营养级 37g/m^2
第一营养级 809g/m^2

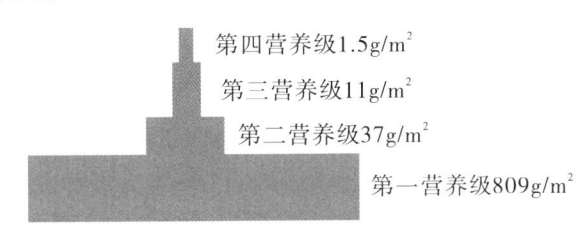

图 3-73

【教学活动】提出问题：生物量金字塔可能出现上宽下窄的倒置金字塔形吗？展示资料：在某海洋生态系统中，浮游植物（第一营养级）的生物量为 4 g/m^2，浮游和底栖动物（第二营养级）21 g/m^2。

【学生活动】回答问题：生物量金字塔会出现倒置金字塔形。

【教学活动】展示资料：在夏季的温带森林中，每 0.1 hm^2 中，树木的个体数约为 200 株，而以昆虫为主的植食动物却有 15 万只之多。

【教学活动】小结：把生态系统中各个营养级有机体的生物量、个体数量或能量，按营养级的顺序由低到高排列起来，所绘制的图形称为生态金字塔，主要包括生物量金字塔、数量金字塔统或能量金字塔。

【思考问题】调查生物园生态系统的能量流动特点，根据能量流动相关知识就如何提高生物园生态系统的能量利用率使之朝向人类有益的部分流动来设计方案。

（六）板书设计

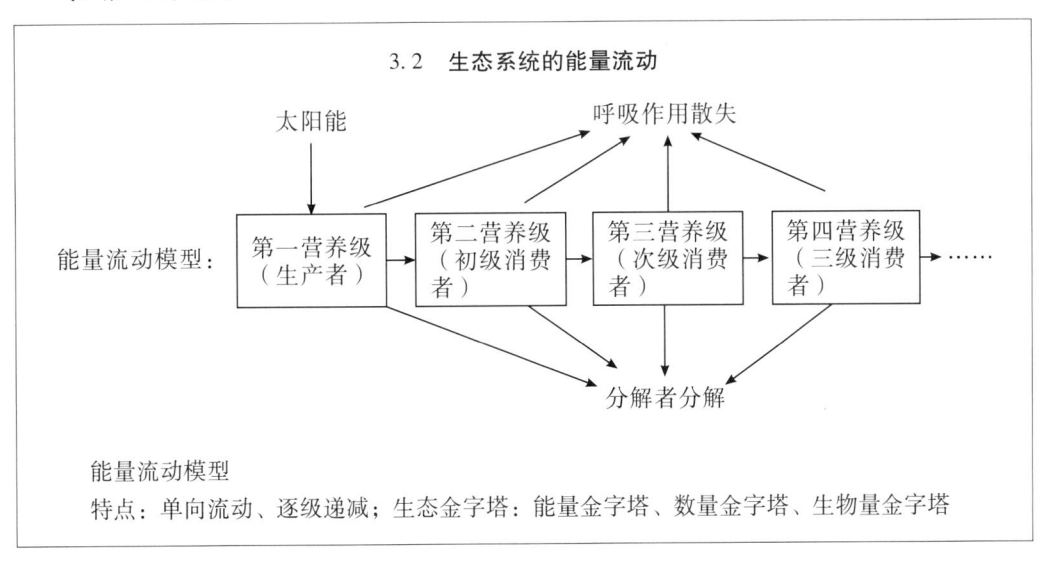

```
3.2  生态系统的能量流动

                        太阳能          呼吸作用散失
                          ↓         ↗  ↑  ↑  ↑
能量流动模型：   第一营养级 → 第二营养级 → 第三营养级 → 第四营养级 → ……
                （生产者）   （初级消费者） （次级消费者） （三级消费者）
                          ↘    ↓    ↓    ↙
                            分解者分解

能量流动模型
特点：单向流动、逐级递减；生态金字塔：能量金字塔、数量金字塔、生物量金字塔
```

(七）教学反思

通过由浅入深的问题和活动任务引导学生循序渐进地构建出能量流动结构模型，培养科学思维与模型构建能力，增强物质与能量观，学习定量分析方法，有效提升学生学科核心素养。改进：如何将"调查生态系统的能量流动"有机结合到教学中，更多地发现探究特点，增强学生的科学探究能力。

（八）课后固学

（1）完成教材概念检测习题。

（2）调查生物园生态系统的能量流动特点，根据能量流动相关知识就如何提高生物园生态系统的能量利用率使之朝向人类有益的部分流动来设计方案。

第3节　生态系统的物质循环

（一）教学内容分析

本节内容在生态系统的结构与能量流动基础之上，从物质循环的实例出发，结合学生日常生活经验，探讨碳循环的过程，再引申其他元素的循环，进而总结物质循环的过程、概念。根据课标要求，还需让学生理解生物富集、物质循环与能量流动的关系。通过上述学习可培养学生的生命观念、科学思维、社会责任感，促进学科核心素养的达成。

（二）学习者分析

在前两节的学习过程中，学生已经学习构建了生态系统的结构模型、能量流动模型，对概念模型构建方法较为熟悉，前两节的内容也与本节课内容联系紧密，在此基础上，本节课继续运用生物园生态系统这一大情境，引导学生建构概念模型形成生态系统的物质循环模型，学生可较快达成构建目标。但在构建物质循环模型时，学生可能难以想到水圈对调节大气二氧化碳的作用。课后探究土壤微生物的作用时可能遇到困难。

（三）学习目标确定

（1）通过探讨生物园中二氧化碳之旅逐步构建物质循环模型，强化学生模型构建能力。

（2）通过分析DDT、铅中毒等案例，根据物质循环模型，阐明生物富集的成因和危害，并提出科学的防治建议。

（3）在物质循环模型上完善能量流动模型构建，理清二者区别与联系，强化物质与能量观，培养科学思维。

（4）利用物质循环理论设计实验课题，探究生物园土壤微生物对落叶的降解作用。

（四）学习重难点

学习重点：分析碳循环过程，阐述物质循环的特点与概念。

学习难点：理清物质循环与能量流动的关系；设计实验方案探究微生物的降解

作用。

(五) 教学过程

环节一：碳循环的过程。

【教学活动】展示资料：2018 年，台风"山竹"将华南植物园的一棵杜鹃劈成两半，杜鹃树死亡后形成了枯立木。另一棵红花马蹄甲（紫荆）也被"山竹"吹倒，形成"倒木"，此后植物园工作人员在其旁边立了一块碑，碑文：树木死亡是森林发育的自然过程，受大风、雷击、山火等自然干扰，具有重要的生态学意义。

提出问题：资料中说的生态学意义是指什么？

【学生活动】回答问题：(可能的回答) 枯立木可为鸟类等生物提供栖息地；倒木上可生长菌菇类；枯立木、倒木可为林下植物、幼苗等提供养料。

【教学活动】由此可知，"落红不是无情物，化作春泥更护花"，物质在生物群落与无机环境之间是可循环的。那么，物质是如何循环的呢？

【设计意图】利用现实中实例导入新课，激发学生学习兴趣，引导学生尝试运用物质与能量观说明其中的生态学含义。

【教学活动】提出问题：碳在化合物中有哪些形式？

【学生活动】回答问题：碳可以存在于有机化合物中，如糖类、蛋白质、核酸、脂质等有机物以碳链为基本骨架；也可以存在于无机化合物中，如碳酸、二氧化碳、碳酸氢钠等。

【设计意图】引导学生总结碳的存在形式，为后续碳循环过程的构建打下基础。

【教学活动】布置任务：想象你站在生物园中，呼出许多二氧化碳分子，这些二氧化碳分子的未来旅途有哪些？尝试用关键词、线段、箭头、方框来构建简易模型。

【学生活动】构建模型（见图 3-74、图 3-75）：(可能有以下几种模型)

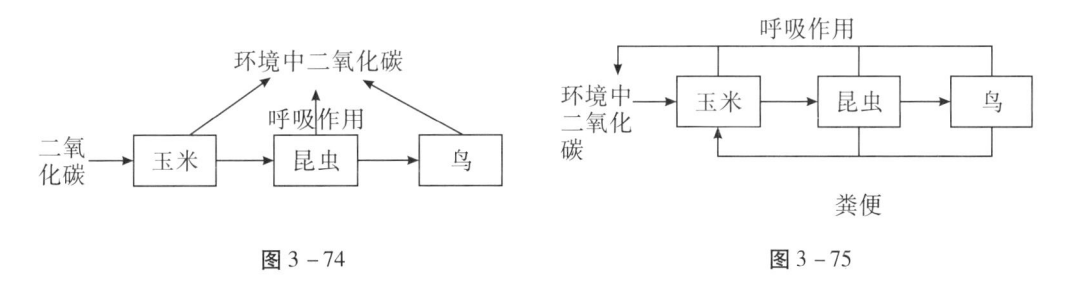

图 3-74

图 3-75

【教学活动】布置任务：相互交流找出模型的亮点与不足。

【学生活动】评价模型：亮点：能根据光合作用、呼吸作用相关知识和生态系统的结构等进行构建。不足：动物的粪便直接给植物利用，忽略了其中考虑分解者的作用；化石燃料的燃烧也会释放二氧化碳。

【教学活动】布置任务：根据讨论结果对模型进行修正。

【学生活动】修正模型（见图 3-76、图 3-77）：

图 3-76

图 3-77

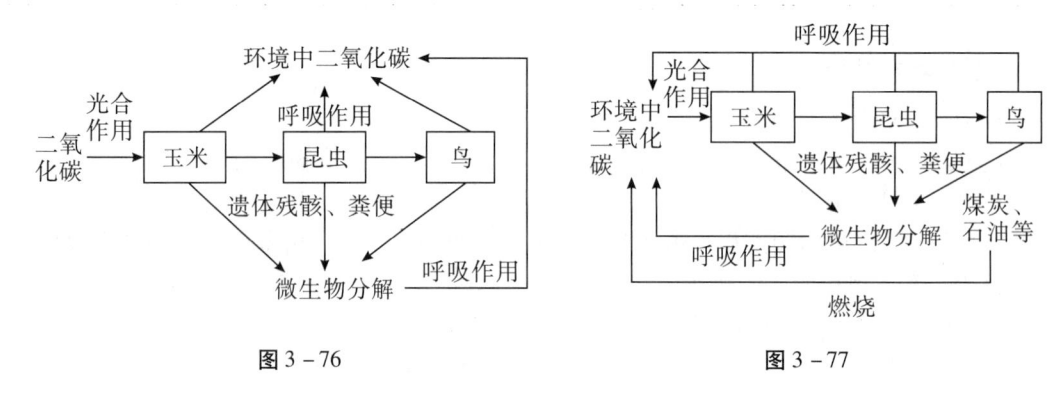

【教学活动】布置任务：应将模型中具体的生物名称转换为生态系统的相应组分。此外，除了大气中存在二氧化碳，海洋中的二氧化碳也不容忽视，海洋对调节大气碳含量起着十分重要的作用。

【学生活动】完善模型（见图 3-78）：

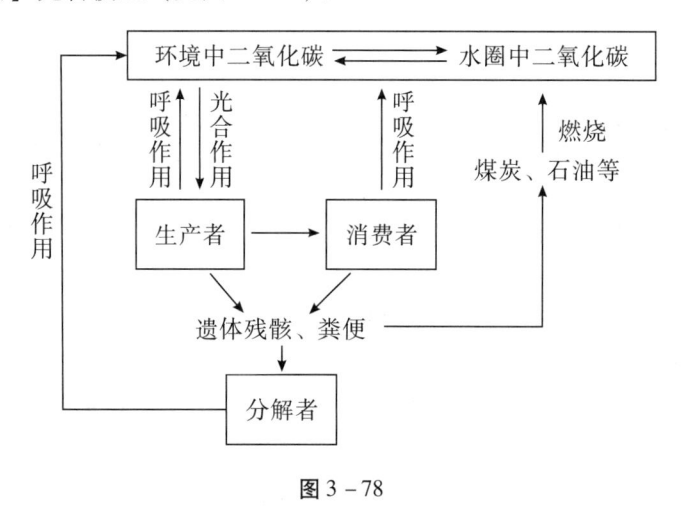

图 3-78

【设计意图】联系光合作用、呼吸作用等初步构建物质循环模型图，再通过师生评价、生生互评寻找模型的亮点与不足，以进行模型修正，并理解各种组分在碳循环中的作用。

【教师活动】展示资料：大气中的氮气大约占大气体积的78%。地壳中的氮元素主要以大气中的氮气和土壤中的硝酸盐等形式存在。氮循环是指生物圈中氮气与含氮化合物之间相互转换的过程。

【教师活动】提出问题：大气中的氮气与含氮化合物是如何相互转换的呢？根据固氮菌和硝化细菌的作用，思考大气中游离的氮如何转变为硝酸盐等无机含氮化合物？

【学生活动】回答问题：通过固氮作用，大气中游离的氮可以转变为氨，然后硝化细菌的硝化作用可以将氨转变为硝酸盐等无机含氮化合物。

【教师活动】提出问题：硝酸盐等无机含氮化合物又是如何被植物、动物利用的呢？

【学生活动】回答问题：硝酸盐等无机含氮化合物通过植物根系细胞的物质运输被植物吸收利用。沿着食物链（网），植物中的有机含氮化合物被各营养级的生物同化利用。

【教师活动】展示资料：动植物的遗体等经微生物的分解作用形成氨，氨可以被硝化细菌进一步氧化成为硝酸盐。硝酸盐能被反硝化细菌通过反硝化作用逐步转化为氮气，进而返回大气。

布置任务：综上信息，构建出氮循环模型。

【学生活动】完成任务：构建氮循环模型，如图3-79所示。

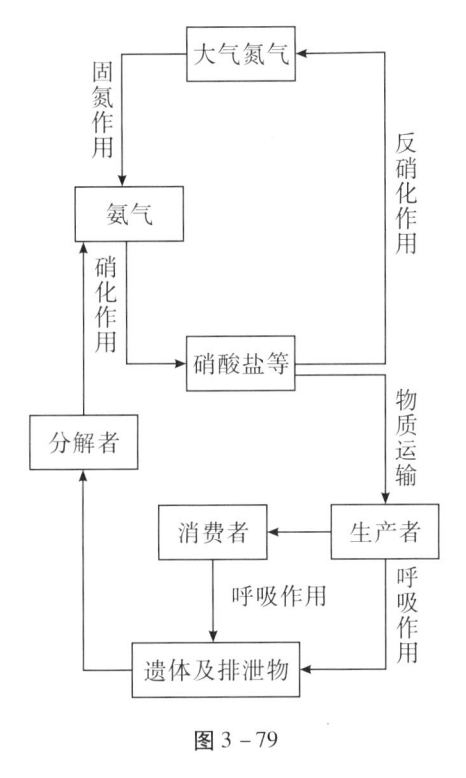

图3-79

【过渡】植物、动物和微生物等共同参与了生物圈中的氮循环。此外，自然界还存在磷循环、硫循环等。

【学生活动】总结：物质循环具有全球性。物质循环：组成生物体的碳、氮、氧、磷、硫等元素，不断地进行着从非生物环境到生物群落，又从生物群落到非生物环境的循环过程。

【设计意图】由几种元素的循环过程总结物质循环的特点、概念，提高学生归纳总结能力。

【教师活动】布置任务：物质在非生物环境与生物群落之间的循环使生物体和大气中的含量长期处于稳定的状态，结合物质循环模型，阐述近年来的温室效应是如何形成的？我国为达到碳达峰碳中和的目标，做出了哪些努力和贡献？举例说明。

【学生活动】完成任务：煤炭、石油等化石燃料的过度开采、利用，使得大气和水圈中的二氧化碳过多，难以被植物吸收利用，笼罩在大气层中，形成温室效应，引起全球变暖。植树造林，塞罕坝从荒漠到绿洲是几代人的延续；绿色出行，倡导绿色能源，普及电动汽车；垃圾分类处理等。

【教师活动】提出问题：胡杨素有"沙漠勇士"之称，人们用三个一千年形容，活着一千年不死，死后一千年不倒，倒后一千年不烂。为什么倒后一千年不烂？

【学生活动】回答问题：荒漠土壤中分解者数量较少，因此，胡杨的遗体分解缓慢。荒漠中的消费者与生产者也少，物质循环缓慢。

【设计意图】以教材问题探讨中胡杨的例子引导学生分析分解者和消费者对于物质循环的作用，为下文的生物富集现象做铺垫。

【教师活动】过渡问题：土壤中的微生物能够分解有机物，消费者能够加快物质循环的过程，是否所有物质都能较快地回归到非生物环境呢？

环节二：生物富集。

【教师活动】展示资料：DDT是一种人工合成的有机杀虫剂，它的使用让棉花等农作物因免遭虫害而大幅度提高了产量，这对农业发展曾起到了很大的推动作用。此外，DDT对蚊子、苍蝇、虱子等有毒性，它的使用很好地控制了由这些生物传播的疟疾以及其他致命性疾病的扩散。但DDT是一种难以分解的化合物。随着人类对DDT使用量的增加，科学家发现，水环境中自然存在着微量DDT，在其他相关生物中也检测到了DDT（以水体DDT含量为1倍），含量如下：白头海雕（833万倍），大鱼（66万倍），小鱼（17万倍），浮游生物（1.3万倍）。

布置任务：写出一条食物链并分析DDT在食物链中不同生物体内的含量特点？

【学生活动】完成任务：

浮游生物（1.3万倍）——→小鱼（17万倍）——→大鱼（66万倍）——→白头海雕（833万倍）。

得出结论：DDT会通过食物链不断富集。

【教师活动】布置任务：某地植物经常喷洒DDT，如果发现某人体内存在一定量的DDT，尝试分析这些DDT富集的可能途径。

【学生活动】可能的途径：经过植物的茎、叶和根进入植物体，在体内积累起来，再依次被植食性动物和肉食性动物逐级取食，逐级富集。

【教师活动】布置任务：阅读教材63页铅中毒的材料。

【教师活动】小结：生物体从周围环境吸收、积蓄某种元素或难以降解的化合物，使其在机体内浓度超过环境浓度的现象，称作生物富集。

环节三：物质循环与能量流动的关系。

【教师活动】布置任务：对比物质循环模型和能量流动模型，阐明二者之间的联系与不同。

【学生活动】交流讨论。联系：物质为能量的载体，使能量沿着食物链（网）流动；能量作为动力，使物质能够不断地在生物群落和非生物环境之间循环往返。不同在于：在物质循环过程中，非生物环境中的物质可以被生物群落反复利用；能量在生态系统各营养级中，是逐级递减的，单向且不循环流动。

（六）板书设计

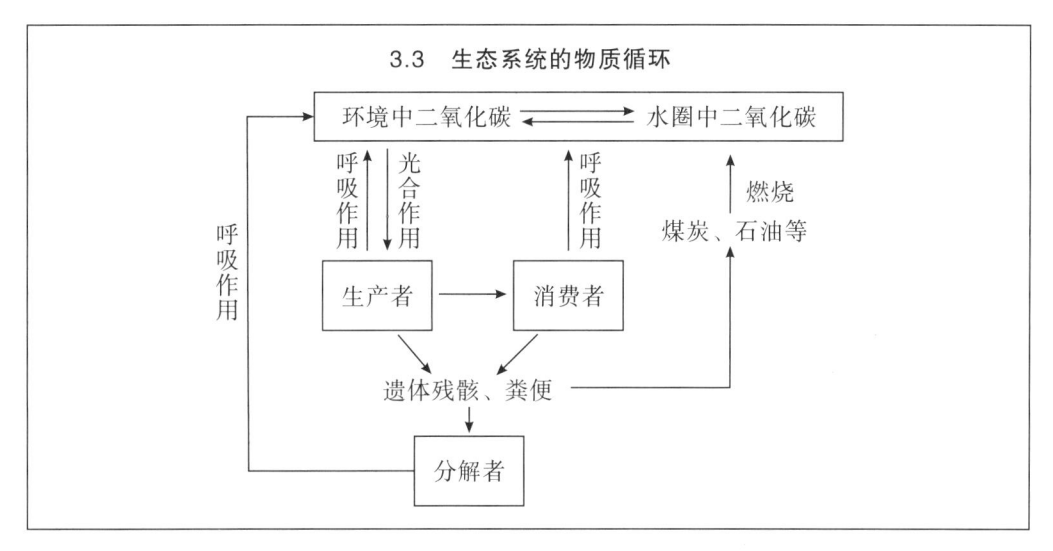

```
          3.3  生态系统的物质循环

      环境中二氧化碳 ⇌ 水圈中二氧化碳
         ↑↓        ↑              ↑
       呼 光       呼            燃烧
       吸 合       吸         煤炭、石油等
   呼   作 作       作
   吸   用 用       用
   作
   用   生产者 → 消费者
           ↓     ↓
         遗体残骸、粪便
              ↓
            分解者
```

（七）教学反思

本节课依然采用概念模型构建的方法，按照"模型构建—概念归纳—解释现象—设计实验"的教学思路开展，通过问题和任务驱动，学生逐步构建物质循环模型，然后归纳物质循环概念，再联系实际生活解释具体现象，结合能量流动分析二者关系，最后探究"落叶是否可被生物园土壤微生物分解"的实验。在整个学习过程中促进学生学科核心素养的达成，但还应根据更大限度地利用生物园生态系统这一单元情境，充分发挥单元设计思路。

（八）课后固学

（1）完成教材概念检测习题。

（2）参考教材"探究·实践"来探究落叶是否可被生物园土壤微生物分解，动手实践并撰写一份实验报告。

第4节 生态系统的信息传递

（一）教学内容分析

本节内容在教学时，以学生感兴趣的蜜蜂舞蹈导入，结合学生调查的其他实例分析总结信息传递的类型、过程，加强科学思维；在构建信息传递过程的基础上构建信息传递、物质循环、能量流动三者之间关系，巩固模型构建能力；通过我国科学家研究蜜蜂行为的实例帮助学生阐明生态系统中信息传递的作用，渗透生态系统的平衡观、稳态观等生命观念；最后联系生产实践，归纳信息传递在农业生产中的应用，引导学生设计方案帮助蜂农提高蜂蜜产量，学以致用的同时增强学生的社会责任。

（二）学习者分析

学生对于生态系统中的信息传递过程较为陌生，但对信息传递的例子十分有兴趣，尤其是熟知的蜜蜂八字舞蹈，因此借助蜜蜂舞蹈这一例子抛砖引玉，引出后面信息传递的类型等内容；通过前几节的学习，学生已经能够熟练地运用模型构建法，本节继续让学生运用此法来构建生态系统中物质循环、能量流动和信息传递的关系，学生也会更加得心应手；学生在分析信息传递的作用时有一定的困难，通过我国科学家谭垦研究蜜蜂的案例，进一步带领学生分析蜜蜂的行为，符合学生的最近发展区，再结合其他实例可帮助学生总结信息传递的作用进而突破重难点；最后引导设置学生感兴趣的方案——帮助蜂农提高蜂蜜产量，顺势让学生学以致用并理解了信息传递在农业生产上的应用。

（三）学习目标确定

（1）通过蜜蜂的摆尾舞分析其中信息传递的类型、过程并能举例说出生态系统中的信息传递。

（2）通过构建和对比概念图阐明生态系统中信息传递、物质循环、能量流动三者之间的关系。

（3）通过思考相关资料概述信息传递在生态系统中的作用。

（4）描述信息传递在农业生产中的应用。

（四）学习重难点

学习重点：生态系统中的信息传递类型；信息传递在生态系统中的作用；信息传递、物质循环、能量流动三者之间的关系。

学习难点：阐明生态系统中信息传递、物质循环、能量流动三者之间的关系；概述信息传递在生态系统中的作用。

（五）教学过程

环节一：信息传递的类型、过程及与物质循环、能量流动的关系。

【课前任务】收集生态系统中信息传递的实例，观察记录校园生物园生态系统中可能存在的信息传递的例子。

【教学活动】创设情境：播放蜜蜂圆圈舞和摆尾舞视频。

提出问题：蜜蜂如何传递蜜源信息？什么是信息传递？

【学生活动】思考讨论：看到蜜蜂跳舞向同伴传达信息，笼统地概括信息传递：生物之间发生的信息传播、交换。

【设计意图】激发学生学习兴趣，引导学生观察视频中蜜蜂传递的信息，感知信息传递的概念，并用自己的语言初步概述信息传递的概念。

【教学活动】提出问题：蜜蜂在找到蜜源并给同伴传递蜜源信息的过程中，信息的来源和传递的形式分别是什么？涉及哪些信息类型？

【学生活动】植物花朵的鲜艳颜色通过光传递到蜜蜂眼睛中，光属于物理信息；植物花朵散发的气味通过空气飘散到蜜蜂的嗅觉器官，产生气味的芳香物质属于化学信息；侦察蜂通过舞蹈告诉其他蜜蜂蜜源的位置，舞蹈这一行为属于行为信息。

【设计意图】引导学生观看视频、获取信息并对信息进行归类，提高学生归纳、概括的能力。

【教学活动】布置任务：展示课前搜集的实例并判断这些信息的类型。

【学生活动】展示实例：（不同学生搜集的实例不同）可能有：孔雀开屏、雄性动物用舞蹈求偶、大雁南飞调整队伍、蚂蚁通过交流合作搬食物、捕食者捕食猎物前会观察猎物以获得相关信息、豪猪竖直体刺形成可怕姿态以赶跑对手、牛椋鸟的鸣叫与跳跃可提醒犀牛有危险情况等。

【设计意图】一方面让学生分享自己收集的案例锻炼学生表达能力，另一方面让学生学会辨析实例中涉及的信息类型进而认识到生物可以通过多种类型的信息进行交流，巩固学生对信息类型的理解。

【教学活动】布置任务：分析以上信息传递实例的共性，都有哪些环节？用流程图构建出信息传递过程。

【学生活动】共性：信息的产生、传播、信息的接收。

$$信息源 \xrightarrow{信道} 信息受体$$

【设计意图】引导学生从多个实例中归纳概括出信息传递的一般过程，加强对归纳法的运用。

【教学活动】提出问题：根据以上实例分析，生态系统中的信息传递仅发生在同种生物之间吗？不同种生物之间呢？生物与非生物环境之间呢？

布置任务：构建生态系统中生物间信息传递关系图。

【学生活动】思考与讨论信息源、信息受体的类型，构建生态系统中生物间信息传递过程。

【设计意图】通过信息传递将生态系统中各生物之间联系起来，形成信息网。

【教学活动】布置任务：根据构建的物质循环、能量流动、信息传递模型，从途径、特点和范围的角度分析信息传递与物质循环、能量流动之间的差异。

【学生活动】完成任务：

途径不同：物质循环和能量流动通过食物链（网）进行，信息传递通过多种途径进行。特点不同：物质循环具有循环性、全球性的特点，能量流动具有单向流动、逐级递减的特点，信息传递往往是双向的。范围不同：物质循环的范围是生物圈内，能量流动的范围是食物链的各营养级，信息传递的范围是生物与生物之间、生物与非生物之间。

【设计意图】通过思考生态系统中物质循环、能量流动、信息传递三者之间的差异，建立起知识内在的联系，进一步认识到生态系统的整体性，加强物质观与能量观、稳态与平衡观等生命观念。

环节二：信息传递在生态系统中的作用。

【教学活动】提出问题：生态系统中的信息传递有什么作用？如果没有信息传递，会有什么影响？

【补充资料】蜂王信息素抑制工蜂的生殖活动；东方蜜蜂窃听胡蜂报警信息素；刚出房的幼蜂与成蜂分离后舞蹈动作不标准导致传达的蜂源信息有误。

【学生活动】回答问题：信息传递会影响生物的生长、发育、繁殖以及取食、居住、社会行为等生命活动，生物生命活动的正常进行离不开信息的作用，生物种群的繁衍也离不开信息的传递。

【设计意图】引导学生通过实例总结出信息传递的作用，培养学生分析资料、获取信息、归纳与概括等科学思维能力，并认识到生态系统中信息传递的重要性。

【小结】信息传递、能量流动、物质循环使生态系统形成一个有机的整体，离开信息传递，物质循环和能量流动都会受到影响。信息传递是生物长期进化的结果，具有调节生态系统稳定性的作用。

环节三：信息传递在农业生产上的应用。

【教学活动】提出问题：信息传递在农业生产上有什么应用呢？譬如，蜜蜂的信息传递规律在农业生产上有什么应用？

【学生活动】回答问题：思考讨论并提出相关建议。在种植虫媒花植物时，可养殖蜜蜂，借助蜜蜂之间的信息传递吸引更多蜜蜂采集花蜜，从而为虫媒花植物传粉，增加授粉概率，提高植物结实率。

【教学活动】布置任务：阅读课本资料，认识信息传递在农业生产上的其他应用实例。

【学生活动】延长光照时间来刺激鸡卵巢的发育和雌激素的分泌以提高产蛋率；利用昆虫信息素诱捕有害动物等。

【设计意图】引导学生学以致用，解决实际应用问题，提高对科学、技术、社会三者的认识。

【小结】信息传递在农业生产上的应用：提高农畜产品产量；对有害动物进行控制。

（六）板书设计

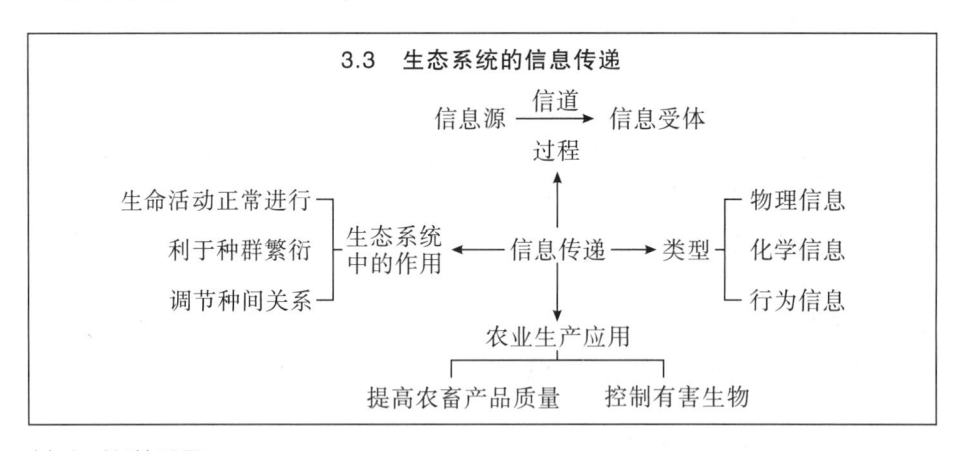

```
                    3.3  生态系统的信息传递

                            信道
                    信息源 ———————→ 信息受体
                            过程
                              ↑
      ┌生命活动正常进行┐                    ┌物理信息
      │利于种群繁衍   ├生态系统─信息传递─类型┤化学信息
      │调节种间关系   │中的作用              └行为信息
      └              ┘      ↓
                         农业生产应用
                        ┌──────┴──────┐
                    提高农畜产品质量  控制有害生物
```

（七）教学反思

本节课利用学生感兴趣的蜜蜂舞蹈导入，结合学生调查的其他实例快速地分析总结了信息传递的类型、过程，在此基础上构建了生态系统中信息传递模型图，并对比其与物质循环、能量流动之间的差异，训练了学生归纳概括、建模等科学思维，渗透了物质与能量观、稳态与平衡观等生命观念。接着通过我国科学家研究蜜蜂行为等一系列实例阐明了生态系统中信息传递的作用，明确了信息传递在农业生产中的应用，增强了社会责任感。

（八）课后固学

（1）完成教材概念检测习题。

（2）参考教材，在生物园开展实践活动以验证昆虫之间是否存在化学信息的传递，也可利用昆虫诱捕器捕获昆虫以验证昆虫与非生物环境之间是否存在信息传递。

第5节 生态系统的稳定性

（一）教学内容分析

课程标准对本节的要求是"生态系统通过自我调节作用抵御和消除一定限度的外来干扰，保持或恢复自身结构和功能的相对稳定"。本节内容包括生态平衡、生态系统的反馈调节、抵抗力稳定性与恢复力稳定性、提高生态系统的稳定性等内容，是学习完本章前4节内容（生态系统的结构、能量流动、物质循环和信息传递）后的综合知识，体现了生态系统的结构和功能是一个统一联系的整体。在教学中，利用问题探讨和学生熟知的广东南岭国家公园生态系统为情境，引出生态平衡概念，探讨生态平衡三方面特征，进而分析南岭国家公园能够维持生态平衡的原因，帮助学生理解反馈调节，又利用南岭遭受自然灾害后恢复原有水平的过程学习抵抗力稳定性和恢复力稳定性，最后联系生活实际，让学生设计方案提高北江流域生态系统稳定性，达到学以致用的效果。以上教学可帮助学生学习重要概念，增强学生物质与能量观、结构与功能观、稳态与平衡观等生命观念，巩固分析综合、归纳概括等科学思维，渗透保护生态环境的社会责任。

（二）学习者分析

学生已经学习了本章前4节内容，在知识层面上，学生对生态系统的结构与功能有一定的了解，已经认识到生态系统的稳定性，但具体如何调节还不清楚，尤其是遇到生态系统中的新问题时不知与结构、物质、能量、信息等知识相关的联系是什么；在学习方法上，学生已经掌握了模型构建法、结构分析法等，在本节中对生态平衡、反馈调节、生态系统稳定性的内容学习不成问题，但对于设计提高生态系统稳定性的方案还有一定困难，因此采取了学生身边的北江为切入点，尽可能调动学生积极性以克服困难完成任务。

（三）学习目标确定

（1）通过分析实例概述生态平衡的概念。

（2）通过建构南岭生态系统中的反馈调节过程，阐明生态系统稳定性含义。

（3）利用南岭生态系统中的实例总结归纳出抵抗力稳定性和恢复力稳定性的各自含义与关系。

（4）通过分析南岭生态系统稳定性提高的现象和相关资料，设计出提高生物园生态系统稳定性的方案。

(四)学习重难点

学习重点：分析负反馈调节过程，阐明生态系统具有维持或恢复生态平衡的能力；举例说明抵抗力稳定性和恢复力稳定性。

学习难点：举例说明抵抗力稳定性和恢复力稳定性；设计出提高生物园生态系统稳定性的方案。

(五)教学过程

环节一：生态平衡的概念、特征及调节机制。

【教学活动】问题探讨：紫荆泽兰传入我国大肆繁殖，干扰入侵地的生态系统。

【学生活动】思考讨论：回答问题探讨1、2，繁殖、适应能力很强，没有天敌等因素的制约；泽兰实蝇可以抑制紫茎泽兰生长，但是泽兰实蝇是一种外来物种，也有可能影响入侵地的生态系统，因此在释放泽兰实蝇之前，应做好相关研究，如泽兰实蝇的生物安全性研究，野外如何布点释放泽兰实蝇，定点释放的虫量应当为多少等等，即在确保利用泽兰实蝇的安全性后，再利用它进行防治。

【教学活动】小结：紫荆泽兰的入侵打破了我国一些地区生态系统的平衡。

【教学活动】展示资料：南岭以南常绿阔叶林为主；南岭以北针叶林多。从山脚到山顶，植被类型依次为常绿阔叶林、常绿落叶阔叶混交林、针阔叶混交林、山顶矮林和山顶灌草丛。南岭的生态系统常年保持稳定、平衡状态，至今仍有较为古老的原生林。

【教学活动】布置任务：总结生态平衡的概念。

【学生活动】生态系统受到的干扰在一定限度内，生态系统的结构和功能保持相对稳定的一种状态。

【设计意图】通过紫荆泽兰这一生物入侵造成的生态系统失衡和南岭国家公园长久以来稳定的生态系统这两个实例，形成对比，使学生总结出生态平衡的内涵。

【过渡】生态系统的结构和功能保持相对稳定的表现是什么？生态平衡有何特征？

【教学活动】展示资料：南岭是4 700多种高等植物和700多种脊椎动物的生物王国，它们在此进行生存、捕食、繁衍等生命活动。譬如，能否获取足够的食物是藏酋猴选择生境的主要因素，而在南岭藏酋猴可以选择的食物种类有很多。又如，莽山原矛头蝮（莽山烙铁头）适于生活在"海拔不能超过800~1 000米、蛰伏需12~14℃、孵化幼蛇需25℃左右"的环境，南岭恰好是其完美的栖息地，该物种2004年种群数量濒危，现在野外种群数量有500多条。研究表明，2020年南岭生态系统不同植被类型的净生态系统生产力在不同月份中均大于0，其中，针阔叶混交林、山地常绿阔叶林的净生态系统生产力在1—10月份中基本维持在 $0.04\ kg\ C/m^2 \sim 0.06\ kg\ C/m^2$。（注：森林植被的总初级生产力减去植被自养呼吸量和土壤中异养生物呼吸量为净生态系统生产力，其可表示大气二氧化碳进入生态系统的净光合产量。）

布置任务：结合资料，阅读教材，阐述南岭生态系统处于生态平衡的特征。

【学生活动】思考、讨论，完成任务。南岭生态系统的生物种类数量保持稳定状态，推测生态系统的各组分保持相对稳定（结构平衡）。很多生物适合在南岭生存、繁衍等,说明这里有其充足的食物、生存空间等,这会形成复杂的营养结构,保证了物质总在循环,能量不断流动,生物个体持续发展和更新(功能平衡)。在前两点的基础上,结合相关数据可知,南岭生态系统的植物在一定时间内制造的可供其他生物利用的有机物的量处于比较稳定的状态(收支平衡)。

【教学活动】提出问题:结构稳定会对功能有什么影响?你能得出什么结论?

【学生活动】回答问题:生态系统中的各组分保持相对稳定,功能也会保持稳定,物质循环、能量流动、信息传递正常进行均处于稳定的状态。

【设计意图】通过南岭某生态系统的相关数据真实地让学生感知处于平衡状态的生态系统的具体特征,增强学生获取信息、分析信息的能力和科学思维。

【过渡】为什么可以保持相对稳定?生态平衡是通过什么调节机制实现的呢?

【教学活动】展示资料1:阅读教材74页兔与狼的故事,带领学生快速构建模型图

【学生活动】阅读教材、构建简易模型(见图3-80):

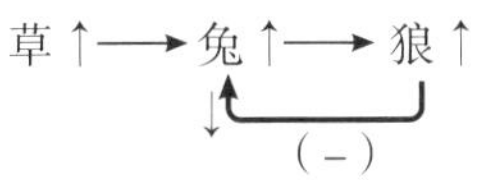

$$草\uparrow \longrightarrow 兔\uparrow \longrightarrow 狼\uparrow$$
$$\longleftarrow (-) \longleftarrow$$

图 3-80

【教学活动】展示资料:2008年特大暴雪灾害使南岭生态系统受损严重,其中受灾林木面积达67.5万亩,占辖区总面积的77%,多处森林群落出现了"牙签林"。近些年,南岭地区的森林群落又由"牙签林"逐渐长成乔木林。

布置任务:小组合作,尝试用文字、线框、箭头等符号,简要描绘出南岭生态系统由受损至恢复的过程。

【学生活动】构建简易模型(见图3-81):

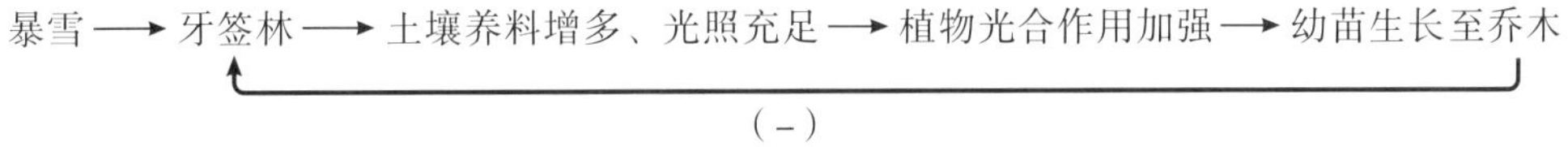

$$暴雪 \longrightarrow 牙签林 \longrightarrow 土壤养料增多、光照充足 \longrightarrow 植物光合作用加强 \longrightarrow 幼苗生长至乔木$$
$$\longleftarrow (-) \longleftarrow$$

图 3-81

【教学活动】举出其他负反馈调节的例子。

布置任务:总结负反馈调节概念。

【学生活动】在一个系统中,系统工作的效果反过来又作为信息调节该系统的工作,并且使系统工作的效果减弱或者抑制,它可使系统保持稳定。

【教学活动】补充资料:暴雪→树木折断→树木逐渐失水死亡→成为易燃物→次生灾害火灾→树木继续受损。

提出问题:这与负反馈调节有何不同?

【学生活动】系统工作的效果作用于该系统,使系统工作的效果加强,最终使系统偏离稳定。正反馈调节。

【设计意图】通过引导学生构建反馈调节过程,使学生深刻理解负反馈调节,认识到负反馈条件普遍存在;通过举例使学生认识正反馈调节,明确二者区别。

环节二：生态系统的稳定性。

【教学活动】布置任务：生态系统中的负反馈条件普遍存在，所以生态系统才保持相对稳定。根据生态平衡概念和负反馈调节概念总结出生态系统稳定性概念。

【学生活动】完成任务：生态系统通过自我调节能力保持自身结构和功能处于生态平衡状态，即生态系统维持或恢复自身结构与功能处于相对平衡状态的能力。

【设计意图】通过与生活相近的情境材料感知生态系统稳定性涉及的相关概念，引导学生根据生态平衡概念和负反馈调节概念用专业术语阐明生态系统稳定性概念。

【过渡】生态系统的自我调节能力能否无限存在？

【教学活动】展示资料：南岭以南气候常年温暖，少见霜雪；南岭以北冬季较寒冷，常见雪，一直以来，南岭地区也不时遭遇风雪但仍能保持生态系统的相对稳定。2008年暴雪灾害后，调查数据显示，南岭自然保护区内受灾林木面积67.5万亩，占辖区总面积的77%，损失蓄积量120万立方米，直接或间接损失达8亿多元。有专家曾经感叹，如果没有后续灾难，南岭地区的生态环境至少需要10年才能恢复。

提出问题：以上材料体现出南岭生态系统稳定性具有什么特点？它们的含义是什么？

【学生活动】阅读材料，回答问题：抵抗力稳定性：生态系统抵抗外界干扰并使自身结构与功能保持原状的能力；恢复力稳定性：生态系统抵抗外界干扰并使自身结构与功能恢复原状的能力。生态系统的自我调节能力是有限度的。

【教学活动】提出问题：单一物种的人工林（如纯松林）与南岭森林的抵抗力稳定性和恢复力稳定性相比如何？

【学生活动】不同生态系统的抵抗力稳定性和恢复力稳定性不同，同一生态系统的抵抗力稳定性与恢复力稳定性一般成反比。

【设计意图】通过具体实例帮助学生厘清抵抗力稳定性与恢复力稳定性的关系。

环节三：提高生态系统的稳定性。

【教学活动】展示资料：现如今，十年过去了，南岭自然保护区的森林面貌发生了较大的改观，灾后的"牙签林"渐渐消失了，森林又逐渐恢复到以前郁郁葱葱的景象。据统计，南岭自然保护区的野生植物总数已上升到3 890种，比原记录（2 617种）增加1 273种。

提出问题：如今的生态系统稳定性与之前相比有什么变化？

【学生活动】回答问题：生态系统稳定性提高了。

【教学活动】提出问题：我们可采取哪些措施提高南岭生态系统的稳定性，尽可能使其避免受到自然灾害的干扰？

【学生活动】分析讨论。如减少人为因素对南岭生态系统的干扰；防止外来物种入侵；利用快速繁殖技术保护濒危植物等提高物种多样性和生态系统稳定性。

【设计意图】通过案例使学生认识到生态系统的稳定性可以提高，对生态环境的恢复建立信心。

（六）板书设计

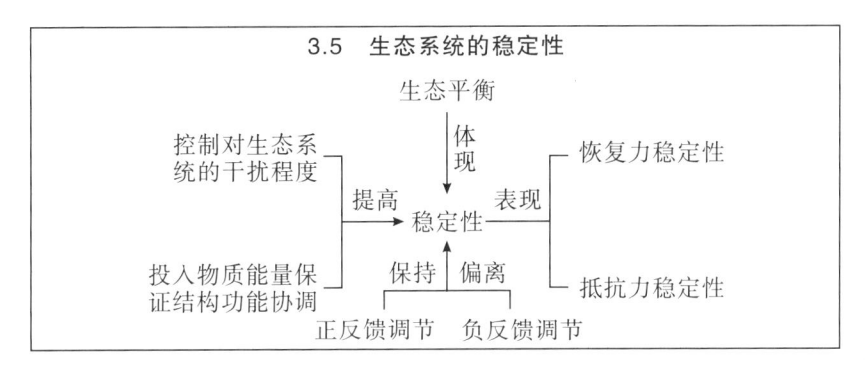

```
            3.5  生态系统的稳定性
                      生态平衡
                        │体
  控制对生态系         │现        恢复力稳定性
  统的干扰程度   提高   │   表现
              ────→  稳定性  ────
  投入物质能量保        ↑
  证结构功能协调   保持 │ 偏离    抵抗力稳定性
                      │
                正反馈调节  负反馈调节
```

（七）教学反思

本节课以学生熟知的广东南岭国家公园生态系统为课时情境（单元辅助情境），激发学生学习兴趣，能够帮助学生学习重要概念，增强学生物质与能量观、结构与功能观、稳态与平衡观等生命观念，提升分析综合、归纳概括等科学思维，渗透保护生态环境的社会责任。设计的课后作业——设计提高生物园生态系统稳定性方案，一定程度上体现了探究性，也回扣了生物园生态系统这一单元大情境。

（八）课后固学

（1）完成教材概念检测习题。
（2）设计提高生物园生态系统稳定性的方案。

单元教学课例评析：

本单元设计以学生熟知的生物园生态系统为单元情境，在单元教学中，引导学生构建模型，开展相关讨论、调查和搜集资料等活动，其特点有：

（1）一境到底，关注生命观念梳理。教师以学生习以为常的"生物园生态系统"为情境引入教学，围绕"生物园生态系统"开展调查生物园生态系统生物种类，分析生物园中豌豆、昆虫的能量来源与去路，分析生物园的二氧化碳分子去路构建碳循环模型，举例说明生物园中的信息传递等任务活动，从稳态与平衡观、物质与能量观、结构与功能观等生命观念的角度，以小组合作、师生互动、生生互动的形式引导学生分析相关概念，引导学生树立科学的生命观念。

（2）重视构建模型，发展科学思维。依据学科结构论，在单元整体教学中，教师要帮助学生对所学知识与原有知识进行比较、归纳、整合，使知识整体化、结构化、体系化，从而有利于学生储存和提取知识。因此，同一单元前后课时的知识需要进行联系，并依据一定的特征将知识组织成有意义的结构。本课时的主要任务就是帮助学生在原有模型的基础上进一步整合新的知识，完善模型中的具体内容。在本单元教学中，教师主要通过引导学生构建生态系统组成成分的结构图、昆虫的能量流动模型、生态金字塔模型、碳循环过程模型、在物质循环的基础上再构建出能量流动模型，促使学生的知识结构化。前面模型的构建支持了后续课时的学习，最终让学生建构"生态系统中的各种成分相互影响，共同实现系统的物质循环、能量流动和信息传递，生态系统通过自我调节保持相对稳定的状态"这一重要概念。

（3）实践探索，培养尊重自然规律、建设生态文明的社会责任意识。引导学生通过调查生物园内各种生物的种类，提高实践能力和对生态系统的探究兴趣。在此基础上，教师引导学生进一步分析生态系统中的生物关系，了解它们之间的相互作用和影响。分析图表，让学生深入了解DDT富集的原理，让学生更好地理解生物与环境之间的相互关系，从而激发出学生对于人类活动对环境影响的重视，更好地培养尊重自然规律、建设生态文明的社会责任意识。

第四章　命题研究与实践

2023 年广东省普通高中学业水平选择性考试

生物学选择题试题分析

1. 中国制茶工艺源远流长。红茶制作包括萎凋、揉捻、发酵、高温干燥等工序，其间多酚氧化酶催化茶多酚生成适量茶黄素是红茶风味形成的关键。下列叙述错误的是（　　）

   A. 揉捻能破坏细胞结构使多酚氧化酶与茶多酚接触
   B. 发酵时保持适宜的温度以维持多酚氧化酶的活性
   C. 发酵时有机酸含量增加不会影响多酚氧化酶活性
   D. 高温灭活多酚氧化酶以防止过度氧化影响茶品质

   【参考答案】C
   【命题意图】考查学生基于物质的结构和功能观，应用酶的作用及其影响因素的相关知识，在具体的生产实践情境中，解释问题并作出判断的能力。
   【素材来源】丘亮伟，黄海英. 红茶加工工艺技术［J］. 中国园艺文摘，2014（1）：220-221.
   【命题依据】
   （一）普通高中生物学课程标准（2017 年版 2020 年修订）
   （1）内容要求：2.2.1 说明绝大多数酶是一类能催化生化反应的蛋白质，少数酶是 RNA，酶活性受到环境因素（如 pH 和温度等）的影响。
   （2）教学提示：教师要组织好观察、实验等探究性学习活动，帮助学生增加感性认识，克服对微观结构认识的困难，使学生领悟科学研究的方法并习得相关的操作技能。
   （3）学业质量水平：3-1 能运用结构与功能观，举例说明生物体组成结构和功能之间的关系。

（二）高考评价体系

本题以红茶的制作工艺为生产生活实践情境，主要考查影响酶活性的因素等必备知识，旨在考查考生的理解能力，体现了生命观念、科学思维等核心素养的要求。考查要求体现了基础性。

【解题思路】多酚氧化酶存在于细胞内，揉捻的目的是破坏细胞结构使多酚氧化酶和茶多酚充分接触，从而发挥催化作用，A 正确；温度会影响酶的活性，因此保持适宜的温度能维持多酚氧化酶的活性，B 正确；发酵时有机酸含量增加会改变发酵液的 pH，而 pH 会影响酶的活性，C 错误；高温灭活多酚氧化酶能使酶丧失活性，从而防止过度氧化影响茶的品质，D 正确。

2. 中外科学家经多年合作研究，发现 circDNMT1（一种 RNA 分子）通过与抑癌基因 p53 表达的蛋白结合诱发乳腺癌，为解决乳腺癌这一威胁全球女性健康的重大问题提供了新思路。下列叙述错误的是（　　）

A. p53 基因突变可能引起细胞癌变

B. p53 蛋白能够调控细胞的生长和增殖

C. circDNMT1 高表达会使乳腺癌细胞增殖变慢

D. circDNMT1 的基因编辑可用于乳腺癌的基础研究

【参考答案】C

【命题意图】考查学生基于科技前沿信息，应用细胞的结构功能观和细胞癌变的相关知识，针对生物学的相关问题进行审视和论证的能力。

【素材来源】杨柏华教授发现环形 RNA circ-Dnmt1 能通过调控 p53 和 AUF1 入核，促进细胞自噬作用。具体内容参见：http://www.circrna.com.cn/?p=2511.

【命题依据】

（一）普通高中生物学课程标准（2017 年版 2020 年修订）

（1）内容依据：3.3.3 描述细胞在某些化学物质、射线以及病毒的作用下，基因突变概率可能提高，而某些基因突变能导致细胞分裂失控，甚至发生癌变。

（2）学业要求：基于证据，论证可遗传的变异来自基因重组、基因突变和染色体变异（科学思维、科学探究）。

（3）学业质量水平：3-2 针对生物学相关问题，能运用科学思维方法展开探讨、审视或论证。

（二）高考评价体系

本题以 circDNMT1 对乳腺癌的调控作用为科研情境，主要考查影响细胞癌变和基因表达调控等必备知识，旨在考查考生的理解能力，体现了生命观念、科学思维等核心素养的要求。考查要求体现了基础性。

【解题思路】p53 是一种抑癌基因，抑癌基因发生基因突变会导致细胞癌变，A 正确；抑癌基因表达的蛋白质能阻止细胞的不正常增殖，从而调控细胞的生长和增殖，B 正确；根据题意分析，circDNMT1 高表达会抑制 p53 基因的表达，从而使细胞癌变，细胞癌变时细胞增殖变快，因此会使乳腺癌细胞的增殖加快，C 错误；circDNMT1 的基因编辑可以用于研究乳腺癌的发病机制、进展和治疗，D 正确。

3. 科学家采用体外受精技术获得紫羚羊胚胎，并将其移植到长角羚羊体内，使后者成功妊娠并产仔，该工作有助于恢复濒危紫羚羊的种群数量。此过程不涉及的操作是（　　）

A. 超数排卵　　　　　　　　B. 精子获能处理

C. 细胞核移植　　　　　　　D. 胚胎培养

【参考答案】C

【命题意图】考查学生基于科研工程的具体情境，应用细胞工程的相关知识，说出生物工程的具体流程的能力。

【素材来源】素材来源于 2019 人教版选择性必修 3 第 64 页的练习和应用部分的拓展应用，应用体外受精技术实现人工繁育北方白犀牛。本题将信息迁移到濒危物种紫羚羊的培育。

【命题依据】

（一）普通高中生物学课程标准（2017 年版 2020 年修订）

（1）内容要求：4.3.2 简述胚胎工程包括体外受精、胚胎移植和胚胎分割等技术。

（2）学业要求：针对人类生产或生活的某一需求，在发酵工程、细胞工程和基因工程中选取恰当的技术和方法，尝试提出初步的工程学构想，进行简单的设计和制作（生命观念、科学探究）。

（3）学业质量水平：3－2 举例说明生物工程与技术的原理及其与社会之间的关系。

（二）高考评价体系

本题依托胚胎工程在保护濒危物种上的应用为情境，主要考查胚胎工程中体外受精技术应用的相关知识，旨在考查考生的理解能力，体现了生命观念、社会责任等核心素养的要求。考查要求体现了基础性。

【解题思路】紫羚羊的培育过程需通过体外受精获得胚胎，再进行胚胎移植，最后使长角羚羊成功妊娠并产仔，因此需要进行超数排卵、精子获能处理，并对获得的受精卵进行胚胎培养；由于该过程为有性生殖，不需要涉及细胞核移植，因此答案为 C。

4. 下列叙述中，能支持将线粒体用于生物进化研究的是（　　）

A. 线粒体基因遗传时遵循孟德尔定律

B. 线粒体 DNA 复制时可能发生突变

C. 线粒体存在于各地质年代生物细胞中

D. 线粒体通过有丝分裂的方式进行增殖

【参考答案】B

【命题意图】考查学生能够基于进化与适应观，应用现代生物进化理论的相关知识，在具体的生产实践情境中，解释问题并作出判断的能力。

【素材来源】李建华，王继文. 动物线粒体 DNA 在进化遗传学研究中的应用［J］. 生物学通报，2005（40）：5－7.

【命题依据】

(一) 普通高中生物学课程标准 (2017 年版 2020 年修订)

(1) 内容依据：4.1.2 尝试通过细胞生物学和分子生物学等知识，说明当今生物在新陈代谢、DNA 的结构与功能等方面具有许多共同特征。

(2) 学业要求：应用有关知识分析和解决实践中的问题，体验科学家探索生物生殖、遗传和进化奥秘的过程。

(3) 学业质量水平：3-1 在特定的问题情境中，能以生命观念为指导，分析生命现象。

(二) 高考评价体系

本题以线粒体作为生物进化研究的对象，考查学生对现代生物进化理论的证据的理解等必备知识，旨在考查考生的理解能力，体现了生命观念、科学思维等核心素养的要求。

【解题思路】线粒体属于真核细胞的细胞器，有外膜和内膜，内膜向内折叠形成嵴。线粒体中含有 DNA 和 RNA，能合成部分蛋白质，属于半自主细胞器。孟德尔遗传定律适用于真核生物核基因的遗传，线粒体基因属于质基因，A 错误；线粒体 DNA 复制时可能发生突变，为生物进化提供原材料，B 正确；地球上最早的生物是细菌，属于原核生物，没有线粒体，C 错误；有丝分裂是真核细胞的分裂方式，线粒体不能通过有丝分裂的方式增殖，D 错误。故选 B。

5. 科学理论随人类认知的深入会不断被修正和补充，下列叙述错误的是（　　）

A. 新细胞产生方式的发现是对细胞学说的修正

B. 自然选择学说的提出是对共同由来学说的修正

C. RNA 逆转录现象的发现是对中心法则的补充

D. 具催化功能 RNA 的发现是对酶化学本质认识的补充

【参考答案】B

【命题意图】考查学生能认识到生物学概念是基于科学事实，经过归纳与概括、演绎与推理等方法形成的，能够理解细胞学说及其建立过程、酶的本质、中心法则及其发展、生物有共同祖先的证据等概念的内涵。

【素材来源】郭舒晨，刘恩山. 科学本质观中"科学知识可能随着研究的深入而改变"对科学教学的启示 [J]. 生物学通报，2018 (53)：16-19.

【命题依据】

(一) 普通高中生物学课程标准 (2017 年版 2020 年修订)

新课程标准在实施建议 (一) 教学与评价建议 1.7 中提出应注重对生物科学史和科学本质的学习。并列出 7 条在高中课程中适合教授的科学本质内容。

(二) 高考评价体系

本题以生命科学史为情境，考查学生对"科学知识可能随着研究的深入而改变"这一科学本质观的理解，考查考生的理解能力和实验探究能力，体现了生命观念、科学思维、科学探究等核心素养的要求。

【解题思路】A 选项细胞学说主要由施莱登和施旺建立，魏尔肖总结出"细胞通过分裂产生新细胞"是对细胞学说的修正和补充，A 正确；B 选项共同由来学说指出地球上所有的生物都是由原始的共同祖先进化来的；自然选择学说揭示了生物进化的机制，揭示了适应的形成和物种形成的原因。共同由来学说为自然选择学说提供了基础，B 错误；C 选项中心法则最初的内容是遗传信息可以从 DNA 流向 DNA，也可以从 DNA 流向 RNA，进而流向蛋白质，随着研究的不断深入，科学家发现一些 RNA 病毒的遗传信息可以从 RNA 流向 RNA（RNA 的复制）以及从 RNA 流向 DNA（逆转录），对中心法则进行了补充，C 正确；D 选项最早是美国科学家萨姆纳证明了酶是蛋白质，在 20 世纪 80 年代，美国科学家切赫和奥尔特曼发现少数 RNA 也具有催化功能，这一发现对酶化学本质的认识进行了补充，D 正确。故选 B。

6. 某地区蝗虫在秋季产卵后死亡，以卵越冬。某年秋季降温提前，大量蝗虫在产卵前死亡，次年该地区蝗虫的种群密度明显下降。对蝗虫种群密度下降的合理解释是（　　）

A. 密度制约因素导致出生率下降
B. 密度制约因素导致死亡率上升
C. 非密度制约因素导致出生率下降
D. 非密度制约因素导致死亡率上升

【参考答案】C

【命题意图】考查学生能以生命观念为指导，分析生命现象，探讨种群的概念及特征、影响种群数量变化因素的相关知识的能力。

【素材来源】素材来源于 2019 人教版必修二第 111 页第 3 节种群基因组成的变化与物种的形成。

【命题依据】

（一）普通高中生物学课程标准（2017 年版 2020 年修订）

（1）内容依据：2.1.3 举例说明阳光、温度和水等非生物因素以及不同物种之间的相互作用都会影响生物的种群特征。

（2）教学提示：运用数学模型表征种群数量变化的规律，分析和解释影响这一变化规律的因素，并应用于相关实践活动中。

（3）学业质量水平：3-2 针对生物学相关问题，能运用科学思维方法展开探讨。

（二）高考评价体系

本题以蝗虫在秋季产卵后死亡为情境，考查学生对影响种群数量变化因素等必备知识的理解能力，体现了生命观念、科学思维等核心素养的要求。

【解题思路】影响种群数量变化的两大因素是非生物因素和生物因素。一般来说，食物和天敌等生物因素对种群数量的作用强度与该种群的密度是相关的，这些因素称为密度制约因素；而气温和干旱等气候因素以及地震、火灾等自然灾害，对种群的作用强度与该种群的密度无关，因此被称为非密度制约因素。题干"某年秋季降温提前，大量蝗虫在产卵前死亡，次年该地区蝗虫的种群密度明显下降"，秋季降温，说明是温度影响蝗虫种群密度数量下降，温度属于非生物因素，即非密度制约因素；若不是温度提前下降，蝗虫在秋季产卵后也会死亡，以卵越冬，但是因为降温引起大量蝗虫在产卵前死亡，导致蝗虫的出生率下降，综上所述蝗虫种群密度下降是非密度制约因素导致出生率下降的结果，ABD 错误，C 正确。

7. 在游泳过程中，参与呼吸作用并在线粒体内膜上作为反应物的是（　　）

A. 还原型辅酶 I

B. 丙酮酸

C. 氧化型辅酶 I

D. 二氧化碳

【参考答案】A

【命题意图】本题以生活中游泳时的细胞呼吸为实际情境，主要考查细胞呼吸过程的相关知识，旨在考查考生的理解能力，体现了生命观念、社会责任等核心素养的要求，引导学生尊重和热爱生命，养成健康的生活方式。

【素材来源】普通高中教科书生物学必修一《分子与细胞》。

【命题依据】

（一）普通高中生物学课程标准（2017 年版 2020 年修订）

（1）内容要求：2.2.4 说明生物通过细胞呼吸将储存在有机分子中的能量转化为生命活动可以利用的能量。

（2）学业要求：从结构与功能相适应这一视角，解释细胞由多种多样的分子组成，这些分子是细胞执行各项生命活动的物质基础。

（3）学业质量水平：2-2　能基于特定的生物学事实，以文字、图示的形式，说明相关概念的内涵。

（二）高考评价体系

本题依托生产生活实践情境，主要考查细胞呼吸的过程这一必备知识，旨在考查考生的理解能力、简单的信息获取能力和联系教材知识的能力，体现了生命观念、社会责任等核心素养的要求，考查要求体现了基础性。

【解题思路】"线粒体内膜"进一步明确是有氧呼吸第三阶段的场所，有氧呼吸的第一阶段和第二阶段都产生了［H］，这两个阶段产生的［H］在第三阶段经过一系列的化学反应，在线粒体内膜上与氧结合生成水，这里的［H］是一种简化的表示方式，实际上指的是还原型辅酶 I，A 正确。

8. 空腹血糖是糖尿病筛查常用检测指标之一，但易受运动和心理状态等因素干扰，影响筛查结果。下列叙述正确的是（　　）

A. 空腹时健康人血糖水平保持恒定

B. 空腹时糖尿病患者胰岛细胞不分泌激素

C. 运动时血液中的葡萄糖只消耗没有补充

D. 紧张时交感神经兴奋会使血糖水平升高

【参考答案】D

【命题意图】本题以糖尿病筛查中要进行空腹血糖筛查为情境，主要考查血糖平衡调节的相关知识，旨在考查考生的理解能力和获取信息能力，体现了生命观念、科学思维等核心素养的要求。

【素材来源】张树霞. 糖化血红蛋白检验应用在糖尿病诊治中的准确性及意义[J]. 糖尿病新世界, 2021 (5): 26-29.

【命题依据】

(一) 普通高中生物学课程标准 (2017 年版 2020 年修订)

(1) 内容要求: 1.4.2 举例说明激素通过分级调节、反馈调节等机制维持机体的稳态,如甲状腺激素分泌的调节和血糖平衡的调节。

(2) 学业要求:结合日常生活中的情境,分析说明人体通过神经系统、内分泌系统以及免疫系统的调节作用对内外环境的变化作出反应,以维持内环境稳态。

(3) 学业质量水平: 1-2 能用概念和科学思维方法解释简单情境中的生命现象。

(二) 高考评价体系

本题依托糖尿病筛查中要进行空腹血糖筛查这一生产生活实践情境,主要考查血糖平衡调节这一必备知识,旨在考查考生的理解能力、获取信息能力等关键能力,体现了稳态与平衡观、科学思维等核心素养的要求。本题检测了学生学科基础概念的掌握水平,体现了高考试题对基础性的考查。

【解题思路】空腹时血糖的重要来源是肝糖原分解为葡萄糖进入血液,非糖物质也可以转化为血糖,使血糖水平保持动态平衡,在一定范围内波动但不是保持恒定,且题干中有"易受运动和心理状态等因素干扰", A 错误;空腹时糖尿病患者的细胞供能不足,糖尿病患者的胰岛 A 细胞会分泌胰高血糖素促进肝糖原的分解和非糖物质转化为血糖供能, B 错误;运动时血液中的葡萄糖消耗的同时,胰高血糖素促进肝糖原分解和非糖物质转化为葡萄糖,对血糖进行补充, C 错误;紧张时交感神经兴奋,会使肾上腺素增多,促进血糖升高, D 正确。

9. 某研学小组参加劳动实践,在校园试验田扦插繁殖药用植物两面针种苗。下列做法正确的是(　　)

A. 插条只能保留 1 个芽以避免养分竞争

B. 插条均应剪去多数叶片以避免蒸腾作用过度

C. 插条的不同处理方法均应避免使用较高浓度 NAA

D. 插条均须在黑暗条件下培养以避免光抑制生根

【参考答案】B

【命题意图】本题以两面针种苗的扦插枝条这一常见的无性繁殖方式为情境,考查影响植物扦插枝条成活的不同因素和植物生长素参与生命活动的调节相关知识,旨在考查考生解决问题的能力,体现了生命观念、科学思维等核心素养的要求,加强了对学生劳动素养的引导。

【素材来源】时群. 两面针林下栽培技术[J]. 林业调查规划, 2013 (6): 131-134.

【命题依据】

(一) 普通高中生物学课程标准 (2017 年版 2020 年修订)

(1) 内容要求: 1.6.3 举例说明生长素、细胞分裂素、赤霉素、脱落酸和乙烯等植物激素及其类似物在生产上得到了广泛应用及 1.6.4 概述其他因素参与植物生命活动的调节(如光、重力和温度等)。要求学生运用结构功能观、稳态与平衡观解释植物生物生命活动调节的一般规律。

（2）学业要求：能够针对日常生活和生产中的真实情境，提出清晰的、有价值的、可探究的生命科学问题或生物工程需求，查阅相关资料、设计并实施恰当可行的方案。

（3）学业质量水平：2-1 在特定的问题情境中，能以生命观念为指导，分析生命现象，探讨生命活动的规律，设计方案解决简单问题。

（二）高考评价体系

本题以两面针种苗的扦插枝条这一常见的无性繁殖方式为生产生活实践情境，考查影响植物扦插枝条成活的不同因素和植物生长素参与生命活动的调节等必备知识，学生需掌握影响植物生长的环境因素与插条生根的关联，以适应在多因素信息场景中调动所学的知识实现综合运用，体现了劳动教育（五育并举）和传统中药文化（传统文化），同时向学生渗透劳动精神和科学劳动、创造性劳动的理念，有助于增强学生运用新思路新方法解决问题的意识，充分体现了高考评卷评价体系中的核心价值。本题实现在生物学科考查中的方向引领作用，体现了生命观念、科学思维等核心素养的要求，加强了对学生劳动素养的引导。体现了高考试题对基础性、应用性的考查。

【解题思路】为提高插枝条的成活率，插条一般保留3~4个芽，因为芽能产生生长素，有利于插条生根，A 错误；当插条上叶片较多时，蒸腾作用过于旺盛，导致插条失水过多死亡，因此应剪去多数叶片以降低蒸腾作用，B 正确；插条的不同处理方法有沾蘸法、浸泡法，较高浓度的 NAA 可以选用沾蘸法，低浓度 NAA 可以选用浸泡法，C 错误；光与抑制生根并无直接联系，光照条件可使插条合成光合色素并进行光合作用，故不能在黑暗条件下培养，为降低插条的蒸腾作用，可在弱光下进行扦插，D 错误。

10. 研究者拟从堆肥中取样并筛选能高效降解羽毛、蹄角等废弃物中角蛋白的嗜热菌。根据堆肥温度变化曲线（见图4-1）和选择性培养基筛选原理来判断，下列最可能筛选到目标菌的条件组合是（　　）

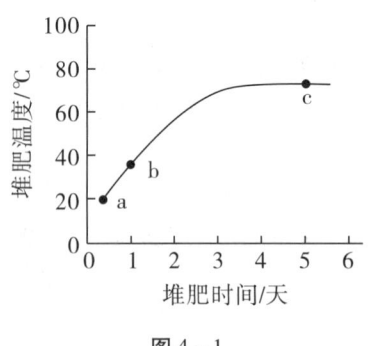

图 4-1

A. a 点时取样、尿素氮源培养基
B. b 点时取样、角蛋白氮源培养基
C. b 点时取样、蛋白胨氮源培养基
D. c 点时取样、角蛋白氮源培养基

【参考答案】D

【命题意图】考查学生在具体的生产实践情境中，应用选择性培养基的筛选原理和制备相关知识来筛选和培养目的菌的能力。

【素材来源】刘标，陈薇，吴迎奔，等．嗜热角蛋白降解菌的分离筛选及降解特性［J］．江苏农业科学，2022，50（13）：226-231．

【命题依据】

（一）普通高中生物学课程标准（2017年版2020年修订）

（1）内容要求：3.1.3 举例说明通过调整培养基的配方可有目的地培养某种微生物。

（2）教学提示：教师可以组织实验等探究性学习活动，如分离土壤中分解尿素的细菌，并进行计数。

（3）学业质量水平：3-3 能够以筛选角蛋白嗜热菌为情境，基于给定的条件，设计筛选方案。

（二）高考评价体系

本题以角蛋白嗜热菌的筛选为情境，主要考查选择性培养基的筛选原理和制备等必备知识，旨在考查考生知识理解和解决问题的能力，体现生命观念、科学思维等核心素养要求。考查要求体现了应用性。

【解题思路】根据题意分析，目标菌为高效降解羽毛、蹄角等废弃物中的角蛋白的嗜热菌，即该菌株需满足既能高效降解角蛋白，又能耐高温的条件。需要筛选高效降解角蛋白菌株，培养基应该以角蛋白作为唯一氮源，A、C错误，根据堆肥温度变化曲线，c点温度均大于a、b点且为堆肥温度最大值，故选D。

11．"DNA 粗提取与鉴定"实验的基本过程是：裂解→分离→沉淀→鉴定。下列叙述错误的是（　　）

A．裂解：使细胞破裂释放出 DNA 等物质

B．分离：可去除混合物中的多糖、蛋白质等

C．沉淀：可反复多次以提高 DNA 的纯度

D．鉴定：加入二苯胺试剂后即呈现蓝色

【参考答案】D

【命题意图】考查学生 DNA 的粗提取和鉴定原理、步骤相关知识。

【素材来源】本题素材来源于人教版生物学选择性必修 3 教材第 74 页"实践·探究"DNA 的粗提取与鉴定。

【命题依据】

（一）普通高中生物学课程标准（2017年版2020年修订）

（1）内容要求：5.1.3 阐明基因工程的基本操作程序主要包括目的基因的获取、基因表达载体的构建、目的基因导入受体细胞和目的基因及其表达产物的检测鉴定等步骤。

（2）教学提示：教师可以组织 DNA 的提取和鉴定相关实验，帮助学生增加感性认识、掌握基本实验操作技能。

（3）学业质量水平：2-3 通过"DNA 粗提取与鉴定"实验能熟练地使用常见的实

验器具，制订简单的实验方案或在给出的多个方案中选取恰当的方案并实施。

（二）高考评价体系

本题以教材中 DNA 粗提取实验和鉴定原理为情境，主要考查 DNA 粗提取实验的原理、步骤等必备知识，旨在考查考生实验探究能力，体现生命观念、科学探究等核心素养要求。考查要求体现基础性。

【解题思路】裂解是破坏细胞结构，释放出 DNA 等物质，A 正确；DAN 在不同浓度的 NaCl 溶液中溶解度不同，能溶于 2 mol/L 的 NaCl 溶液，将溶液过滤，可将混合物中的多糖、蛋白质等除去，B 正确；DNA 不溶于酒精，而某些蛋白质溶于酒精，反复多次用酒精沉淀出 DNA 可提高其纯度，C 正确；加 DNA 溶于 2 mol/L 的 NaCl 溶液，加入二苯胺试剂后需要沸水加热才能呈现蓝色，D 错误。

12. 人参皂苷是人参的主要活性成分。科研人员分别诱导人参根与胡萝卜根产生愈伤组织并进行细胞融合，以提高人参皂苷的产率。下列叙述错误的是（　　）

A. 细胞融合前应去除细胞壁

B. 高 Ca^{2+}—高 pH 溶液可促进细胞融合

C. 融合的细胞即为杂交细胞

D. 杂交细胞可能具有生长快速的优势

【参考答案】C

【命题意图】本题考查考生在具体的生产实践情境中，应用植物体细胞杂交技术和细胞产物的工厂化生产相关知识解决生产问题的能力。

【素材来源】本题由人教版生物学选择性必修 3 教材第 41 页延伸而来。

【命题依据】

（一）普通高中生物学课程标准（2017 年版 2020 年修订）

（1）内容要求：4.1.2 和 4.1.3 概述植物体细胞杂交是将不同植物体细胞在一定条件下融合成杂合细胞，继而培育成新植物体的技术和举例说明植物细胞工程利用快速繁殖、脱毒、次生代谢产物生产、育种等方式有效提高了生产效率，要求学生能将植物体细胞杂交技术知识应用于生产实践。

（2）教学提示：教师可以利用现代植物细胞培养技术实例帮助学生理清植物体细胞杂交技术概念。

（3）学业质量水平：3-3 能够针对提高人参皂苷产率的生物工程需求，基于给定的条件，设计实验方案或工程学实践方案。

（二）高考评价体系

本题以利用植物组织培养技术获得人参皂苷为情境，主要考查植物体细胞杂交技术和细胞产物的工厂化生产等必备知识，旨在考查学生的知识理解和解决问题能力，体现生命观念和科学思维等核心素养要求。考查要求体现应用性。

【解题思路】在细胞融合前，必须用纤维素酶和果胶酶去除细胞壁，再诱导原生质体融合，A 正确；人工诱导原生质体融合有物理法和化学法，高 Ca^{2+}-高 pH 溶液融合属于化学法，B 正确；融合的细胞中有人参根细胞—人参根细胞、人参根细胞—胡萝卜根细胞、胡萝卜根细胞—胡萝卜根细胞，人参根细胞—胡萝卜根细胞才是杂交细胞，

C 错误；杂交细胞含两种生物细胞的遗传物质，可能具有生长快速的优势，D 正确。

13. 凡纳滨对虾是华南地区养殖规模最大的对虾种类。放苗 1 周内虾苗取食藻类和浮游动物，1 周后开始投喂人工饵料，1 个月后对虾完全取食人工饵料。1 个月后虾池生态系统的物质循环过程见图 4-2。下列叙述正确的是（　　）

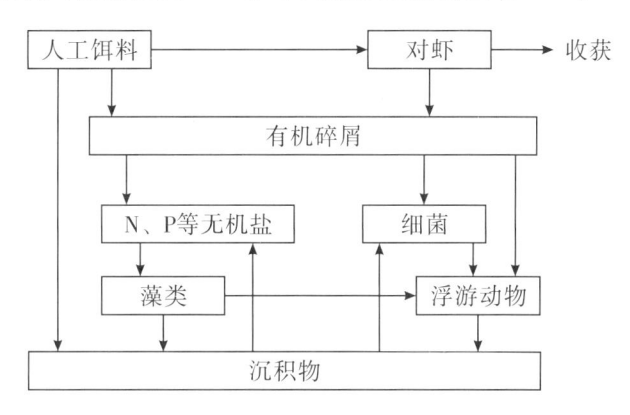

图 4-2

A. 1 周后藻类和浮游动物增加，水体富营养化程度会减轻
B. 1 个月后藻类在虾池的物质循环过程中仍处于主要地位
C. 浮游动物摄食藻类、细菌和有机碎屑，属于消费者
D. 异养细菌依赖虾池生态系统中的沉积物提供营养

【参考答案】B

【命题意图】考查学生应用生态系统的结构和功能观、物质和能量观，在具体的图示模型中，解释生命现象，理解生态系统的营养结构和物质循环的概念内涵。

【素材来源】查广才，麦雄伟，周昌清，何建国. 凡纳滨对虾淡化高产虾池水体生态特征 [J]. 海洋科学，2006（30）：58-62.

【命题依据】

（一）**普通高中生物学课程标准（2017 年版 2020 年修订）**

（1）内容要求：2.2.2 讨论某一生态系统中生产者和消费者通过食物链和食物网联系在一起形成复杂的营养结构。

（2）学业要求：基于实例，解释生态系统中存在着物质循环的现象（生命观念、科学思维）。

（3）学业水平质量：3-1：能运用结构与功能观，结合文字和模式图，举例说明食物链食物网和物质循环的关系。3-2：能基于给定的事实，以图示的形式，说明生态系统的营养结构和物质循环的概念内涵。

（二）**高考评价体系**

本题以华南地区对虾养殖为生产生活实践情境，考查的必备知识是生态系统的结构和功能。旨在考查考生的理解能力、解决问题能力，体现了生命观念、科学思维和社会责任的核心素养要求。考查要求体现了基础性、综合性和应用性。

【解题思路】根据题意分析，1 周后藻类和浮游动物会增加，由于后期有机物的投入增多因此会导致水体富营养化程度加剧，A 项错误；分析图示，该生态系统中藻类是主要的生产者，其不仅在该生态系统中参与碳元素的循环，还参与 N、P 的循环，因此在生态系统的物质循环中处于主要地位，B 项正确；浮游动物摄食藻类植物发生的是捕食关系，属于消费者，摄食有机碎屑时属于分解者，因此浮游动物属于消费者和分解者，C 项错误；根据图示可知，异养细菌依赖沉积物和有机碎屑提供营养，D 项错误。

14. 病原体感染可引起人体产生免疫反应。图 4-3 示某人被病毒感染后体内 T 细胞和病毒的变化。下列叙述错误的是（　　）

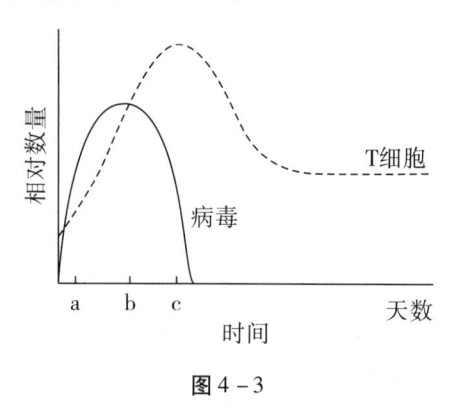

图 4-3

A. a~b 期间辅助性 T 细胞增殖并分泌细胞因子
B. b~c 期间细胞毒性 T 细胞大量裂解被病毒感染的细胞
C. 病毒与辅助性 T 细胞接触为 B 细胞的激活提供第二个信号
D. 病毒和细菌感染可刺激记忆 B 细胞和记忆 T 细胞的形成

【参考答案】C

【命题意图】考查学生在病原体感染可引起人体产生免疫反应的特定情境下，在具体的图示模型中，解释生命现象，理解体液免疫和细胞免疫过程的概念内涵的能力。

【素材来源】本题以病原体感染下机体免疫反应作为有关的情境，素材主要来源于生活实践。

【命题依据】

（一）普通高中生物学课程标准（2017 年版 2020 年修订）

（1）内容要求：1.5.3 阐明特异性免疫是通过体液免疫和细胞免疫两种方式，针对特定病原体发生的免疫应答。

（2）学业要求：结合日常生活中的情境，分析说明人体通过神经系统、内分泌系统以及免疫系统的调节作用对内外环境的变化作出反应，以维持内环境稳态。

（3）学业质量水平：3-2 能基于给定的事实和证据，采用归纳与概括、演绎与推理等方法，以文字、图示或模型的形式，说明分子与细胞、遗传与变异、稳态与调节、生物与环境等相关概念的内涵。

（二）高考评价体系

本题以病毒感染后体内 T 细胞和病毒变化的曲线图为情境，考查学生对体液免疫和细胞免疫的过程等必备知识的理解，旨在考查考生的理解能力，体现了生命观念、科学思维等核心素养的要求。

【解题思路】a～b期间病毒入侵，导致辅助性T细胞开始分裂、分化，并分泌细胞因子，A正确；b～c期间细胞毒性T细胞大量裂解被病毒感染的细胞，进而使病毒暴露出来，通过体液免疫产生的抗体使病毒数量减少，B正确；抗原呈递，细胞将抗原处理后呈递在细胞表面，然后传递给辅助性T细胞，辅助性T细胞表面的特定分子发生变化并与B细胞结合，这是激活B细胞的第二个信号，C错误；病毒和细菌感染可刺激机体产生细胞免疫和体液免疫，促使记忆B细胞和记忆T细胞的形成，D正确。故选C。

15. 种植和欣赏水仙是广东的春节习俗。当室外栽培的水仙被移入室内后，其体内会发生一系列变化，导致徒长甚至倒伏。下列分析正确的是（　　）

A. 水仙光敏色素感受的光信号发生改变
B. 水仙叶绿素传递的光信号发生改变
C. 水仙转入室内后不能发生向光性弯曲
D. 强光促进了水仙花茎及叶的伸长生长

【参考答案】A

【命题意图】本题以水仙种植倒伏为情境，考查学生对影响植物生长的不同因素的理解，旨在考查考生的解决问题能力，体现了生命观念、科学思维等核心素养的要求，加强对传统年俗的文化理解，实现对学生美学素养的引导。

【素材来源】洪山. 以花为媒：论中国水仙的应用推广及其意义［M］. 北京：中国建筑工业出版社，2019：955－961.

【命题依据】

（一）普通高中生物学课程标准（2017年版2020年修订）

（1）内容要求：1.6.4 概述其他因素参与植物生命活动的调节，如光、重力和温度等。

（2）学业要求：基于植物激素在生产生活中应用的相关资料，结合植物激素和其他因素对植物生命活动的调节，分析并尝试提出生产实践方案。

（3）学业水平质量：3－2 针对生物学相关问题，能运用科学思维方法展开探讨、审视或论证。

（二）高考评价体系

本题以水仙种植倒伏为情境，考查学生对影响植物生长的不同因素这一必备知识的理解，旨在考查考生的解决问题能力，体现了生命观念、科学思维等核心素养的要求，加强学生对传统年俗的文化理解，实现对学生美学素养的引导。考查要求体现了基础性、综合性和应用性。

【解题思路】当室外栽培的水仙被移入室内后，光信号发生变化，光敏色素作为光信号的受体感受的光信号发生改变，影响相关基因的表达，进而导致水仙徒长甚至倒伏，A正确；叶绿素可以吸收、传递和转化光能，叶绿素本身不传递光信号，B错误；植物的向光性是指在单侧光的作用下，向光侧生长素浓度低于背光侧，导致背光侧生长快，向光侧生长慢，植物向光弯曲。水仙转入室内后，若存在单侧光照射的可能，植物仍可以发生向光弯曲，C错误；结合情境，室外栽培的水仙被移入室内后，光照强度减弱，D错误。

16. 鸡的卷羽（F）对片羽（f）为不完全显性，位于常染色体，Ff表现为半卷羽；体型正常（D）对矮小（d）为显性，位于Z染色体。卷羽鸡适应高温环境，矮小鸡饲料利用率高。为培育耐热节粮型种鸡以实现规模化生产，研究人员拟通过杂交将d基因引入广东特色肉鸡"粤西卷羽鸡"，育种过程见图4-4。下列分析错误的是（　　）

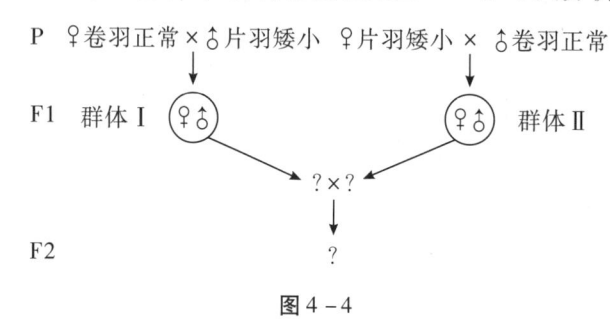

P　♀卷羽正常×♂片羽矮小　　♀片羽矮小×♂卷羽正常

F1　群体Ⅰ♀♂　　　　　　群体Ⅱ♀♂

？×？

F2　　　　？

图4-4

A. 正交和反交获得F1代个体表型和亲本不一样
B. 分别从F1代群体Ⅰ和Ⅱ中选择亲本可以避免近交衰退
C. 为缩短育种时间应从F1代群体Ⅰ中选择父本进行杂交
D. F2代中可获得目的性状能够稳定遗传的种鸡

【参考答案】C

【命题意图】考查学生在改良广东特色肉鸡"粤西卷羽鸡"情境中，运用伴性遗传和基因的分离和自由组合定律相关知识指导生产实践的能力。

【素材来源】本题的素材以改良广东特色肉鸡"粤西卷羽鸡"为目的，素材来源于广东生产实践。

【命题依据】

（一）**普通高中生物学课程标准（2017年版2020年修订）**

（1）内容要求：3.2.4 概述性染色体上的基因传递和性别相关联。

（2）教学提示：教师应创设具体情境，帮助学生梳理伴性遗传"ZW"型性别决定方式的相关知识，在实际应用中掌握伴性遗传相关知识。

（3）学业质量水平：4-2 针对改良广东特色肉鸡新问题情境时，能熟练运用科学思维方法展开探讨和解决生产实践问题。

（二）**高考评价体系**

本题以改良广东特色肉鸡"粤西卷羽鸡"为情境，主要考查对伴性遗传和基因的分离和自由组合定律的深度理解，旨在考查考生的知识理解和信息获取能力，体现生命观念和科学思维等核心素养要求。考查要求体现创新性。

【解题思路】根据题意分析，研究人员拟通过杂交将d基因引入广东特色肉鸡"粤西卷羽鸡"，目的是获得粤西卷羽矮小鸡（基因型FFZ^dW和FFZ^dZ^d）。控制体型的基因位于Z染色体上，属于伴性遗传，性状与性别相关联。用♀卷羽正常（FFZ^DW）与♂

片羽矮小（ffZ^dZ^d）杂交，F1 代是♂FfZ^DZ^d 和♀FfZ^dW，子代都是半卷羽；用♀片羽矮小（ffZ^dW）与♂卷羽正常（FFZ^DZ^D）杂交，F1 代是♂FfZ^DZ^d 和♀FfZ^DW，子代仍然是半卷羽，正交和反交都与亲本表型不同，A 正确；F1 代群体Ⅰ和Ⅱ杂交不是近亲繁殖，可以避免近交衰退，B 正确；为缩短育种时间应从 F1 代群体Ⅰ中选择母本（基因型为 FfZ^dW），从 F1 代群体Ⅱ中选择父本（基因型为 FfZ^DZ^d），后代有基因型为 FFZ^dW 和 FFZ^dZ^d 的能够稳定遗传的种鸡，C 错误、D 正确。

2023 年广东省普通高中学业水平选择性考试

生物学非选择题试题分析

17. 放射性心脏损伤是由电离辐射诱导的大量心肌细胞凋亡产生的心脏疾病。一项新的研究表明，circRNA 可以通过 miRNA 调控 P 基因表达进而影响细胞凋亡，调控机制见图 4-5。miRNA 是细胞内一种单链小分子 RNA，可与 mRNA 靶向结合并使其降解。circRNA 是细胞内一种闭合环状 RNA，可靶向结合 miRNA 使其不能与 mRNA 结合，从而提高 mRNA 的翻译水平。

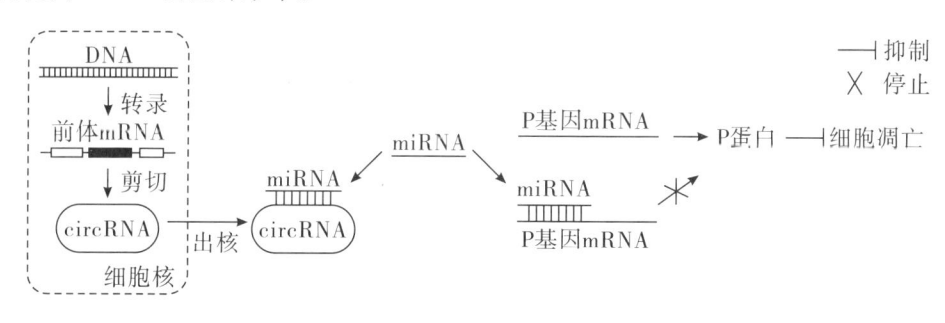

图 4-5

回答下列问题：

（1）放射刺激心肌细胞产生的_____会攻击生物膜的磷脂分子，导致放射性心肌损伤。

（2）前体 mRNA 是通过_____酶以 DNA 一条链为模板合成的，可被剪切成 circRNA 等多种 RNA。circRNA 和 mRNA 在细胞质中通过对_____的竞争性结合，调节基因表达。

（3）据图分析，miRNA 表达量升高可影响细胞凋亡，其可能的原因是_____。

（4）根据以上信息，除了减少 miRNA 的表达之外，试提出一个治疗放射性心脏损伤的新思路_____。

【参考答案】
（1）自由基（补充答案　活性氧）
（2）RNA 聚合（补充答案　聚合）　miRNA

（3）当 miRNA 表达量升高时，大量 miRNA 与 P 基因 mRNA 结合，并将 P 基因 mRNA 降解，导致合成的 P 蛋白减少，促进细胞凋亡。（补充答案 P 基因的 mRNA 减少导致 P 蛋白减少或者 miRNA 和 P 基因的 mRNA 结合导致 P 蛋白减少，促进了细胞凋亡）

（4）①增加细胞内 circRNA 的表达；②增加 P 基因（P 蛋白）的表达；③使用细胞凋亡抑制剂。

【命题意图】

本题围绕如何治疗放射性心脏损伤有层次地设计问题，每一小问间层层递进、环环相扣，通过灵活多样的设问，引导学生主动思考、深入探究、多角度地解决问题。结合细胞衰老的原因，理解概念的内涵和外延，进行知识迁移，分析放射性心脏损伤的形成原因。结合图 4-5，理解概念的内涵，说出转录的定义，并理解分析基因表达的调节机制。考查溯因推理能力，结合题图，运用生物学知识科学解释、推测和分析 miRNA 表达量升高和细胞凋亡间的关联。基于事实和证据，结合生物前沿，开放性问答考查学生的创新及应用能力。运用生物学知识解决生物学新情境中的新问题，在已有知识的基础上，依据新证据提出新思路。以此培养考生严谨的科学态度，树立正确的价值观，体现责任与担当。

【素材来源】

王婷，林菲，张超. Hsa_circ_0005232 在放射性心肌细胞损伤中抑制细胞凋亡作用研究［C］//中国毒理学会. 中国毒理学会第十次全国毒理学大会论文集．［出版者不详］，2023：1.

【命题依据】

（一）普通高中生物学课程标准（2017 年版 2020 年修订）

（1）内容要求：2.3 细胞会经历衰老和死亡等生命进程。

2.3.3 描述在正常情况下，细胞衰老和死亡是一种自然的生理过程。

概念 3 遗传信息控制生物性状，并代代相传。

3.1.4 概述 DNA 分子上的遗传信息通过 RNA 指导蛋白质的合成，细胞分化的本质是基因的选择性表达的结果，生物的性状主要通过蛋白质表现。

（2）学业要求：举例说明细胞的衰老、死亡等生命现象。阐明 DNA 分子通过转录、翻译等过程传递和表达遗传信息（生命观念、科学思维）。

（3）学业水平质量：3-1 在特定的问题情境中，能以生命观念为指导，分析生命现象，探讨生命活动的规律；解决特定问题（生命观念）；3-2 能基于给定的事实和证据，采用演绎与推理的方法，说明遗传相关概念的内涵；针对生物学相关问题，能运用科学思维方法展开探讨、审视或论证（科学思维）；4-1 在新的问题情境中，能以生命观念为指导；解决生活中的实际问题（生命观念）。

（二）教材

本题考查的内容是 2019 年人民教育出版社《生物学 必修 1·分子与细胞》第 6 章第 3 节"细胞的衰老和死亡"和《生物学 必修 2·遗传与进化》第 4 章"基因的表达"，两部分均为生物学必修课程的内容。

(三) 高考评价体系

本题以细胞凋亡的调控机制为背景，以研究放射性心脏损伤科技前沿为载体创设复杂的学习探究情境，对细胞衰老、基因表达的必备知识进行跨模块考查。考查考生能否运用科学思维分析生命现象，探讨生命活动的规律，解决特定的问题，生物学学科核心素养主要落实对生命观念和科学思维的考查。并对考生的理解能力、实验探究能力和解决问题能力等关键能力进行考查。试题体现了基础性、综合性、应用性和创新型。

【解题思路】

第（1）问，考察知识迁移能力，抓住关键信息"攻击生物膜的磷脂分子"根据教材细胞衰老的原因自由基学说（必修1 第124页在细胞衰老的原因自由基学说中，自由基可攻击破坏细胞内各种执行正常功能的生物大分子。最为严重的是，当自由基攻击生物膜的组成成分磷脂分子时，产物同样是自由基，这些自由基又去攻击其他分子，产生雪崩式反应，导致细胞衰老），推出答案为"自由基"，分析放射性心脏损伤的形成原因。

第（2）问第1空，考查概念的内涵，根据转录的定义（必修2 第65页以DNA的一条链为模板合成前体mRNA是转录，转录过程需要RNA聚合酶参与催化，通过碱基互补配对原则合成前体mRNA）推出答案为"RNA聚合酶"，也可答其上位概念"聚合酶"。第2空，考查逻辑推理能力，结合图4-5，理解分析基因表达的调节机制，miRNA既能与P基因mRNA结合，降解P基因mRNA降低P蛋白表达水平，又能与circRNA结合，减少miRNA对P基因mRNA的结合，进而提高P基因mRNA的翻译水平，故circRNA和mRNA在细胞质中通过对miRNA的竞争性结合，调节基因表达进而影响细胞凋亡，推出答案为"miRNA"，circRNA起到了miRNA海绵的作用。

第（3）问，考查溯因推理能力，其中"miRNA"为因，"细胞凋亡"为果，结合题干图4-5，因果间桥梁是"P基因mRNA编码的P蛋白"。抓住图4-5中抑制（⊣）和停止（×）两个关键符号信息，由此推出答案"当miRNA表达量升高时，大量miRNA与P基因mRNA结合，并将P基因mRNA降解，导致合成的P蛋白减少，促进细胞凋亡"。

第（4）问，考查创新及应用能力，根据题干信息，除了减少miRNA的表达之外，①能通过增加细胞内circRNA的含量，靶向结合miRNA，使其不能与P基因的mRNA结合，从而提高P基因的翻译水平，抑制细胞凋亡。②通过增加P基因（P蛋白）的表达，提高P基因的翻译水平，抑制细胞凋亡。③可以直接使用细胞凋亡抑制剂。由此推出答案为"①增加细胞内circRNA的表达；②增加P基因（P蛋白）的表达；③使用细胞凋亡抑制剂"。

18. 光合作用机理是作物高产的重要理论基础。大田常规栽培时，水稻野生型（WT）的产量和黄绿叶突变体（*ygl*）的产量差异不明显，但在高密度栽培条件下*ygl*产量更高，其相关生理特征见表4-1和图4-6。（光饱和点：光合速率不再随光照强度增加时的光照强度；光补偿点：光合过程中吸收的CO_2与呼吸过程中释放的CO_2等量时的光照强度。）

表 4-1

水稻材料	叶绿素/(mg/g)	类胡萝卜素/(mg/g)	类胡萝卜素/叶绿素
WT	4.08	0.63	0.15
ygl	1.73	0.47	0.27

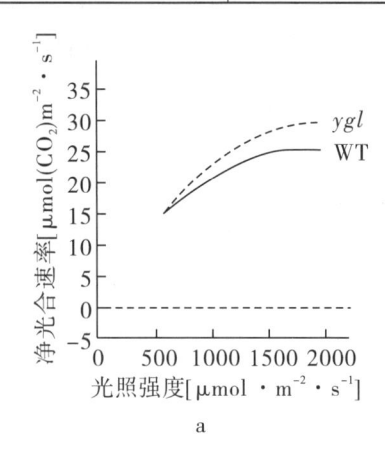

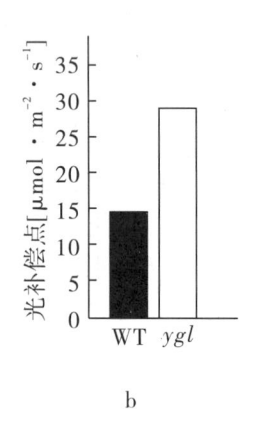

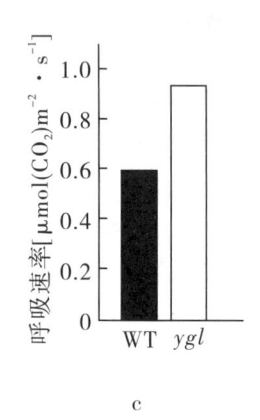

图 4-6

分析图表，回答下列问题：

（1）ygl 叶色黄绿的原因包括叶绿素含量较低和_____，叶片主要吸收可见光中的_____光。

（2）光照强度逐渐增加达到 2000 μmol m^{-2} s^{-1} 时，ygl 的净光合速率较 WT 更高，但两者净光合速率都不再随光照强度的增加而增加，比较两者的光饱和点，可得 ygl _____ WT（填"高于""低于"或"等于"）。ygl 有较高的光补偿点，可能的原因是叶绿素含量较低和_____。

（3）与 WT 相比，ygl 叶绿素含量低，高密度栽培条件下，更多的光可到达下层叶片，且 ygl 群体的净光合速率较高，表明该群体_____，是其高产的原因之一。

（4）试分析在 0~50 μmol·m^{-2}·s^{-1} 范围的低光照强度下，WT 和 ygl 净光合速率的变化，在答题卡给出的坐标系中绘制净光合速率趋势曲线。在此基础上，分析图 a 和你绘制的曲线，比较高光照强度和低光照强度条件下 WT 和 ygl 的净光合速率，提出一个科学问题_____。

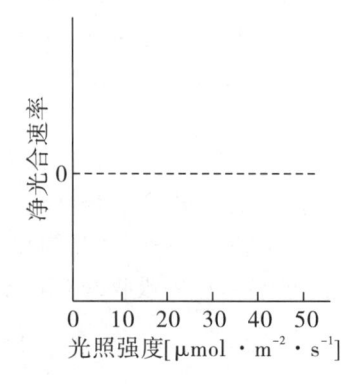

【参考答案】

(1) 类胡萝卜素/叶绿素比值上升　蓝紫光和红光

(2) 等于　呼吸速率较高

(3) 光能利用率较高

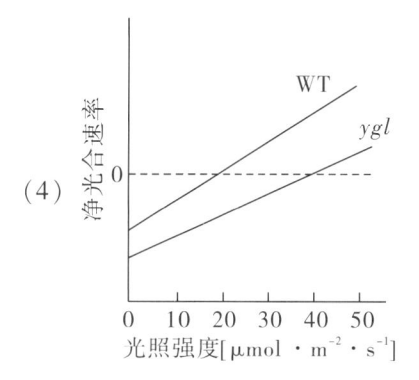

(4)

为什么在低光照强度下，*ygl* 的净光合速率低于 WT，而在高光照强度下则相反？

【命题意图】

本题考查学生基于事实和证据获取关键信息和应用生物学相关知识的能力，以科学准确的语言或图表形式，解释或解决具体情境中的问题，能够运用知识、经验、获取的相应信息，提出新的观点。

【素材来源】

Guojiao W, Faliang Z, Peng S, et al. Effects of reduced chlorophyll content on photosystem functions and photosynthetic electron transport rate in rice leaves [J]. Journal of Plant Physiology, 2022.

【命题依据】

(一) 普通高中生物学课程标准（2017 年版 2020 年修订）

(1) 内容要求：2.2.3 说明植物细胞的叶绿体从太阳光中捕获能量，这些能量在二氧化碳和水转变为糖与氧气的过程中，转换并储存为糖分子中的化学能。

(2) 教学提示：为帮助学生达成对次位概念的理解，促进学生生物学学科核心素养的提升，应开展下列教学活动：①提取和分离叶绿体色素；②探索不同环境因素对光合作用的影响。

(3) 学业要求：从物质与能量视角，探索光合作用与呼吸作用，阐明细胞生命活动过程中贯穿着物质与能量的变化。

(4) 学业水平质量：3-2 能够从不同的生命现象中，基于事实和证据，运用归纳的方法概括出生物学规律，并在某一给定情境中，运用生物学规律和原理，对可能的结果或发展趋势作出预测或解释，并能够选择文字、图示或模型等方式进行表达并阐明内涵（科学思维）。3-3 针对特定情境提出可探究的生物学问题（科学探究）。

(二) 教材

本题考查的内容是 2019 年人民教育出版社《生物学　必修 1·分子与细胞》第 5 章第 4 节"光合作用与能量转化"，也是生物学必修课程的内容。光合作用是地球上最重要的化学反应，本节内容能够与初中教材有效衔接，充分考虑学生已有的知识和经验，使学生不仅掌握基础的生物学知识，而且培养学生的生物学学科核心素养，在学生的终身发展中具有长效性和迁移性。以水稻黄绿叶突变体作为命题素材来考查光合作用，也是对教材内容的深入挖掘与探索，反映了教材编写应当融生物科学、技术和社会为一体。

(三) 高考评价体系

本题以水稻黄绿叶突变体相关研究作为科学实验和探究情境，考查的必备知识包括捕获光能的色素、光合作用原理的应用，生物学学科核心素养主要落实对科学思维和科学探究的考查，考查要求体现了基础性、综合性、应用性、创新性四方面。

【解题思路】

第 (1) 问第 1 空，要根据表格提取关键信息，抓住关键词，"ygl 叶色黄绿"的原因，推出答案"类胡萝卜素/叶绿素比值上升"。第 (1) 问第 2 空，要根据表格归纳信息，确定描述对象是"ygl"叶片有叶绿素和类胡萝卜素，根据教材内容"图 5-12 叶绿素和类胡萝卜素的吸收光谱"，叶绿素主要吸收红光和蓝紫光，类胡萝卜素主要吸收蓝紫光，推出答案"蓝紫光和红光"。

第 (2) 问第 1 空，根据图 4-6a 以及结合光饱和点的含义可知，ygl 的光饱和点数值和 WT 的光饱和点数值相等。因此推出答案"等于"。第 (2) 问第 2 空，根据光补偿点的含义，光补偿点的数值与真光合速率和呼吸速率有关，推出答案"呼吸速率较高"。

第 (3) 问，考查溯因推理能力，ygl 与 WT 相比，净光合速率较高，题目表格中提到 ygl 叶绿素含量和类胡萝卜素含量低于 WT，透光率高，更多的光透过上层叶片，到达下层叶片，使得群体光能利用率较高，推出答案"光能利用率较高"。

第 (4) 问第 1 空，考查逻辑推理能力，画出低光照强度 ygl 与 WT 净光合速率的趋势曲线，首先结合图 4-6c，确定光照强度为 0 时 ygl 与 WT 曲线的起点数值大小，其次结合图 4-6b，确定净光合速率为 0 时对应的光照强度在曲线上的数值大小，最后结合图 4-6a，确定 ygl 与 WT 净光合速率的趋势曲线。第 (4) 问第 2 空，考查创新能力及发散思维能力，学生在日常学习中需理解科学问题是什么，科学问题是指一定时代的科学家在特定的知识背景下提出的关于科学知识和科学实践中需要解决而尚未解决的问题。现代科学研究的科学问题主要来源于科学技术实践和社会生产实践。从科学技术实践中所提出的科学问题大多是科学自身发展中的问题。本题围绕 ygl 与 WT 两种水稻展开，结合低光照强度和高光照强度所对应的净光合速率变化，科学问题可以设置为"为什么在低光照强度下，ygl 的净光合速率低于 WT，而在高光照强度下则相反？"。

19. 神经肌肉接头是神经控制骨骼肌收缩的关键结构，其形成机制见图 4-7。神经末梢释放的蛋白 A 与肌细胞膜蛋白 I 结合形成复合物，该复合物与膜蛋白 M 结合触发肌细胞内信号转导，使神经递质乙酰胆碱（ACh）的受体（AChR）在突触后膜成簇组装，最终形成成熟的神经肌肉接头。

回答下列问题：

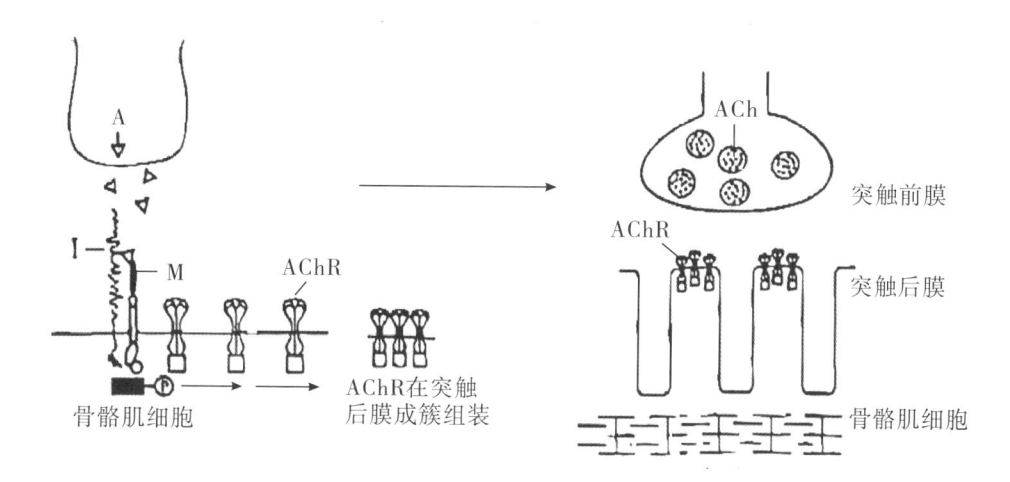

图 4-7

（1）兴奋传至神经末梢，神经肌肉接头突触前膜_____内流，随后 Ca^{2+} 内流使神经递质 ACh 以_____的方式释放，ACh 结合 AChR 使骨骼肌细胞兴奋，产生收缩效应。

（2）重症肌无力是一种神经肌肉接头功能异常的自身免疫疾病，研究者采用抗原抗体结合方法检测患者 AChR 抗体，大部分呈阳性，少部分呈阴性。为何 AChR 抗体阴性者仍表现出肌无力症状？为探究该问题，研究者作出假设并进行探究。

①假设一：此类型患者 AChR 基因突变，不能产生_____，使神经肌肉接头功能丧失，导致肌无力。

为验证该假设，以健康人为对照，检测患者 AChR 基因，结果显示基因未突变，在此基础上作出假设二。

②假设二：此类型患者存在_____的抗体，造成_____，从而不能形成成熟的神经肌肉接头，导致肌无力。

为验证该假设，以健康人为对照，对此类型患者进行抗体检测，抗体检测结果符合预期。

③若想采用实验动物验证假设二提出的致病机制，你的研究思路是_____。

【参考答案】
（1）Na^+　胞吐
（2）①正常的 AChR 蛋白
②蛋白 A/I/M　AChR（或乙酰胆碱受体）在突触后膜不能组装成簇
③给实验动物注射蛋白 A/I/M 抗体，观察实验动物的肌力情况

【命题意图】
利用具体问题情境，引导学生基于事实和证据采用假说演绎法进行演绎推理，帮助学生理解神经调节的物质基础和结构基础，阐释神经肌肉接头结构与肌肉收缩功能之间的关系，探究神经调节障碍造成自身免疫疾病的成因和危害，加强结构与功能观、稳态与平衡观之生命观念，提升演绎推理之科学思维，训练实验设计之科学探究能力，

渗透关注生命健康之社会责任感。

【素材来源】

Lucia S. Borges, David P. Richman. Muscle-specific kinase myasthenia gravis [J]. Frontiers in Immunology, 2020.

【命题依据】

(一) 普通高中生物学课程标准（2017年版2020年修订）

(1) 内容要求：1.3 神经系统能够及时感知机体内、外环境的变化，并作出反应调控各器官、系统的活动，实现机体稳态。

1.3.2 阐明神经细胞膜内外在静息状态具有电位差，受到外界刺激后形成动作电位，并沿神经纤维传导。

1.3.3 阐明神经冲动在突触处的传递通常通过化学传递方式完成；3.1.4 概述DNA分子上的遗传信息通过RNA指导蛋白质的合成，细胞分化的本质是基因选择性表达的结果，生物的性状主要通过蛋白质表现。

(2) 教学提示：为帮助学生达成对重要概念和次位概念的理解，促进学生生物学学科核心素养的提升，应开展以下教学活动：通过资料分析神经系统受损对人体运动等行为的影响，讨论神经调节的结构基础。

(3) 学业要求：结合日常生活的情境，分析说明人体通过神经系统的调节作用对内外环境的变化作出反应。

(4) 学业水平质量：4-1 在重症肌无力这一新的问题情境中，运用结构与功能观、物质与能量观、稳态与平衡观等观念，阐释神经肌肉接头模型结构组成和功能之间的关系、机体稳态的维持和调节机制（生命观念）。3-2 能基于事实和证据，采用演绎与推理方法，阐释神经调节相关概念的内涵；针对生物学相关问题，能运用科学思维方法展开探讨、审视或论证（科学思维）；2-3 能针对特定情境提出可探究的假设，基于给定的条件，熟练地运用常见的实验材料，制定简单的实验方案（科学探究）。

(二) 教材

本题考查的内容是2019年人民教育出版社《生物学 选择性必修1·稳态与调节》中的第2章第3节"神经冲动的产生和传导"。本节是神经调节板块中较为重要的内容，许多生命活动的完成依赖于神经系统中信号的传导和传递。神经调节板块在初中教材虽有所涉及，但较为浅显，而高中教材着重阐释了信号在神经元上如何传导以及在神经元之间如何传递从而引起相关效应，此部分内容的学习有利于培养学生的生物学学科核心素养。本题以重症肌无力这一罕见的自身免疫性疾病为情境考查神经细胞间的信息传递，将生活事例与生物科学相结合，不仅能够使学生加深对突触结构与功能的理解，还能引导学生去关注并尝试解决生活中的实际问题。

(三) 高考评价体系

本题以重症肌无力这一罕见的自身免疫性疾病作为生活学习和实践情境、科学实验和探究情境，考查的必备知识主要包括神经调节的物质基础和结构基础、神经调节机制，关键能力主要有实验探究能力、创新能力，生物学学科核心素养主要落实对生命观念、科学思维和科学探究的考查，考查要求体现了基础性、综合性、应用性、创新性四方面。

【解题思路】

第（1）问第1空，根据神经冲动在神经纤维上的产生和传导可知，当神经纤维受到刺激时，Na^+通道蛋白打开，细胞膜对Na^+的通透性增加，因此Na^+内流，神经纤维上的静息电位转为动作电位，产生兴奋，兴奋向神经末梢传导。

第（1）问第2空，神经冲动传至轴突末梢，轴突末梢处的突触小泡受到刺激，就会向突触前膜移动并与它融合，其中的神经递质以胞吐的方式快速、大量释放。因此神经末梢处电信号也转为化学信号，引发突触后膜的膜电位变化，信号就完成了神经元之间的传递。

第（2）问第①，由基因指导蛋白质合成的相关知识可知，AChR基因突变会致使AChR蛋白不能产生或异常，从而导致没有正常的AChR与ACh结合，使神经肌肉接头功能丧失。

第（2）问第②，由题可知，ACh与AChR结合从而形成成熟的神经肌肉接头，ACh与AChR结合的关键是经过一系列的信号转导通路，AChR在突触后膜成簇组装。假设一已经排除AChR基因突变情况，则应从能使AChR成簇组装的上游信号转导通路上考虑。根据图示和题意，存在A、I、M中任一个抗体都会导致信号转导通路受阻，致使AChR无法在突触后膜成簇组装，进而不能形成成熟的神经肌肉接头，从而产生肌无力。

第（2）问第③，若机体内存在A/I/M抗体，则造成肌无力现象。为验证假设二，可给实验动物注射A/I/M抗体，观察实验动物的肌无力情况。

20. 种子大小是作物重要的产量性状。研究者对野生型拟南芥（$2n = 10$）进行诱变筛选到一株种子增大的突变体。通过遗传分析和测序，发现野生型DA1基因发生一个碱基G到A的替换，突变后的基因为隐性基因，据此推测突变体的表型与其有关，开展相关实验。

回答下列问题：

（1）拟采用农杆菌转化法将野生型DA1基因转入突变体植株，若突变体表型确由该突变造成，则转基因植株的种子大小应与_____植株的种子大小相近。

（2）用PCR反应扩增DA1基因，用限制性核酸内切酶对PCR产物和_____进行切割，用DNA连接酶将两者连接。为确保插入的DA1基因可以正常表达，其上下游序列需具备_____。

（3）转化后，T-DNA（其内部基因在减数分裂时不发生交换）可在基因组单一位点插入也可以同时插入多个位点。在插入片段均遵循基因分离及自由组合定律的前提下，选出单一位点插入的植株，并进一步获得目的基因稳定遗传的植株（如图4-8），用于后续验证突变基因与表型的关系。

①农杆菌转化T_0代植株并自交，将T_1代种子播种在选择培养基上，能够萌发并生长的阳性个体即表示其基因组中插入了_____。

②T_1代阳性植株自交所得的T_2代种子按单株收种并播种于选择培养基，选择阳性

303

图4-8

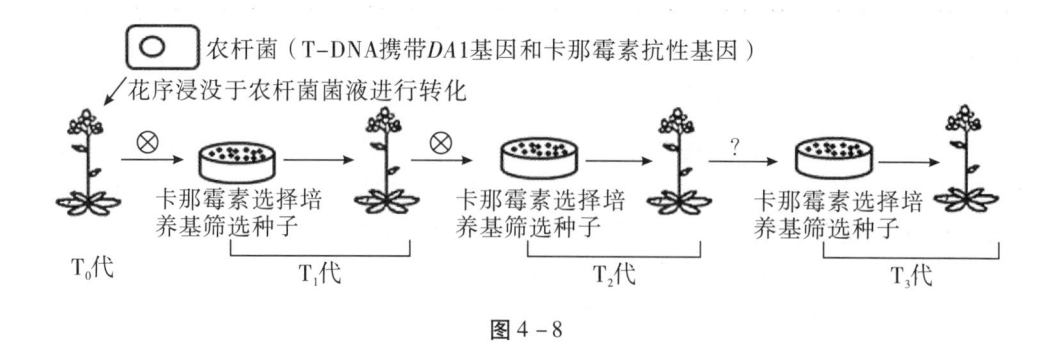

率约_____%的培养基中的幼苗继续培养。

③将②中选出的T₂代阳性植株_____（填"自交""与野生型杂交"或"与突变体杂交"）所得的T₃代种子按单株收种并播种于选择培养基，阳性率达到_____%的培养基中的幼苗即为目标转基因植株。为便于在后续研究中检测该突变，研究者利用PCR扩增野生型和突变型基因片段，再使用限制性核酸内切酶X切割产物，通过核酸电泳即可进行突变检测，相关信息见图4-9，在电泳图中（见图4-10）将酶切结果对应位置的条带涂黑_____。

野生型 5' CCT T TTCAT……GAGGACTCTGCTT……TTACAAGTTA 3'
       3' GGAAAAGTAA……CTCCTGAGACGGAA……AATGTTCAAT 5' (150bp)

突变型 5' CCT T TTCATT……AAGGACTCTGCCTT……TTACAAGTTA 3'
       3' GGAAAAGTAA……T TCCTGAGACGGAA……AATGTTCAAT 5' (150bp)
              10……   50……   (150bp)

限制性内切酶X   AAGG NNNNNN CCTT
识别及切割序列   TTCC NNNNNN GGAA   （N代表任意核苷酸）

图4-9

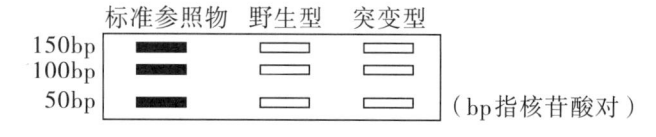

图4-10 核酸电泳图

【参考答案】

(1) 野生型

(2) 载体或质粒　启动子和终止子

(3) ①DA1基因和卡那霉素抗性基因（携带DA1的T-DNA）　②75　③自交

【命题意图】

本题要求学生基于事实与证据，运用科学思维方法论证拟南芥种子增大的变异来源于基因突变。结合将 DA1 基因导入拟南芥突变体的实例，说出基因工程的基本原理。针对单一位点插入等筛选需求，选取基因工程的技术和方法，制定方案，解决问题。运用统计和概率相关知识，解释并预测单一位点插入的相关性状的分布及变化。考查理解能力、实验探究能力、解决问题的能力、创新能力。

【素材来源】

Li Y, Zheng L, Corke F, et al. Control of final seed and organ size by the DA1 gene family in Arabidopsis thaliana [J]. Genes & Development, 2008, 22 (10): 1331–1336.

【命题依据】

(一) 普通高中生物学课程标准 (2017 年版 2020 年修订)

(1) 内容要求：3.2.3 阐明有性生殖中基因的分离和自由组合使得子代的基因型和表型有多种可能，并可由此预测子代的遗传性状；3.3.2 阐明基因中碱基序列的改变有可能导致它所编码的蛋白质及相应的细胞功能发生变化；5.1.2 阐明 DNA 重组技术的实现需要利用限制性内切核酸酶、DNA 连接酶和载体三种基本工具；5.1.3 阐明基因工程的基本操作程序主要包括目的基因的获取、基因表达载体的构建、目的基因导入受体细胞和目的基因及其表达产物的检测鉴定等步骤。

(2) 教学提示：为帮助学生达成对次位概念的理解，促进学生生物学学科核心素养的提升，应开展下列教学活动：利用聚合酶链式反应（PCR）扩增 DNA 片段并完成电泳鉴定，或运用软件进行虚拟 PCR 实验。

(3) 学业要求：运用统计与概率的相关知识，解释并预测种群内某一遗传性状的分布及变化；基于证据，论证可遗传的变异来自基因突变；结合生活或生产实例，举例说出基因工程等生物工程及相关技术的基本原理；针对人类生产或生活的某一需求，选取基因工程的技术和方法，尝试提出初步的工程学构想，进行简单的设计和制作。

(4) 学业水平质量：3-1 在特定的问题情境中，能以生命观念为指导，综合运用科学、技术、工程学和数学（STEM）知识和能力，设计方案，解决特定问题（生命观念）。3-2 运用统计与概率的相关知识，解释并预测种群内某一遗传性状的分布及变化。4-2 在面对生产、生活中与生物学相关的新问题情境时，能熟练运用科学思维方法展开论证（科学思维）。4-3 设计并实施恰当可行的方案，运用多种方法如实记录，创造性地运用数学方法分析实验结果（科学探究）。

(二) 教材

本题考查的内容涉及 2019 年人民教育出版社《生物学 必修 2·遗传与进化》第 1 章 "遗传因子的发现"，第 5 章第 1 节 "基因突变和基因重组"，以及《生物学 选择性必修 3·生物技术与工程》第 3 章 "基因工程" 的第 1 节 "重组 DNA 技术的基本工具"、第 2 节 "基因工程的基本操作程序" 的内容，从跨章节综合提升到跨模块综合，通过突变基因判断、基因工程操作与筛选讲述了一个完整的故事。

(三) 高考评价体系

本题以拟南芥种子增大突变体相关研究作为科学实验和探究情境，考查的必备知识包括遗传定律、基因突变和基因工程，生物学学科核心素养主要落实对生命观念、科学思维和科学探究的考查，考查要求体现了基础性、综合性、应用性、创新性四方面。

【解题思路】

第（1）问需抓住关键信息"突变后的基因为隐性基因"，若突变体表型由该突变造成，则突变体植株为隐性性状，野生型 DA1 基因为显性，转入突变体后，表现出显性性状，因此转入后的植株种子大小与野生型植株种子大小相近。

第（2）问考查基因表达载体的构建，第 1 空构建表达载体时需用同种限制酶切割 PCR 产物（DA1 基因）和载体以产生相同的黏性末端（此处用的是农杆菌转化法，故运载体为 Ti 质粒）。第 2 空为确保转入的 DA1 基因正常表达，需要在其上下游分别具备启动子和终止子。

第（3）问第①小题由 T_0 代植株自交产生的 T_1 代种子在选择培养基上可以萌发生长的阳性个体，其基因组中必然含有卡那霉素抗性基因，而该基因由 T-DNA 携带，T-DNA 同时也携带了 DA1 基因（内部基因在减数分裂时不发生交换），故阳性个体基因组中插入了以上两个基因。

第②小题目的是筛选出单一位点插入的植株，若 T_0 代为单一位点插入（若用 A 代表显性的野生型 DA1 基因），则 T_0 代植株基因型为 Aa，由 T_0 代植株自交产生的 T_1 代阳性植株可能为 AA 或 Aa，这两种 T_1 代阳性植株分别自交，单株收种，所得到的 T_2 代种子在选择培养基上播种后阳性率分别是 100% 和 75%，但由于 T_0 代植株可能为多位点插入（如图 4-12 至图 4-14 所代表的一系列类型），部分类型的多位点插入植株（如图 4-13 所表示的一系列类型等）所产生的 T_1 代植株再进行自交所得的 T_2 代种子，播种和选择培养后阳性率也是 100%，无法与单一位点插入的进行区分，因此只能选择阳性率为 75% 的培养基中的 T_2 代幼苗进行培养，该培养基中的种子由 Aa 类型的 T_1 代植株自交产生，在 T_0 代肯定是单一位点插入（如图 4-11 所示）。连锁多为点插入（如图 4-14 所示）因为会产生交换在 T_2 代幼苗中阳性率也不会是 75%。

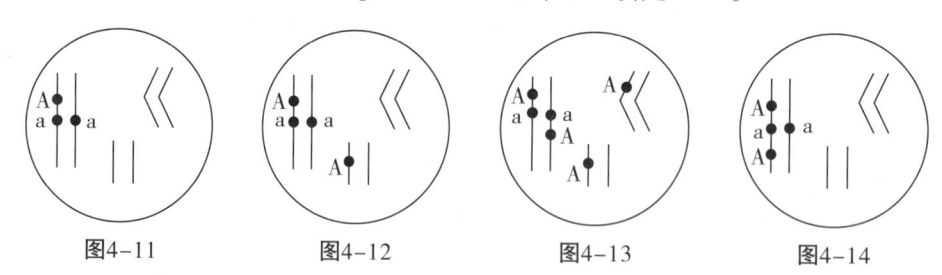

图4-11 图4-12 图4-13 图4-14

第③小题前两空目的是筛选出目的基因稳定遗传的纯合植株，筛选出的 T_2 代阳性植株可能为 AA 或者 Aa，为了得到稳定遗传的纯合子，还需要继续自交，产生的 T_3 代种子单株留种并选择培养后，由 AA 产生的种子在培养基上阳性率为 100%，由 Aa 产生的种子在培养基上的阳性率为 75%，故选择 100% 的培养基上的幼苗。第 3 空由图可知，突变型植株含有限制酶 X 可识别的 DNA 序列（50 bp 处），而野生型植株无识别序列，故限制酶 X 可将突变基因切为 50 bp 和 100 bp 的两段，而无法切割野生型基因。因此，电泳后的野生型基因只有 150 bp 的序列，而突变型（隐性纯合子，均被酶切）

存在 50 bp 和 100 bp 的序列。

21. 20 世纪 70—90 年代珠海淇澳岛红树林植被退化，形成的裸滩被外来入侵植物互花米草占据，天然红树林秋茄（乔木）-老鼠簕（灌木）群落仅存 32 hm²。为保护和恢复红树林植被，科技人员在互花米草侵占的滩涂上成功种植红树植物无瓣海桑，现已营造以无瓣海桑为主的人工红树林 600 hm²，各林龄群落的相关特征见表 4-2。

表 4-2

红树林群落 （林龄）	群落高度 /m	植物种类 /种	树冠层 郁闭度 /%	林下互花 米草密度 /（株/m²）	林下无瓣海桑 更新幼苗密度 /（株/100 m²）	林下秋茄 更新幼苗密度 /（株/100 m²）
无瓣海桑群落 （3 年）	3.2	3	70	30	0	0
无瓣海桑群落 （8 年）	11.0	3	80	15	10	0
无瓣海桑群落 （16 年）	12.5	2	90	0	0	0
秋茄-老鼠簕群落 （>50 年）	5.7	4	90	0	0	19

回答下列问题：

（1）在红树林植被恢复进程中，由裸滩经互花米草群落到无瓣海桑群落的过程称为_____。恢复的红树林既是海岸的天然防护林，也是多种水鸟栖息和繁殖场所，体现了生物多样性的_____价值。

（2）无瓣海桑能起到快速实现红树林恢复和控制互花米草的双重效果，其使互花米草消退的主要原因是_____。

（3）无瓣海桑是引种自南亚地区的大乔木，生长速度快，5 年能大量开花结果，现已适应华南滨海湿地。有学者认为无瓣海桑有可能成为新的外来入侵植物。据表分析，提出你的观点和理由_____。

（4）淇澳岛红树林现为大面积人工种植的无瓣海桑纯林。为进一步提高该生态系统的稳定性，根据生态工程自生原理并考虑不同植物的生态位差异，提出合理的无瓣海桑群落改造建议_____。

【参考答案】
（1）次生演替　间接
（2）无瓣海桑郁闭度增加，使林下互花米草缺乏光照，光合作用减弱进而消退
（3）同意。无瓣海桑生长速度快，适应滨海湿地，林下有幼苗更新。（不同意。无瓣海桑林下无法更新幼苗，秋茄-老鼠簕林下也没有无瓣海桑的幼苗，无法在滩涂定居。不一定。无瓣海桑生长速度快，适应滨海环境，但林下幼苗更新少。）
（4）在林下种植秋茄-老鼠簕，形成复层群落结构

【命题意图】
本题以珠海淇澳岛红树林退化植被的生态恢复过程创设实践情境，让考生关注广

东的生态建设成就，引导考生形成正确的生态文明价值观。试题主要考查群落演替、生物多样性价值、种间竞争、生态位和生态工程原理等必备知识；考查考生是否能够对试题中提供的相关信息进行具体分析，对引种应用的外来植物无瓣海桑是否具有潜在的入侵性进行评估，同时要求考生根据生态工程自生原理，结合植物的生态位差异，提出无瓣海桑群落改造的建议，考查了考生创新性地解决实际问题的能力。

【素材来源】

1. 王震，陈卫军. 珠海市淇澳岛主要红树林群落特征研究［J］. 中南林业科技大学学报，2017，37（04）：86－91.

2. 安东，缪绅裕，陈蔚，等. 珠海淇澳岛无瓣海桑人工林更新幼苗种群特征［J］. 广州大学学报（自然科学版），2015，14（01）：50－55.

3. 张留恩，廖宝文. 珠海市淇澳岛红树林湿地的研究进展与展望［J］. 生态科学，2011，30（01）：81－87.

4. 廖宝文，管伟，章家恩，等. 珠海市淇澳岛红树林群落发展动态研究［J］. 华南农业大学学报，2008（4）：59－64.

【命题依据】

(一) 普通高中生物学课程标准（2017年版2020年修订）

（1）内容要求：2.1 不同群落的生物在长期适应环境和彼此相互适应的过程中形成动态的生物群落；2.1.5 阐明一个群落替代另一个群落的演替过程，包括初生演替和次生演替；2.1.6 分析不同群落中生物具有与该群落相适应的形态结构、生理特征和分布特点；2.4 人类活动对生态系统的动态平衡有着深远的影响，依据生态学原理保护环境是人类生存和可持续发展的必要条件；2.4.3 概述生物多样性对维持生态系统的稳定性以及人类生存和发展的重要意义，并尝试提出人与环境和谐相处的合理化建议；2.4.4 举例说明根据生态学原理采用系统工程的方法和技术，达到资源多层次和循环利用的目的，使得特定区域中的人和自然环境均受益。

（2）教学提示：应在教学活动中引导学生开展有关的实验、调查和搜集资料等活动，特别是了解当地生态系统、保护当地环境的活动，提高环境保护意识。可以开展以下活动：①尝试分析当地自然群落中某种生物的生态位；②设计保持和提高某个生态系统稳定性的方案；③调查当地环境中存在的主要问题提出保护建议或行动计划。

（3）学业要求：①举例说明不同类型群落的结构特征及演替规律；②使用图示等方式表征和说明生态系统中物质循环、能量流动和信息传递的过程和特征，并对相关的生态学实践应用做出合理的分析和判断；③分析或探讨人类活动对自然生态系统动态平衡的影响及人工生态系统带来的经济生态和社会效益，并尝试提出人与环境和谐共处的合理化建议。

（4）学业水平质量：4－1 能运用结构与功能观、物质与能量观、稳态与平衡观等观念阐释稳态的维持和调节机制、生态系统的平衡原理等；运用进化与适应观阐释生物与环境的关系；在新的问题情境中能以生命观念为指导，解释生命现象；将科学、技术、工程学和数学知识和能力综合运用在实践活动中，解决生活中的实际问题。4－2 在面对生产、生活中与生物学相关的新问题情境时，能熟练运用科学思维方法展开讨论、审视或论证。4-4 形成人与自然和谐共处以及可持续发展的观念，养成保护环境维护生态平衡的行为习惯，积极参与绿色家庭、绿色学校、绿色社区等行动，并提出人与环境和谐相处的合理化建议。

（二）教材

本题考查的内容是2019年人民教育出版社《生物学　选择性必修2·生物与环境》第2、3、4章的内容。

（三）高考评价体系

试题以珠海淇澳岛红树林退化植被的生态恢复过程创设实践情境，考查群落演替、生物多样性价值、种间竞争、生态位和生态工程原理等必备知识；考查考生能够对试题中提供的相关信息进行具体分析，同时要求考生提出无瓣海桑群落改造的建议，考查了考生创新性地解决实际问题的能力。

【解题思路】

第（1）问：结合设问方式可知，此空考查群落演替的类型。根据题干信息提取关键词"裸滩是由红树林植被退化而形成的"，由此可知该演替类型属于次生演替。判断生物多样性的价值，根据题干所给信息可知，红树林在维持生态环境中有重要作用，因此答案体现了生物多样性的"间接"价值。

第（2）问：由表格信息可知，林下互花米草密度下降、无瓣海桑群落高度增加、树冠层郁闭度增加。在群落高度和树冠层郁闭度两个指标中，郁闭度可影响互花米草接收的光照，使之获得的光照减少，导致光合作用减弱，进而消退。

第（3）问：由表格和题干中信息，可找到支持无瓣海桑成为外来入侵物种的证据：无瓣海桑是大乔木、生长速度快、已适应滨海湿地，且8年无瓣海桑林下有无瓣海桑幼苗更新。因此观点可以为"无瓣海桑可能成为新的外来入侵植物。理由是：无瓣海桑生长速度快，适应滨海湿地，林下有幼苗更新"。由表格和题干中信息，也可以找到反对无瓣海桑成为外来入侵物种的证据：在林龄为3年和16年的无瓣海桑群落中没有无瓣海桑幼苗更新、在秋茄-老鼠簕群落林下也没有无瓣海桑幼苗更新，说明无瓣海桑的繁殖、扩散能力弱，由此得到观点"无瓣海桑不会成为新的外来入侵植物。理由是：无瓣海桑林下无法更新幼苗，秋茄-老鼠簕林下也没有无瓣海桑的幼苗，因此无法在滩涂定居，不会成为外来入侵物种"。结合以上两种情况，还可以得到观点"无瓣海桑不一定会成为外来入侵物种。理由是：无瓣海桑生长速度快，适应滨海环境，但林下幼苗更新少"。

第（4）问：题目要求提出改造建议，并在题干中进行了提示。第1个提示要求"提高生态系统的稳定性"，即提高群落中的物种丰富度。第2个提示要根据"生态工程的自生原理"，即要有效选择生物组分。第3个提示要考虑"生态位差异"，即对植物而言形成不同高度的群落。根据这三个提示，可以提出改造建议"第一：要在林下引种植物。第二：要引入适应红树林环境的植物。第三：要引入不同高度的植物。"而在题干中就有符合条件的红树植物，即乔木秋茄、灌木老鼠簕。因此可以提出的改造建议为"在林下种植秋茄-老鼠簕，形成复层群落结构"。

第五章　论文收录

例谈核心素养视域下遗传学原创试题的命制

广东省清远市第一中学　郑柳青（511500）

摘　要　以美臀羊的遗传特性为情境命制遗传学原创试题,考查学生的学科核心素养。并从情境素材来源、体现核心素养的命题立意、试题亮点和命题感悟等方面进行阐述。

关键词　核心素养　原创试题　遗传学

《普通高中生物学课程标准（2017年版2020年修订）》中提到："命题应以课程标准中的内容要求、学业质量标准为依据,指向生物学学科核心素养的发展水平"[1]。同时《中国高考评价体系》指出,四层和四翼的考查是以情境为载体实现的,在命制试题时要选择合适的情境,发挥核心价值的引领作用,让学生运用必备知识和关键能力去解决问题,全面发展其学科素养水平[2]。基于以上命题理念,本题以美臀羊的遗传特性为情境,通过精心设问,尝试从学科核心素养四个维度出发命制试题,力求体现四层和四翼的考查。

一、原创试题与素材来源

（一）原创试题

（14分）某羊群中偶然发现了一只美臀公绵羊,该羊臀部及后腿中肌肉含量显著增多,肉质更加鲜美。科学家将其与多只野生型母羊进行交配,共产下了203只美臀羊和209只野生型羊,且雌：雄＝1：1。并发现在其后代中只有杂合子且美臀基因来自父本的个体才出现美臀（美臀基因用C表示,野生型基因用c表示,来自公羊的C

标记为 $C^♂$，来自母羊的 C 标记为 $C^♀$）。请回答下列问题：

（1）根据以上信息，可判断美臀基因 C 的遗传方式为_____。

（2）研究发现上述绵羊遗传特性发生的原因有两个：①来自亲代母羊的 C 基因在形成配子的过程中发生了甲基化从而使该基因的表达受到了抑制；被甲基化后，C 基因的碱基序列_____（填"保持不变"或"发生改变"）。推测 C 基因甲基化后被抑制表达的原因是_____。②来自父本与来自母本的同一个等位基因的显隐性不同，推测基因 $C^♂$、$C^♀$、c 三者的显隐关系是_____。

（3）根据以上分析，选用杂合体美臀公羊与野生型母羊所产生的子代美臀羊相互交配，后代美臀羊的比例为_____，请写出相关的遗传图解。

（4）为获得更多的"美臀羊"，你建议牧民优先选择的亲本杂交组合为_____。（写出表型及基因型）

【参考答案及评分标准】

序号	答案及分值	评分标准
(1)	常染色体显性遗传（1分）	答全对给1分，漏答错答不给分。
(2)	保持不变（1分）	答对给1分
	DNA 甲基化的部位是 RNA 聚合酶的结合位点（或 DNA 甲基化的部位在 C 基因的启动子区域），该部位发生甲基化导致不能与 RNA 聚合酶结合，所以基因不能发生转录。）（2分）	①答出 DNA 甲基化的部位在 C 基因的启动子区域；或者该部位发生甲基化导致不能与 RNA 聚合酶结合。（1分） ②不能发生转录（1分） 答对一点给1分
	②$C^♂$ 对 c 为显性，$C^♀$ 对 c 为隐性，$C^♀$ 对 $C^♂$ 为显性（或 $C^♀$ > $C^♂$ > c）（2分）	答出 $C^♂$ 对 c 为显性1分；$C^♂$ 对 c 为显性，$C^♀$ 对 c 为隐性答出其中一点得1分。
(3)	1/4（2分） F_1　　美臀公羊　×　美臀母羊 　　　　　　$C^♂c$　　　　$C^♀c$ 配子　　$C^♂$　c　　$C^♀$　c F_2　　$C^♂C^♀$　　$C^♂c$　　$C^♀c$　　cc 　　　　野生型　美臀羊　野生型　野生型 　　　　　1　：　1　：　1　：　1	唯一答案，答对2分

(续上表)

序号	答案及分值	评分标准
(4)	美臀公羊（Cc）X 野生型母羊（cc）（2分）	①美臀公羊 X 野生型母羊（1分） ②Cc X cc（1分 基因型和表型答对一点给1分

（二）素材来源

本试题考查的素材来源于《动物生物通报》2004年第9卷第1期《美臀基因的研究进展》一文[3]，情境科学、真实、新颖。试题编制中选取了贴近高中认知水平且符合生物学课程标准的"美臀基因的遗传特征"和与表观遗传相关的"美臀基因的印记性"等内容进行命题。命题过程中对素材进行了加工，删除了一些与考查主旨无关的信息，使之更有利于问题的设置和学生的作答。

二、命题立意

（一）命题思路

本题命制以"真实问题情境支撑核心任务承载核心素养的考查"为基本思路，以美臀羊的遗传特性为情境，考查学生对"遗传方式的判断""表观遗传概念的本质""甲基化调控基因表达的机制""基因之间的相互作用""遗传图解的正确书写""基因遗传定律的应用"等遗传学核心知识点和信息的获取能力；同时让学生通过运用所学的遗传学知识对美臀羊性状遗传现象及规律进行分析阐释、归纳概括、推理论证，考查学生的逻辑思维能力和语言表达能力。考查内容既是教学中的重难点，也是高考中的高频考点，相关内容的思维层次比较高，能有效区分不同层级的考生。本题题干及四个小题的设问考查的必备知识、关键能力和核心素养等考查维度及其水平具体如表5-1所示：

表5-1 试题考查维度及水平

试题	核心价值	学科素养	关键能力	必备知识	学业质量水平	分值/分
(1)	科学态度与社会责任	生命观念	理解能力	遗传方式的判断	水平2	1
(2)		生命观念 科学思维	理解能力 信息提取能力 语言表达能力	表观遗传的本质 基因显隐关系 基因与性状的关系	水平3	5

(续上表)

试题	核心价值	学科素养	关键能力	必备知识	学业质量水平	分值/分
(3)	科学态度与社会责任	科学思维	理解能力	遗传基本定律的应用、遗传图解的书写	水平4	6
(4)		科学探究社会责任	理解能力解决问题能力	遗传基本定律	水平4	2

（二）体现核心素养的命题设计

1. 考查生命观念素养

本题对该素养的考查，首先是基于水平2设计第（1）小题，要求学生能根据题干信息，判断基因 C 的遗传方式。基于水平3设计第（2）小题，要求学生根据题干信息和教材所学内容，理解基因甲基化后碱基序列保持不变，并说出其抑制基因表达的原因。考查学生对相关知识、核心概念的理解是否全面、正确、透彻。

2. 考查科学思维素养

本题对该素养的考查主要体现在学生在新情境中对知识迁移、分析和解释的深度思维。设计如下：第（2）小题第2问要求学生对绵羊"只有杂合子且美臀基因 C 来自父本的个体才出现美臀"这一遗传特性发生的原因做出解释，并推测基因 $C^♂$、$C^♀$、c 三者的显隐关系。学生要回答出这一问，首先要对这句话进行深度解读，理解其中的隐含条件为：杂合美臀羊和野生型羊正反交结果不一样（如图5-1所示F_1中基因型都为 Cc 的绵羊表现型却不相同），接着根据题干给出的提示信息"来自亲代母羊的 C 基因在形成配子的过程中发生了甲基化从而使该基因的表达受到了抑制"得出产生这种现象的原因是表观遗传可以调控基因的表达过程从而影响生物的性状。

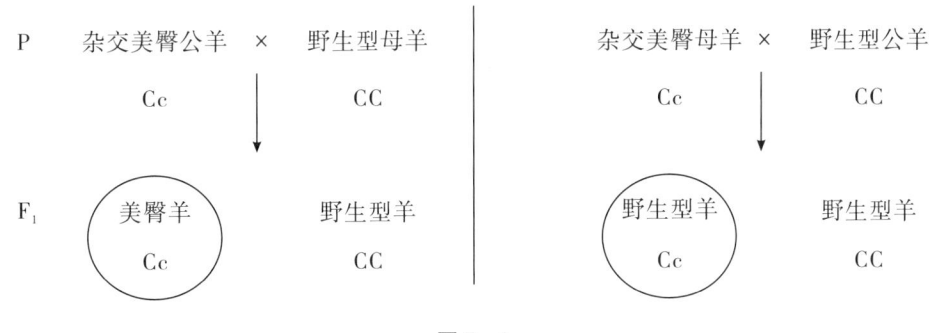

```
P    杂交美臀公羊 × 野生型母羊           杂交美臀母羊 × 野生型公羊
         Cc            CC                    Cc            CC
          ↓                                   ↓
F₁    （美臀羊）      野生型羊            （野生型羊）    野生型羊
         Cc            CC                    Cc            CC
```

图 5-1

在这一问的作答过程中，学生利用原有的经典遗传学知识解释绵羊的遗传现象会发现解释不通，从而产生认知冲突，进而以批判性思维重新审视孟德尔的性状分离比，在经典遗传与表观遗传的碰撞下，学生最终分析得出 DNA 甲基化能改变孟德尔的性状分离比这一事实。在这一问的思考过程中学生的批判性思维得到了充分锻炼。同样在

推测基因 $C^♂$、$C^♀$、c 三者的显隐关系过程中,学生必须深刻理解题干中"来自父本与来自母本的同一个等位基因的显隐性不同"这句话的深刻内涵,结合题干信息推测出 $C^♀$ 对 $C^♂$ 为显性,从而得出三者的关系为:$C^♂$ 对 c 为显性,$C^♀$ 对 c 为隐性,$C^♀$ 对 $C^♂$ 为显性(或 $C^♀ > C^♂ > c$),该小题的设计充分考查学生逻辑思维能力和语言表达能力。

基于水平 4 设计第（3）小题：要求学生推算当选用杂合体美臀公羊与野生型母羊所产生的子代美臀羊相互交配,后代美臀羊的比例为多少？要正确回答这一问学生不仅需深度掌握孟德尔经典遗传的规律,而且还需要全面深刻理解表观遗传的本质,将经典遗传与表观遗传结合起来进行演绎推理得出答案。如学生首先需利用第 2 问的知识推出杂合体美臀公羊与野生型母羊所产生的子代美臀羊的基因型和表现型,然后利用遗传图解展开演绎推理,在推算结果中,如果学生思维不够严谨,很容易得出美臀羊占 1/2 的结果,而忽略 $C^♂C^♀$ 应为野生型,后代中美臀羊的比例应为 1/4（如图 5-2 所示）。

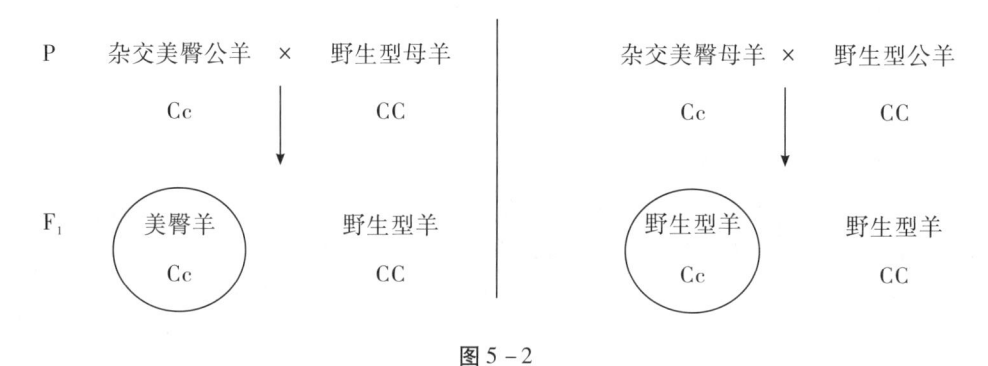

```
P    杂交美臀公羊 × 野生型母羊        杂交美臀母羊 × 野生型公羊
         Cc           CC                  Cc            CC
         ↓                                 ↓
F₁    美臀羊      野生型羊            野生型羊      野生型羊
       Cc           CC                  Cc            CC
```

图 5-2

3. 考查科学探究素养

本题对该素养的考查,基于水平 4 设计了第（4）小题,考查学生根据真实情境设计合理的遗传杂交组合,提出解决实际问题的决策,这一小题的正确解答建立在学生能正确回答前 3 小题的基础上,试题设问在难度上较前面几小题大,有利于区分各层次的学生。试题设计在能力水平的分层布局上遵循由浅入深、由易到难的规律。

4. 考查社会责任素养

本题对该素养的考查,体现在基于水平 4 设计的第（4）小题,考查学生基于生物学的知识解决实际生产生活问题的担当和能力,同时借此传达劳动实践需要科学指导的理念,强化科学劳动的意识和社会责任。

三、试题命制亮点

（1）本试题的命制弱化了遗传计算,将学生从繁杂遗传计算中解放出来,把重心放在遗传论证推理过程上,更加明确地考查考生是否掌握遗传规律背后的思维推理过程,鼓励考生依据已有的信息进行论证推理,灵活运用所学知识分析和解决问题,为科学思维的考查提供平台。

（2）表观遗传是课程标准新增的内容,也是目前生命科学研究的热点领域。试题命制的时候,通过将素材中"美臀基因的印记性"这一表观遗传知识与经典遗传混合查考,建立学生认知冲突,引导学生通过信息解读对表观遗传的实例做出解释,并利用教材内容进行推理,在保持考查熟悉的遗传基本规律基础上,增大了试题的思维容量。

(3)四个小题的设问在难度上逐步加深,区分度好,设问顺序充分体现学生对假说演绎法这一科学方法的运用,整道题在能力水平的分层布局上体现梯度布局,有利于区分不同层级的学生。从第一小题单点内容考查到后面几问对遗传学核心知识的综合考查,试题命制凝练了"四层"考查内容的同时又兼顾"四翼"考查要求。

四、命题感悟

(1)素材的积累是试题命制的保证。"巧妇难为无米之炊",在以科研文献为基础的综合性原创试题命制中,与遗传学相关的素材相对比较少,因此文献的检索和筛选至关重要。在平时的教学中除了从新近科研和经典文献中寻找和积累素材外,也可以尝试从英文文献中去检索,甚至可以从国内不同版本的教科书和国外的教科书中去寻找遗传学命题素材。

(2)"好题谁裁出,磨题似剪刀",一份好的试题需要经过不断的打磨,在本题的命制过程中,先后经过了四稿的修改,每次修改都在素材的选择、能力和素养考查,难度把握等方面紧扣课程标准和高考评价体系,力求既能服务选才,又能引导教学的功能。

〔本论文是广东省2022年度中小学教师教育科研能力提升计划项目《聚焦核心素养的高中生物学教学研究》(编号2022YQJK506)的研究成果〕

参考文献:

[1]中华人民共和国教育部. 普通高中生物学课程标准(2017年版2020年修订)[M]. 北京:人民教育出版社,2020.
[2]教育部考试中心. 中国高考评价体系[M]. 北京:人民教育出版社,2019.
[3]徐君,李宁. 美臀基因的研究进展[J]. 动物生物通报,2004.9(1):240-244.

基于生物学核心素养的教、学、评一致性教学设计

——以"细胞呼吸的方式"教学为例

沈慧艳 赵李囡 曾燕妮 潘婷

(广州大学附属中学英德实验学校 清远市 513000)

摘 要 课堂教学的有效性直接关系到课程实施的效果,而"教、学、评一致性"的课堂教学评价有助于教与学的调整和改进,实现课堂教学的有效性。结合《普通高中生物学课程标准(2017年版2020年修订)》,以人教版《分子与细胞》中"细胞呼吸的原理和应用"的内容为例进行教学实践,为核心素养背景下的"教、学、评一致性"的课堂教学提供参考。

关键词 教、学、评一致性 高中生物学 核心素养 课堂教学

核心素养视野下的课堂教学更加注重和倡导"以学生为中心"的教育理念,给予学生足够的时间主动思考和实践。《普通高中生物学课程标准(2017年版2020年修订)》(以下简称《课程标准》)指出要高度关注学生学习过程中的实践经历,可通过开展探究性学习活动,让学生积极主动参与课堂、多动手和勤动脑,加深对生物学概念的理解,提高其综合运用知识解决问题的能力,培养生物学核心素养[1]。《课程标准》还强调要重视以评价促进学生的学习和发展,让学生知晓学的广度、及时改进学习方式,同时帮助教师把握教的深度。但是,当前课堂仍然存在缺乏如教与学、学与评等一致性的教学困境。如何监测学生在课堂上进行有效的实践和思考,他们学到了什么,到达什么程度,采取什么方法学,教师需要如何调整教学策略?要解决这些问题,必须要聚焦核心素养学习目标,把学生的学及其学习程度评价和教师的教等进行协调、整合设计。本文以"细胞呼吸的原理和应用"(第1课时"细胞呼吸的方式")为例,进行"教、学、评一致性"教学设计,落实学科核心素养。

一、分解课标、解析教材和学情,确立教学目标

(一)分解课标

《课程标准》针对本节课的要求:说明生物通过细胞呼吸将储存在有机物分子中的能量转化为生命活动可以利用的能量。依据此要求将课标分解如下:

(1)学什么:本节课学生主要通过探究酵母菌的细胞呼吸方式,说出有氧呼吸和无氧呼吸两种细胞呼吸类型及其产物,理解物质的变化伴随着能量的转化,而能量的转化又促进物质的变化,初步形成物质与能量观。

（2）学到什么程度：教材安排了酵母菌细胞呼吸方式的实践探究，通过该实验探究，学生能够说出细胞呼吸的方式及其相对应的产物，同时，学习和体验探究实践的一般流程和对比实验科学方法。

（3）怎么学：通过创设问题情境，联想发面和酿酒等生活实际学习细胞呼吸的类型，尝试推测有氧呼吸和无氧呼吸的产物，从而掌握"提出问题、作出假设"等科学研究方法。通过问题串引导学生自主设计、改进、评价有氧呼吸和无氧呼吸装置，培养团队合作精神和批判性的科学思维。

（二）解析教材

本节课是人教版《分子与细胞》第五章第三节内容，本课内容包括细胞的呼吸方式——有氧呼吸和无氧呼吸、有氧呼吸和无氧呼吸过程中物质和能量的变化及细胞呼吸原理的应用。本节细胞呼吸的相关内容初步解释了ATP能源物质的主要来源，又为细胞呼吸消耗的物质来源于光合作用埋下伏笔。

（三）解析学情

高一学生刚从初中步入高中，积极性较强，具有一定的好奇心和求知欲，且易从生活经验出发学习。同时他们具有一定的前概念，可能认为细胞呼吸都需要氧气，呼吸的结果就是产生二氧化碳。教师可以利用生活、生产实践如葡萄酒的酿制制造的认知冲突，激发学生的探索求知欲，开启探究性学习。

（四）教学目标

基于《课程标准》的解读和发展学生核心素养的要求，确立本节课的教学目标如下：

（1）通过探究学习酵母菌的细胞呼吸方式，说出细胞呼吸的类型、区分其产物的异同，归纳总结科学探究的一般过程。

（2）通过小组合作自主设计、改进并评价有氧呼吸和无氧呼吸的装置，探究酵母菌的细胞呼吸方式，培养团队合作精神、工程思维和科学探究能力。

（3）通过对酵母菌细胞呼吸方式的学习，关注与生物学相关的生产实践，能够初步运用生物学相关知识解释生物学现象。

二、教学过程及评价设计

（一）创设情境

播放洪灾淹没庄稼、面包制作和葡萄酒的酿制图片和视频。

学生活动任务1：通过分析庄稼被淹死的原因及面包、葡萄酒的酿制过程，推测细胞呼吸的方式和可能的产物，提出探究课题，如"细胞呼吸是否都需要氧气""细胞呼吸产物是什么"。

教学意图：以真实问题情境引导学生根据已有资料证据、知识和经验作出合理的推测或假设，从而引出细胞呼吸的两种方式，进而引出本节课探究课题"细胞呼吸的方式及其产物"，培养学生提出问题、作出假设等科学探究能力。

评价设计：生生之间互评所作出的推测或假设的依据是否合理，激励引导学生作出合理的假设，同时初步诊断学生的科学探究水平。

（二）设计实验

分析实验变量，梳理实验思路，设计实验方案，利用教师提供的仪器材料搭建实验装置，分析评价实验装置、优化得出实验设计。

学生活动任务2：依据实验目的，分析本实验的自变量、因变量、无关变量和解决如何观测因变量等问题。小组成员利用教师提供的2瓶酵母菌培养液（分别标上A、B瓶）、1瓶质量分数为10%的NaOH溶液（标C瓶）、3瓶澄清石灰水（标D瓶）、洗耳球、植物油等仪器材料合作设计细胞呼吸的实验装置，并派代表展示讲解搭建的实验装置。最后，通过小组之间互评讨论优化实验装置。

学生活动任务3：教师展示两套注射器装置（如图5-3、图5-4所示），让学生自主讨论分析两套注射器装置是如何探究酵母菌细胞有氧呼吸和无氧呼吸方式的？评价利用注射器改装的实验装置。

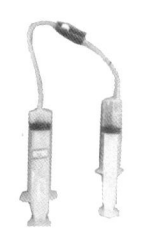

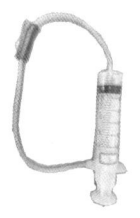

图5-3　有氧呼吸装置　　图5-4　无氧呼吸装置

教学意图：通过分析实验变量、梳理实验思路，引导学生自主设计探究细胞呼吸的实验装置并通过小组展示讲解实验装置，培养学生动手、表达、合作等能力。通过讨论分析利用注射器如何解决实验耗时长的问题，培养学生发散性思维等科学思维，从而实现"以学生为中心"的教学理念。

评价设计：通过观察小组成员之间的讨论合作完成情况，适时点拨学生搭建实验装置。通过小组展示成果肯定学生的表现，同时小组互评相互激发并优化完善实验装置。

（三）演示实验

请学生配合教师利用注射器改装的探究装置进行实验，观察并在学案上记录实验现象。

学生活动任务4：认真观察实验并记录实验现象在学案上。其中学生记录了有氧装置和无氧装置的澄清石灰水均变浑浊，有氧装置变浑浊较快且浑浊程度较高，而无氧装置变浑浊较慢且浑浊程度较低；还记录了有氧呼吸（79 mg/100 mL）和无氧呼吸（107 mg/100 mL）装置酒精检测仪器均有读数和有"饮酒报警"提醒。

教学意图：为了让学生更加明确观察的指标和提高学生的参与度，教师提前制作了学案并附带了需要填写的实验现象表格，让学生带着目的任务观察实验。

评价设计：通过检查和让学生展示自己所填的记录表格，诊断学生是否有效地参与实验的观察，同时为得出实验结论做铺垫。

（四）得出结论

通过对实验结果的分析引导学生得出结论。

学生活动任务 5：通过教师的提示（本实验酵母菌培养液在课前 40 分钟时制备，氧气制备了 30 mL 并提前供酵母菌进行有氧呼吸），讨论分析为什么有氧呼吸装置中有酒精的产生？该注射器装置除了用以检测酵母菌细胞呼吸的产物，还可以用来探究什么课题？学生经思考，结合呼吸化学方程式及单位时间二氧化碳产生量，分析可以用该装置比较有氧呼吸和无氧呼吸的强弱。

教学意图：利用教学过程中生成性问题创设开放的问题情境，让学生的思维处于发散状态，发展其思维的广度，而学生对该问题层层深入的思考又促进了学生思维的深度，进而培养了学生思维的深广度[2]。

评价设计：语言是思维的载体，通过对学生生成性问题的作答，评价学生分析问题和解决问题的能力，从而诊断学生思维的深广度和课堂教学对新旧知识是否做到了有效衔接。

（五）课堂小结、巩固提升

通过探究酵母细胞呼吸方式，小结科学探究的一般过程。

学生活动任务 6：通过回顾探究酵母菌细胞呼吸方式的学习历程，小结科学探究的一般方法过程，通过做识别区分细胞呼吸方式装置、酒驾测试仪器的原理等相关练习，巩固和应用知识，初步认识呼吸作用的实质、学习对比实验等科学方法，形成细胞呼吸的概念。

教学意图：与生活实际相结合增强学习的趣味性，让学生体会生物、技术和社会的联系，认同生物学对社会发展的贡献。

评价设计：运用课堂巩固和课后作业将过程性评价和结果性评价进行有机结合。

三、教学反思

本文基于核心素养的教、学、评一致性进行教学设计，以探究酵母菌呼吸方式为课题情境，使学生在学习目标和任务的驱动下积极主动参与学习的全过程。任务层层递进，可操作性较强，学生学到了什么，到达什么程度等学习状态通过评价设计任务

"可视"化。从而有效保证学生参与学习的深度与广度，落实培养学生科学思维等核心素养的目标。

参考文献：

［1］中华人民共和国教育部. 普通高中生物学课程标准（2017 年版 2020 年修订）［M］. 北京：人民教育出版社，2020：2-5.

［2］张鹏举. 构建课堂教学评价的六个维度［J］. 教学与管理，2021（1）：76-78.

关于"细胞工程"专题中几个问题的解释

饶猛兵

(广东省连南民族高级中学 连南 513300)

摘 要 本文阐述了人教版高中《生物技术与工程》教科书"细胞工程"专题中的六个问题。

关键词 细胞工程 问题 解释

一、动物细胞培养一定要添加血清吗？

其实教科书已经告诉了我们答案，在介绍动物细胞培养基的营养条件时，教科书上说："由于人们尚未完全了解细胞所需的营养物质，在使用合成培养基时，通常需要添加一些天然成分，如血清。"从表述中的"通常"二字可以看出，血清不是所有动物细胞培养基必须添加的成分。

实际上传统的动物细胞培养需要在培养过程中加入适量的血清来促进细胞生长，发展到现在的一些新型的动物细胞培养，尤其是用于药物生产的动物细胞培养，通常不添加血清，而是添加一些激素、促生长因子和其他成分。原因是：虽然血清通常对动物细胞生长有效，但如若是为了获得细胞代谢物（如药物）而进行的动物细胞培养，添加成分复杂的血清后会对后期细胞代谢物的分离、纯化和检测带来很大的困难，因此，不应添加血清。对于纯动物细胞培养，目的是获得细胞（如细胞株），则可以添加血清。

二、植物细胞融合为什么不用灭活的病毒？

诱导动物细胞融合时所用的灭活病毒都有一个共同的特征——具有包膜结构，也就是说它们都是包膜病毒，如科学家常用的仙台病毒、疱疹病毒、腮腺炎病毒等，它们的包膜在诱导过程中有着不可替代的作用。包膜病毒诱导动物细胞融合的原理是，一种病毒的包膜蛋白和两种细胞细胞膜上的受体同时识别并凝聚两种细胞，引起两种细胞细胞膜上的蛋白质分子和脂质分子被重新排列，借助于细胞膜的流动性实现细胞融合。

诱导植物细胞原生质体融合时为什么不用灭活病毒呢？原因是植物病毒很少含有包膜，而且迄今为止，在自然界中也没有（或者说极少）发现植物病毒的特定细胞受体。因此，植物病毒本身不能直接侵入植物细胞，其进入植物细胞的机制通常是通过无脊椎动物（如昆虫）、真菌或植物气孔等进入植物细胞完成初始感染[1]。后期在植物体内完成扩增后，子代病毒是借助植物细胞间的特殊通道——胞间连丝来完成对新的宿主细胞的"入侵"。基于上述原因，植物病毒无法像动物病毒那样诱导植物细胞融合。

三、核移植是"移核"还是"移细胞"？

教科书在介绍核移植概念时是说将一个细胞的细胞核移入去核的卵母细胞中（黑体字）。但书中的流程图却是将整个"供体细胞"注入去核的卵母细胞中。那核移植操作时到底是"移核"还是"移细胞"呢？

其实早期科学家的实验确实是纯粹的核移植操作，具体做法是用玻璃微型吸管吸出供体细胞核，然后注入去核卵母细胞，这也是"核移植"一词的来历及含义。后来，研究人员通过实验探索并发展了另一种方法，即将供体细胞直接注入去核卵母细胞的透明带，然后通过病毒介导或电脉冲将两个细胞融合。由于该方法操作简单，对卵母细胞的损伤较小，并且最大限度地保护了供体细胞的细胞核，因此，更受科学家的欢迎。而教材概念中的表述应该是为了尊重历史。

四、受精时雌、雄原核融合吗？

受精过程中雌雄原核是否融合？旧教科书使用"融合"一词，而新教科书使用"靠近"一词。雌、雄原核在受精时融合吗？

事实上，不同动物的雄性雌性配子的受精过程是不同的：有些动物受精时，受精卵中的雌、雄原核要融合，例如海星；而有些动物受精时，受精卵中的雌、雄原核不会融合，例如哺乳动物。

对于哺乳动物而言，其受精过程是这样的：精子入卵后，尾部脱离，原有的核膜破裂，核 DNA 附近鱼精蛋白中的二硫键被卵母细胞细胞质中的还原型谷胱甘肽还原，精子完成染色质的解凝聚，同时精子入卵后被激活的次级卵母细胞完成减数分裂 Ⅱ，排出极体形成雌原核。在卵母细胞完成减数分裂 Ⅱ 的过程中，精核形成新的核膜成为雄原核，雄原核逐渐增大，中心体发出星射线形成纺锤体，并促使雌、雄原核朝彼此的方向迁移靠近，并在迁移过程中完成各自染色体的复制[2]。此过程中雌、雄原核相互靠近但并没有融合。

在哺乳动物受精卵第一次卵裂之前，雌、雄原核仅仅是并列在一起，并没有一个共同的核膜将两者的染色质包被在一起。当受精卵进入第一次卵裂时，雌、雄原核的核膜均发生溶解，染色质螺旋化成为染色体，随后在纺锤丝的牵引下移向细胞两极，第一次卵裂结束形成两个子细胞，此时的胚胎称为 2 细胞胚，在 2 细胞胚期细胞才形成真正的二倍体核。

五、"卵裂期"持续到什么时候？

卵裂期，顾名思义，便是受精卵分裂的时期。"卵裂期"持续到什么时候？要搞清楚这个问题，需先梳理"卵裂"与"有丝分裂"的关系。我们知道，有丝分裂是多细胞动物个体发育的基础，贯穿于多细胞动物的整个生命历程，不仅体现在胚胎发育，还包括胚后发育，而卵裂特指胚胎早期发育时受精卵的一个连续分裂过程，从分裂方式看，卵裂属于有丝分裂。当过了卵裂期，依然要进行细胞的有丝分裂，但此时的有丝分裂不能叫卵裂。

因此，卵裂期应该是指"胚胎细胞尚未出现细胞分化前的时期"，桑葚胚细胞未分化，所以还处于卵裂期。而囊胚后期有些细胞已经分化，出现了滋养层细胞，而且透明带破裂，胚胎伸展出来，出现孵化，应该不包含在卵裂期。因此，卵裂期应该是指从受精卵到囊胚早期的这一阶段。

六、超数排卵时为何不用性激素？

根据教科书的描述：超数排卵指的是应用外源促性腺激素，诱发卵巢排出比自然情况下更多的成熟卵子的过程，超数排卵时为什么用的是促性腺激素而不是性激素？

事实上要完成超数排卵，使用的外源激素必须具有三种功能：一是能够促进性腺（卵泡）的发育；二是能够刺激排卵；三是还要具备辅助调节能力。在动物激素中，具有促进卵泡发育激素有促卵泡激素（FSH）和马绒毛膜促性腺激素（PMSG）；促进卵泡成熟和排卵的激素有促黄体生成素（LH）和人绒毛膜促性腺激素（hCG）；前列腺素（PGF2）、孕酮（P4）、黄体生成素释放激素（LRH-A3）则可起辅助调节作用[3]。

所以，在实际进行超数排卵时，就是通过对上述动物激素进行比例组合和浓度调整，从而使雌性动物形成更多的成熟卵泡并将其排出体外。而在上述动物激素中，除了起辅助调节作用的前列腺素（一种雄性激素）、孕酮（一种雌性激素）和黄体生成素释放激素（一种促性腺激素释放激素）外，其余均为促性腺激素。因此，超数排卵中使用的激素应以促性腺激素为主，辅以其他相关激素。

如若直接用性激素，则不能兼具上述三大功能，从而达不到超数排卵的预期效果，而且可能因负反馈调节造成雌性动物内分泌紊乱，甚至性腺萎缩。

[（基金项目：广东省基础教育高中生物学学科教研基地（清远），立项：2022-03-03）]

参考文献：

[1] 侯静，刘青青，徐明良. 植物抗病毒侵染的分子机制[J]. 作物学报，2012，38（5）：762.

[2] 张红卫. 发育生物学[M]. 北京：高等教育出版社，2018：42.

[3] 马佳文. 山羊同期发情和超数排卵方法概述[J]. 中国畜牧杂志，2019，55（7）：28.

浅谈绿叶中色素提取和分离实验的改良

清远市清新区第一中学　于增杰

一、本实验在教材中所处的地位与作用

本实验是高中生物必修1《分子与细胞》的重要内容，是课标中要求必须完成的实验，做好《色素的提取和分离实验》，可以帮助学生理解光合色素的种类和作用，加强学生对光合作用相关知识点的理解和掌握，培养学生相关的实验技能和创新能力[1]。

《色素提取和分离实验》在高考备考中占有重要地位，在近年来高考试题中经常出现以《色素提取和分离实验》为材料背景的试题，很多学生因为对知识点不熟悉，理解不深刻，探究能力没有形成等原因，造成失分。

二、实验目的

（1）掌握《色素提取和分离实验》的方法，注意事项。
（2）探究绿叶中色素的种类、特点等。

三、实验原理

（1）色素能溶解在有机溶剂中，因此可以用无水乙醇等有机溶剂提取色素。
（2）各种色素在层析液中溶解度不同，溶解度大的随层析液在滤纸上扩散得快，反之则慢。根据扩散速度不同，可以将色素分离开。

四、实验方案的改良

（一）实验材料的改良

原实验方案：教材在实验材料上选择菠菜叶，因为菠菜叶中叶绿体含量比较多。
不足之处：菠菜不是一年四季都有，价格也相对较贵。
改进方法：根据地域特色，选择当地较为丰富的适合蔬菜代替。例如，选用叶绿体含量比较多的本地菜心或生菜做实验材料，也取得比较好的实验效果。

（二）色素提取的改良

原实验方案：按教材要求对菠菜叶剪碎，加入无水乙醇，进行研磨，并加入碳酸钙保护色素不被破坏，加入二氧化硅使研磨更加充分，再进行过滤。

不足之处：研磨费时、费力，对实验器材要求比较高，无水乙醇在实验室也比较少见。

改进方法：将绿叶剪碎后，放入榨汁机中，没有加入碳酸钙和二氧化硅，在转速不高、转动时间不长的情况下，提取色素的效果也非常好。

（三）滤液划线的改良

原实验方案：教材要求在划滤液细线的过程中，用铅笔在条形滤纸上画一条细线，然后用毛细玻璃管蘸取色素提取液，沿着铅笔线处划线，等干后再划，反复2~3次。

不足之处：由于毛细玻璃管比较细，用力过大会使玻璃管破裂，存在人身伤害隐患，而且毛细玻璃管吸取滤液的量很难控制，可能造成色素分布不均匀。

改进方法1：用自制的条形滤纸色素点样器，进行色素滤液划线。

（1）色素点样器制作方法：

①取一块橡皮，距离一端1cm处用铅笔画线；②向端点另外一侧沿着对角线划线；③沿着划线处用小刀切开橡皮。

（2）色素点样器使用方法：

①用滤纸条观察色素分离时，将色素提取液涂在印台上；②用橡皮色素点样器蘸取色素提取液，并沿铅笔划线处划线，划的色素条带非常直，色素含量分布均匀。

改进方法2：将绿色叶片撕碎，用盖玻片压住条形滤纸，在植物叶肉部分反复摩擦，划的线直，则色素量多且均匀。

（四）层析液的改良

原实验方案：教材中用苯、石油醚、丙酮的混合物或者92汽油作为层析液。

不足之处：对实验条件要求较高，而且苯毒性强。

改良方案：用甲苯代替苯或92汽油，毒性相对较小。

（五）色素分离装置的改进与创新

原实验方案：将制作好的滤纸条一端放入装有层析液烧杯中。

不足之处：滤纸条的画线处容易没过层析液；滤纸条容易贴到试管壁上造成实验失败。

改进方法：搭建纸桥，将滤纸条固定在纸桥上，可避免上述不足[2]。

（六）滤纸圆片代替滤纸条的改良

原实验方案：教材是用滤纸条做色素层析实验。

不足之处：滤纸条做色素层析实验，如操作不慎，往往会造成分离的色带重叠。

改进方法：取圆形滤纸代替滤纸条做色素层析实验[3]。取一圆形滤纸，在中间打一个孔，用脱脂棉或滤纸条做滤芯，放在装有层析液的培养皿中，在中央处滴加色素提取液，会在圆形滤纸上出现不同色带形成的同心圆。

（七）圆形滤纸滴加色素提取液的改良

很多资料提到在圆形滤纸中央用胶头滴管滴加色素取液。

不足之处：在圆形滤纸点样时，用胶头滴管滴加量不好控制，若连续操作，需要经常打开密闭器皿吸取提取液，会造成有害气体大量挥发。

改良方案：用注射器做成的色素点样器，一次可以抽取大量的色素提取液，可以根据注射器刻度控制色素提取液的滴加量，可以连续滴加，若不使用时，用夹子夹住软管，可以防止乙醇挥发。

五、总结与反思

在色素提取分离实验中，对教材中不合时宜的方案和器材进行改良可达到以下目的：

（1）简化实验步骤、缩短实验时间，并且取得了很好的实验效果。

（2）节约实验材料和实验用品，降低实验成本。

（3）优化实验环境，减少安全隐患。用甲苯代替苯，降低层析液的毒性。

（4）设计探究实验，培养学生探究能力。

（5）由于材料的新鲜程度、空气湿度等原因，可能存在实验现象的差异。

总之，通过对《色素提取和分离实验》的改良，能促进学生对实验的原理、过程等知识点进行深刻理解，达到良好的教学目的。

参考文献：

[1] 傅晶. 对实验"叶绿体中色素提取和分离实验"的改进与创新 [J]. 中国校外教育（上旬刊）：2017（1）.

[2] 廖永梅. "绿叶中色素的提取和分离"实验的改进及拓展 [J]. 生物学教学，2021，46（10）：53.

[3] 邵佳凌，张玉芳. "叶绿体中色素提取和分离"实验教学探究 [J]. 生物教学，2016，41（12）：33.

学科核心素养导向下学生质疑思辨能力的培养策略

陈建峰　广东省清远市教师发展中心（511515）

摘　要　发展学生核心素养，真正落实立德树人根本任务，是当前新课程教育教学改革的方向。质疑是学生发现问题、主动探索知识的开始，是学生创造性学习的重要标志，是创新意识、创新精神和创新能力的起点。因此，教师要善于激励学生大胆质疑，能疑善问，基于证据和逻辑，辩证地分析问题，养成科学思维的习惯，培养学生质疑思辨能力，学生就犹如掌握了一把打开知识宝库的钥匙，真正成为学习的主人，主动地参与学习，逐步形成正确价值观、必备品格和关键能力，提高学科核心素养。

关键词　核心素养　学科核心素养　科学思维　质疑思辨能力

一、培养学科核心素养的迫切性

学生发展核心素养是落实立德树人根本任务的重要举措，也是适应世界教育改革发展趋势、提升我国教育国际竞争力的迫切需要。"学生发展核心素养"是指学生应具备的能够适应终身发展和社会发展需要的必备品格和关键能力。《中国学生发展核心素养》总体框架明确了中国学生发展核心素养，以培养"全面发展的人"为核心，综合表现为6大素养，具体细化为国家认同、理性思维、批判质疑、勇于探究等18个基本要点。《普通高中课程方案（2017年版2022年修订）》明确新课程的培养目标是"进一步提升学生综合素质，着力发展学生核心素养"。而《普通高中生物学课程标准（2017年版2022年修订）》进一步明确了学科核心素养的内涵及生物学学科核心素养包括生命观念、科学思维、科学探究和社会责任。并强调："生物学学科核心素养的培养应贯穿于教材编写、课堂教学及考试评价中"。由此可见，培养生命观念、科学思维、质疑思辨、科学探究等学科核心素养是当前新课程教育教学改革的方向和要求。

二、培养学生质疑思辨能力的策略

质疑思辨能力，首先是一种抽象科学思维能力。是指学生在学习、生活过程中发现和提出问题或新观点以及基于证据和逻辑进行独立思考和判断，辩证分析和解决问题的能力。

《义务教育生物学课程标准（2022年版）》明确界定了科学思维的内涵："是指在认识事物、解决实际问题的过程中，尊重事实证据，崇尚严谨求实，基于证据和逻辑，运用比较、分类、归纳、演绎、分析、综合、建模等方法，进行独立思考和判断，多角度、辩证地分析问题，对既有观点和结论进行批判审视、质疑包容，乃至提出创造性见解的能力与品格"。

普通高中生物学课程性质也要求学生主动地参与学习，在亲历提出问题、获取信息、寻找证据、检验假设、发现规律等过程中习得生物学知识，养成科学思维的习惯，形成积极的科学态度，发展终身学习及创新实践能力。因此，如何引导学生敢于质疑，善于提问，基于证据和逻辑，辩证地分析问题，提高学生质疑思辨能力，发展学科核心素养，是每个高中生物学教师面临的重要课题。

（一）创造"愉悦激疑"的宽松环境

古人云：学起于思，思源于疑，疑解于问。学贵有疑，小疑则小进，大疑则大进；有疑才能形成追根究底的"思"。可见，"疑"是思维的发动机。课堂教学必须"有疑"，有疑才能愿疑、敢疑。因此，教师在课堂教学中首先要创造愉悦"激疑"的宽松环境，扫除机制和心理上的障碍。一是教师要更新观念，与时俱进，课堂教学中师生和谐相处、人格平等、民主地交互活动，为学生创造舒适宽松学习环境，鼓励学生敢想、敢问、敢疑。二是要及时表扬与鼓励课堂上敢问、敢说的学生，肯定他们质疑思辨的精神和勇气，树立学生质疑思辨的自信心。三是要对学生在交流讨论过程中碰撞产生出来的新颖性、独创性的思维火花及时给予肯定，使学生获得学习的信心感和成功感，激发学生质疑思辨的动机。

（二）创设"追问思辨"的学习氛围

南宋理学家朱熹说："读书，始读，未知有疑；其次，则渐渐有疑，中则节节有疑，过了这一番之后，疑渐渐解，以至融会贯通，都无所疑，方始是学。"因此，需要教师在平时教学中善于从生活经验中挖掘素材创设问题情境，精心设疑，创设"追问思辨"的学习氛围，激励学生大胆质疑，多疑善问，逐渐养成科学思维的习惯。如学习人教版高中生物必修一第四章第一节《被动运输》"动、植物细胞的吸水和失水"内容时，从学生日常生活经验中挖掘素材创设问题情境，精心设计环环相扣的问题链：①新鲜的鱼用食盐渍不变质，为什么？②当你把白菜剁碎准备做馅，放盐一段时间后就可见有水分渗出，这些水分是从哪里来的？③当你连续吃带盐的瓜子时，你的口腔和唇的黏膜有什么感觉？为什么？④家庭养花一次施肥过多，为什么会引起花卉萎蔫？这样的问题看似简单，但源于生活实际，对准学生智力的"最近发展区"，学生"跳一跳就能摘到桃子"，能将学生的学习主动性和积极性调动起来。教师利用环环相扣的问题，组织学生展开质疑思辨活动，创设"追问思辨"的学习氛围，通过层层追问，激发学生质疑思辨的动机和兴趣，引导学生进行主动探究与深度学习，不断产生高层次的新问题。当学生思维"愤悱"之时，教师及时进行点拨，培养学生逐渐养成科学思维的习惯，提高学生解决实际问题的关键能力。

（三）创新"素养导向"的教学模式

美国教育家布鲁纳认为："知识的获取是一个主动的过程，学习者不应该是信息的被动接受者，而应是知识获取的主动参与者"。因此，教师必须更新教学理念，大力倡导以"素养为导向，探究为特点，学生为主体"的教学模式。如学习人教版必修2第3章第1节《DNA是主要的遗传物质》时，采用"素养导向"模式开展教学，课堂教学中师生深度交流与互动，有激情、有温度、有深度，课堂气氛活跃，教学效果良好。教学过程设计具体如下：

1. **课前精心设计"问题链"**

以素养为导向，围绕核心概念和重点知识，巧妙设计进阶式"问题链"，具体内容如下：

（1）科学家是怎样证明DNA是遗传物质的？

①在20世纪早期，人们普遍认为遗传物质是DNA还是蛋白质？

②格里菲斯的实验过程是怎样的？这说明什么问题？

③艾弗里是怎样证明转化因子是DNA的？

④噬菌体侵染细菌的实验过程是怎样的？结论是什么？

（2）为什么说DNA是主要的遗传物质？

⑤只有DNA是遗传物质吗？烟草花叶病毒的遗传物质是什么？

⑥综合分析以上实验，最终结论是什么？

⑦回顾科学家对DNA是遗传物质的探索历程，你对科学家发现的过程和方法有哪些领悟？

2. **课中精细组织深度学习**

[环节一]：组织学生自主学习与探究"问题链"。以问题为导向引导学生深入研读课本，让学生沿着科学发展的轨迹观察问题，发现问题，提出问题，并进一步分析解决问题。学生在"质疑"与"思辨"过程中由表及里，由现象到本质，逐层解开"问题链"谜底，培养了学生科学探究和科学思维的能力及分析解决问题的能力。

[环节二]：组织学生合作探究与学习交流。小组成员提出自主学习中遇到的困惑与疑点，小组内成员集体讨论、合作交流，分析解决简单问题，组间成员提问质疑产生新问题，师生在互动思辨中解决新问题。培养学生在"合作"中学会向他人学习，在"探究"中学会与他人交流，使课堂教学多了活力与生机，多了观点的碰撞与问题的解决途径。

[环节三]：融合现代信息技术突破重难点。将课堂教学中的重、难点等问题，通过数字媒体、视频、微课等进行有效突破。如问题4："噬菌体侵染细菌的实验过程是怎样的？结论是什么？"是本节课难点问题，学生不能通过开展实验来体验理解。因此，在教学中利用"噬菌体侵染细菌的实验"视频等现代信息技术手段，让学生完整形象直观地体验噬菌体侵染细菌的实验全过程。学生能清晰地看到只有噬菌体的DNA侵染进入细菌中（蛋白质并没有进入），从而深入浅出地理解"DNA才是遗传物质"的结论。

3. **课后精美建构核心概念思维导图**

为进一步巩固基础，理解与内化核心重点知识。每节课结束后要求学生课后认真阅读课本，梳理知识之间的关联，围绕本节内容核心概念或重点知识构建思维导图。

综上所述，"素养导向"的教学模式，充分体现了教师的主导作用和学生的主体地位，让学生真正成为学习的主人。在整个教学过程中，教师不是知识的灌输者，而是教学环境的"创设者"、学生学习的"组织者""引导者""协调者"，给予了学生充分质疑思辨的时间和空间，提供了更多的机会让学生主动参与探究和实践，培养了学生质疑思辨的能力，让学生在质疑与思辨中形成积极的科学态度，养成科学思维的习惯，培养生物学学科核心素养，落实立德树人根本任务。

三、教学实践感悟

总之，"学贵乎疑"，质疑是学生发现问题、主动探索知识的开始，是学生创造性学习的重要标志，是创新意识、创新精神和创新能力的起点。教师在平时课堂教学中培养了学生的质疑思辨能力，形成了科学思维的习惯，学生就犹如掌握了一把打开知识宝库的钥匙，真正成为学习的主人，主动地参与学习，逐步形成正确价值观、必备品格和培养关键能力，提高生物学核心素养，落实立德树人根本任务。

［本文系广东省教育科研"十三五"规划重点项目《核心素养导向下的高中生物课堂教学实践研究（编号2019ZQJK059）》课题研究的成果］

参考文献：

［1］林崇德. 中国学生发展核心素养研究报告［R］. 北京师范大学，2016.9.

［2］中华人民共和国教育部. 义务教育生物学课程标准（2022年版）［M］. 北京：北京师范大学出版集团，2022.

［3］中华人民共和国教育部. 普通高中生物学课程标准（2017年版2020年修订）［M］. 北京：人民教育出版社，2020.

［4］舒大淮."质疑思辨"说［J］. 中国教师，2008.

［5］胡有红，高勍. 深度学习视域下科学思维的培养——以"DNA的结构"为例［J］. 中学生物学，2021.

参考文献

[1] 中华人民共和国教育部. 普通高中生物学课程标准（2017年版2020年修订）[M]. 北京：人民教育出版社，2020.

[2] 王健. 基于学生核心素养的生物学科能力研究[M]. 北京：北京师范大学出版社，2018

[3] 黄少旭. 高中新课程生物学科核心素养优秀教学设计[M]. 广州：广东高等教育出版社，2022.

[4] 武敬，李东旭. 新理念下的高质量课堂教学丛书，中学劳动教育实施指导[M]. 北京：世界知识出版社．2023.

[5] 中华人民共和国教育部. 中小学综合实践活动课程指导纲要[M]. 北京：北京师范大学出版社，2017.

[6] 林崇德. 建构中国化的学生发展核心素养[J]. 北京师范大学学报．2017.

[7] 陈亚荣，康公平，罗充. 高中生物学教学中"生命观念"的渗透[J]. 教师，2018（35）：73-73，109.

[8] 张锋. 指向核心素养达成的高中生物学教学变革——《普通高中生物学课程标准（2017年版）》解读[J]. 福建基础教育研究，2018（4）：17-19.

[9] 赵秀萍. 教—学—评一致性原理在高中生物教学设计中的运用[J]. 中国科技期刊数据库科研，2022（12）：54-57.

[10] 孔德星，孙茜，冀庆涛. "学—思—评—练"模式在高中生物教学中的应用[J]. 现代教育，2019（12）：53-54.

[11] 曹广忠. "教—学—评一致性"原理在高中生物教学设计中的运用[J]. 中学生物教学，2017（11）：16-19.

[12] 张卫. 高中生物大单元教学创新研究[J]. 甘肃教育，2024（2）：62-65.

[13] 赵娟，娄德军. 认知学习理论在课程改革中的应用[J]. 大连教育学院学报，2003，19（1）：23-25.

[14] 阳红. 行为主义学习理论与认知学习理论比较[J]. 贵阳师专学报（社会科学版），1996（3）：68-71.

[15] 孙赫. 认知学习理论对我国素质教育的启示[J]. 科教导刊，2011（9）：9-10.

［16］祝志安. 试论学生的主体性和自主学习——以中学生物学教学为例［J］. 福建基础教育研究，2012（11）：59-61.

［17］朱卫星. 谈生物教学中学生主体性的体现［J］. 文教资料，2006（30）：86-87.

［18］张妍. 建构主义理论在生物化学教学中的运用［J］. 中国成人教育，2009（16）：125-126.

［19］刘孝华. 建构主义与生物学教学［J］. 教育探索，2004（12）：76-77.

［20］袁维新. 建构主义学习观对生物学教学的启示［J］. 生物学教学，2002，27（8）：16-18.

［21］倪砚. 多元智能理论对高中生物教学的启示［J］. 求知导刊，2018（32）：80-80.

［22］黄玉明. 基于多元智能理论的新高中生物课程教学实践探索［J］. 中学生物学，2019，35（3）：65-67.

［23］张锋，林颖韬. 多元智能视角下高中学生自主学习能力的培养——以高中生物学教学中的自主学习为例［J］. 福建基础教育研究，2013（11）：69-70.

［24］辛涛，姜宇，林崇德，等. 论学生发展核心素养的内涵特征及框架定位［J］. 中国教育学刊，2016（6）：3-7，28.

［25］林崇德. 中国学生核心素养研究［J］. 心理与行为研究，2017，15（2）：145-154.

［26］黄四林，左璜，莫雷，等. 学生发展核心素养研究的国际分析［J］. 中国教育学刊，2016（6）：8-14.

［27］余文森. 从"双基"到三维目标再到核心素养——改革开放40年我国课程教学改革的三个阶段［J］. 课程·教材·教法，2019（9）：40-47.

［28］张开，单旭峰，巫阳朔，等. 高考评价体系的研制解读［J］. 中国考试，2019（12）：13-20.

［29］杨帆，郭学恒. 基于高考评价体系的生物科考试内容改革实施路径［J］. 中国考试，2019（12）：53-58.

［30］郭学恒，吴成军. 基于高考评价体系的生物学科关键能力考查研究［J］. 天津师范大学学报（基础教育版），2022，23（3）：64-69.

［31］吴成军，郭学恒. 生态观的内涵及其在高中生物学教材中的体现［J］. 课程·教材·教法，2020，40（9）：120-124，131.

［32］林崇德. 基于核心素养的教育改革实践［J］. 教育家，2016（40）：10-11.

［33］张锋. 探索学科综合评价多维路径，促进学生核心素养发展——基于学生立场的生物学科多维度教学评价的探索［J］. 福建教育，2024（7）：15-17.

［34］林崇德. 从智力到学科能力［J］. 课程·教材·教法，2015，35（1）：9-20.

［35］郭学恒，巫阳朔，赵轩，等. 高考内容改革成效的调查研究［J］. 教学与管理，2022（16）：76-79.

［36］郭学恒. "双减"背景下高考生物学考试内容改革实践［J］. 基础教育课

程，2022（18）：48-54.

[37] 余洁，张锋. 基于真实情境，聚焦核心素养[J]. 福建教育，2023（2）：37-39.

[38] 罗立祝. 高中课程改革与高考改革关系演变与展望[J]. 课程·教材·教法，2022，42（3）：62-71.

[39] 林崇德. 核心素养概念的内涵[J]. 基础教育论坛，2017（8X）：1.

[40] 李勇，赵静宇，史辰羲. 高考评价体系的基本内涵与主要特征[J]. 中国考试，2019（12）：7-12.

后　　记

　　2022年初，有幸成功申报广东省基础教育教研基地，并组建了一支充满热情的教师团队，共同探索和研究提升教师专业素养的有效途径。本书汇集了我们在教研研究、教学研究、单元整体教学设计、命题研究与实践等多个角度的深入探讨和实践经验。我们不仅分享了教学研究的理论成果，还通过具体案例展示了教学研究在实际教学中的应用。我们鼓励教师基于自身教学实际，开展有针对性的教学研究，不断探索适合学生发展的教学方法和策略。在这本书中，我们努力将理论与实践相结合，为教师专业素养的提升提供了一系列切实可行的路径和方法。本书的顺利完成，得益于多位教育专家的悉心指导。在基地建设和研究过程中，我们有幸得到北京师范大学王健教授，华南师范大学李雪峰教授、李德红教授、王瑞珍老师，广东省教育研究院杨计明老师，汕头市生物学教研员张青岩，佛山市生物学教研员邵龙国等多位专家的宝贵建议和无私帮助。在此，特向他们表示最诚挚的感谢。同时，本书也是团队智慧的结晶。广东省基础教育生物学学科教研基地的成员们——陈建峰、吴金灿、陈迪、张广桂、黄海、郑柳青、饶猛兵、刘春燕、于增杰、赵李囡、熊振宇、钟华、张萍、周艳超、刘圆圆、王楠楠、李霞、陈雅雯、夏季、赵文端——每一位成员都倾注了自己的心血和智慧。你们的辛勤付出，使得这本书得以完整地呈现在读者面前。我们期待着，这本书能够成为教师专业成长道路上的一盏明灯，激发更多的教师加入到教研和教学研究的队伍中来，共同为推动教育的进步而努力。愿每一位教师都能在专业成长的道路上不断前行，不断提升自己的专业素养，为培养更多的优秀人才贡献力量。让我们携手共进，共创教育事业的繁荣昌盛。在此，特向所有支持和帮助我们完成这本书的人致以最诚挚的感谢。让我们共同期待，教育的未来更加美好。

邓晓锋　陈建峰
2024 年 5 月